AUFREGEND WAR ES IMMER

Hugo Portisch

AUFREGEND WAR ES IMMER

ecoWIN

Abbildungsnachweis
fotografiafelici.com: S. 32 f. / Foto Vorlaufer: S. 46 f. / Christine Graf: S. 16 f., 34–39 /
Henry Grossmann: S. 20 f. / Historisches Archiv ORF: S. 26 f. / Hugo Portisch: S. 44 /
Imagno/picturedesk.com: S. 6 f. / JTE Multimedia: S. 15 / Pressefotograf K. Koranda:
S. 12 f. / Kurier/Fred Riedmann/picturedesk.com: S. 3 / KURIER/Peter Lehner/
picturedesk.com: S. 1, 14 / KURIER/picturedesk.com: S. 2, 8–11 / ORF: S. 22 f. /
ORF/Thomas Ramstorfer: S. 24 f., 30 f., 42 f. / ORF/Roman Zach-Kiesling: S. 40 f. /
Ali Schafler: S. 28 f. / Ali Schafler/First Look/picturedesk.com: S. 45 / Vienna
Press-Bilder: S. 18 / Martin Vukovits/Ecowin: S. 48

FSC
www.fsc.org

MIX
Papier aus ver-
antwortungsvollen
Quellen
FSC® C012536

Das für dieses Buch verwendete FSC-zertifizierte Papier
EOS lieferte Salzer, St. Pölten.

Medieninhaber, Verleger und Herausgeber:
Red Bull Media House GmbH
Oberst-Lepperdinger-Straße 11–15
5071 Wals bei Salzburg, Österreich

Gesamtherstellung: Buch.Bücher Theiss, www.theiss.at
Umschlaggestaltung: Frank Behrendt
Printed in Austria
ISBN 978-3-7110-0072-9

1 2 3 4 5 6 7 8 / 18 17 16 15

Für Traudi

Inhalt

Zwölf Jahre …

Zwölf Jahre, so sagt mein Verleger, hat er auf dieses Buch warten müssen. Das stimmt, und ich wollte ihn noch lange warten lassen. Denn nichts fällt mir schwerer, als über mich zu schreiben. Das »Ich« in meinen »So sah ich«-Büchern war zwar immer vorhanden, aber eben nur ein »Ich« als Berichterstatter, der erzählt, was er gehört, gesehen, erlebt und sich dazu eine eigene Meinung gebildet hat. Eine Biografie – da soll ich nun mich selber sehen. Kann man das? Ja, das haben schon so viele getan. Leser wollen miterleben, was der Verfasser erlebt hat, wollen auch erfahren, was er sich dabei gedacht hat, sagt mein Verleger. Sagt auch Christine Graf, die 35 Jahre lang alle meine Fernsehdokumentationen als Produktionsleiterin betreut hat. Sagt vor allem meine Frau. So habe ich dieses Buch nun doch geschrieben.

Chronologisch – nach Jahren geordnet. Meine Geschichte folgt der Zeitgeschichte, nimmt Bedacht auf das jeweilige Geschehen in Österreich und in der Welt. So wechseln die Schauplätze meines Lebens mit den Schauplätzen des Weltgeschehens, aber auch meine jeweiligen beruflichen Aufgaben. Bei all diesen Aufgaben aber bin ich immer eines geblieben: Journalist.

Mit der »Elektrische« nach Wien
Preßburg – Vorort mit großer Geschichte

Diese Erfahrung habe ich immer wieder gemacht. Wenn man mich fragte, wo ich geboren wurde, und ich sagte Preßburg, gab es Erstaunen und manchmal auch Unverständnis. So als hätte es zwischen Wien und Preßburg immer schon einen Eisernen Vorhang gegeben. Doch als ich dort geboren wurde und aufwuchs, war Preßburg ein Vorort von Wien. Von Preßburg fuhr man mit der »Elektrische« genannten Straßenbahn in die Wiener Oper, als Kinder besuchten wir mit der »Elektrische« den Prater und den Tiergarten in Schönbrunn. Das Burgtheater und das Theater in der Josefstadt gaben regelmäßig Gastspiele in Preßburg.

Preßburg, ein Vorort von Wien, aber auch eine Stadt mit großer eigener Geschichte. Eine Stadt, die drei Namen hatte: Preßburg auf Deutsch, Pozsony auf Ungarisch, Bratislava auf Slowakisch. Mehr als zwei Jahrhunderte, von 1526 bis 1724, war Preßburg die Hauptstadt des Königlichen Ungarns, als in Budapest die Türken herrschten. Preßburg war die Krönungsstadt für zehn österreichische Kaiser und deren Gemahlinnen, die im Preßburger Martinsdom zu ungarischen Königen und Königinnen gekrönt wurden. Die Prominenteste unter ihnen war Maria Theresia, sie ließ die (heute wiederhergestellte) Preßburger Burg ausbauen, ihre Residenz als Königin von Ungarn. Und in Preßburg wurde die erste deutschsprachige Zeitung Ungarns gegründet, im Jahre 1764, die »Preßburger Zeitung«. Kein Provinzblatt, eine Hauptstadtzeitung, zuletzt erschien sie zweimal täglich als Morgen- und Abendzeitung und sieben Mal in der Woche. Die Weltpolitik, die Geschehnisse in Mitteleuropa standen im Mittelpunkt der Berichterstattung. Dazu fast täglich ein Leitartikel. Später auch die Tagesprogramme von Radio Preßburg, Wien und Budapest. Die Zeitung wandte sich an die deutschsprachige Bevölkerung, zu der sich damals auch die meisten jüdischen Mitbürger bekannten.

Preßburg und die Slowakei blieben bei Ungarn bis zum Ende des Ersten Weltkriegs. 1918, als die österreichisch-ungarische Monarchie zerbrach, wurden Preßburg und die Slowakei Teile der tschechoslowakischen Republik.

Die Dreisprachigkeit war der Stadt also mit auf den Weg gegeben. Genau genommen kam noch eine vierte Sprache hinzu. Vor dem Antisemitismus und den Pogromen in Galizien und der Ukraine flohen immer wieder jüdische Bürger nach Preßburg wie nach Wien, wo sie Schutz suchten und unter den Kaisern und Königen der Habsburger auch fanden. Jiddisch wurde also vielfach auch in Preßburg gesprochen. Dieses Neben- und Miteinander von drei, ja vier Ethnien gab der Stadt einen ganz besonderen Charakter. Miteinander auszukommen, sich gegenseitig zu respektieren, war nicht nur eine Notwendigkeit, sondern auch eine Selbstverständlichkeit. Wenn es dennoch zu Spannungen zwischen den Sprachgruppen kam, dann wurden diese von außen hereingetragen: 1918, als man das österreichisch-ungarische Erbe im Sinne der neuen tschechoslowakischen Staatlichkeit verdrängen wollte. Danach durch die Forderungen Ungarns, die neue Grenzziehung rückgängig zu machen. Und 1938, als mit dem Münchner Abkommen das Deutsche Reich an das andere Donauufer vis-à-vis der Stadt rückte. Das waren die Rahmenbedingungen, unter denen bis 1939 die »Preßburger Zeitung« erschien.

Mein Vater Emil, aufgewachsen in St. Pölten, 1918 heimgekehrt aus der russischen Kriegsgefangenschaft, antwortete auf ein Inserat der »Preßburger Zeitung« und nahm dort die Stelle eines Redakteurs an. 1920 heiratete er meine Mutter Hedi. 1924 wurde mein Vater Chefredakteur der Zeitung, 1921 kam mein Bruder Emil, 1927 kam ich zur Welt.

Im Jahr 2012 ließ die ungarische Nationalbibliothek, mit Unterstützung der Preßburger Universitätsbibliothek und unter der Leitung von Jan Strasetter aus München, die »Preßburger Zeitung« vom ersten Tag ihres Erscheinens 1764 an digitalisieren. Mit einem Festakt an der Universität in Preßburg-Bratislava wurde das große Unterfangen gewürdigt und dabei des ersten und des letzten Chefredakteurs der »Preßburger Zeitung« gedacht. Der letzte war mein Vater. Ich war eingeladen, die Festrede zu halten, und nutzte die Gelegenheit, viele der Leitartikel zu lesen, die mein Vater für diese Zeitung geschrieben hatte. So konnte ich nachvollziehen, welche Linie mein Vater dieser Zeitung vorgegeben hatte und mit welcher Haltung er sich den politischen Stürmen der damaligen Zeit stellte. Und die war eindeutig, aber für ein deutschsprachiges Blatt in der Tschechoslowakei gar nicht so selbstverständlich.

Denn die Mehrzahl der deutschsprachigen Bürger Preßburgs trauerte noch der österreichisch-ungarischen Monarchie nach und hätte es lieber gesehen, wenn Preßburg nicht tschechoslowakisch geworden, sondern ungarisch geblieben wäre. Nicht mein Vater. Das Wichtigste für ihn war die Demokratie und damit die tschechoslowakische Republik – mit Ausnahme der Schweiz bald die einzige Demokratie in Mitteleuropa. Immer wieder forderte er von seiner Leserschaft daher auch dieses Bekenntnis zur Republik. Aber er mahnte gerade deshalb auch die Prager Regierung, nicht die Fehler der Habsburgermonarchie zu wiederholen, nämlich die nationalen Minderheiten zu beherrschen, statt sie mitregieren zu lassen. Dieses Recht auf Gleichberechtigung forderte er für alle Minderheiten in der Republik ein, für die Slowaken, die Deutschen und die Magyaren. In allen drei Volksgruppen gab es zunehmend Auflehnung gegen den Prager Zentralismus.

Den Slowaken war im sogenannten Vertrag von Pittsburgh in Pennsylvania, USA, 1918 vom künftigen Präsidenten der Tschechoslowakei, Tomáš G. Masaryk, die volle Autonomie im tschechoslowakischen Staat zugesichert worden. In Pennsylvania gab es eine große slowakische Volksgruppe, die vielen Slowaken und deren Nachfahren, die aus der ungarischen Unterdrückung nach Amerika ausgewandert waren. Sie hatten politischen Einfluss. Der amerikanische Präsident Woodrow Wilson setzte sich nicht zuletzt deshalb auch für die Gründung der Tschechoslowakei ein. Masaryk wurde der erste Präsident dieser neuen Republik. Am 20. Jahrestag der Unterzeichnung des Vertrages von Pittsburgh, 1938, erhoben die Slowaken die Forderung nach voller Autonomie, die ihnen zugesichert, aber bisher von Prag nicht gewährt worden war. Die in der Slowakei lebenden Ungarn stimmten zur gleichen Zeit in den Chor der Nationalisten in Ungarn ein: »Nein, nein, niemals!« und »Alles zurück«, mit dem sie die ehemals ungarischen Gebiete der Monarchie zurückforderten, zumindest jene Teile, in denen vor allem Ungarn lebten. Also Teile der Slowakei.

Die Deutschen in den Sudetengebieten, in Mährisch-Schlesien und Südmähren, die 1918/19 bei Österreich bleiben wollten, aber nicht durften, stellten zwar im Prager Parlament mehr Abgeordnete als jede der anderen Parteien, wurden jedoch zur Mitwirkung an der Regierung nicht eingeladen. Und schon gab es Lockrufe der Nationalsozialisten, wie sie auch in Österreich zu hören waren: »Heim ins Reich.«

All das beunruhigte meinen Vater sehr. Leitartikel um Leitartikel schrieb er zur Verteidigung der Republik und der Demokratie. Als Hitler, Mussolini, der britische Premierminister Chamberlain und der französische Ministerpräsident Daladier im Herbst 1938 ohne Beiziehung der Tschechoslowakei in München die Abtretung der Sudetengebiete an Hitlerdeutschland beschlossen, schrieb mein Vater in seinem Leitartikel in der »Preßburger Zeitung«: »In dieser finstersten Stunde gibt es keinen ehrlichen Demokraten, der durch die in München besiegelte Regelung des tschechoslowakischen Problems nicht aufs Tiefste erschüttert wäre. Trauer herrscht nicht allein in den Herzen der Demokraten aller Nationen, die in der Tschechoslowakei leben, ehrliches

Mitempfinden strömt uns auch von den wahren Demokraten in ganz Europa zu.«

Doch es sollte viel schlimmer kommen. Für Hitler war die Abtretung der deutschsprachigen Gebiete der Tschechoslowakei nur der erste Schritt. Im März 1939 beorderte Hitler den tschechoslowakischen Präsidenten Emil Hácha nach Berlin und drohte ihm mit Krieg, wenn er sich seinen Forderungen nicht beugen würde. Diese dramatische Unterredung endete mit der Erklärung Háchas, er lege das »Schicksal des tschechischen Volkes in die Hände des Führers und Reichskanzlers des Deutschen Reiches«. Zur gleichen Zeit forderten der Gauleiter von Wien, Baldur von Schirach, und Hitlers Statthalter in Österreich, Seyß-Inquart, den Ministerpräsidenten der slowakischen Regionalregierung, Jozef Tiso, auf, die Selbstständigkeit der Slowakei zu reklamieren und sie als eigenen Staat auszurufen. Die Zerschlagung der Tschechoslowakei war also eine koordinierte, von Berlin und Wien ausgeführte Aktion. Am 15. März 1939 marschierten Hitlers Truppen in Böhmen und Mähren ein, in Preßburg erklärte Tiso die Slowakei zum selbstständigen Staat.

Zu dieser Katastrophe konnte mein Vater in der »Preßburger Zeitung« nicht mehr Stellung nehmen. Er war zwar deren Chefredakteur, nicht aber ihr Eigentümer. Eigentümer war jene Gruppe von Verlegern, zu denen auch das angesehene »Prager Tagblatt«, das »Brünner Tagblatt« und die Mährisch-Ostrauer »Morgenpost« zählten. Die Verleger waren jüdisch. Diese Zeitungen wurden über Nacht enteignet, mein Vater als Chefredakteur der »Preßburger Zeitung« abgesetzt und das Erscheinen der Zeitung eingestellt.

Ich weiß nicht, ob es noch am gleichen oder erst am nächsten Tag war, jedenfalls erschienen einige Männer in ziviler Kleidung in unserer Wohnung und führten eine Hausdurchsuchung durch. Ich sehe noch die aufgerissenen Schubladen und Kastentüren vor mir und wie die Männer Kleider und Wäsche auf den Boden warfen. Mein Vater war nicht zu Hause, er kam erst Stunden später aus der Redaktion zurück, in der er sich von seinen Mitarbeitern verabschiedet hatte. Drei der zwölf Redakteure waren Juden, zwei von ihnen, Löwy und Bauer, flohen noch am selben Tag und schafften es später nach Palästina – das allerdings erfuhren wir erst nach dem Krieg, als sie uns Briefe aus Israel schickten. Der Dritte, Donath, schaffte es nicht und wurde später in einem der Vernichtungslager ermordet.

Aber die »Preßburger Zeitung« erschien dann doch noch einmal »unter neuer Leitung«. Mit folgender Erklärung: »Unter dem Druck der großen Umwälzung, die in den letzten Tagen vor sich gegangen ist, musste aus technischen Gründen vorübergehend das Erscheinen der ›Preßburger Zeitung‹ eingestellt werden. Nun hat der Verlag unter der neuen Leitung beschlossen, dieselbe wieder erscheinen zu lassen. Allerdings nicht mehr wie bisher wird die jüdische ›Intelligenz‹ das Blatt gestalten und Gift in das Volk träufeln, sondern nationalsozialistischer Gestaltungswille und nationalsozialistisches Gedankengut wird die Zeitung zum Instrument des Großdeutschen Reiches machen ... Preßburger! Freiheit und Friede ist angebrochen, die neue Leitung grüßt Euch mit dem Gruß, der dem deutschen Volke heilig ist: ›Heil Hitler!‹ K.L.«

Trotz »neuer Leitung« und »Heil Hitler« erschien die »Preßburger Zeitung« nur noch wenige Wochen, dann wurde sie zugunsten des nationalsozialistischen »Grenzboten« eingestellt. Zu diesem Zeitpunkt besuchte ich die zweite Klasse des einzigen deutschsprachigen Gymnasiums in Preßburg. Die Aufregung unter den Schülerinnen und Schülern war groß. Als staatliches Gymnasium der gestern noch existierenden tschechoslowakischen Republik war es eine liberale und demokratisch geführte Schule. Mädchen und Buben in derselben Klasse, katholische, protestantische und jüdische Kinder. Daheim hatten sich wohl die Eltern schon die Frage gestellt, wie lange das noch so bleiben werde. Es blieb noch bis zum Schulschluss im Juni dieses Jahres 1939. Als ich im Herbst in die nächste Klasse kam, gab es keine jüdischen Mitschüler mehr. Dies wurde uns vom Direktor der Schule, der den Namen Meznik trug, persönlich mitgeteilt. Mit »tiefem Bedauern«, wie er ausdrücklich betonte. Die jüdischen Mitschüler würden von nun an in »andere Schulen« gehen. Was sie zunächst auch tun konnten. Zumindest ein slowakisches oder ungarisches Gymnasium konnte, durfte sie noch aufnehmen. Von unseren Lehrern, die, wie es österreichisch Brauch war, von uns als Herr und Frau Professor angesprochen wurden, gaben sich nur zwei als Nationalsozialisten zu erkennen, obwohl es diese Partei als solche in Preßburg nicht gab. Die »national Gesinnten« sammelten sich in der sogenannten »Karpatendeutschen Partei«, einer Schwesterpartei der »Sudetendeutschen Partei«, die schon längere Zeit unter der Führung Konrad Henleins auf den Anschluss an Deutschland hinarbeitete. Es gab drei deutsche Jugendvereine in Preßburg, den »Deutschen Turnverein«, die »St. Georgs Pfadfinder« und den »Wandervogel«. Ich ging zum Schwimmunterricht in den »Turnverein«. Jetzt wurden die Pfadfinder aufgelöst, der »Wandervogel« und der »Turnverein« der neu gegründeten »Deutschen Jugend« eingegliedert, die dann immer mehr der Hitlerjugend angeglichen wurde.

Um zunächst bei der Schule zu bleiben. Der Lehrplan und die Schulbücher dieser deutschsprachigen Schule folgten noch viele Jahre nach dem Ersten Weltkrieg den österreichisch-ungarischen Schulplänen. Das blieb auch jetzt noch eine Weile so, bis dann die Lehrbücher durch solche aus Deutschland ersetzt wurden. Auch der liberale Direktor Meznik wurde von einem Österreicher namens Olbricht abgelöst, einem Verwandten des Erbauers der Wiener Secession. Unter dieser Direktion mussten die Professoren mit »Heil Hitler« grüßen und am Anfang und am Ende des Schuljahrs hatten die Schüler aller Klassen auf dem großen Sportplatz der Schule zu einer Art Appell anzutreten, bei dem der Direktor eine Rede hielt.

Im Unterricht jedoch war vom Nazismus nur wenig zu spüren. Lediglich der Biologieprofessor verwandelte die Mendelsche Erbfolgelehre in eine Rassenlehre. Seine Frau, die Musikprofessorin, brachte uns keine Nazilieder bei. Olbricht hingegen, der Kunst unterrichtete, ließ uns deutsche Flugzeuge zeichnen, die Bomben auf England warfen.

Daheim hörten wir regelmäßig die Nachrichten des Schweizer Senders Beromünster und die deutschen Nachrichten der BBC. Interessanterweise wurde da in der Familie nicht getan, als wäre das verboten und müsste geheim gehalten werden. Ich nehme an, dass es ein solches Verbot auch in der Slowakei gab, andererseits hörte man englische BBC-Nachrichten im Sommer auch manchmal aus offenen Fenstern in den Straßen. Zuhause waren diese Nachrichten immer Gegenstand der Diskussion und des Vergleichs mit den Nachrichten des Reichssenders Wien. Der Unterschied war meist groß. Recht engagiert erzählte ich davon immer wieder den Mitschülern. Auch einmal im Umkleideraum des Turnsaals. Olbricht hörte da offenbar mit und stellte mich nach der Turnstunde zur Rede: Ich möge das künftig nicht mehr tun, das sei nicht in Ordnung und in der Schule verboten. Mehr aber nicht. Er fragte nicht, woher ich diese Nachrichten hatte.

Es wurde schwerer, sich dem Druck der »Deutschen Jugend« zu entziehen. Zwei meiner Freunde entfremdeten sich mir, weil sie Führer in dieser DJ geworden waren, was ihre Interessen und Ansichten prägte und ihnen kaum noch Zeit für freundschaftliche Begegnungen ließ. So suchte ich mir neue Freunde. Die waren leidenschaftliche Tarockspieler und hatten mit der DJ nichts am Hut. Wir hatten es bald heraus, wie man das Tarockspielen auch den eigenen Eltern gegenüber vertreten konnte. Wir nahmen uns vor und hielten das auch ein, täglich nach Unterrichtsschluss gemeinsam unsere Hausaufgaben zu erledigen und in der Schule problemlos weiterzukommen. So durften wir auch am Abend abwechselnd bei dem einen oder anderen Freund daheim Karten spielen, auch wenn es dabei etwas später wurde. Auch ins Kino gingen wir oft, und in Preßburg wurden nicht nur die deutschen, sondern auch italienische und französische Filme mit Untertiteln gezeigt. Danielle Darrieux und Maurice Chevalier waren uns so bekannt wie Magda Schneider und Paul Hörbiger.

Mein Vater war nun arbeitslos, aber nicht ohne Freunde. Einige von diesen behielten ihre Posten, auch in der neuen Tiso-Slowakei. Wie sich überhaupt ein Netzwerk bildete von Menschen, die die Zerschlagung der Tschechoslowakei betrauerten und die die immer stärker werdende Einflussnahme der von Deutschland in die Slowakei entsandten »Berater« und Aufpasser empörte. Es war eine merkwürdige Mischung von Zusammenhalt und Überlebenskunst.

Und so geschlossen, wie das nach außen hin schien, war auch das politische Lager rund um den Staatspräsidenten Tiso nicht. Dieser war der Führer der slowakischen »Volkspartei«. Ihn und seine Partei kann man nur erklären, wenn man sich kurz mit der Geschichte der Slowaken vertraut macht. 800 Jahre lang gehörte die Slowakei zu Ungarn, Oberungarn genannt. Und die königlichen Ungarn gingen nicht sanft um mit den Völkern, die sie beherrschten. So war es den Slowaken nicht erlaubt, eine Mittelschule zu besuchen, ohne ihren slowakischen Familiennamen abzulegen, einen ungarischen anzunehmen und sich zum Magyarentum zu bekennen. Ein höheres Studium für Slowaken gab es nur im Rahmen einer Ausbildung zum Priester. Ganz im Gegensatz zu den österreichisch regierten Tschechen, denen alle Schulen und auch die Prager Universität offen standen. Aber das erklärt auch, warum die nationalistischen Führer der Slowaken Priester waren – Andrej Hlinka und Jozef Tiso, beide waren Prälaten.

Innerhalb dieses nationalen Lagers bestanden zwei ideologische Richtungen, die anti-ungarische und die sich langsam herausbildende anti-tschechische. Tiso war noch von der tschechoslowakischen Regierung zum Ministerpräsidenten der Teilrepublik Slowakei ernannt worden. Das war noch nicht der eigene Staat. Zu diesem wurde er erst gedrängt durch Baldur von Schirach und Seyß-Inquart im Auftrag Hitlers und letztlich in Form eines Ultimatums: Entweder bereit zu sein, mit der Unabhängigkeitserklärung der Slowakei Hitler den Vorwand zur Zerschlagung der Tschechoslowakei zu liefern oder Hitler würde den von Horthy geführten Ungarn freie Hand zum Einmarsch in die Slowakei geben. Die Vorstellung, wieder unter ungarische Herrschaft zu geraten, gab der Entscheidung, einen eigenen slowakischen Staat auszurufen, vermutlich auch einen starken Impuls.

Dass das jetzt auf Befehl Hitlers geschah und mithilfe des Deutschen Reichs, bestärkte die faschistischen Kräfte innerhalb des Tiso-Lagers, die sich zurzeit noch am Vorbild des italienischen Faschismus Mussolinis orientierten. Wie Mussolinis Schwarzhemden in Italien stellten auch sie eine Parteiarmee, die »Hlinka-Garde«, benannt nach dem ersten Führer der »Volkspartei«, Andrej Hlinka. Im Laufe der nächsten Jahre sollte sie sich immer mehr am Nationalsozialismus orientieren und an Einfluss gewinnen. Aber noch gab es Spielraum im politischen Rahmen dieser Slowakei.

Zur Versorgung der Zeitungen und des Rundfunks mit Nachrichten wurde eine eigene Presseagentur eingerichtet. Ihre Aufgabe war es auch, Verträge mit ausländischen Nachrichtenagenturen abzuschließen und deren Nachrichten ins Slowakische und Deutsche zu übersetzen und an die Zeitungen und Radiostationen weiterzuleiten. Unter anderen gehörte zu diesen Vertragspartnern nicht nur das Deutsche Nachrichtenbüro, DNB, in Berlin, sondern – zunächst direkt aus London, danach auf dem Umweg über die Schweiz – auch die britische Nachrichtenagentur Reuters und die Schweizerische Depeschenagentur – und das bis zum Ende des Krieges. Trotz des Einspruchs der sogenannten deutschen Volksgruppenführung erhielt mein Vater eine Stelle in dieser slowakischen Presseagentur.

Das war nicht selbstverständlich. Mein Vater hatte sich als Chefredakteur der »Preßburger Zeitung« nicht nur für die tschechoslowakische Republik und die Demokratie eingesetzt, er verfasste auch eine zweibändige »Geschichte der Stadt Bratislava-Preßburg«. Die Geschichte der bedeutenden jüdischen Gemeinde Preßburgs wurde in diesen Büchern von dem angesehenen Schriftsteller Samuel Bettelheim abgehandelt. Bis zum heutigen Tag gelten die beiden Bücher meines Vaters als Schlüsselwerke zur Geschichte von Preßburg-Bratislava. Aber im Jahre 1939 wurde ihr Verkauf verboten und sie mussten aus allen Bibliotheken in der Slowakei entfernt werden, weil in ihnen die großen Verdienste jüdischer Bürger an der kulturellen und wirtschaftlichen Entwicklung der Stadt gewürdigt wurden.

In der Schule hatte die Haltung meines Vaters keine Auswirkungen auf mich, keiner der Professoren ließ mich das spüren. Fast das Gegenteil. Denn dann und wann kam es sogar zu offen vor den Schülern ausgetragenen politischen Diskussionen. Der Tiso-Staat war ein Vasallenstaat des Dritten Reichs, kein Zweifel. Aber der Staatspräsident war ein römisch-katholischer Priester und der Religionsunterricht in den staatlichen Schulen ein Pflichtfach. Unser Religionslehrer war Pater Klecka (ausgesprochen Kletzka), ursprünglich Theologe an der Universität von Breslau und Gegner des Hitler-Regimes. Noch in den Dreißigerjahren floh er nach Polen und wirkte an der Universität von Krakau. Nach dem Überfall Hitlers auf Polen floh er in die Slowakei. An die Universität ließen sie ihn zwar nicht, aber am deutschsprachigen Gymnasium durfte er Religionsprofessor sein.

Natürlich war seine Lebensgeschichte bald bekannt. Einige DJ-Führer in der Schule, vielleicht aus eigenem Antrieb, aber – wie ich vermute – eher angestiftet, versuchten Pater Klecka zu provozieren, mit allem, was die Nazis der Kirche vorwerfen konnten: Inquisition und Hexenverbrennung. Da riss Klecka einmal die Geduld und er rief aufgeregt: »Die Kirche hat ihre Fehler längst einbekannt, bei euch aber müssen erst die Bolschewiken kommen, um eure Morde aufzudecken!« Danach herrschte Stille. Wohl die meisten, und auch ich, konnten sich keinen Reim auf diese Aussage machen. Mein Vater, dem ich das erzählte, verstand sofort.

Die deutsche Propaganda gab damals die Entdeckung von Massengräbern in der Nähe der russischen Stadt Katyn bekannt, Tausende polnische Offiziere seien dort von den Sowjets erschossen worden. Das entsprach zwar, wie sich später herausstellte, der Wahrheit, doch die Sowjetunion bestritt das und behauptete, dass dieser Massenmord selbstverständlich von den Nazis begangen worden sei. Pater Klecka glaubte offenbar den russischen Erklärungen mehr als denen der Nazis. Und das tat auch mein Vater. Erst lange nach dem Ende des Krieges wurde bestätigt, dass der Massenmord vom sowjetischen KGB verübt worden ist.

Klecka war nicht der einzige Professor, der sich vor den Schülern gegen die Nazis stellte. An seinen Vornamen kann ich mich nicht mehr erinnern, aber unser Geschichtsprofessor hieß Gratzer. Im Juni 1944 hielt Gratzer seine letzte Unterrichtsstunde in diesem Schuljahr. Wie vorgeschrieben, hätte er sich mit einem »Heil Hitler« von den Schülern zu verabschieden gehabt. Aber da stand Professor Gratzer vor dem Katheder und rief in die Klasse: »Wer bei der Matura nicht weiß, was eine Koalition und was eine Opposition ist, wird bei mir nicht durchkommen!« Und dann aus voller Kehle: »Liberté, Égalité, Fraternité!« Verließ das Klassenzimmer und ließ uns frappiert zurück. Wir lernten Englisch und konnten nicht Französisch, aber was das bedeutete, verstanden die meisten oder lernten es jetzt: Das war der Ruf der Französischen Revolution nach Freiheit, Gleichheit, Brüderlichkeit und seither die Basis für jede Demokratie.

Dass wir zu dieser Zeit noch in die Schule gehen konnten, war auch keine Selbstverständlichkeit. Schon ein Jahr früher sollten wir in ein sogenanntes Wehrerziehungslager nach Kärnten eingezogen werden. Die Schüler aus der Klasse vor uns hatten das schon hinter sich und was die uns darüber berichteten, erfüllte uns mit Schrecken. Man hatte sie körperlich bis zur Erschöpfung geschunden und einige von ihnen auch psychisch gebrochen. Wie konnte man dem entgehen? Manche Eltern versuchten es mit ärztlichen Bescheinigungen, ohne Erfolg. Aber zwei Mitschüler von uns fanden einen Weg: Sie meldeten sich zur Freiwilligen Feuerwehr. Und die war kriegswichtig. Preßburg lag wie Wien in Reichweite amerikanischer Fliegerverbände. In Preßburg stand die damals wahrscheinlich größte Erdölraffinerie Mitteleuropas. Sie trug den Namen »Apollo« und verarbeitete das auf Donautankern herangebrachte rumänische Erdöl zu Benzin und Diesel, auch für die Deutsche Wehrmacht. Schon beim ersten Bombenangriff standen viele der großen Öltanks der Raffinerie in Flammen, die schwarze Rauchsäule stieg so hoch in den Himmel, dass man sie vom Kahlenberg in Wien aus deutlich sehen konnte.

So war die Feuerwehr tatsächlich kriegswichtig. Fast die Hälfte der Schüler unserer Klasse, darunter auch ich, meldete sich bei der Feuerwehr und wurde von der Wehrerziehung befreit. Dafür mussten wir lernen, mit Schläuchen, Wasser, Pumpen und Leitern umzugehen, vor allem auch brennendes Öl mit Schaum zu löschen. Aber wir konnten weiter in die Schule gehen, nur bei Fliegeralarm mussten wir zu den Löschgeräten laufen.

Dass ich das berichte, soll nicht davon ablenken, was in dieser Tiso-Slowakei sonst geschehen ist. Zwar von den Nazis dazu gedrängt, aber wohl auch aus freien Stücken, führte die Tiso-Regierung eine Judengesetzgebung nach dem Muster der Nürnberger Gesetze des Dritten Reichs ein. Juden hatten einen gelben Stern zu tragen, wurden aus allen öffentlichen Dienststellen entlassen, ihre Geschäfte und Betriebe »arisiert«, also geraubt. Allerdings hatte sich Tiso in der Gesetzgebung ein Schlupfloch gelassen: Der Präsident, also er, konnte Ausnahmen von der Gesetzgebung verfügen. Die gewährte er an die tausend jüdischen Familien, schätzungsweise 5000 Personen.

Doch dann kamen Adolf Eichmann und seine Helfer ins Spiel. Sie forderten die Tiso-Regierung auf, slowakische Juden »zur Umsiedlung« nach Polen auszuliefern. Und bedienten sich eines Täuschungsmanövers: Sie verlangten für diese »Ansiedlung« der Juden in Polen pro Person einen Betrag von 500 Reichsmark und erweckten damit den Anschein, dass es sich tatsächlich um eine Ansiedlung handle.

Was rund um diese Forderung in der Regierung und in der »Volkspartei« vor sich ging, darüber kenne ich keine historisch gesicherten Erkenntnisse. Für mich besteht kein Zweifel daran, dass der Antisemitismus ein Bestandteil des Tiso-Nationalismus war und das »Umsiedlungsangebot« der Eichmann-Gruppe daher Zustimmung fand. Tausenden jüdischen Familien wurde angeordnet, die Koffer zu packen und sich für den Abtransport nach Polen bereitzumachen. 60.000 Personen sollen es gewesen sein. Und der geforderte Betrag für ihre »Ansiedlung« wurde auch gezahlt. Aber von den angeblich Angesiedelten hörte man bald nichts mehr.

Hingegen meldete sich eines Tages der Päpstliche Nuntius in Preßburg, Giuseppe Burzio, bei Tiso: Der Kirche lägen eindeutige Beweise vor, dass die Juden in Vernichtungslagern ermordet würden. Er appellierte an Tiso, »weitere Tragödien zu verhindern«. Der Nuntius traf sich auch mit dem Stellvertreter Tisos, Vojtech Tuka, und händigte ihm eine Demarche des Heiligen Stuhls aus. Tuka versprach, eine Kommission einzuberufen, die die Situation der slowakischen Juden in Polen überprüfen würde. Der deutsche Autor Rolf Hochhuth zitiert diese Intervention des Päpstlichen Nuntius in Preßburg in seinem Theaterstück »Der Stellvertreter« als Beweis dafür, dass die Kirche und der Papst über die Ermordung der Juden in Vernichtungslagern informiert waren. Tuka hielt Wort und bestellte diese Kommission, auf deren Zusammensetzung allerdings die deutschen Behörden Einfluss nahmen. Dennoch wurde der Kommission die Reise nach Polen verweigert. Zu diesem Zeitpunkt war die Mehrzahl der slowakischen Juden, die nach Polen deportiert worden waren, bereits ermordet. Man zeigte der Kommission das Konzentrationslager Theresienstadt in Böhmen. Dort ließen die Nazis sogar Kommissionen des Internationalen Roten Kreuzes zu. Und einen Film des deutschen Propagandaministeriums, gedreht mit dem Titel »Der Führer schenkt den Juden eine Stadt«. Darin sah man Lagerinsassen beim Musizieren, beim Theaterspielen, beim Fußballmatch, bei der Gartenarbeit und beim Essen. Mit solchen gestellten Szenen wurden die Kommissionen getäuscht – auch die Kommission aus Preßburg sollte so getäuscht werden. Tatsächlich gingen von Theresienstadt regelmäßig Transporte in das Vernichtungslager Auschwitz ab. Zwar gab es auch in Theresienstadt vereinzelt slowakische Juden, aber keine, von denen behauptet worden war, sie würden in Polen angesiedelt. Den noch in der Slowakei befindlichen Juden wurden jetzt Erleichterungen gewährt. Der gelbe Stern wurde durch einen kleineren, violetten Keramikstern ersetzt, der wie ein Abzeichen getragen und leicht verdeckt werden konnte. Die tödliche Gefahr für Juden schien abgewendet zu sein. Doch nur für den Moment.

In der Slowakei bahnte sich eine große Wende an. Die Slowakei hatte als Verbündete des Dritten Reichs am Krieg gegen die Sowjetunion teilgenommen, mit zwei Divisionen. Es sei Pflicht, den atheistischen Bolschewismus zu bekämpfen, erklärte der Monsignore Tiso. Aber nicht wenige der slowakischen Offiziere waren anderer Meinung. Sterben für Hitler? War das Pflicht? Über die Front hinweg gab es bald Kontakte zwischen solchen Offizieren und den Verbindungsleuten der auch von Moskau aus operierenden tschechoslowakischen Exilregierung, die unter der Führung des früheren Präsidenten der ČSR, Edvard Beneš, stand.

In der Slowakei wurde der Aufstand vorbereitet. Sowjetische Partisanenführer aus der Ukraine wurden in der Mittelslowakei abgesetzt, organisierten mithilfe von Teilen der slowakischen Armee eine eigene slowakische Partisanentruppe. Sobald die Rote Armee den Gebirgszug der Karpaten erreichte, sollten diese Partisanen die Deutsche Wehrmacht daran hindern, ihre Front über die Karpatenpässe mit Nachschub zu versorgen.

Aber einige Offiziere der slowakischen Armee wollten mehr: Die Tiso-Regierung sollte gestürzt werden – mithilfe der slowakischen Armee, noch bevor die Sowjets kamen. So brach der Aufstand in der Slowakei los, lange bevor die Rote Armee eintraf. Das gab der deutschen Heeresleitung Zeit, mit ihren Truppen in die Slowakei einzumarschieren und den Aufstand zu bekämpfen. Es dauerte fast drei Monate, ehe der letzte Widerstand der Slowaken gebrochen war. Doch das war trotzdem schon das

Ende der von Jozef Tiso geschaffenen Slowakei. Tiso durfte zwar noch in seinem Palais in Preßburg residieren, aber was jetzt im Land geschah, bestimmten die deutschen Besatzer. Und mit ihnen waren auch die Häscher Eichmanns wiedergekommen. Den noch in Preßburg lebenden Juden wurde befohlen, sich reisefertig vor dem Rathaus einzufinden, was aber nur wenige taten.

Nun wiederholte sich hier, was in Wien schon Jahre zuvor stattgefunden hatte: Die Juden wurden aus ihren Häusern und Wohnungen abgeführt. Es gab, so hieß es, keinen Widerstand. Das lag wahrscheinlich auch daran, dass die Familien beisammenbleiben konnten und man ihnen erlaubte, pro Person einen Koffer mitzunehmen. So gehe man doch nicht in den Tod, sollte man daraus schließen.

Um diese Zeit aber hatten vermutlich schon alle Juden von Auschwitz gehört. So beruhigte man sie: Nein, sie würden nach Sered gebracht, kein deutsches, ein slowakisches Lager in der Mittelslowakei. Auch sei die Internierung nur für kurze Zeit gedacht – bis die Sowjetarmee »zurückgeschlagen« sei.

In meiner Familie herrschte Entsetzen. Mein Vater glaubte nicht daran, dass Sered die Endstation der Transporte sei, sondern nur ein Umleitungsplatz. Meine Familie hatte mehrere jüdische Freunde, einige von ihnen hatten es geschafft, das Land rechtzeitig zu verlassen, obwohl wir zurzeit nicht wussten, ob ihre Flucht auch geglückt war. Zu den besten Freunden zählte die Familie Kellermann, Vater, Mutter, Sohn. Die waren nicht geflohen, sondern wurden von gemeinsamen Bekannten versteckt. Wo, das wussten nur mein Vater und die Slowakin Kathi. Kathi war einige Jahre als sogenannte »Kinderfrau« bei uns und half meiner Mutter, mich zu betreuen. Kathi heiratete dann, blieb uns aber immer gewogen, und auch unseren Freunden. Sie half mit, die Familie Kellermann zu verstecken und mitzuversorgen. Die Kellermanns überlebten den Krieg und blieben danach noch einige Zeit in Preßburg.

Zurück in das nun deutsch besetzte Preßburg. Jetzt, da alles zusammenzubrechen schien, gab es für mich und meine Mitschüler eine unerwartete Wende. Die Ereignisse hatten uns ziemlich verstreut: Mehrere aus unserer Klasse waren bei der Feuerwehr, andere hatte man über Nacht so eingezogen wie in Deutschland den »Volkssturm«. Unausgebildet wurden sie in das Partisanengebiet geschickt. Zwei unserer Mitschüler waren von dort schon zurückgekommen, sie lagen verwundet im Krankenhaus.

Doch jetzt zur »Wende«. Plötzlich hieß es: Im Gebäude des Gymnasiums werde ein Maturalehrgang eingerichtet (nein, nicht Matura, Abitur hieß es jetzt). Aus der Feuerwehr würden wir entlassen, aber nach dem Abitur nicht mehr zurückkehren, sondern zum Wehrdienst einberufen, zur Waffen-SS. Das war das Schicksal jener Deutschen, die keine Staatsbürger des Deutschen Reichs waren. Die Ungarn hatten das erfunden, sie wollten ihre Deutschen – die »Schwaben« – nicht in den Reihen ihrer Armee haben, die sollte rein ungarisch sein. So boten sie an, die Deutschen nach Deutschland einrücken zu lassen. Aber weil sie keine Reichsbürger waren, durften sie nicht in der Wehrmacht dienen. Heinrich Himmler griff zu, in die Waffen-SS mit ihnen. Dort hatten sie auch einen Namen – sie wurden »Beutegermanen« genannt. Die Slowaken folgten dem Beispiel der Ungarn.

Für meine Mitschüler und mich zählte im Moment, dass wir jetzt weiter in die Schule gehen konnten. Trotz all dem, was in den letzten Monaten geschehen war, Partisanen und Aufstand der Armee, Einmarsch der deutschen Truppen, schwere Kämpfe in der Mittelslowakei, Judenverfolgung – das slowakische Parlament funktionierte noch, die Abgeordneten traten zusammen, darunter auch die Abgeordneten der Deutschen Partei. Sie brachten einen Antrag ein: Die Schüler der Abiturklassen des deutschen Gymnasiums und der Handelsakademie seien von allen Kriegsverpflichtungen freizustellen, um ihr Abitur abzuschließen, unter der Bedingung, danach den Wehrdienst anzutreten. Die Formel auf dem Abiturzeugnis hatte man von dem in

Deutschland um diese Zeit üblichen »Kriegsabitur« abgeschaut: »Dem Schüler wird die Reife zuerkannt« bei Eintritt in den Wehrdienst.

Wir gingen in die Schule. Auch einige unserer bisherigen Professoren hatten sich eingefunden. Und versuchten, so gut es ging, uns doch noch etwas beizubringen, von der höheren Mathematik, der Chemie, der Physik und auch der Geschichte. Der Geschichtsprofessor hieß diesmal Homann und bestand darauf, dass wir uns dem Studium der Geschichte der österreichisch-ungarischen Monarchie zu widmen hätten. Einige Schüler murrten, fanden offensichtlich gerade Österreich-Ungarn nicht zeitgemäß. Aber Homann hatte sich das wohl genau überlegt, setzte sich in Pose und sagte mit Nachdruck: »Ihr werdet noch alle der österreichisch-ungarischen Monarchie nachweinen.« Was er damit meinte, verstanden wir, so glaube ich, im Moment alle nicht. Aber ich musste seither oft daran denken.

Trotz der verkürzten Schulzeit nahmen wir das Abitur sehr ernst. Und folgten auch den Traditionen, die in Preßburg anlässlich der Matura immer schon wahrgenommen wurden. Die Schüler wurden mit ihrem Klassenvorstand fotografiert und das Foto als großes Tableau im Schaufenster eines der Geschäfte auf der sogenannten Promenade der Stadt ausgestellt. Das Publikum war also eingeladen, die Maturanten zu bewundern und ihre Leistung zu würdigen. Dazu gehörte noch etwas: Die Maturanten trugen im letzten Monat ihrer Schulzeit ein dünnes, grünes Band im Knopfloch als stolzes Zeichen ihres geglückten Studiums. Auch das grüne Bändchen trugen wir jetzt.

Meine Freunde, Fritz Pospiech, Egon Korinek, Viktor Lacko, und ich beschlossen, zur Feier dieser Matura zum ersten Mal in unserem Leben in eine Bar, einen Nachtclub zu gehen. Den gab es und er befand sich in einem Keller. Auf dem Weg hinunter legten wir unsere Mäntel in der Garderobe ab. Der Oberkellner schätzte uns richtig als nicht sehr zahlungskräftige Gäste ein und setzte uns hinter eine Säule in die letzte Ecke des Lokals.

Die Bühne konnten wir nur mit Mühe sehen. Aber zu hören war alles und eine Sängerin begann gerade einen damals populären Schlager zu singen: »Stern von Rio, du könntest mein Schicksal sein ...« Sie kam nicht sehr weit, plötzlich krachte es, der Plafond des Lokals stürzte teilweise ein, danach prasselte durch das Loch eine Ladung Kohle, die im Keller darüber gelagert war. In das Haus hatte eine Bombe eingeschlagen. Eine sowjetische Bombe, wie wir später erfuhren. Das Lokal lag in unmittelbarer Nähe einer von deutschen Truppen besetzten Kaserne, die das Ziel des nächtlichen sowjetischen Luftangriffs war. Es gab in diesem Lokal viele Verletzte. Uns hatte die Säule geschützt, hinter die uns der Kellner gesetzt hatte.

Der Maturalehrgang sollte Ende April beendet sein, aber am 4. April 1945 erreichte die Rote Armee bereits die Vororte von Preßburg. Wir liefen in die Schule. Hier saß unser Klassenvorstand Benno Smekal. Er hatte uns einmal erzählt, wie tapfer er war als k. u. k. Soldat im Ersten Weltkrieg. Jetzt bewunderten wir ihn. Das Donnern der Kanonen war gut zu hören, aber Smekal blieb ruhig und stellte unsere Zeugnisse aus. Dann entließ er jeden von uns mit Händedruck und sagte: »Viel Glück.«

Mit dem letzten Zug, der den Preßburger Hauptbahnhof verließ, fuhren meine Mitschüler und ich nach Wien, eskortiert von einem Unteroffizier, der uns aus dem in Trümmern liegenden Ostbahnhof in das Arsenal führte. Im Arsenal hätten wir rekrutiert werden sollen. Aber die Mühe machte man sich nicht mehr. Die Rote Armee hatte auch schon den Stadtrand von Wien erreicht. Man drückte uns Marschbefehle in die Hand – nach Prag, mit dem Namen der Kaserne, in der wir uns zu melden hätten. Es fuhren noch Züge nach Prag. Und unsere Mitschüler machten sich auf den Weg zum Franz-Josephs-Bahnhof.

Ich hatte eine andere Idee und besprach sie mit meinen Freunden: Wir könnten über St. Pölten, Linz und Böhmisch Budweis nach Prag fahren. Die Fahrtroute war im Marschbefehl nicht vorgeschrieben, nur das Ziel. In St. Pölten, Oberwagram befand sich der Bauernhof meiner Großeltern. Und meine Eltern hatten schon vor einigen Tagen die Fahrt dorthin angetreten. Die könnten wir noch einmal sehen. So fuhren wir mit der Straßenbahn zum Westbahnhof. Da ging heute kein Zug mehr nach St. Pölten. Erst am nächsten Morgen um sieben Uhr.

Vor dem Westbahnhof befand sich eine Unterkunft für Reisende: Es war ein Tunnelsystem und sollte wohl auch als Splittergraben bei Bombenangriffen dienen. Geleitet wurde die unterirdische Unterkunft von einer Oberschwester. Es gab noch einige freie Betten. Wir wurden aufgenommen, aber merkwürdigerweise aufgefordert, unsere Schuhe auszuziehen und zur Aufbewahrung abzugeben. Ich hielt das für eine hygienische Maßnahme. Die Schwester versprach, uns um sechs Uhr früh zu wecken. Wir suchten die uns mit Nummern zugewiesenen Betten auf.

Ich erwachte, sah auf die Uhr, es war 15 Minuten nach sechs. Wir waren nicht geweckt worden. Ich lief zur Oberschwester. Nein, teilte sie mir mit, Tagwache gäbe es erst um sieben Uhr, niemand werde früher geweckt, da alle hier anwesenden Soldaten zu einer Volkssturmeinheit zusammengefasst würden. Aber wir waren noch keine Soldaten, wir waren in Zivil und hatten einen Marschbefehl nach Prag. Ich wartete keine Antwort mehr ab, lief durch das Tunnelsystem und rief laut die Namen meiner Freunde, denn wo sie schliefen, wusste ich nicht. Sie hörten mich und kamen, wir holten unsere Schuhe ab, verließen die Unterkunft und gingen zum Bahnhof. Dort drängte sich eine Menschenmenge durch einen schmalen Zugang zum Bahnsteig. Alle wurden kontrolliert, mit unseren Marschbefehlen konnten wir ungehindert passieren.

Für die Fahrt nach St. Pölten benötigte der Zug mit vielen Aufenthalten nahezu drei Stunden. Er kam auch nur bis zur Bahnbrücke über die Traisen, der Bahnhof selbst lag in Trümmern, er war von amerikanischen Fliegern bombardiert worden. Wir liefen die Bahnböschung hinunter und durch den Stadtpark auf den Weg nach Oberwagram, wo sich der Bauernhof meiner Großeltern befand. Meine Großeltern lebten nicht mehr, aber der Bruder meines Vaters, seine Frau und seine Tochter bewirtschafteten das Anwesen. Einer der Söhne war im Krieg gefallen, ein zweiter noch bei der Wehrmacht. Meine Eltern waren schon da und auch wir wurden freundlich aufgenommen.

Hier hätten wir das Ende des Krieges abwarten können. Um Wien wurde bereits gekämpft, es konnte also nur noch wenige Tage dauern, bis die sowjetischen Truppen auch hier eintrafen. Und einen Entschluss hatten wir bereits gefasst: Wenn nur irgend möglich, nicht in die Waffen-SS! Doch hierbleiben konnten wir auch nicht. Das Haus lag an einem Hügel – und diesen wollten die deutschen Truppen offenbar verteidigen. Jedenfalls erschienen sie in unserem Haus und nahmen den von uns eben erst verlassenen Heustadel als Unterkunft in Anspruch. So zogen wir weiter – nicht vom bombardierten St. Pöltener Bahnhof, aber vom Mariazeller Bahnhof ging noch ein Zug nach Linz. Er war voll mit Flüchtlingen aus den Balkanstaaten. Bei Kleinmünchen wurde unser Zug angehalten, alle männlichen Reisenden mussten zur Kontrolle aussteigen. Einige Passagiere verfügten offenbar nicht über die richtigen Papiere, sie wurden von den Kontrolloren abgeführt. Wir aber blieben mit unseren Marschbefehlen unbeanstandet. Bevor wir wieder einsteigen konnten, warf ich noch einen Blick zurück und traute meinen Augen nicht: Nicht weit von der Kontrollstelle stand ein Baum, an dem zwei Menschen aufgehängt waren. Hätte uns das auch passieren können, fragten wir uns. Konnte uns das noch passieren? Andererseits: Wie viel Zeit blieb uns noch, um von Wien nach Prag zu gelangen, ohne als Wehrdienstverweigerer zu gelten? Von jetzt an nahmen wir dieses Risiko bewusst auf uns. Lange konnte der Krieg nicht mehr dauern.

In Linz mussten wir in einen Zug nach Böhmisch Budweis umsteigen. Der aber fuhr erst am nächsten Tag – und er war dann so voll besetzt, dass wir nur noch zwischen den Waggons auf den Stoßdämpfern stehend mitfahren konnten. In Budweis mussten wir zwei weitere Tage auf einen Zug nach Prag warten.

In Prag, das hatten uns Mitreisende erzählt, da gäbe es auf dem Wenzelsplatz ein populäres Büffet namens »Koruna«, ein Zentrum des Schwarzmarkts. Dort könne man Zigaretten gegen Lebensmittelmarken eintauschen. Ich hatte viele Zigaretten im Koffer, denn – das war mir schon in Preßburg geraten worden – mit Zigaretten und Schnaps komme man überall weiter. In Prag angekommen, führte uns der erste Weg prompt ins »Koruna«. Das war wirklich überraschend: Für sechs Zigaretten erhielt ich tatsächlich einen Laib Brot! Überhaupt sah hier alles so aus, als lebe die Stadt in tiefstem Frieden. Wir kamen rasch ins Gespräch mit den Leuten.

Nein, Prag hatte noch keine Luftangriffe erlebt. Das sei wohl der tschechoslowakischen Exilregierung in London zu danken, hieß es. Alle Häuser der Stadt waren unbeschädigt. In den Kinos wurden die letzten deutschen Filme gezeigt – mit Marika Rökk und Johannes Heesters, Hans Moser, Theo Lingen und Kristina Söderbaum. Ab und zu sah man auf den Straßen auch Soldaten, deutsche Soldaten in SS-Uniform. Ihr Anblick brachte uns sehr schnell auf den Boden unserer Realität zurück – nämlich zu unserem Marschbefehl mit dem Namen jener Kaserne, in der wir uns melden sollten. Eine SS-Kaserne. Ich hörte die Stimme meines Vaters: »Wenn es irgendwie geht, nicht in die Waffen-SS!«

Wir waren uns einig: Wir wollten versuchen, so lange wie möglich nicht in diese Kaserne zu gehen. Obwohl wir auf den Plakatwänden in Prag die Kundmachungen lasen, wer gerade wegen Wehrdienstverweigerung hingerichtet worden sei. Auf den Straßen gab es Patrouillen, denen galt es auszuweichen. Naheliegend war, ins Kino zu gehen, so oft wie möglich. Und schlafen? Auch das bot sich an: In den großen Hallen des Prager Hauptbahnhofs lagerten jede Nacht viele Flüchtlinge. Das taten wir nun auch. Aber nicht lange. Eines frühen Morgens tauchte überraschend eine SS-Patrouille auf und kontrollierte alle Anwesenden, auch uns. Ob wir denn wüssten, wie man zu der in unserem Marschbefehl angeführten Kaserne käme? Nein, sagten wir. Das treffe sich ja gut, hieß es, die Patrouille werde jetzt in genau diese Kaserne zurückkehren, wir könnten uns ihr gleich anschließen.

Vor dem großen Tor der Kaserne stand ein SS-Posten. Als wir an ihm vorbeigingen, fragte ich mich, ob wir hier noch lebend herauskämen. Denn mitten im Hof standen schon einige uniformierte Männer, die ebenfalls von Patrouillen aufgegriffen worden waren und offensichtlich als Deserteure galten. Wir mussten neben ihnen Aufstellung nehmen, den Marschbefehl aus Wien hatte man uns abgenommen. Namen wurden aufgerufen, die Männer neben uns verschwanden, einer nach dem anderen. Dann waren auch wir an der Reihe. Wir rechneten mit dem Schlimmsten. Zu viert brachte man uns in die Schreibstube. Das sah nun nicht nach Standgericht aus. Der Mann dort in SS-Uniform hielt ein Schreiben in der Hand. Ein Fernschreiben aus dem Wiener Arsenal, wie sich herausstellte. Es enthielt unsere Namen und eine Korrektur: Wir seien irrtümlich nach Prag in Marsch gesetzt worden – und sollten jetzt unverzüglich zu einer SS-Panzergrenadier-Division in Nienburg an der Weser weitergeleitet werden. »Wo ist Nienburg an der Weser?«, fragten wir. »Bei Paderborn«, sagte der Schreiber. Das aber wussten wir schon aus den aktuellen Wehrmachtsberichten in der Zeitung: Paderborn war am Tag zuvor »in die Hand des Feindes gefallen«. Auch der Schreiber wusste das. Er musterte uns und sagte dann ganz ungeniert: »Da lauft ihr halt gleich in Zivil über.«

In diesem Moment war ich nur verblüfft, konnte meinen Ohren kaum glauben. Aber im Nachhinein klang es mir so, als hätte uns der Mann das im Ton des Sich-selbst-Bedauerns gesagt, weil er selbst diese Chance nicht hatte. Er stellte uns einen neuen Marschbefehl aus – nach Nienburg an der Weser. Und niemand hatte danach gefragt, wieso wir für den Weg von Wien nach Prag drei Wochen gebraucht hatten.

Noch einmal zurück zum Hauptbahnhof. Dort schien alles in Auflösung begriffen zu sein. Wir fragten nach Nienburg an der Weser, dem Ziel unseres Marschbefehls. Geht nicht, in dieser

Richtung bestenfalls noch bis Aussig an der Elbe. »Auch bis Brüx?«, fragte ich. »Ja, das können Sie versuchen.« Die Schwester meiner Mutter hatte dort ein Haus. So fuhren wir nach Brüx in das Haus meiner Tante. Dort hörten wir Radio, das deutschsprachige Radio Prag. Das klang aufgeregt. Die amerikanischen Truppen hatten Pilsen erreicht. Offenbar erwartete man, dass sie nun rasch nach Prag vorrücken würden. Aber dann hieß es, die Amerikaner hätten den Vormarsch eingestellt. Und – die Tschechen in Prag hätten sich bewaffnet und würden auf »die Deutschen« schießen – auf die Wehrmacht, die Waffen-SS? Doch bald darauf unterbrach Radio Prag seine Sendung. Tags darauf wussten wir weshalb: Vor unseren Fenstern sahen wir die ersten sowjetischen Soldaten. Sie waren dabei, in Brüx einzumarschieren. Den Soldaten folgte ein langer Zug von Panjewagen, von Pferden gezogene Leiterwagen, der Nachschub.

Wie in Prag, so trat auch in Brüx jetzt eine tschechische bewaffnete Truppe auf. Aber hier wurde nicht geschossen. Einige Tage später war der Krieg zu Ende. Deutschland hatte kapituliert. Welch ein Moment! Die Diktatur ist zu Ende, und hoffentlich kommt keine neue! Sehr schnell bildete sich in Brüx ein tschechischer sogenannter »Nationalausschuss«, auf dessen Anordnung offenbar nun alle Wohnungen und Häuser von den Milizionären durchsucht wurden. Wir meldeten uns bei diesem Nationalausschuss und ersuchten um eine Reisebewilligung nach St. Pölten. Sie wurde uns ausgestellt. Auch der Zugsverkehr nach Prag wurde rasch wieder aufgenommen. Wir nahmen Abschied von meiner Tante, hatten aber keine Ahnung, dass ihr und der Familie ihres Mannes in Kürze die Enteignung und Vertreibung aufgrund der seither berüchtigten Beneš-Dekrete bevorstand. Wir fuhren über Prag nach Böhmisch Budweis und von dort – immer noch mit der Bahn – bis an die österreichische Grenze bei Gmünd, Niederösterreich. Von dort allerdings ging es zu Fuß weiter.

Bei Pöchlarn trennten sich unsere Wege. Unsere Odyssee war zu Ende. Meine Freunde wollten versuchen, nach Oberösterreich durchzukommen, ihre Eltern vermuteten sie in Traunkirchen im Salzkammergut. Wir nahmen uns vor, sobald wir wussten, wo wir landen würden, einander Briefe zu schreiben – hauptpostlagernd Wien. Und das funktionierte sogar. Ein Jahr später besuchte ich sie in Traunkirchen.

Meine Eltern und ich wollten von St. Pölten zurück nach Preßburg. Mein Vater hatte sich uneingeschränkt zur Demokratie und der tschechoslowakischen Republik bekannt. Das wurde zwar anerkannt, aber für einen »Deutschen«, und als solche galten auch die Österreicher, sei nun kein Platz mehr in der neuen Beneš-Republik. Für meinen Vater war St. Pölten ja eigentlich eine Heimkehr und für mich auch keine Fremde, denn ich war als Kind oft in den Ferien auf dem Bauernhof meiner Großeltern.

Mit Eifer machte sich mein Vater daran, die Zeitungen des niederösterreichischen Pressvereins aufzubauen, die Zeitungen für St. Pölten, Krems, Amstetten und Wiener Neustadt. Niemand beneidete ihn um diese Aufgabe, niemand anderer wollte sie auch übernehmen. Denn das war Pressearbeit in der sowjetischen Besatzungszone. Die Regierungsmitglieder taten sich leicht, sie waren unangreifbar. Sie fuhren an den Wochenenden durch Niederösterreich und hielten wichtige Reden – gegen die Übergriffe der Sowjetsoldaten, gegen die USIA-Läden, gegen die sowjetische Ausbeutungspolitik. Darüber hatten die niederösterreichischen Zeitungen zu berichten und taten das auch. Aber jeden Freitag musste mein Vater vor dem Zensur-Offizier der Sowjets in St. Pölten erscheinen, um sich für den Inhalt seiner Zeitungen zu verantworten. Da kam es fast immer zu Auseinandersetzungen und Abmahnungen, und man konnte nicht sicher sein, wie das letztlich ausgeht.

Ich war einige Male dabei, wenn mein Vater am Freitagmorgen aufbrach. Er zog sich zwei Paar Socken und winterfeste Schuhe an, und er steckte sich eine Handvoll Würfelzucker in die Taschen. Das, so meinte er, hatte er in der russischen Kriegsgefangenschaft gelernt. Sollten die Sowjets ihn verhaften und verschleppen, musste er gutes Schuhwerk und zumindest die ersten Tage Nahrung dabeihaben. Was immer es auch genutzt hätte, er glaubte daran, ein Komplex aus der Kriegsgefangenschaft.

Jahrelang mussten meine Eltern ihre kleine Wohnung mit einer sowjetischen Offizierin im Rang eines Majors teilen, Küche und Bad inbegriffen. Sie wurde zwangseinquartiert. Im Jahr 1955 musste die Frau Major ihr Quartier räumen. Ich sah das Zimmer. Sie hatte es mit einer langen Schleife aus Klopapier dekoriert und auch ein Bild hinterlassen, offenbar das Einzige, das sie hatte: Josef Stalin. In den Wänden sah ich einige Einschusslöcher. Meine Eltern berichteten davon, die Majorin hatte oft Gäste und manchmal ging es sehr laut zu, einschließlich einiger Revolverschüsse. Offenbar nach Lust und Laune.

So hielt mein Vater den Posten als Chefredakteur der niederösterreichischen Zeitungen während der gesamten Besatzungszeit. Jahre später erhielt er dafür einen niederösterreichischen Orden und danach einen blaugelben Blumenkranz auf sein Grab. Doch zurück zum Jahr 1945.

Wir haben nichts
Glaubt an dieses Österreich

Ich wollte nicht Journalist werden. Ich wollte einen Beruf ausüben, der es mir erlaubt, wie ich es formulierte, »in die Welt hi-
nauszugehen«, fremde Länder zu sehen, andere Kulturen zu
erleben. Aber auch dazu sollte ich, musste ich, zuerst einmal
studieren. Also auf nach Wien, auf zur Universität, Mai 1945. Es
sprach sich herum: Die Universität wurde gerade wieder eröffnet.
Und tatsächlich, man konnte studieren! Zunächst nur in wenigen
Gegenständen. Genau genommen nur in den Fächern, für die es
Lehrkräfte gab. Denn die durften keine Nazis gewesen sein. Und
das waren nicht viele. Also inskribierte ich das Wenige, das angeboten war, aber doch den Weg in die Welt erleichtern würde:
nebst Philosophie und Psychologie Anglistik, Geografie und Ger-
manistik.

Das Gebäude der Wiener Universität war im Krieg von mehreren Bomben getroffen worden und stark zerstört. Eine einge-
stürzte Mauer erschwerte den Aufgang zum ersten Stock, und
dort gab es einen einzigen brauchbaren Hörsaal, ich glaube, er
trug die Nummer 38. Es waren nicht viele Studenten, die sich da
einfanden. Viele waren aus Krieg und Gefangenschaft noch nicht
heimgekehrt und nicht wenige waren gefallen. So war die Mehrzahl der Studierenden weiblich, ungefähr im Verhältnis 1:3. Aber
es gab schon eine Studentenvertretung, die »Hochschülerschaft«,
an ihrer Spitze Kurt Schubert. Er war es, der mir später erzählte,
wie es zur Öffnung der Universität gekommen war. Schubert
suchte auf eigene Faust den sowjetischen Stadtkommandanten,
General Blagodatow, auf und ersuchte ihn um Hilfe. Wie so vieles,

was in diesen Tagen geschah, unglaublich schien – der General rief einen Offizier, den er Schubert als »Kommissar« vorstellte, und meinte, er würde ihm bei der Wiedereröffnung der Universität beistehen. Es stellte sich heraus, so erzählte Schubert, dass der Offizier in Leningrad Kunstgeschichte studiert und eine Dissertation über die Wiener Ringstraße zur Erlangung seines Doktorats geschrieben hatte. Und er sprach Deutsch. Besser konnte es gar nicht sein, meinte dazu Schubert.

Mithilfe dieses Offiziers drang Schubert in die Räume des Rektorats vor. Schubert: »Ich wusste, das Wichtigste im befreiten Österreich ist, dass man einen Stempel hat, und so bat ich meinen russischen Begleiter, im Rektorat von Amts wegen eine Schreibtischlade aufzubrechen, was er auch tat. Wir entnahmen der Lade den Stempel mit der Aufschrift ›Rektorat der Universität Wien‹. Diesen Stempel hat er mir übergeben. Vorher mussten wir noch den Hakenkreuzadler herausschneiden. Jetzt war ich im Besitz eines Stempels. Das war ein ungeheures Machtmittel zu dieser Zeit. Und ich habe festgelegt, dass das Sommersemester 1945 im Mai beginnt.«

Ein zweiter Helfer fand sich ein, Wilhelm Czerny. Schubert und Czerny sammelten Namen von Professoren, suchten einige von ihnen persönlich auf und holten sie an die Universität. Andere meldeten sich selbst, darunter einige mit großen Namen: Adamovic, Meister, Arzt, Verdroß, Czermak. Es dauerte nur wenige Tage, da war der Lehrplan aufgestellt und der Studienbetrieb konnte beginnen. Kurt Schubert baute die Hochschülerschaft auf und verfügte als Erstes: Wer studieren will, muss vorher helfen, den Kriegsschutt wegzuräumen. Alle Studenten mussten einen 14-tägigen Arbeitseinsatz absolvieren. Das machte sich bemerkbar: In Kürze waren die Stiegenaufgänge der Universität wieder begehbar, einige weitere Hörsäle wieder zu benützen. Die Vorlesungen begannen.

Und ich konnte studieren. Für meinen Unterhalt wollte ich selbst aufkommen und fand einen Job im Wiener Verlagshaus der niederösterreichischen Zeitungen. Monatslohn 90 Schilling. Aber wo wohnen?

Auf dem Stephansplatz war nicht nur der Dom ausgebrannt, sondern auch viele der ihn umgebenden Häuser. Eine der ausgebrannten Fassaden hatte man mit einem Holzverschlag abgedeckt. Diesen Verschlag nutzten viele Menschen, um sich mit anderen Menschen zu verständigen. Auf kleine Zettel, die sie auf dem Holzverschlag befestigten, schrieben sie ihre Wünsche und Angebote. Dorthin ging ich und hoffte, dass auch irgendjemand ein Untermietzimmer anzubieten hatte. Als ich ankam, war eine ältere Dame gerade dabei, das zu tun. Sie bot einen Raum ihrer Zweizimmerwohnung zur Miete an. Ich sprach sie an und sie war bereit, mir dieses Zimmer um 30 Schilling pro Monat zu vermieten. Heute scheint das lächerlich billig gewesen zu sein, aber ich musste, wie viele Studenten, mit weniger als 100 Schilling im Monat durchkommen. Für die Miete, für die Monatskarte der Straßenbahn, für eine Mahlzeit täglich in der Studentenmensa. Und da sollten noch einige Schillinge übrig bleiben für Theater oder Kino.

Dann kam der Winter 1945/46, besonders kalt. Ich hockte in meinem kleinen, ungeheizten Untermietzimmer im fünften Bezirk, britische Zone. In der Wohnung gab es ein Radio und ich wurde eingeladen, die angekündigte Weihnachtsansprache des Bundeskanzlers Leopold Figl mitzuhören. Ich habe sie später auch in die Dokumentation »Österreich II« aufgenommen. Aber ich denke, ich sollte sie auch in diesem Buch wiedergeben. Denn sie sagt mehr über den damaligen Zustand des Landes und seiner Menschen aus, als ich hier beschreiben könnte: »Ich kann euch zu Weihnachten nichts geben. Ich kann euch für den Christbaum, wenn ihr überhaupt einen habt, keine Kerzen geben. Kein Stück Brot, keine Kohle zum Heizen, kein Glas zum Einschneiden. Wir haben nichts. Ich kann euch nur bitten: Glaubt an dieses Österreich!«

Ich weiß nicht mehr, wann und wo mir die Abbildung einer Zeichnung in die Hände fiel, die Oskar Kokoschka genau um diese Zeit in seinem Londoner Exil veröffentlicht hat. Der Titel: »Im Gedenken an die Kinder Europas, die diese Weihnachten an Kälte und Hunger werden sterben müssen.« Fast genau so stand es im Bericht, den die Nahrungshilfsorganisation der UNO, UNRRA, zur Lage in Österreich publizierte: »Österreich ist das Land, in dem die Menschen dem Hungertod am nächsten sind.«

Die wöchentliche Lebensmittelration für Erwachsene in der Wiener britischen Zone bestand aus 15 Dekagramm Haferflocken, 10 Dekagramm Zucker und einem halben Laib Brot. Später gab es ab und zu zusätzlich eine Konservendose mit unterschiedlichem Inhalt.

Doch es wurde auch geholfen. In der Schweiz lief eine große Aktion an: »Kartoffeln für die hungernden Wiener«. Tausende Schweizer spendeten Geld für diese Kartoffelhilfe. Hunderte Schweizer Familien erklärten sich bereit, Wiener Kinder für längere Zeit aufzunehmen und durchzufüttern. Der New Yorker Bürgermeister Fiorello LaGuardia kam nach Wien und ließ sich vom amerikanischen Hochkommissar die täglichen Lebensmittelrationen eines Wieners in natura vorführen. Er stand ehrenhalber der UNRRA vor, und die begann nun, Österreich in ihr Hilfsprogramm aufzunehmen.

Zur großen Wende, nicht nur für Österreich, sondern für ganz Westeuropa, kam es erst, als 1947 die Marshallplanhilfe der USA anlief.

Wie ein Rettungsanker
Was der Marshallplan bewegte

An Figls Weihnachtsrede kann man ermessen, was für die Menschen die Nachricht bedeutete, der amerikanische Außenminister George Marshall habe angekündigt, die Vereinigten Staaten seien zu einer großen Hilfsaktion bereit, um ganz Europa bei der Überwindung von Hunger, Not und Kriegszerstörung zu helfen. Alle europäischen Staaten seien eingeladen, an diesem Hilfsprogramm teilzunehmen. Offiziell European Recovery Program (ERP) genannt, aber bekannt wurde es als Marshallplan.

Eine großartige Idee: Alle europäischen Staaten sollten gemeinsam eine Organisation zur wirtschaftlichen Zusammenarbeit gründen, in der die wirtschaftlichen und finanziellen Bedürfnisse jedes einzelnen Landes zu erfassen seien. Die USA würden die benötigten Güter – Fabriksausrüstungen aller Art, Transportmittel, landwirtschaftliche Maschinen, Lebensmittel – und auch Geld kostenlos zur Verfügung stellen. Geliefert würden sie an die jeweiligen Regierungen. Diese sollten die Güter den Unternehmen und Menschen im eigenen Land zuteilen und die sollten sie für den Wiederaufbau verwenden – die Traktoren in der Landwirtschaft, die Maschinen in den Fabriken, die Turbinen in den Kraftwerken, die Waggons für die Eisenbahnen und so weiter und so fort.

Die Empfänger aber sollten diese Güter bezahlen, das Geld dafür sollte ihnen in Form langfristiger Kredite zu niedrigen Zinsen von den Regierungen zur Verfügung gestellt werden. Bezahlt würde praktisch also erst dann, wenn mit diesen Gütern bereits Geld verdient werden konnte. Das Geld, das für diese Kredite zurückfließen würde, sollte in einen eigenen Fonds fließen, der nach dem amerikanischen Hilfsprogramm zu benennen sei: ERP-Fonds. Die in diese ERP-Fonds fließenden Gelder, in nationaler Währung, sollten die Regierungen erneut als Kredite zur weiteren Unterstützung der Wirtschaft verleihen – langfristig und zu niedrigen Zinsen. Also eine sich stets erneuernde Kreditmaschine. Die USA verzichteten auf jede Bezahlung, alle Güter aus dem Marshallplan waren geschenkt.

Eine selbstlose Spende also der Amerikaner? Nicht so selbstlos. Die Vereinigten Staaten verfolgten mit dem Plan zwei Ziele: Eine Abwehrstrategie gegenüber der Sowjetunion – Westeuropa dürfe nicht auch noch kommunistisch werden und damit für die USA strategisch und auch wirtschaftlich verloren gehen. Der Plan aber würde gleichzeitig auch der amerikanischen Wirtschaft helfen, sich von der Kriegs- auf Friedenswirtschaft umzustellen. Denn das für den Marshallplan aufgewendete Geld der amerikanischen Steuerzahler würde ja fast zur Gänze im Land bleiben, die nach Europa zu liefernden Güter würden in den USA erzeugt und hier bezahlt werden. Für Amerika eine Win-win-Position.

Es ist gut, sich an diesen Mechanismus zu erinnern. Denn bei verschiedenen Krisensituationen in Europa taucht immer wieder der Gedanke auf, den in Not geratenen Ländern mit einer Art Marshallplan zu Hilfe zu kommen. Doch die Krisenländer in Europa brauchen in erster Linie Geld und keine Güter. Aber die finanzielle Hilfe so zu konstruieren, dass sie wie der Marshallplan beiden Seiten Nutzen bringt, den Gebern und den Nehmern, das ist eine gründliche Überlegung wert.

Auch lag dem Marshallplan eine noch viel weitergehende Idee zugrunde. Die teilnehmenden Staaten hatten sich ja in einer gemeinsamen Organisation zusammengefunden, die auch schon einen Namen trug: OEEC, die englische Abkürzung für »Organisation für europäische wirtschaftliche Zusammenarbeit«. In dieser Organisation wurden die Teilnehmerstaaten zur Zusammenarbeit verpflichtet, die Volkswirtschaften miteinander koordiniert und aufeinander abgestimmt. Heute kann man mit Fug und Recht sagen, dass die OEEC schon der Grundstein war für die spätere Europäische Wirtschaftsgemeinschaft und daher auch für die Europäische Union.

Die Regierungen aller beitrittswilligen Staaten wurden nun eingeladen, an einer von Großbritannien und Frankreich einberufenen Konferenz in Paris teilzunehmen und dort ihren Beitritt zum Marshallplan zu vollziehen. Ganz Europa war eingeladen, auch die Sowjetunion und alle Länder Ost- und Südosteuropas. Die neutralen Länder Schweiz und Schweden meldeten von sich aus ebenfalls ihre Teilnahme am Marshallplan an. Der sowjetische Außenminister Molotow kam nach Paris mit nicht weniger als 86 Experten und Beratern. So war man überzeugt, dass das Programm ganz Europa umfassen würde. Aber Molotow machte die Teilnahme der Sowjetunion von Bedingungen abhängig.

Die amerikanische Regierung hatte das Hilfsprogramm an zwei Voraussetzungen geknüpft. Die erste schon erwähnte: Alle Teilnehmer müssten sich in der OEEC zur gegenseitigen Wirtschaftshilfe zusammenfinden. Die zweite schien den in Paris versammelten Regierungsvertretern durchaus logisch und akzeptabel: Die Verteilung der Güter und der Gelder des ERP müsste unter amerikanischer Aufsicht stehen. Damit sollte vermieden werden, dass Güter und Gelder auf dem Schwarzen Markt landen, aber auch sichergestellt werden, dass die Regierungen die ERP-Gelder tatsächlich für die Ankurbelung der Wirtschaft und nicht zur Schließung ihrer Budgetlöcher verwenden.

Beide Bedingungen lehnte Molotow ab und stellte Gegenforderungen: Wenn schon Überwachung, dann sollte das ein Gremium der vier Siegermächte sein, und jedes Land müsste auch selbst darüber entscheiden können, was mit den Gütern geschieht, so sie einmal geliefert sind. Die USA wiesen diese Forderungen zurück. Daraufhin verließ Molotow die Konferenz in Paris.

In Prag jedoch beschloss die tschechoslowakische Regierung, dem Marshallplan beizutreten. Doch da beorderte Stalin den tschechischen Ministerpräsidenten Klement Gottwald und Außenminister Jan Masaryk zum Rapport nach Moskau, wo er ihnen verbot, am Marshallplan teilzunehmen. Ungarn und Polen zogen daraufhin auch ihre Teilnahmepläne zurück.

In Österreich löste das einen Schock aus. Regierung und Bevölkerung setzten große Hoffnungen auf die Hilfe aus Amerika. Doch wie sollte man sich jetzt verhalten? Auch ich verfolgte das damals mit Unbehagen und teilte die Sorge, eine Zusage Österreichs könnte die Teilung des Landes zur Folge haben. Doch wieder einmal zeigte sich die österreichische Regierung mutig und entschlossen. Der Antrag auf Teilnahme am Marshallplan kam im Ministerrat zur Abstimmung.

In diesem Ministerrat saß noch immer ein Kommunist, Karl Altmann, Minister für Elektrifizierung und Energiewirtschaft. Da die Kommunisten bei der Novemberwahl 1945 nur fünf Prozent der Stimmen erhalten hatten, hätte man sie bei der Regierungsbildung übergehen können. Mit Absicht aber lud man sie zur Teilnahme an der Regierung ein, nicht um die Kommunisten, sondern um die Sowjets nicht zu verstimmen. Wie würde sich Altmann nun verhalten? Die österreichische Verfassung sieht vor, dass alle Beschlüsse der Regierung einstimmig zu erfolgen haben, Altmann könnte also ein Veto einlegen. Nach der brüsken Absage aus Moskau war das zu befürchten. Zum Erstaunen und zur Erleichterung der Regierung und der Öffentlichkeit stimmte Altmann der Teilnahme am Marshallplan zu.

Dann gab es aber doch noch einen Rückschlag. Die Sowjets erklärten, dass sie amerikanische Kontrollen in ihrer Zone nicht zulassen würden. Sollte die Hilfe also jetzt nur den Westzonen zugutekommen und galt das Verbot auch für Wien als gemeinsam verwaltete Vierzonenstadt? Aber da geschah, was niemand geglaubt hätte, der die Unantastbarkeit der amerikanischen Kongressbeschlüsse kennt. Beide Häuser, Abgeordnete und Senatoren, beschlossen eine Ausnahmeklausel für Österreich: In der österreichischen Sowjetzone sei es gestattet, die ERP-Kontrollen nicht von Amerikanern, sondern von Österreichern vornehmen zu lassen. Das sowjetische Veto wurde damit hinfällig.

Nirgendwo ließ sich die triste Wirtschaftslage, in der sich Österreich damals befand, besser beurteilen als in dem dafür zuständigen Ministerium für Vermögenssicherung und Wirtschaftsplanung. Die mit dieser Wirtschaftsplanung beauftragte Sektion wurde von einer tüchtigen Wirtschaftsexpertin geleitet, Margarethe Ottillinger. Das schilderte sie mir so: »Zu diesem Zeitpunkt war ich Chef der Planungssektion und habe mit meinen Fachleuten bereits die Pläne für den Wiederaufbau Österreichs fix und fertig gehabt. Doch die Situation in dieser Zeit war: keine Hilfsmittel, wenig Güter, konfiszierte Industrien, zwar Fachkräfte vorhanden, aber kein Groschen Geld. Es war also der Marshallplan in diesem Augenblick wie ein Rettungsanker, der da plötzlich vor uns auftauchte. Nach heutigem Geld (1982) waren das einhundert Milliarden Schilling, das war eine ungeheure Summe in einer Zeit, in der wir über keinen Cent an Devisen verfügten, fast keinen Export hatten, nicht wussten, woher etwas verdienen. Es war für uns auch die einzige Möglichkeit, den Wiederaufbau der österreichischen Wirtschaft in so kurzer Zeit zu bewerkstelligen. Ohne diese Geldmittel und ohne die Ausrüstungen, die wir dann erhielten, wäre der Wiederaufbau nicht möglich gewesen.«

Für den 12. Juli 1947 luden Großbritannien und Frankreich 22 europäische Staaten zur weiteren Besprechung des Marshallplans nach Paris ein. Aber acht Länder sagten nun ab: die kommunistisch regierten Länder Tschechoslowakei, Polen, Ungarn, Jugoslawien, Rumänien, Bulgarien, Albanien, aber auch Finnland. Die Absagen waren noch nicht in Paris eingetroffen, als der sowjetische Rundfunk die Meldungen bereits verbreitete. Dazu gleich die sowjetische Erklärung: Der Marshallplan sei ein Instrument der USA, die Europäer zu kolonialisieren und ihnen das kapitalistische Gesellschaftssystem aufzuzwingen. Das war nach Molotows Exodus zu erwarten. Enttäuschung gab es über die Absage auch Finnlands. Im Gegensatz zu Österreich hatte man in Helsinki nicht riskiert, die Sowjetunion zu provozieren.

Anatol Koloschin, damals der Chefkameramann der Sowjetarmee in Österreich, erzählte mir, dass in Führungskreisen Moskaus Jahre später offen zugegeben wurde, es wäre ein Fehler gewesen, den Marshallplan zurückzuweisen. Gerade die durch den Krieg schwer zerstörte Wirtschaft der Sowjetunion hätte den Wiederaufbau nur mit dieser Hilfe geschafft. So hinkte besonders die Konsumgüterindustrie der Sowjetunion und ihrer Satellitenstaaten weit hinten nach. Aber man wusste auch, weshalb man damals Nein gesagt hatte: Stalin befürchtete, und damit hatte er wahrscheinlich recht, dass die Teilnahme an einer europäischen Wirtschaftsgemeinschaft und der Zwang, die Hilfsgüter nicht unkontrolliert verteilen zu können, das gesamte sowjetische Gesellschaftssystem zum Einsturz bringen könnten.

Daran musste ich in den 1990er-Jahren immer wieder denken. Denn letzten Endes hat der Marshallplan auch ohne Teilnahme des Ostblocks das Gleiche bewirkt: Mehr als alles andere waren es der wirtschaftliche, vom Marshallplan bewirkte Wohlstand und die funktionierende Zusammenarbeit der westlichen Demokratien, die das sowjetische Imperium zur Aufgabe zwangen und die Wende herbeiführten. Und das wirkt auch noch nach. Beim Konflikt in und um die Ukraine war die Absicht der Ukrainer, sich der Europäischen Union zuzuwenden, der Auslöser für Russlands aggressives Eingreifen.

Wir lesen uns etwas vor
Angekommen in der »Tageszeitung«

Am 2. Januar 1948 betrat ich das Redaktionszimmer der Wiener »Tageszeitung«, das für die nächsten vier Jahre mein berufliches Zuhause sein würde. In diesem einen Zimmer war die gesamte Auslandsredaktion der Zeitung untergebracht. Es war nicht sehr groß, und doch standen hier drei Schreibtische und zwei Schreibmaschinen-Tischerl. Begrüßt wurde ich von zwei Damen und zwei Herren. Die Herren hießen Karl Polly und Hans Dichand, die Damen Prerovski und Smoliner.

Polly war der Chef, ein Herr mittleren Alters. Von dem schweren Schicksal, das er hatte, erfuhr ich erst im Laufe der Zeit. Im Jahre 1938 hatte sich Polly als Legitimist (Monarchist) im Widerstand gegen Hitler und gegen den »Anschluss« betätigt. Von der Gestapo aufgespürt, wurde er vor Gericht gestellt, verurteilt und verbrachte die sechs Jahre bis zum Kriegsende in einem Münchner Gefängnis. Befreit und heimgekehrt, arbeitete er wieder als Redakteur und leitete jetzt in dieser Zeitung das Ressort Auslandspolitik.

Hans Dichand, bedeutend jünger als Polly, kam aus Graz, wo er beim Britischen Nachrichtendienst untergekommen war, dem Pressedienst der britischen Besatzungsmacht in der Steiermark. Er war daher hier schon als ausgebildeter Redakteur anerkannt. Ich nicht. Mir stand nur der im Kollektivvertrag für Journalisten vorgesehene Einstiegstitel zu: »Redaktionseleve im ersten Jahr«. Kein Witz, das hieß so. Die beiden Damen waren Sekretärinnen, jedoch nur mit der Aufgabe betraut, die Schreibarbeiten für die drei Redakteure zu erledigen. Wie sich herausstellte, war das für mein weiteres Journalistenleben von größerer Bedeutung. Denn zu meiner Überraschung schrieb keiner der beiden anderen Herren seine Berichte und Kommentare selbst auf der Schreibmaschine, sie diktierten sie einer der beiden Sekretärinnen. Und das wurde auch von mir so erwartet. Das aber setzte voraus, wie mir schnell bewusst wurde, dass man alle seine Gedanken schon parat haben musste, ehe man zu diktieren begann, sonst musste man lange Gedankenpausen einlegen, was Zeit kostete und ein wenig peinlich war. Aber das war trainierbar, wie mir Herr Polly klarmachte, und – wie ich merkte – tatsächlich erlernbar.

Dichand und ich betrieben auch bald ein Training anderer Art. Wir lehrten uns gegenseitig Journalismus. Denn im Grunde genommen hatten wir ja beide sehr wenig Erfahrung auf diesem Gebiet. Dichand war ein gelernter Buchdrucker. Dieses Handwerk hatte er von der Pike auf gelernt, er war Lehrling, wurde nach der Art der Buchdrucker durch »Gautschen« – bei diesem Brauch wurde man in ein Fass von Wasser getaucht – zum Gesellen befördert. So erzählte er es mir mit Freude und Stolz. Dichand war ein guter Erzähler, seine Geschichten waren spannend und unterhaltsam. Er hatte für sein Alter schon viel erlebt, wurde ganz jung zur deutschen Marine eingezogen, doch aufgrund seiner Italienischkenntnisse als Verbindungsmann auf einem italienischen Zerstörer eingesetzt. Seine historische Tat in dieser Zeit setzte er, als Italien 1943 kapitulierte und er den italienischen Kapitän dazu brachte, sich weder den Briten zu ergeben noch für Mussolini weiterzukämpfen, sondern Mallorca anzulaufen und sich dort von den Spaniern entwaffnen zu lassen. Seine Bildung, so Dichand, erwarb er, indem er in seiner Lehrzeit als Buchdrucker sämtliche die Druckerei passierende Bücher las.

Das verband uns: Wir lasen und bewunderten die Texte großer Schriftsteller. Da hatten wir viel nachzuholen. Denn an einige kamen wir erst jetzt heran: Ernest Hemingway, John Steinbeck, Jack London, aber auch Egon Erwin Kisch, Lion Feuchtwanger, Kurt Tucholsky und – für uns der größte – Stefan Zweig sowie

50

noch viele andere. Wir lasen sie daheim und meist in der Nacht. Am nächsten Vormittag zitierten wir die Textstellen, die uns besonders imponiert hatten, und lernten daraus.

Auch waren wir das Redaktionszimmer, in dem am lautesten diskutiert wurde, was die Kollegen in den Nachbarräumen immer wieder so störte, dass sie bei uns die Tür aufrissen und »Ruhe« riefen. Was uns so aufregte, waren die Ereignisse der Tagespolitik. Wir nahmen nichts gelassen hin. Zu allem hatten wir unsere Meinung und die tauschten wir lebhaft aus. Natürlich ging es immer wieder um die Haltung und die Taten der Besatzungsmächte, die ja nicht nur den österreichischen Alltag beeinflussten, sondern auch die Weltpolitik gestalteten. Und was Dichand und mich sehr beschäftigte, war die Frage, wie es mit Europa weitergehen werde.

Winston Churchill, der Premierminister, der Großbritannien durch den Krieg geführt hatte, hielt in Zürich eine Rede, die uns den Atem anhalten ließ: Europa werde nur dann eine große Zukunft haben, wenn es zur Aussöhnung zwischen Frankreich und Deutschland komme. Diese Aussöhnung sei die Voraussetzung für die Errichtung der »Vereinigten Staaten von Europa«. Welch eine Vision! Und wie unglaublich sie doch klang, so kurze Zeit nach dem Ende des Zweiten Weltkriegs und in Anbetracht des gegenwärtigen Zustands Europas. Aber wie sie uns gerade deshalb begeisterte! Ja, das war der Weg, der Ausweg aus dem Zustand, in dem sich Europa und wir uns alle noch befanden, darin waren Polly, Dichand und ich uns einig. In diesem Redaktionszimmer der Wiener »Tageszeitung«.

Hier gab es auch andere Gespräche, eines, an das ich mich auch gut erinnere. Es wurde zwischen Dichand und Frau Prerovski geführt. Frau Prerovski war vor dem Krieg die Sekretärin des letzten Chefredakteurs der »Kronen Zeitung« gewesen. Sie schwärmte von dieser Zeit und schilderte die großen Erfolge dieser Zeitung in hellen Farben. Dichand war ein aufmerksamer Zuhörer und erklärte einige Male: »Die ›Kronen Zeitung‹, die müsste man neu gründen!« Und ich glaube, dass das damals schon sein Vorsatz war.

Ich werde noch schildern, wie es dann tatsächlich zur Gründung der »Kronen Zeitung« durch Hans Dichand kam. Aber wenn ich mich jetzt an unsere Diskussionen und unsere Europaträume erinnere, dann denke ich auch an das letzte Gespräch, das ich mit Hans Dichand hatte, bevor er starb. Wie war das zu vereinbaren, jenes Europa, das wir uns so wünschten, und der scharfe Kurs gegen die Europäische Union, den Dichand in der »Kronen Zeitung« eingeschlagen hatte? Seine Begeisterung für Europa, sagte Dichand, habe nie nachgelassen, sei heute so lebendig wie damals, doch mit der Union sei man, seiner Meinung nach, den falschen Weg gegangen.

Meine etwas heftig vorgetragene gegenteilige Meinung ertrug Dichand mit einem milden Lächeln. Da erinnerte ich mich: Dichand hatte die Gabe, für das, was ihn sein untrügliches »G'spür« für das Populäre vertreten ließ, jeweils eine Erklärung zu entwickeln, warum das auch richtig und rechtens sei. Und das vertrat er dann hartnäckig.

Die Wiener »Tageszeitung« gab es erst kurze Zeit. Sie wurde auf Wunsch Julius Raabs gegründet, der Präsident der Bundeswirtschaftskammer war. Ihm schwebte eine Zeitung vor wie die in der Schweiz erscheinende »Die Tat«, ein modern gestaltetes Blatt, liberal und international ausgerichtet, vor allem aber den schweizerischen Wirtschaftsinteressen dienend. Wie in der »Tat« gab es auch in der »Tageszeitung« nicht nur den Leitartikel, sondern auf Seite drei eine Spalte, in der drei bis vier Stellungnahmen zu aktuellen Tagesthemen erschienen – Polly nannte sie »Glossen«. Viele von ihnen galten Weltereignissen und der Politik der Besatzungsmächte, und diese Glossen wurden von der außenpolitischen Redaktion erstellt, hauptsächlich von Dichand und mir. Eine journalistische Spielwiese, wie sie nur wenigen Anfängern in diesem Beruf damals und bis heute geboten wurde und wird.

Ereignisse, über die zu berichten war, gab es genug. Europa und mit ihm Österreich steuerten auf den ersten Höhepunkt des Kalten Krieges zu. Der Marshallplan war angelaufen und sieht, wie berichtet, eine enge wirtschaftliche Zusammenarbeit aller am Plan teilnehmenden europäischen Staaten vor. Diese ist jedoch nur möglich, wenn die Volkswirtschaften der einzelnen Länder aufeinander abgestimmt werden, die Voraussetzung dafür sind gesunde Währungen.

Der österreichische Schilling aber ist krank. Ein Drittel des Staatsbudgets muss den Besatzungsmächten – mit Ausnahme der Amerikaner – für den Unterhalt ihrer Truppen in Österreich zur Verfügung gestellt werden, das heißt, die österreichischen Steuerzahler haben für die Besetzung ihres Landes aufzukommen. Jede der alliierten Mächte hat außerdem große Beträge von sogenannten Militärschillingen nach Österreich gebracht, Banknoten, die am Ende des Krieges in Großbritannien gedruckt und an alle vier künftigen Besatzungsmächte verteilt worden sind. Das Volumen dieses Besatzungsgeldes ist der österreichischen Regierung nicht bekannt, aber überall in Österreich muss der Militärschilling so wie der Zivilschilling als Zahlungsmittel akzeptiert werden. Da in Österreich die Produktion noch danniederliegt und nur wenige Güter erzeugt werden, gibt es daher eine starke inflationäre Entwicklung. Viel zu viel Geld bei viel zu wenigen Waren.

Die Regierung entschließt sich zu einer Abwertung des Schillings. Ein neuer Schilling wird geschaffen. Pro Person werden 150 alte gegen 100 neue Schilling eingetauscht. Alle Beträge darüber werden um zwei Drittel abgewertet, für drei alte Schillinge gibt es nur noch einen neuen. Hatten die Sowjets den Beitritt Österreichs zum Marshallplan gerade noch geduldet, so scheinen sie jetzt entschlossen, in Österreich wie in Deutschland den Währungsreformen entgegenzutreten. Der einzige kommunistische Minister in der österreichischen Regierung, Karl Altmann, stimmt – im Gegensatz zu früher beim Marshallplan – dem Abwertungsgesetz nicht zu und tritt zurück. Im Zentralorgan der österreichischen Kommunisten »Volksstimme« erscheint in großen Lettern die Schlagzeile »Erregung, Erbitterung, Empörung«, und drohend veröffentlicht die Zeitung eine Namensliste: »Die Männer, die das ausgepackelt haben – Namen, die man sich merken muss«. Das ist zu jener Zeit unter Umständen keine leere Drohung, denn wie wir es bald erleben, werden Menschen in führenden Wirtschaftspositionen dem Druck der Straße und auch dem der Besatzungsmacht ausgesetzt.

Auch in den drei westlichen Zonen Deutschlands, die ebenfalls am Marshallplan teilnehmen und als Trizone Mitglied der OEEC sind, wird die Reichsmark abgeschafft und an ihrer Stelle die Deutsche Mark eingeführt. In Deutschland allerdings zum Wechselkurs von 10:1 – was die D-Mark von Anfang an sehr stark macht. Nun harrt man in Österreich und in Deutschland der Dinge, die da noch kommen dürften, die Reaktion der Sowjetunion und deren Auswirkungen. In Österreich fällt sie überraschend milde aus: Die Sowjets würden im Alliierten Rat keinen Einspruch erheben, wenn sie, anders als die anderen Besatzungsmächte, ihre großen Vorräte an Reichsmark – nicht wenige vermutlich aus der Sowjetzone in Deutschland – nicht im Verhältnis 3:1, sondern 1,75:1 tauschen dürfen. Die Sowjets lassen sich ihre Zustimmung also abkaufen! Das wird auch für die Staatsvertragsverhandlungen noch sehr interessant sein.

In Deutschland warnen die Sowjets davor, die drei westlichen Sektoren in Berlin in die Währungsreform einzubeziehen. Doch das bestimmen nicht die Deutschen, die noch keine Regierung haben, sondern die drei Westmächte. Die erkennen die Gefahr: Geben sie in der Währungsfrage in Berlin nach, ist Westberlin vermutlich bald verloren. So bleiben sie hart – auch in Westberlin gilt nun die D-Mark.

Doch hier denken auch die Sowjets nicht daran nachzugeben. Denn auch sie wissen, wird Westberlin einbezogen in die Wirtschaftsgemeinschaft des Westens und Teil der im Marshallplan vorgesehenen europäischen Integration, so schwindet die Hoffnung Moskaus auf eine gesamtdeutsche Lösung nach sowjetischen Vorstellungen, wie sie Moskau immer wieder bei den Verhandlungen mit den Westmächten zum Ausdruck gebracht hat: ein Gesamtdeutschland, dessen Schicksal von der Sowjetunion mitbestimmt werden müsse. So reagieren die Sowjets auf die Einführung der D-Mark in Westberlin mit einer Blockade aller Zufahrtsstraßen und Eisenbahnstrecken, die von Westdeutschland nach Westberlin führen. Ab sofort können weder Menschen noch Waren die Sowjetzone nach Westberlin durchqueren, ausgenommen die Militärfahrzeuge der Alliierten.

Ein Moment, in dem die Welt den Atem anhält. Wie wird der Westen reagieren? Werden die Westmächte versuchen, die Blockade zu brechen? Mit militärischen Mitteln? Gibt es dann Krieg? Oder muss der Westen nachgeben, was wohl hieße, Westberlin aufzugeben?

Die Blockade wird am 24. Juni 1948 verhängt. Einen Tag später befiehlt der amerikanische Oberbefehlshaber in Deutschland, General Lucius D. Clay, die Errichtung einer Luftbrücke, zunächst von Frankfurt am Main nach dem im amerikanischen Sektor Berlins gelegenen Flughafen Tempelhof. Wir fragen uns: Das wollen die Amerikaner wirklich versuchen? Über zwei Millionen Berliner mit Flugzeugen aus der Luft zu versorgen? Mit Lebensmitteln, mit Kohle für die E-Werke, mit Treibstoff und allen Gebrauchsgütern?

Das kaum für möglich Gehaltene aber geschieht. Amerikanische Versorgungsflugzeuge starten nun bald im Fünfzehnminutentakt, landen in Tempelhof, werden blitzschnell entladen und rollen zurück auf die Startbahn. Großbritannien und Frankreich helfen mit. Die Briten landen auf dem Berliner Flughafen Gatow, der sich in ihrem Sektor befindet, die Franzosen in Tegel im französischen Sektor. Was kaum jemand für möglich gehalten hätte, der Westen hält diese gewaltige Versorgungsoperation fast ein ganzes Jahr – bis zum 12. Mai 1949 – aufrecht. Insgesamt sind das 280.000

Versorgungsflüge. Dabei gibt es mehrere tödliche Unfälle. 39 Briten, 31 Amerikaner und 13 Deutsche kommen ums Leben.

Die Sowjets aber müssen erkennen, dass der Westen nicht nachgeben wird. Ihr Vorhaben, die Westmächte aus Berlin zu vertreiben, ist gescheitert. Das von den Westdeutschen erhoffte und von den Westmächten angestrebte Ziel, die drei Westzonen Deutschlands zu vereinen und eine eigene Bundesrepublik Deutschland zu schaffen, ist durch die Sowjetblockade gegen Berlin nur beschleunigt worden – gerade das, was Moskau verhindern wollte.

In Österreich nimmt die Auseinandersetzung zwischen Ost und West, der Kalte Krieg, zunächst andere Formen an und wir in der »Tageszeitung« haben das fast jeden Tag zu kommentieren. Die Währungsreform haben sich die Sowjets für einen günstigeren Umtauschkurs abkaufen lassen. Aber die von den Sowjets gleich nach ihrem Einmarsch in Österreich als sogenanntes »Deutsches Eigentum« beschlagnahmten Industrien und Betriebe, darunter auch die Erdölfelder rund um Zistersdorf und die Donaudampfschifffahrtsgesellschaft, werden mit einem einzigen Befehl des Oberkommandierenden Sowjet-Marschalls Iwan Konjew zum Eigentum der Sowjetunion erklärt und der direkten Verwaltung in Moskau unterstellt. Diese zentrale Verwaltung des sowjetisch gewordenen »Deutschen Eigentums« wird mit den Anfangsbuchstaben ihres russischen Namens »USIA« genannt.

Was die neue österreichische Währung wert ist, haben die Sowjets schnell begriffen. So gründet die USIA in Ostösterreich eine eigene Kaufhauskette und beginnt zu verkaufen, was in den USIA-Betrieben hergestellt wird. Bis jetzt sind diese Produkte nach dem Osten geliefert worden. Nun aber ist es für die Sowjets lukrativer, viele dieser Produkte in Österreich selbst anzubieten und sie für neue harte Schillinge zu verkaufen. Es dauert nicht lange, da verkauft die USIA auch Waren aus den benachbarten kommunistischen »Volksdemokratien« in ihren österreichischen Läden – unter dem normalen Preis, denn die USIA als Unternehmen der Besatzungsmacht zahlt keine Zölle und keine Steuern.

Aus Bulgarien werden Zigaretten und aus Ungarn Lebensmittel angeboten. Schließlich beginnt die USIA sogar Waren aus dem Westen einzuführen, ebenfalls zoll- und steuerfrei, um sie zu reduzierten Preisen auf den Markt zu werfen.

Für die österreichische Wirtschaft hat das schlimme Auswirkungen. Denn die USIA-Läden werden von vielen Österreichern der Preise wegen gerne besucht. Die »Tageszeitung«, der Wirtschaft verbunden, nimmt den Kampf gegen die Schmutzkonkurrenz der USIA auf. Ich habe damals einen Kommentar nach dem anderen gegen die USIA geschrieben. Wir betrachteten das Vorgehen der Sowjets nicht nur in Berlin, sondern auch bei uns in Österreich als Teil des Kalten Krieges.

Just in dieser Zeit kam Hans Dichand in die Redaktion mit der Nachricht, dass er die Zeitung nun bald, wenn es geht sogar gleich, verlassen werde. Er habe das Angebot erhalten, in der Steiermark die Chefredaktion des »Murtaler Boten« zu übernehmen. Zunächst wusste keiner von uns, was der »Murtaler Bote« war. Aber Dichand fand dieses Angebot verlockend. Wie sich später herausstellte, war es für Dichand und in einem gewissen Sinn auch für mich sogar schicksalhaft. Denn den »Murtaler Boten«, ein Wochenblatt, so klein es auch war, brachte Dichand zu einer erstaunlichen Auflage, und dieser Erfolg führte zum nächsten Angebot an ihn, nämlich die »Kleine Zeitung« in Graz, damals auch noch ein Wochenblatt, als Chefredakteur zu übernehmen. Dichand machte die »Kleine Zeitung« zu einer erfolgreichen Tageszeitung, und dieser Erfolg brachte ihm die Berufung zum »Neuen Kurier« ein. Was wieder zum Angebot Dichands an mich führte, mit ihm den »Kurier« zu gestalten.

Zur Mitgestaltung hatte mich Dichand auch schon eingeladen, als er zum »Murtaler Boten« ging. Er bat mich, jede Woche für den »Murtaler Boten« einen Bericht zu schreiben, genau genommen einen Leitartikel zur Weltpolitik. Und das tat ich auch. Nebenbei und ohne es meinem Chefredakteur zu sagen, nahm ich doch nicht an, dass Dichand diese Berichte unter meinem Namen erscheinen lassen würde.

Als die Sowjetblockade gegen Berlin begann, gab es in Wien große Sorge, die Sowjets könnten auch Wien blockieren. Wie ernst die Regierung und die Westmächte das nahmen und wie sehr sie sich für diesen Fall vorzubereiten suchten, das wurde mir erst bewusst, als wir diese Vorgänge für die Fernsehdokumentation »Österreich II« recherchierten. Amerikaner und Briten legten in Wien große Vorräte an und planten, zwei Flugplätze innerhalb der Stadt zu bauen, um auch Wien über eine Luftbrücke versorgen zu können.

Aber damals glaubte ich, es noch besser zu wissen. Ich hatte Lenin gelesen und mir einen von ihm genannten Grundsatz gemerkt: Die Sowjetmacht (zu seiner Zeit noch ganz jung) dürfe in keinen Krieg gehen, dessen Ausgang ungewiss sei, denn einen verlorenen Krieg würde sie nicht überleben. Jetzt dachte ich, ein Krieg wegen Berlin wäre zumindest ein Krieg mit ungewissem Ausgang, wenn nicht von vornherein für die Sowjetunion schon verloren bei der atomaren Übermacht der USA. Und so schrieb ich für den »Murtaler Boten« einen Kommentar, in dem ich auf die Befürchtungen Bezug nahm, auch Wien könnte wie Berlin von den Sowjets blockiert werden. Aber in Wien, so meinte ich, wäre es für die Westmächte nicht möglich, ihre Sektoren aus der Luft zu versorgen. Der Flughafen der Amerikaner befand sich in Langenlebarn bei Tulln, also mitten in der Sowjetzone, und der Flughafen für die Briten und Franzosen war Schwechat, ebenfalls umgeben von der Sowjetzone. Würden die Sowjets Wien blockieren, so hätten die Westmächte nur die Wahl, den Rückzug anzutreten oder den militärischen Durchbruch zu versuchen. Dann berief ich mich auf Lenin: Die Sowjetmacht dürfe keinen Krieg riskieren, dessen Ausgang ungewiss sei – also werde es keine Blockade gegen Wien geben, hier sei das Kriegsrisiko viel größer, weil es die Alternative einer Luftbrücke nicht gebe. Der gewagte Gedanke eines jungen Journalisten. Trotz allem aber sehr beruhigend, keine Angst, es werde keine Blockade geben.

Einige Tage später erhielt ich einen eingeschriebenen Brief. Die Staatsanwaltschaft habe gegen mich Klage eingebracht – wegen Volksverhetzung, und auch schon den ersten Verhandlungstag vor Gericht festgelegt. Jetzt musste ich zu meinem Chefredakteur gehen, um ihm zu beichten. Der Chefredakteur hieß Hans Kronhuber, war ein großartiger Mensch und Chef. Er verstand mein Motiv der Kollegenhilfe für Dichand und trug mir die Berichte für den »Murtaler Boten« nicht nach. Mehr noch, er sagte mir zu, den offensichtlichen Irrtum der Justizbehörde, ich hätte mit diesem Artikel Volksverhetzung betrieben, aufzuklären. Für mich, so meinte ich, war damit die Sache erledigt.

Dann standen eines Morgens zwei Kriminalbeamte vor der Tür der Wohnung, in der ich zur Untermiete wohnte. Sie seien gekommen, um mich vorzuführen, denn ich hätte den für heute vorgesehenen Gerichtstermin nicht eingehalten. Sie nahmen mich mit und wir fuhren mit der Straßenbahn Nr. 13 zum Wiener Landesgericht. Vorher ließen mich die beiden Beamten noch telefonieren. Ich verständigte Kronhuber und auch meine künftige Frau Gertraude, hatte ich doch keine Ahnung, wie das nun weitergehen würde.

In den Gerichtssaal geführt, stand ich gleich vor dem Staatsanwalt und dem Richter, die den Prozess schon eröffnet und auf mich gewartet hatten. Ehe ich mich versah, rief der Staatsanwalt dem Richter zu: »Herr Rat!« Der rief zurück: »Herr Staatsanwalt«, und der: »Ich beantrage eine Haftstrafe von 48 Stunden.« Der Richter: »Angeklagter, wollen Sie sich nicht entschuldigen?« Darauf ich: »Wofür, Herr Rat?« – »Für die Beleidigung des Gerichts.« Ja, ich hätte das Gericht beleidigt, weil ich so dastünde, wie ich dastand, nämlich, so begründete es der Richter, mit beiden Händen in den Taschen meines Mantels. Das wertete das Gericht als Beleidigung.

Meine künftige Frau hatte inzwischen den Gerichtssaal betreten und im Zuschauerraum Platz genommen, in dem niemand anderer saß. Jetzt hörte ich ihre Stimme: »Das ist ja wie im Kindergarten!« Darauf der Richter: »Ruhe oder ich lasse den Gerichtssaal räumen!« Ich kam nun der Aufforderung des Richters nach und entschuldigte mich in aller Form. Der Staatsanwalt zog daraufhin den Antrag auf 48 Stunden Arrest zurück.

Jetzt kam es zur eigentlichen Verhandlung. Dichand hatte meinem Kommentar den Titel gegeben: »Wird Wien Berlin?« Diesen Titel wertete die Staatsanwaltschaft als Volksverhetzung, denn er wäre ein Aufruf zu Angst und Panik. Das Fragezeichen nütze da gar nichts. Ich versuchte nun klarzumachen, dass ja der Inhalt dieses Artikels genau das Gegenteil aussage und zu dem Schluss führe, dass es in Wien keine Blockade geben werde. Widerspruch des Staatsanwalts: »Was vorn steht, zählt, nicht was hinten steht.«

Ich versuchte nun, in einer Beweiskette darzulegen, dass ich recht hätte, was einige Zeit in Anspruch nahm. Währenddessen wurde dem Staatsanwalt ein Blatt Papier überbracht. Als ich am Ende meiner Ausführungen war und bei dieser Stimmung mit keinerlei Verständnis des Gerichts rechnete, wandte sich der Richter an den Staatsanwalt: »Herr Staatsanwalt, Ihr Antrag?« Der Staatsanwalt erhob sich: »Freispruch.« Der Richter war sichtlich erstaunt. Aber dann wird er sich wohl den richtigen Reim gemacht haben, den ich mir erst später machen konnte: Kronhubers Verbindungen hatten es geschafft, den Justizminister Josef Gerö davon zu überzeugen, dass er sich im Irrtum befand. Denn es war der Justizminister selbst, wie Kronhuber erfuhr, den irgendein Zensor (die Zeitungen wurden damals noch auf Gesetzesverletzungen überprüft) auf den Titel des Artikels »Wird Wien Berlin?« aufmerksam gemacht hatte. Darauf hätte der Minister ausgerufen: »Den Journalisten muss man's endlich einmal zeigen, immer diese Spekulationen!« So kam es jetzt auf den Minister an, den Staatsanwalt zurückzurufen. Das hatte er getan.

Weshalb diese Geschichte? Das Weisungsrecht des Ministers an den Staatsanwalt gibt es heute nicht mehr. Aber es dauerte viele Jahre, ehe man es ersetzte. Dem Staatsanwalt können weiterhin Weisungen erteilt werden, doch nicht mehr vom Justizminister, sondern von einem Weisungsrat des Parlaments. Hätte es den damals schon gegeben, ich wäre sicher nicht angeklagt worden.

Traudi
Ich finde die Frau fürs Leben

Jetzt habe ich Traudi schon erwähnt, nun muss ich auch berichten, wie ich sie kennengelernt habe. Knapp bevor ich zur »Tageszeitung« kam. Da war ich noch in dem Verlagshaus der niederösterreichischen Zeitungen tätig, in der Wiener Beatrixgasse. Der Verlag bekam gerade einen weiteren Kunden. Eine neue Zeitung wurde gegründet, ein Montagsblatt, in dem von sämtlichen Sportereignissen des vorangegangenen Wochenendes berichtet werden sollte. Gründer und Chefredakteur war Maximilian Reich, vor dem Krieg einer der bekanntesten und populärsten Sportberichterstatter Wiens. Gleich nach dem Einmarsch der Nazitruppen 1938 wurde er verhaftet und im ersten Transport der Gestapo in das Konzentrationslager Dachau gebracht. Nach Dachau folgte Buchenwald, dann seine Entlassung unter der Bedingung, Deutschland sofort zu verlassen. Seine Frau ging mit ihm, sie hatten Visa nach Großbritannien erhalten. Ihre beiden Töchter Gertraude und Henriette schafften es bald danach, mit dem berühmt gewordenen Kindertransport nach England nachzukommen. Dort blieben sie bis Kriegsende.

Nun waren sie alle nach Wien zurückgekehrt. Maximilian Reich leitete die Sportredaktion der von den Briten herausgegebenen »Weltpresse«, gründete aber jetzt sein eigenes Sportblatt, den »Wiener Montag«. Was Reich auszeichnete, war sein großartiger Humor. Trotz des Altersunterschieds verstanden wir einander sofort, wir lachten viel gemeinsam. Da ich allein war, lud er mich zu einem Abendessen bei sich zu Hause ein. Als ich dort wegging, war ich tief beeindruckt. Was für eine fabelhafte Familie. Nach allem, was sie durchgemacht hatten, waren sie humorvoll, freundlich und weltoffen geblieben. Solche Freunde sollte man haben, dachte ich.

Einige Wochen später bestieg ich in der Mariahilferstraße die damals dort noch verkehrende Straßenbahn. Und kam auf der offenen Plattform vor der Tochter Reichs zu stehen, der Gertraude, die sie Traudi riefen. Erfreutes Wiedersehen. Und was sie jetzt so täte. Heute Abend ginge sie in den Musikverein – Haydns Oratorium »Die Jahreszeiten«. Ob ich Lust hätte mitzukommen, sie hätte noch eine Karte. Nach dem Konzert lud ich sie zu einem Abendessen ein, bescheiden in ein kleines Gasthaus.

Ja, das war der Anfang. Ein Jahr später heirateten wir. Und fuhren nach Italien – auf Hochzeitsreise. Traudi hatte 120 Dollar bei sich, ich nur 200 Schilling von meinem Monatsgehalt von 360 Schilling. An der Grenze fragte der Zöllner, ob wir Valuten bei uns hätten. Ja, 120 Dollar. »Aber Sie wissen, dass Sie nur 20 Dollar pro Person ausführen dürfen.« – »Oh weh! Unsere Hochzeitsreise!« – »Hochzeitsreise?« – »Aber ja.« Wir hatten den Trauschein dabei, denn unsere Pässe lauteten auf verschiedene Namen. Der Grenzer sah sich den Trauschein und dessen Datum an und gab ihn uns lachend zurück: » Da wünsche ich viel Glück!«

Das Geld reichte bis nach Neapel. Wir sahen den Vesuv und Pompeji und gönnten uns leichtsinnigerweise auch einen Ausflug nach Capri. Die Rückfahrt im Zug war bezahlt, aber in Rom hätten wir gerne noch einen Tag verbracht, auch hatten wir einen Riesenhunger, aber kein Geld mehr. So ging ich in Rom in das nächste Fotogeschäft und bot die alte Kamera, die mir mein Vater mit auf die Reise gegeben hatte, zum Kauf an. Sie wurde gekauft, für wenig Geld. Doch es reichte für zwei große Pizzas und eine Übernachtung. So begann unsere Ehe.

Die sollte auch noch richtig gefeiert werden, und zwar in Trins am Brenner. Dort sollten wir auf dem Rückweg von Italien vorbeikommen. Dort hatte eine Schwester von Traudis Mutter ein schönes Tiroler Haus. Als wir ankamen, wurden wir mit einer wunderschönen Hochzeitstafel empfangen – eine wirkliche Augenweide: Das weiße Tischtuch kunstvoll verziert mit Almrausch und Enzian, die die beiden Schwestern in den Bergen gepflückt hatten, damals durfte man das noch.

Nach Wien zurückgekehrt, begann der Ernst des Lebens. Wir hatten keine Wohnung, lebten in Untermiete und hatten wenig Geld. Als Jüngster in der Redaktion der Wiener »Tageszeitung« war ich fast täglich für den »Schlussdienst« eingeteilt. Das hieß, bis Mitternacht in der Redaktion auszuharren, um noch die letzten Nachrichten im Blatt unterzubringen. Also Heimkehr erst danach. Ohne Straßenbahn zu Fuß und ein Stück des Weges durch die sowjetische Zone. Da war es nie sicher, ob man gut nach Hause kam. Traudi harrte da tapfer aus, Nacht für Nacht. Erstaunlich, wie sehr wir harmonisierten. Alles um uns interessierte uns, wir führten lebhafte Debatten über Gott und die Welt, vor allem auch über unser eigenes Leben. Wir hatten viel Freude aneinander und lernten die Fehler des anderen zu lieben.

Traudi nahm verschiedene Jobs an. Sie arbeitete auch für Fritz Molden und seine »Presse«, war Korrespondentin für ein amerikanisches Reisemagazin. Und hatte eine gute Idee für ein Kinderbuch. Denn im Gegensatz zu Großbritannien und den USA gab es im deutschsprachigen Raum damals keine Sammlung von Kinderreimen und Kinderliedern. Diesen ging sie nun nach, forschte nach ihrem Ursprung und ihrer Urfassung. Sie stellte die Reime zusammen und gewann den bekannten Zeichner und Karikaturisten Rudi Angerer, das Projekt großartig zu illustrieren. Im Verlag Herder fand es begeisterte Aufnahme. Aber als Autorin wollte Traudi nicht Portisch heißen und blieb bei ihrem Mädchennamen Traudi Reich. Das Buch mit dem Titel »Ich und Du« wurde ein Bestseller und brachte es zu 19 Auflagen, die letzte im Residenzverlag.

Welch eine Ermunterung. Traudi schrieb weiter – und brachte es bislang auf zwölf weitere Kinder- und Jugendbücher. In den beiden letzten nahm sie sich der Naturgeschichte an. In einem schildert sie die Reise, die die Krähen Jahr für Jahr auf sich nehmen, um dem Winter in Sibirien zu entgehen und nach Wien zu kommen. Und welche Beziehungen sie in der Lage sind, zu den Menschen aufzunehmen. In ihrem letzten Kinderbuch begibt sie sich auf den Meeresgrund, wo sie Geschöpfe entdeckt, denen sie merkwürdige Namen gibt: Tozzelpozzeln und Molopotonis. Das klingt wie Spaß, ist aber eine wunderbar nacherzählte Geschichte der Evolution.

Es blieb nicht bei den Kinderbüchern. In zwei großen von Alfonso Madden illustrierten Bänden schrieb sie Gedichte in Deutsch und Englisch. In England hatte Traudi als Flüchtling in einer Klosterschule eine Stelle als Turnlehrerin angenommen, musste sich aber den strengen Regeln des Klosters unterwerfen. Als einzige Laiin unter Nonnen! Über die damaligen Erfahrungen schrieb sie, diesmal als Gertraude Portisch, ein Buch unter dem Titel »Der liebe Gott und die Großmama«. Das fand große Beachtung. Traudi setzte sich da ganz hart mit der Religion und der Kirche auseinander. Ihr bislang letztes Buch für Erwachsene nannte sie »Zwei weiße Schmetterlinge«, vorwiegend Lyrik zur Frage des Lebens und des Todes – der sie übrigens heiter und gelassen gegenübertritt.

Zwei Bücher schrieben wir gemeinsam, weil wir sie auch gemeinsam erlebt haben. Beide Familien, Traudis und meine, waren leidenschaftliche Schwammersucher. Auch immer bemüht, nicht nur die üblichen Steinpilze und Eierschwammerln (Pfifferlinge) zu sammeln.

Aber wie ärgerlich – die Pilzbücher, in denen wir feststellen wollten, um welche Art Pilze es sich handelte, ließen keinen direkten Vergleich zwischen essbaren und giftigen Arten zu.

Wir stellten uns immer vor, wie ein brauchbares Pilzerkennungsbuch aussehen sollte. In London stellen an Wochenenden Künstler aller Art ihre Werke entlang der Einzäunung des Hydeparks aus. Bei einem dieser Werke blieben wir einmal stehen und sprachen mit dem Künstler. Ein Windstoß blätterte eine vor ihm liegende Zeichenmappe auf und gab den Blick frei auf einen großartig gemalten Pilz. Ja, er liebe Pilze, sagte der Künstler, und er male sie auch gern. Sein Name war Alfonso Madden und er lud uns ein, seine Sammlung an Pilzbildern daheim anzuschauen. Die Bilder waren absolut naturgetreu – wie geschaffen für ein Pilzbuch, wie wir es uns vorstellten.

Wir fassten sofort den Entschluss, das von uns herbeigewünschte Pilzbuch mit Maddens Illustrationen selbst zu verfassen. »Pilze suchen ein Vergnügen« nannten wir es und boten dem Leser drei große Vorteile: gut erkennbare Bilder von Pilzen, die einander ähnlich sind, im direkten Vergleich miteinander – der Essbare und der Giftige oder Ungenießbare unmittelbar gegenübergestellt. Und wir reihten sie gemäß der Jahreszeit, in der sie zu finden sind, denn irgendwelche Pilze gibt es immer.

Das zweite Buch, das Traudi und ich gemeinsam schrieben, nannte unser Verleger Hannes Steiner »Die Olive und wir«. Die Geschichte des alten Bauernhauses in der Toskana, das wir ganz zufällig gefunden und auf Traudis Wunsch innerhalb weniger Stunden gekauft hatten. Und all das, was wir dabei und danach erlebt haben. Ein guter Teil unserer gemeinsamen Biografie. Aber ohne Traudi hätte es das alles nicht gegeben.

Vor allem auch nicht unseren Sohn, Edgar. So wie seine Mutter hoch talentiert, in fünf Sprachen perfekt in Wort und Schrift, stets tatendurstig. Wir hatten viel Spaß miteinander, machten einige große Reisen gemeinsam, und auch das Haus in der Toskana hat er mit großer Freude erlebt. Er und ich pflanzten dort zusammen einen ganzen Wald, der inzwischen schon groß geworden ist. Eine Zeit lang nutzte Edgar sein vom mütterlichen Großvater ererbtes Talent, um zu zeichnen und zu malen. Seine Bilder wurden in Galerien Italiens, Hollands, Deutschlands und Österreichs ausgestellt und von den Feuilletons recht positiv aufgenommen. Dann heiratete er und bewarb sich um einen Brotberuf im Europarat in Straßburg. Dort leitete er bald die Audiovisuelle Abteilung der Pressestelle. Aber so wie ich wurde er sein Fernweh nie los. Auch er wollte und musste in die Welt hinausziehen. So kam er nach Madagaskar, das ihn ungemein faszinierte. Nach seinem dritten Besuch pachtete er dort einen kilometerlangen, wunderbaren Strand vor einem tropisch belebten Riff, ideal zum Schnorcheln und Tauchen. Dort entwickelte Edgar ein kleines touristisches Zentrum mit Gästehaus, einem Restaurant und einer Autovermietung. Intensiv bereiste er die Insel und beteiligte sich auch organisatorisch an meiner 1996 gedrehten Madagaskar-Dokumentation für ORF und ZDF. 2011 erwischte ihn eine Tropenkrankheit, eine Bilharziose. Im französischen Pasteur-Institut gut ausgeheilt, dabei aber sehr geschwächt, übernahm er sich gleich wieder und starb an einem Herzstillstand.

Das war zweifellos der härteste Schlag in unserem Leben. Aber auch der hat uns nur noch mehr zusammenrücken lassen.

Wir waren alarmiert
Weichenstellung für Europa

Die kommunistischen Machtergreifungen in Bulgarien, Rumänien, Ungarn und nun auch in der Tschechoslowakei wurden auf ein Grundübel zurückgeführt und dieses mit einem Namen bedacht: Jalta. Jalta, die Kur- und Badestadt auf der Krim, zu der schon die russischen Zaren zur Erholung reisten. In einer der palastartigen Villen fand im Februar 1945 die sogenannte »Konferenz von Jalta« statt. Stalin hatte den amerikanischen Präsidenten Franklin D. Roosevelt und den britischen Premierminister Winston Churchill eingeladen, mit ihm das weitere Schicksal Europas zu besprechen, jetzt, da der Krieg zu Ende ging.

Eine Woche lang saß man beisammen, vom 4. bis zum 11. Februar. In diesen Tagen fassten die drei Staatsmänner für die Zukunft Europas entscheidende Beschlüsse: Das demnächst besiegte Deutschland sollte in vier Besatzungszonen aufgeteilt – die vierte war Frankreich zugedacht –, aber von allen vier Siegermächten gemeinsam verwaltet werden. Von Berlin aus, das ebenfalls in vier Sektoren geteilt werden sollte.

Danach beriet man, was mit jenen Ländern geschehen sollte, die von der Roten Armee befreit und besetzt wurden. Dazu zählten Polen, Rumänien, Bulgarien, Ungarn, die Tschechoslowakei und vermutlich auch Österreich. Vor allem Churchill fürchtete, dass die Sowjetunion in diesen Ländern kommunistische Regierungen einsetzen und damit westlichen Einflüssen verschließen würde. Roosevelt war bestrebt, Stalin nicht durch offenes Misstrauen vor den Kopf zu stoßen und daher eine Formel für die Zukunft dieser Länder zu finden, die von beiden Seiten akzeptiert werden konnte. Und Stalin war, so schien es, bereit, auf diese Formel einzugehen: In allen diesen Ländern sollten demokratische Parteien gegründet und provisorische Regierungen eingesetzt werden, deren Aufgabe es wäre, freie Wahlen durchzuführen. Aufgrund der Wahlergebnisse sollten dann Koalitionsregierungen aller Parteien gebildet werden. Das klang gut und war für Churchill und Roosevelt zu akzeptieren. Stalin hatte nur um Zustimmung zu einem Zusatz gebeten: Diese Regierungen sollten verpflichtet sein, sich gegenüber der Sowjetunion freundschaftlich zu verhalten. Für Roosevelt war das eine Selbstverständlichkeit, Churchill blieb misstrauisch, aber nahm das auch hin.

Die künftigen Besatzungszonen in Deutschland wurden festgelegt, zunächst ohne Frankreich zu beteiligen, aber das wurde bald korrigiert. Für Österreich war Ähnliches vorgesehen, aufgrund seiner Kleinheit dachte man zuerst an zwei Zonen, eine sowjetische und eine britische, dann an drei und schließlich an vier wie in Deutschland. Sosehr später diese Beschlüsse von Jalta für alle Putschversuche und kommunistischen Machtergreifungen in den von den Sowjets befreiten und besetzten Gebieten verantwortlich gemacht wurden – Stalin hat seine Zusagen zunächst gehalten, wenn auch auf etwas unterschiedliche Weise. In das zuerst befreite Polen brachten die Sowjets schon eine von polnischen Kommunisten im Moskauer Exil gebildete Regierung mit, während der in England residierenden polnischen Exilregierung die Einreise nach Polen lange Zeit verwehrt wurde. So schien das künftige Schicksal Polens bereits besiegelt, obwohl es doch gerade Polen war, für dessen Freiheit und Unabhängigkeit Großbritannien in den Krieg gezogen war.

Aber in Bulgarien, Rumänien, in Ungarn, der Tschechoslowakei und auch in Österreich löste Stalin seine Zusagen ein. In Anwesenheit der sowjetischen Truppen konnten in diesen Ländern demokratische Parteien gebildet werden. In der Regel waren es vor allem drei: eine konservative, die das Bürger- und Bauerntum vertreten sollte, eine sozialdemokratische und eine kommunistische. In allen diesen Ländern wurden auch freie, demokratische Wahlen von den Sowjets zugelassen. Die Wahlergebnisse waren unterschiedlich, doch die Kommunisten blieben in allen Ländern in der Minderheit. In Österreich erhielten sie nur fünf Prozent aller abgegebenen Stimmen, in der Tschechoslowakei 33 Prozent. Unabhängig von den Wahlresultaten wurden Koalitionsregierungen gebildet, in denen alle Parteien vertreten waren. Doch bestanden die Sowjets in jedem Land darauf, dass das Innenministerium von einem Kommunisten geführt wird. Und den Innenministerien unterstanden Polizei, Staatspolizei und Geheimpolizei. Der jeweilige Chef der Staats- und Geheimpolizei war nun vom Innenminister einzusetzen und das war in allen diesen Staaten ein bewährter, sowjettreuer Kommunist.

In Sofia, in Bukarest, in Budapest sorgte die Staatspolizei bald dafür, dass die demokratischen Mitglieder der Regierungen unter den verschiedensten Anschuldigungen verdächtigt, beschuldigt, ihrer Ämter enthoben, vor Gericht gestellt, abgeurteilt und eingesperrt wurden – so es ihnen nicht gelang, in letzter Minute ins Ausland zu fliehen. Nur in Prag lief es ein wenig anders, aber im Endeffekt gleich: Mit 33 Prozent Stimmanteil waren dort die Kommunisten die stärkste Partei und stellten schon den Ministerpräsidenten des Landes, Klement Gottwald. Und es dauerte bis 1948, bis Gottwald versuchte, die Polizei zur Gänze unter seine Kontrolle zu bringen.

Die nicht-kommunistischen Mitglieder seiner Regierung traten aus Protest zurück und glaubten, durch ihren Rücktritt den Ministerpräsidenten zur Auflösung der Regierung zwingen zu können. Doch gefehlt: Gottwald ersetzte die zurückgetretenen Minister durch willfährige Kollaborateure. Der tschechoslowakische Staatspräsident Edvard Beneš wäre nun gefordert gewesen, er hätte die Anerkennung dieser Regierung verweigern können. Doch da mobilisierten die Kommunisten die Straße. Die Bevölkerung wurde zu Demonstrationen aufgerufen, der unter kommunistischem Befehl stehende sogenannte »Werkschutz« in den Fabriken war bewaffnet, wurde mobilisiert und beherrschte bald die Straßen. Beneš gab nach und erkannte die neue Regierung Gottwald an.

Die Tschechoslowakei war der letzte Staat im sowjetischen Einflussbereich, in dem die Kommunisten die Macht ergriffen. Ein Schicksal, das ein Jahr später auch noch der sowjetischen Besatzungszone in Deutschland blühen sollte. Aus Sorge, es könnten dort, wie in Österreich, die Kommunisten bei einer freien Wahl verlieren, wurden hier zunächst von den Sowjets die Sozialdemokraten gezwungen, sich mit den Kommunisten zu einer Partei zu vereinigen, der Sozialistischen Einheitspartei (SED). Echt oder gefälscht wurde sie bei den Wahlen zur stärksten Partei und stellte damit die Regierung der Deutschen Demokratischen Republik, der DDR.

Es war diese mit List und Gewalt herbeigeführte Ausdehnung des sowjetischen Machtbereichs in Europa, die den Westen befürchten ließ, die Sowjets könnten es auch zu einer militärischen Konfrontation kommen lassen, etwa wenn auch in Italien und Frankreich die dort erstarkten Kommunisten die Macht ergreifen wollten und es zu Bürgerkriegen käme.

Die österreichischen Kommunisten glaubten offenbar daran. Bei den nächsten Wahlen im Jahre 1949 sah ich diese Plakate selbst, auf denen die KPÖ die schon kommunistisch geführten Länder in roter Farbe, Frankreich und Italien bereits rot umrandet darstellte – demnächst in Europa! In ihren Reden und ihrer Zeitung »Volksstimme« forderten sie von der österreichischen Regierung, den westlich-demokratischen Kurs aufzugeben und dem Beispiel Jugoslawiens zu folgen, das unter Führung Titos als immer noch sowjettreuer, kommunistischer Staat galt.

Auch in Wien hatten die Sowjets von Karl Renner gefordert, das Innenministerium mit einem geeichten Kommunisten zu besetzen, mit Franz Honner. Honner, noch 1934 im Exil in Moskau, während des Krieges von den Sowjets mit Flugzeug nach Jugoslawien gebracht, gründete innerhalb der Tito-Armee ein österreichisches Bataillon. Dieses Bataillon, das vorwiegend aus desertierten Soldaten und überzeugten Kommunisten bestand, wurde

1945 mit Zustimmung der Sowjets, wenn nicht auf deren Befehl, nach Wien gebracht und zog voll bewaffnet in die Stadt ein, begrüßt von Honner, auch er in Partisanenuniform mit dem Sowjetstern auf der Kappe.

Als Innenminister setzte Honner einen weiteren Kommunisten als Chef der Staatspolizei ein, Heinrich Dürmayer. Auch er war nach 1934 im Moskauer Exil, kam aber dann nach Spanien und wurde in den Internationalen Brigaden, die gegen Franco kämpften, als Kommissar eingesetzt. Nach dem Sieg Francos floh Dürmayer nach Frankreich, wurde dort interniert, nach dem Einmarsch der Deutschen verhaftet und nach Mauthausen ins Konzentrationslager gebracht. Von dort gelangte er nach Auschwitz.

Ich sage gelangte, weil, wie er mir erzählte, er sich als Lagerschreiber in Mauthausen selbst nach Auschwitz »versetzt« hatte. In dieses Vernichtungslager der Nazis, in dem über eine Million Juden mit Gas ermordet wurden, aber auch nicht-jüdische Häftlinge zur Arbeit in deutschen Industrieniederlassungen gezwungen waren. Dort gründete Dürmayer eine Widerstandsbewegung, die es immerhin zustande brachte, gefangene Sowjetkommissare aus dem Lager zu schmuggeln. Diese, so erzählte mir Dürmayer, wären von polnischen Widerstandskämpfern aufgenommen und von kleinen Sowjetflugzeugen abgeholt worden. Dürmayer schilderte mir das so im Detail, dass ich an der Wahrheit dieser Geschichte nicht zweifle. Er war für die Sowjets offenbar eine ganz spezielle Persönlichkeit, flog auch jetzt immer wieder nach Moskau, wo er sich – auch das stammt von ihm – in dem für die Sowjetführung reservierten Krankenhaus behandeln ließ.

In Wien organisierte Dürmayer die Staatspolizei, die nun genauso unter kommunistischer Führung stand wie die Stasi in der DDR und die Staatspolizei in allen sowjetischen Satellitenstaaten. Nach der Wahl im November 1945 wurde in Wien zwar der kommunistische Innenminister abgelöst, aber auch der neue Innenminister, der Sozialdemokrat Oskar Helmer, wagte es zunächst nicht, Dürmayer von der Spitze der Staatspolizei zu entfernen. Man hatte Angst, die Sowjets könnten auf einen solchen Schritt mit einer ganzen Reihe von Gegenmaßnahmen reagieren. So bestand die Gefahr weiter, dass ein kommunistischer Putschversuch in Wien mithilfe der Staatspolizei und Duldung der Sowjetmacht durchgeführt werden könnte.

Konfrontiert mit der Sowjetblockade in Berlin und den Blockadeängsten in Wien, entschloss sich Helmer nun doch, Dürmayer von seinem Posten abzuziehen. Helmer ernannte den verlässlich demokratischen Chef der Wiener Feuerwehr, Josef Holaubek, zum Polizeipräsidenten und beauftragte ihn, Dürmayer zur Polizei nach Salzburg zu versetzen. Als Chef der Staatspolizei war Dürmayer über diese Absicht natürlich schon längst unterrichtet, räumte seinen Tresor aus und begab sich mit den Akten in die sowjetische Kommandantur. Und nichts geschah, die Sowjets nahmen das hin. Bundespräsident Karl Renner, der sich auf Urlaub in Mürzsteg aufhielt, bedankte sich persönlich bei Bundeskanzler Figl mit einem Brief dafür, dass alle Mitglieder der Regierung diese Aktion Helmers und Holaubeks voll mitgetragen hatten. Für so außerordentlich und mutig schätzte Renner diesen Schritt ein.

Doch so ungefährlich, wie ich dachte, war die Situation damals in Wien nicht. Amerikaner und Briten bereiteten sich durchaus darauf vor, dass die Sowjets auch die Westsektoren in Wien blockieren würden. Dafür fanden sich bei unseren späteren Recherchen für die TV-Dokumentationen drei Zeitzeugen. Halvor Ekern, amerikanischer Vertreter im Alliierten Rat, berichtete, es habe eine »Alarmstufe Rot« gegeben, als ein militärischer Konvoi der Amerikaner, der von Oberösterreich nach Wien fahren sollte, auf der Ennsbrücke von Sowjetsoldaten aufgehalten und an der Weiterfahrt gehindert wurde. Rasche Rückfrage in Washington, wie man sich verhalten soll. Anweisung an den amerikanischen Hochkommissar: Mit der sowjetischen Hochkommission Kontakt aufnehmen, protestieren und möglichst eine problemlose Weiterfahrt des Konvois erreichen.

Ekern war einer der Offiziere, die diese Verhandlungen führten. Die Sowjets verwendeten mehrere Ausreden, um den »Zwischenfall«, wie sie es nannten, zu erklären. Aber letztlich entschuldigten sie sich und ließen den Konvoi passieren. Doch Amerikaner und Briten waren alarmiert. Ekern: »Ich wurde beauftragt, in Wien rasch einen Platz auszusuchen, auf dem wir eine Landepiste für große Flugzeuge anlegen konnten. Ich habe ihn gefunden – eine Menge Gärten in Grinzing wären da draufgegangen. Doch wir hätten die Piste gebaut, innerhalb von Tagen, um auch Wien aus der Luft versorgen zu können.« Ekern konnte die Stelle nicht genau nennen, an der die Amerikaner Platz für die Piste schaffen wollten. So haben wir uns Grinzing angesehen und kamen zu dem Schluss, dass es in diesem hügeligen Gebiet schwer gewesen wäre, eine lange Landebahn anzulegen. Aber dann fanden wir in Wien doch einen Kronzeugen dieses geplanten Unternehmens: Egon Rothblum, gebürtiger Österreicher, amerikanischer Staatsbürger und nach 1945 Mitglied der amerikanischen Verwaltung in Wien.

Rothblum konnte sich an jene kritischen Tage sehr gut erinnern: »Dann kam eine Überraschung. Eine Abendsitzung wurde angesetzt. Das war recht ungewöhnlich für uns. Normalerweise waren auch unsere österreichischen Mitarbeiter bei den Besprechungen dabei. Diesmal wurde uns strenge Geheimhaltung befohlen. Daher wurden wir auch am Abend zusammengerufen, es sollte niemand merken. Es ging darum, dass für den Fall einer sowjetischen Blockade von Wien eine Luftbrücke errichtet werden sollte. Und der einzige Ort, der für den raschen Bau eines Flugplatzes infrage käme, das wäre die Heiligenstädter Straße.«

Nach dieser Aussage Rothblums haben wir uns die Heiligenstädter Straße angesehen. Zwischen dem Karl-Marx-Hof und der Hohen Warte gibt es in der Tat ein ebenes Stück, das sich für die Anlage einer Piste für die damaligen propellerbetriebenen Flugzeuge geeignet hätte. Allerdings nur für eine einzige Piste. Diese hätte wahrscheinlich ausgereicht, um Flugzeuge landen zu lassen, nicht aber, um die entladenen Flugzeuge gleich wieder zum Start zu bringen. Rothblum erinnerte sich: »Ja, es hätte einer zweiten Piste bedurft, aber da dachten wir an den Ausbau des schon existierenden Landestreifens entlang des Donaukanals.«

Rothblum berichtete, wie es in der Nachtsitzung der Amerikaner weiterging: »Ich gehörte zur Industriesektion der Militärverwaltung. Und so sollte ich noch in der gleichen Nacht berechnen, was zur Anlegung der Piste notwendig wäre. Ich bin die ganze Nacht gesessen, habe jede Position ausgerechnet. Also was brauchen wir, was kostet das? Auf der Heiligenstädter Straße waren einige Häuser im Weg, die mussten entfernt werden. Da waren die notwendigen Maschinen heranzubringen. Auch standen dort Bäume, also brauchten wir Sägen. Zum Glück ist es dann nicht dazu gekommen, obwohl wir bereits alle Details geplant hatten. So hatte sich eine andere Gruppe damit beschäftigt, wo die Güter, die ja in großen Mengen eingeflogen werden sollten, gelagert werden könnten. Da boten sich die Fußballplätze auf der Hohen Warte an.«

Wir fanden dann einen weiteren Zeugen, der allerdings nicht genannt werden wollte. Er stellte eine kühne Behauptung auf: »Mit den Landepisten wäre es ja nicht getan gewesen, die Flugzeuge mussten auch abgestellt und entladen werden. Ein Dutzend gleichzeitig. Nein, das wussten wir schon: Wenn wir Wien aus der Luft zu versorgen gehabt hätten, dann hätten wir auch den Karl-Marx-Hof schleifen müssen.« Eine Behauptung. Wir fanden kein Dokument, das einen Plan dieser Art bestätigt hätte. Unsere Schlussfolgerung: Als sich die Amerikaner über den raschen Bau eines Flugplatzes in Wien den Kopf zerbrachen und dabei auf die Heiligenstädter Straße kamen, wurde wahrscheinlich auch die Möglichkeit einer Schleifung des Karl-Marx-Hofes diskutiert.

Da waren die Briten schon konkreter. In London fanden wir die fix und fertig vorbereiteten Pläne zum Bau eines britischen Flugfelds auf der Simmeringer Haide, die zum britischen Sektor gehörte.

Aber die Amerikaner sorgten auch schon vor für den Fall, dass man mit dem Bau der Flugplätze nicht schnell genug fertig werden würde. Das bestätigte mir Eleanor L. Dulles, die Schwester des US-Außenministers John Foster Dulles und des CIA-Chefs Allen W. Dulles. Sie war damals als Finanz- und Wirtschaftsexpertin bei der amerikanischen Gesandtschaft in Wien eingesetzt. Ich traf sie in ihrem Washingtoner Heim. Sie berichtete mir: »Nach der versuchten Blockade an der Ennsbrücke beschlossen wir, in Wien große Vorräte an Lebensmitteln und Brennstoffen anzulegen, um einer Blockade wenigstens einige Wochen lang trotzen zu können. Es war eine geheime Operation, die unter dem Decknamen ›Squirrel Cage‹ (Eichhörnchen-Käfig) durchgeführt wurde. Die österreichische Regierung wusste davon, war eingeweiht. Die Sowjets fanden es auch bald heraus, es konnte nicht schaden, wenn sie wussten, dass wir vorbereitet waren.«

Die Sowjetblockade in Berlin dauerte fast ein Jahr, vom 24. Juni 1948 bis zum 12. Mai 1949. Zweck dieser Blockade konnte es nur sein, die Westmächte zum Verlassen Berlins zu bringen, um aus der Ostzone einen funktionsfähigen kommunistischen Staat zu machen, wie er dann auch als DDR gegründet wurde. So fürchteten die Westalliierten in Österreich durchaus, dass es nicht nur bei einer Blockade der Westsektoren in Wien bleiben würde, sondern dass das ein Vorspiel zur Teilung Österreichs sein könnte. Damit wurde allen Ernstes gerechnet.

Oliver Rathkolb fand das Dokument, das dies bestätigt, datiert mit 8. Januar 1948, abgesendet von der amerikanischen Legation in Wien an das State Department in Washington. »Geheim – betrifft die Teilung Österreichs«, gerichtet an den »Secretary of State«, also an den Außenminister persönlich. In dem Dokument werden die Vor- und Nachteile aufgezählt, die eine Teilung Österreichs für die Sowjetunion haben könnte. Dieser Bericht kommt zwar zu dem Schluss, dass vermutlich die Nachteile für die Sowjetunion größer wären, aber nach dem kommunistischen Putsch in Prag schließt man einen solchen Putschversuch in Wien nicht mehr aus.

Wie ein Damoklesschwert hing die Möglichkeit einer kommunistischen Machtergreifung damals über der Regierung. Bis wohin würde die Sowjetunion mit ihrer Expansion gehen? Was war Stalin bei der Konferenz in Jalta vom amerikanischen Präsidenten Roosevelt zugesichert worden? Jalta, das Stichwort für die Teilung Europas. Jalta, so hatte ich das Gefühl, wurde uns nie wirklich erklärt. Natürlich fand diese Konferenz Monate vor dem Ende des Zweiten Weltkriegs statt. Also habe ich die damaligen Berichte über diese Konferenz nicht zu Gesicht bekommen. Das musste ich nachrecherchieren. Über das Resultat dieser Recherche schrieb ich eine Serie in der »Tageszeitung«.

Check, re-check, double-check
Journalismus, wie er sein sollte

1949 wurde Hans Kronhuber als Chefredakteur der »Tageszeitung« von Hermann Mailer abgelöst. Kronhuber wurde in den Bundespressedienst berufen, und nun stand mein Chefredakteur Hermann Mailer vor mir und sagte: »Sie fahren nach Amerika.« Amerika – das war damals, im Jahre 1950, ein weit entfernter Kontinent. Dorthin zu kommen, war für uns junge Journalisten kaum vorstellbar. Aber Mailer hatte soeben eine Anfrage des Bundespressedienstes – die damals wichtige Pressestelle der Regierung – erhalten, ob er auf mich in der Redaktion etwa ein halbes Jahr lang verzichten könnte. Es läge eine Einladung der »School of Journalism« der Universität Missouri vor, zehn junge österreichische Journalisten zur Weiterbildung an diese Journalistenschule zu entsenden.

Um es vorwegzunehmen: Das war und ist bis heute eine der besten Ausbildungsstätten für Journalisten in Amerika. Das Geld für diese Weiterbildung, so teilte der Bundespressedienst mit, komme aus der solche Ausbildungen fördernden »Rockefeller-Foundation«, die Patronanz und Durchführung des Projekts aber liege allein bei der Universität. Das State Department, das amerikanische Außenministerium, sei von der Universität um Unterstützung beim Transport der österreichischen Journalisten ersucht worden und habe dieses Ersuchen an die amerikanischen Militärbehörden in Österreich weitergeleitet. Es war der Bundespressedienst, der diese zehn Journalisten aussuchen und empfehlen sollte.

Ich war also offenbar einer der Ausgesuchten, aber alles Weitere hing nun von meinem Chef ab. Zu diesem Zeitpunkt leitete ich die außenpolitische Redaktion der »Tageszeitung«, war aber gleichzeitig auch der einzige außenpolitische Redakteur. Karl Polly war inzwischen Chefredakteur beim Hörfunk, Hans Dichand Chefredakteur bei der »Kleinen Zeitung« in Graz. Nur die Innenpolitik war mit zwei erfahrenen Journalisten an der Spitze gut besetzt, mit Gottfried Heindl, dem stellvertretenden Chefredakteur, und Richard Barta. Woher Mailer den Ersatz für mich nehmen wollte, war auch ihm noch unklar. Doch er erkannte die einzigartige Chance, die sich mir da bot, und wollte ihr nicht im Wege stehen. Wir saßen dann eine Zeit lang beisammen, um dieses Problem zu lösen. Ich schlug vor, einen der sehr vifen Lokaljournalisten in einem Blitzkurs als Außenpolitiker auszubilden.

Einen Monat später sollte es losgehen, per Eisenbahn nach Bremerhaven und von dort per Schiff nach New York. Doch da gab es einen kleinen Haken und von dem muss ich berichten: Ich leitete in der Zeitung nicht nur die Außenpolitik, sondern war auch zuständig für einen Teil der Besatzungspolitik, die ja fast zur Außenpolitik gehörte. In dieser Funktion hatte ich immer wieder zu berichten und auch zu kommentieren, was da in den von den Sowjetrussen in Besitz genommenen Industriebetrieben und besonders in den Erdölfeldern vor sich ging. Die Informationen darüber erhielt ich aus der Wirtschaftssektion im Ministerium für Wiederaufbau und Vermögenssicherung, in der – bis zu ihrer Verschleppung in die Sowjetunion – Margarethe Ottillinger zuständig war. Dort war man bemüht, stets herauszufinden, was gerade von den Sowjets aus den Betrieben und den Erdölfeldern entnommen und nach Osten abtransportiert wurde. Auch wichtig für die spätere Bewertung dieser Betriebe, für die Österreich vermutlich eine Ablöse zu zahlen haben würde.

Die »Tageszeitung« stand der Wirtschaft nahe und so war sie und damit ich ausersehen, Teile dieser Berichte zu veröffentlichen und gegebenenfalls heftig zu kommentieren. Ab und zu wurden wir dafür vom »sowjetischen Element« im Alliierten Rat abgemahnt. Dann wurde Margarethe Ottillinger an der Zonengrenze an der Enns vom sowjetischen Kontrollposten aus dem Auto geholt, in dem sie zusammen mit ihrem Minister von Linz nach Wien fahren wollte. Herausgeholt, verschleppt, in Moskau zu 25 Jahren Zwangsarbeit verurteilt. Das war für uns alle ein Alarmzeichen. Unter alle meine ich all jene Journalisten, die sich in den österreichischen Zeitungen mit der Berichterstattung über die Vorfälle in der Sowjetzone und in den beschlagnahmten Betrieben beschäftigten. Führend in dieser Berichterstattung war die »Arbeiter-Zeitung« unter der Chefredaktion von Oscar Pollak. In der Sowjetzone selbst recherchierte unter riskantem Einsatz sein Reporter Franz Kreuzer. Das lief dann unter der Rubrik »Die Unbekannten« – damit waren die Angehörigen der Sowjetarmee und ihre Taten gemeint.

Soweit die Vorgeschichte. Jetzt sollte ich nach Amerika reisen. Und mit dem Zug die Zonengrenze an der Enns überqueren, wo die Ausweise der Reisenden von den Sowjets genau kontrolliert wurden. Vorgesehen war die Reise mit dem normal von Wien nach Frankfurt am Main verkehrenden Zug. Zuständig für den Transport der zehn Journalisten von Wien bis New York war aber die amerikanische Militärbehörde, waren die United States Forces in Austria, kurz USFA. Da bat mich der für die Presse zuständige Attaché Craig Hazelwood um eine Unterredung. Offenbar kannten die Amerikaner die an der Zonengrenze eventuell gefährdeten Personen, denn Hazelwood schlug mir vor, nicht mit dem Zug über die Zonengrenze zu fahren, ich könnte eines der kleinen Kurierflugzeuge benützen, die vom amerikanischen Airstrip am Donaukanal nach Linz und Salzburg flogen.

Ich nahm das Angebot an und das führte zu einer komischen Situation: Als ich bei dem Airstrip am Donaukanal ankam, stand dort ein kleiner Trupp amerikanischer Soldaten bereit, um mich mit präsentierten Gewehren zu empfangen. Entsprechend verwirrt ging ich die »Ehrenkompanie« entlang. Der Irrtum klärte sich sofort danach auf. Aus dem USFA-Hauptquartier wurde mein Flug von Wien nach Linz telefonisch angemeldet mit den

Worten: »There is a journalist to travel to Linz.« Der diensthabende Offizier verstand routinemäßig nicht »journalist«, sondern »general« – in Englisch ähnlich klingend – General. Und wie bei so einem üblich, ließ er die Soldaten zum Salut antreten.

Das ist noch nicht das Ende der Geschichte über diesen Flug. Ich nahm also in dem kleinen Kurierflugzeug neben dem Piloten Platz und wir starteten in Richtung Linz. Kaum aber waren wir über St. Pölten, tauchte rechts vor meinem Fenster ein kleines Flugzeug mit Sowjetsternen an den Tragflächen auf, kam nahe heran und begleitete uns bis zur Zonengrenze. Dazu der Pilot: »They always like to know who is travelling – Sie wollen immer wissen, wer da mitfliegt.« Wir landeten auf dem Flugplatz Hörsching bei Linz und man brachte mich zum Bahnhof, wo bald darauf der Zug eintraf mit den Kollegen aus Wien und Graz, während mit mir in Linz die Kollegen aus Innsbruck, Salzburg und Linz einstiegen.

Da wir in den nächsten Monaten als Gruppe vieles gemeinsam erlebten, will ich die Kollegen namentlich anführen: Otto Schönherr, damals von der »Kleinen Zeitung« in Graz, später Chefredakteur der APA, Robert Stern von der »Arbeiter-Zeitung«, Ulrich Baumgartner, damals »Neue Zeit« Graz, später Festwochenintendant in Wien, Werner Sonvico von den »Oberösterreichischen Nachrichten«, Ludwig Stricker, Chefredakteur der »Tiroler Tageszeitung«, Kurt Paupié vom Publizistikinstitut der Universität Wien, Kurt Hampe, österreichischer Chef der Associated Press, Jochen Fiehn, österreichischer Chef von International News Service, Harry Maltschek, Außenpolitiker der APA.

Am Abend des gleichen Tages erreichten wir Bremerhaven, und noch immer war das amerikanische Militär für uns zuständig. So kamen wir in einem großen Militärcamp an. Wie wir tags darauf mit großem Schock sahen, wäre in Bremerhaven selbst für uns kaum ein Quartier zu finden gewesen, die Stadt war noch ein einziges Ruinenfeld, fast alle Häuser durch Bomben im Krieg zerstört. Eine derartige Verwüstung habe ich später nur noch in Filmen gesehen, die in Hannover und Berlin gedreht wurden.

Aber es gab auch eine andere Überraschung. In einem Camp neben unserem befanden sich so an die hundert junge Frauen, einige mit Babys am Arm. »Kriegsbräute«, wurden wir aufgeklärt, »Frauen aus Deutschland und Österreich, die amerikanische Soldaten geheiratet haben und jetzt in ihre neue Heimat reisen werden.« Wir sollten sie nicht zum letzten Mal gesehen haben: Am nächsten Tag bestiegen sie vor uns das Schiff »General Maurice Rose«, mit dem auch wir nach New York reisen sollten. Es war ein wunderschönes, weiß gestrichenes Passagierschiff, aber im Dienst der US Navy, benannt nach einem amerikanischen General, gefallen bei Kriegsende in Deutschland.

Die für diesen Transport Verantwortlichen wachten über die Moral an Bord. Die Kriegsbräute waren auf den für sie reservierten Decks für Soldaten und Unteroffiziere untergebracht. Uns zehn Journalisten hatte man die schön eingerichteten Kabinen hoch über diesen Decks zugeteilt, normal reserviert für Offiziere vom Major aufwärts und ohne Zugang zu den unteren Decks. Dafür kamen wir in den Genuss der besonderen Bedienung, die auf unserem Deck normalerweise den hohen Offizieren zustand. Fast auf jeden von uns kam ein Steward, der sich um unsere Verpflegung, aber auch um unsere Wäsche und Schuhe kümmerte. Das erfreute uns aber nicht sehr, denn nicht nur sahen wir uns unnötig privilegiert, auch jeder unserer Helfer war ein Afroamerikaner. Wie das damals halt noch so war in der US Navy.

Die Abreise aus Bremerhaven machte auf mich einen unvergesslichen Eindruck. Am Pier standen Hunderte Mütter, Väter und Freundinnen der Kriegsbräute, sie schrien, sie winkten und sie weinten. Und dasselbe taten die Kriegsbräute an der Reling des Schiffes. Da nahmen viele Menschen für lange Zeit Abschied voneinander, und ich dachte mir: »Weiß Gott, wie's mit denen weitergeht.«

Es war meine erste Seereise und der Atlantik war freundlich zu uns, nicht friedlich, sogar tageweise stürmisch, aber gerade deshalb ein großes Erlebnis. Und was wir zu sehen bekamen!

Wale, fliegende Fische und in der Nacht überraschend ein kräftiges Seeleuchten. Die Überfahrt dauerte acht Tage, länger als mit den großen Reiseschiffen jener Zeit. Als wir am achten Tag aufwachten und aus den Kabinenfenstern blickten, begrüßte uns die Skyline von Manhattan. Doch mehr noch als diese imposante Wolkenkratzerlandschaft faszinierte uns die Straße, die am Ufer entlang führte: Wie Ameisen fuhren da Hunderte Autos in mehreren Reihen dicht an dicht. Wir alle aber kamen aus einem Land, wo Autos Luxus und sehr selten waren.

Der Eindruck wurde noch übertroffen, als wir am Abend über den Broadway und den Times Square spazierten. Eine Lichterflut von für uns bislang unvorstellbarem Ausmaß. Entlang der Wand eines der Hochhäuser am Times Square liefen – wie auch noch heute – in Leuchtschrift die neuesten Nachrichten und aus einer der großen Reklametafeln stiegen Rauchringe auf, aus dem Mund eines Cowboys, der für Marlboro-Zigaretten Reklame machte.

Am nächsten Tag besuchten wir die Redaktion der »New York Times«, wo uns der Herausgeber persönlich durch die Redaktionsräume führte und uns den Kollegen vorstellte. Einige von ihnen sah ich später in der Welt immer mal wieder. Nach dem kurzen Besuch in New York ging es weiter per Zug nach Washington. Hier besuchten wir die »Washington Post«, aber die Attraktion des Tages war eine Pressekonferenz des Außenministers Dean Acheson, an der wir teilnehmen durften.

Acheson war kurz zuvor von einer Reise in Japan zurückgekehrt. Wie schicksalhaft gerade diese Reise war, wurde mir erst später bewusst. Denn in Tokio hatte Acheson verkündet, wie entschlossen die USA seien, ihren Freunden in Asien militärisch beizustehen. Und Acheson nannte diese Freunde beim Namen. Das reichte von Japan bis zu den Philippinen. Aber ein Land nannte er nicht: Südkorea. Das war im Mai 1950, im Juni überfielen die kommunistischen Nordkoreaner Südkorea. Ein Krieg, der bald die Welt erschüttern sollte. Bei dieser Pressekonferenz hatte das noch niemand geahnt.

Danach zogen wir vom Außenministerium die paar Schritte weiter zum Weißen Haus und konnten dort das Domizil des amerikanischen Präsidenten Harry S. Truman besichtigen – wie alle anderen Touristen auch.

Mit einem Nachtzug, der allerdings tagsüber noch weiterfuhr, ging es dann von Washington nach St. Louis, Missouri, und danach in die kleine Universitätsstadt Columbia. In den nächsten zehn Tagen waren wir hier zu Hause. Erst im Nachhinein lernten wir und wussten es zu schätzen, dass uns der Dekan der School of Journalism, der damals und bis heute berühmte Dean Mott, persönlich mit den Grundsätzen und Praktiken des amerikanischen Journalismus vertraut machte. Das tat er mit großem Nachdruck, als ob er wüsste, dass uns manches davon nicht so geläufig war.

»Nummer eins: Das Wichtigste für jeden von euch muss die persönliche Unabhängigkeit sein, keine Verbrüderung mit Politikern! Nummer zwei: Ihr habt immer der Wahrheit verpflichtet zu sein, check, re-check, double-check – also überprüfen, nochmals überprüfen und selbst dann nochmals überprüfen – nämlich auf den Wahrheitsgehalt dessen, was ihr berichtet und kommentiert. Zusatz: Und wenn ihr euch irrt oder falsch informiert wurdet, dann habt ihr dies so rasch wie möglich im gleichen Medium richtigzustellen, in der Zeitung, im Radio wie im Fernsehen (das nämlich gab es schon in Amerika). Zur Wahrheitsfindung aber habt ihr zwei weitere Grundsätze zu beachten«, sagte Dean Mott und zitierte diese Grundsätze lateinisch, denn sie stammen aus dem römischen Recht: »Audiatur et altera pars«, immer auch die andere Seite anhören, und »In dubio pro reo«, im Zweifel für den Angeklagten.

Das war in wenigen Minuten gesagt, aber das saß tief. Bei allen von uns, wie wir später feststellten, denn offenbar war keiner von uns jungen Journalisten bisher so unabhängig und so frei, wie es uns Dean Mott vorgab. Mich jedenfalls begleiteten diese Sätze in meinem ganzen journalistischen Leben und ich machte sie zu Grundsätzen in den von mir geleiteten Redaktionen. Ich weiß daher auch, wie sehr sie da und dort in unserem damaligen und heutigen Journalismus verletzt wurden und werden. Aber ebenso weiß ich, wie sehr diese Grundsätze heutzutage im amerikanischen Journalismus verletzt, ja offen missachtet werden. Längst gibt es dort zum Beispiel »Fox Television«, populär, weil populistisch, extrem parteiisch und sehr abhängig von der Politik. Und das gilt auch für viele andere amerikanische Medien. Obwohl die School of Journalism in Columbia, Missouri, auch heute noch bemüht ist, Journalisten im Sinne von Dean Mott zu erziehen.

Aber nicht nur ethisch gab es an der Journalistenschule für uns etwas zu entdecken. Hier wurde, wie man uns sagte und zeigte, erstmals in Amerika eine Art elektronische Zeitung hergestellt. Von den Studenten selbst, aber technisch ausgerüstet von der Universität. Allerdings noch in einer Art und Weise, wie sie sich so wohl nie hätte durchsetzen können: Die Zeitung erzeugt wie jede andere auch, aber dann Seite für Seite – wie Jahre später per Fax – elektronisch in die Haushalte der Abonnenten geleitet. Dort fielen sie aus einem Drucker und waren für mehrere Stunden gut zu lesen, doch danach verschwand die Schrift wie auf einem nicht fixierten Foto. Immerhin, es war ein Versuch mit einer Technik, die noch weitgehend unbekannt war.

Eine letzte Stunde des Unterrichts bei Dean Mott galt – zu unserer Überraschung – einem gut gemeinten Rat: »Seid nicht zu billig, droht nicht nur, sondern seid entschlossen, bei schlechter Bezahlung zur Konkurrenz zu wechseln.« Doch das war auch in Amerika nicht viel leichter als bei uns zu Hause.

Danach erlebten wir, wie gut dieser Schulungskurs für uns geplant und vorbereitet war. Denn von Columbia ging es nun alle zwei Wochen zu einer anderen amerikanischen Zeitung: drei im Mittleren Westen, in Des Moines, Iowa, in St. Louis und in Kansas City, Missouri, eine im tiefsten Süden, in Memphis, Tennessee, und eine im Norden, Cleveland, Ohio. Jede dieser Zeitungen bediente eine andere Leserschicht und hatte auch selbst eine besondere Bedeutung.

Die »Des Moines Register and Tribune« war die einzige Tageszeitung in Iowa, hatte also Monopolcharakter, nicht nur im Print, sie betrieb auch die wichtigsten Radiostationen und den vorläufig ersten Fernsehsender des Bundesstaates. Die »St. Louis Star and Times« hatte eine mächtige Konkurrenz und versuchte über sie zu triumphieren durch Einsatz modernster Technik. Die »Kansas City Star and Times« stand im Kampf mit einer reichen und politisch mächtigen Baulobby. Der »Memphis Commercial Appeal« erschien in einem Bundesstaat, in dem damals noch totale Segregation herrschte, die strenge Trennung von Weißen und Schwarzen in allen öffentlichen Bereichen. Die »Cleveland Press« war ein Vorzeigeprojekt für eine sauber gemachte, unabhängige Zeitung in einer mittelgroßen Stadt in Ohio am Eriesee. In jeder dieser Zeitungen durfte jeder von uns auswählen, in welchem Ressort er mitarbeiten wollte. Unsere Gastgeber waren die Zeitungen und die Redakteure, und jeden Tag wurden wir von dem einen oder anderen nach Hause eingeladen.

Hier kurz einige unserer Erlebnisse: In Des Moines standen jeden Morgen fünf kleine Flugzeuge bereit, um die Journalisten an jeden Ort im Bundesstaat Iowa zu bringen, von dem etwas zu berichten war. Wir flogen mit, ich mit einem Lokalreporter in das Zentralgefängnis von Iowa, wo gerade ein vielfacher Verbrecher einsaß, der bereit war, über seine Taten zu sprechen. Er wurde interviewt und fotografiert. Das für mich Erstaunliche aber war, dass die Fotos in einer mitgeführten Mini-Dunkelkammer, die wie ein Muff zu handhaben war, entwickelt wurden – digital war noch unbekannt. Danach wurde an der nächsten Telegrafenleitung ein ebenfalls mitgebrachtes Sendegerät angeschlossen und das Foto an die Zeitung gesendet. Mit dem Internet ist das heute alles selbstverständlich, aber damals war es für mich sensationell. Als wir in Des Moines eintrafen, war die Zeitung mit dem Bericht samt Foto bereits im Verkauf.

Am nächsten Tag wollte ich es mir einfach machen. Ich blieb in der Redaktion und nahm mir vor, die außenpolitischen Meldungen zu redigieren. Zu Mittag kam einer der amerikanischen Kollegen vorbei und lud mich ein, mit ihm zu kommen. Ich dachte, es ginge in die Kantine. Stattdessen ging es in einen kahlen, kleinen Raum und der Kollege sagte: »Gleich bist du dran.« – »Wo dran?«, dachte ich. Da ging an der Wand ein Rotlicht auf, daneben die Leuchtschrift »On the Air«, also »Auf Sendung«. Ich war in einem Radiostudio der Zeitung gelandet. Was sollte ich nun tun? Der Kollege: »Sag, wer du bist, woher du kommst und was du hier tust.« In der nächsten halben Stunde lernte ich Englisch zu sprechen, denn bisher kannte ich nur Schulenglisch.

In St. Louis gab es eine andere Überraschung. Die Zeitung war mit den modernsten Techniken und Kontrollen ausgestattet: Das sollte Zeit und Geld sparen. Alle Kollegen hier standen daher unter enormem Stress. Hans Dichand, dem ich das nach meiner Heimkehr erzählte, unternahm im Jahr darauf eine USA-Reise und wollte sich das technologische Wunderwerk in St. Louis selbst ansehen. Er betrat ein verlassenes Haus, und wie er berichtete, wehte ein Luftzug gerade noch eine Zeitungsseite der »St. Louis Star and Times« durch das Gebäude. Die Zeitung war an ihrer eigenen hochmodernen, aber offenbar Geist tötenden Technologie zugrunde gegangen.

St. Louis ist die Heimat des amerikanischen »Budweiser Beer«. Die Herrin dieses großen Bierkonzerns, Frau Anheuser-Busch, gab uns einen großen Empfang in ihrem luxuriösen Heim. Dazu hatte sie einen besonderen Gast gebeten: Kurt Schuschnigg, den letzten Bundeskanzler Österreichs vor dem Einmarsch Hitlers. Schuschnigg, der bis Kriegsende mit seiner Frau in einem Konzentrationslager interniert war, wanderte nach dem Krieg in die USA aus und wirkte in St. Louis als Universitätsprofessor.

Wir waren überrascht, Schuschnigg hier zu treffen. Aber offenbar war es sein Wunsch, Frau Anheuser-Busch möge dieses Treffen mit den österreichischen Journalisten arrangieren. Tatsächlich bat Schuschnigg nach dem Empfang die »nicht-sozialistischen« Journalisten zu einem Besuch in seine Wohnung. So war auch ich dabei. Schuschnigg jedoch hatte nur ein Anliegen: Wir mögen doch versuchen herauszufinden, ob der sozialdemokratische »Schutzbund« für den Bürgerkrieg (1934) mit Waffen aus der Tschechoslowakei beliefert worden war. So als wäre das eine Rechtfertigung für sein hartes Vorgehen gegen gefangene, auch verwundete Schutzbündler, die er als Justizminister »wegen Hochverrats« aufhängen ließ.

Bemerkenswert in St. Louis aber war auch, dass wir auf unseren größeren Fahrten durch die Stadt von Polizeiwagen mit Blaulicht angeführt wurden. Die Kollegen erklärten das so: Die Polizei versuche, sich mit der Presse besonders gutzustellen und hervorzuheben, dass St. Louis die einzige Stadt im Mittleren Westen sei, in der es weder Glücksspiel noch Alkohol gäbe. Und das sei auch so, sagten die Kollegen. Das wäre einem Bürgermeister großartig gelungen, da Glücksspiel und illegaler Alkoholverkauf in St. Louis lange Zeit ein besonderes Übel waren. Und wie ist das gelungen? Mit einem Deal, er machte aus den Mafiosi Polizisten samt ihren Chefs. Und aus war es mit Glücksspiel und – zumindest sichtbar – mit dem Alkohol. Letzteres stellten wir auf die Probe: Der nächste Taxichauffeur holte unter seinem Sitz eine Whiskyflasche hervor, als wir ihn danach fragten.

Wieder etwas gelernt.

In Kansas City unternahm ein Kollege mit mir eine Rundfahrt durch die Stadt. Und er zeigte mir etwas Unerwartetes: den kleinen Fluss, der in einem überdimensionalen Flussbett aus dickem Beton durch die Stadt rieselte, ebenso überdimensionale Stadien für Football und andere Sportarten aus Beton, ein Open-Air-Theater, auf dessen Bühne eine Wildwestszene mit einer vierfach bespannten Postkutsche, fünf Dutzend Cowboys und Indianern einschließlich großer Schießerei live über die Bühne ging. Auch diese Bühne und die große Zuschauerarena waren aus dickem Beton.

Dann hörte ich die Geschichte: Die Werke, von denen dieser Beton stammte, gehörten einem Mann namens Pendergast. Er wurde mit diesen und vielen anderen Bauten sehr reich. Mit dem

Reichtum förderte er Politiker. Einen besonders: Harry S. Truman, der zuerst Senator und im Jahr 1944 Vizepräsident der USA wurde. Ein Jahr später starb Präsident Roosevelt und Truman wurde sein Nachfolger. Ein mutiger und bedeutender Präsident: In seiner Ära wurde der Marshallplan geschaffen, in Korea trat er den Kommunisten militärisch entgegen, er schützte Westberlin und wohl auch Österreich. Aber vorwärts kam er durch die reichlichen Zuwendungen für seine Wahlkämpfe durch Pendergast. Ob zufällig oder nicht gar so zufällig, wurde Pendergast an dem Tag, als Truman überraschend Präsident wurde, von der Polizei angehalten und über Nacht in eine Zelle gesperrt. In der er am nächsten Morgen leider tot aufgefunden wurde.

So die Geschichte, die ich von dem Kollegen hörte. Als ich sie jetzt durch das Internet überprüfen wollte, stieß ich auf Hinweise und Bücher, in denen diese Theorie zurückgewiesen und denen zufolge die Verbreiter der Geschichte wegen Verleumdung angeklagt worden seien. Doch heute gibt es für mich keinen Zweifel, dass die amerikanische Politik in einem sehr hohen Maß vom Geld abhängt. Von den Zuwendungen, die mächtige Konzerne und reiche Interessengruppen den einzelnen Politikern gewähren. Und erst vor kurzer Zeit entschied der auch parteipolitisch dominierte Oberste Gerichtshof der USA, dass finanzielle Wahlzuwendungen in jeder Höhe und ohne Einschränkung gesetzlich erlaubt seien. Wer in Amerika gewählt werden will, benötigt viel Geld, erhält aber nur wenig von der Partei, für die er antritt. Er muss Geld von Sponsoren auftreiben und für alles bezahlen, für Werbespots im Radio und im Fernsehen, für Wahlinserate in den Zeitungen, für alle Veranstaltungen, für die Wahlreisen und die Wahlhelfer. Je mehr davon, desto größer seine Chancen, gewählt zu werden, aber auch sein Geldbedarf. Die Lobbyisten rund um die Abgeordneten und Senatoren im Kongress sind sonder Zahl. Die Geschichte Pendergasts erscheint mir daher gar nicht so absonderlich.

Das war Kansas City. In Memphis waren wir über die damals noch existierende strenge Trennung von Weißen und Schwarzen und der ganz offensichtlichen schweren Diskriminierung der Schwarzen geschockt. Viele Lokale verwehrten ihnen den Zutritt, im Autobus hatten sie auf den hinteren Sitzen Platz zu nehmen, im Kino auf dem meist sehr heißen, weil noch nicht klimatisierten Balkon, in der Eisenbahn in den jeweils für »Negroes« gekennzeichneten Waggons und auch die Schulen waren streng nach Rassen getrennt mit deutlichem Niveauunterschied.

Otto Schönherr und ich beschlossen, uns anzusehen, wo die Schwarzen – heute werden sie Afroamerikaner genannt – wohnten und wie es dort aussah. Das nannte man damals Slum, und Slum stand für Verwahrlosung. Durch einen solchen Slum wanderten wir nun. Und fürs Erste waren wir überrascht. Viele Schwarze lebten in kleinen Häusern mit offener Veranda. Vor den Häusern standen Autos. In den Häusern gab es Fernsehgeräte und Kühlschränke. Für unsere Verhältnisse in Österreich recht unerwartet. Das erzählten wir dann auch unseren Kollegen bei der Zeitung.

Die waren überrascht, dass wir das erstaunlich fanden, und sie hatten eine Erklärung dafür: Die Häuser seien filigran und meist baufällig, die Autos sehr alt, ebenso wie die Fernsehgeräte und Kühlschränke, daher billig oder beinahe umsonst zu haben. Nein, diese Menschen lebten nicht in guten Verhältnissen. Und das Schlimmste waren die Schulen, die ihnen zur Verfügung standen, kaum eine davon eine Mittelschule. All das und vieles mehr prangerten die Kollegen vom »Memphis Commercial Appeal« an.

So lernten wir unsere Lektion. Verstanden dann aber Jahre später auch, was Martin Luther King für die Schwarzen bedeutete und was Präsident Lyndon B. Johnson mit seinem Programm der »Great Society« in den USA bewegte, angefangen damit, dass die Schulkinder in manchen Südstaaten von der Nationalgarde bewacht in die gemeinsamen Schulen gebracht wurden. Nein, die School of Journalism hatte uns dieses Training in Tennessee nicht zufällig zugedacht.

Bemerkenswert auch, was wir in Cleveland vorfanden. Nicht die Zeitung selbst, die »Cleveland Press«, sondern die Art des

Konkurrenzverhältnisses zwischen Cleveland und Chicago. Natürlich unvergleichlich, aber damals immerhin noch markant. In beiden Städten gab es noch Reste der früheren Gangster, die das Nachtleben beherrschten, das Glücksspiel, Alkohol und Rauschgift. So schnell wären wir da nicht draufgekommen, aber da meldete sich ein Mann namens Herman Pirchner, der mit einem deutlichen Tiroler Akzent sprach. Als Tiroler stellte er sich auch vor und richtete eine Einladung an uns. Wir mögen ihn besuchen, in seinem Lokal, das er »Alpine Village«, also Alpendorf, nannte. Dorthin begaben wir uns am Abend. Ein Nachtlokal, als große Almhütte eingerichtet. Alle Kellnerinnen und Kellner trugen Lederhosen. Auf dem Tanzparkett tanzte eine Gruppe hübscher Mädchen, ebenfalls in alpiner Tracht.

Das also war das Reich des Herrn Pirchner, der mit Stolz berichtete, wie er als Tiroler in die USA auswanderte und hier als Kellner zu arbeiten begann. Heute war er reich und doch arm dran. Er ging schwer gebeugt, konnte sich nicht aufrichten. Und das erklärte er uns dann so: Er war in den Dreißigerjahren, noch in der Zeit der Prohibition, des allgemeinen Alkoholverbots, nach Cleveland gekommen und hatte begonnen, illegal Bier zu brauen und in einem »German Club« illegal auszuschenken. Das brachte die Mafia aus Chicago auf den Plan, die Pirchner unterwerfen wollte. Das gelang ihr zunächst auch. Aber Pirchner engagierte dann selbst eine Gang und als er auch noch ein Nachtlokal eröffnete, kam es zum offenen Kampf zwischen den Gangs. Pirchner wurde mit einer Maschinenpistole beschossen, deren Kugeln ihn quer von der rechten Schulter bis zur linken Hüfte trafen, daher sein stets gebeugter Gang. Aber heute, so Pirchner, sei er der Herr von Cleveland. Sagte es und lud uns ein, in seinem großen Auto mit ihm in einen anderen Nightclub zu fahren.

Das taten wir und trauten unseren Augen nicht. Kaum betrat Pirchner das Lokal, stimmte die Musik ein besonderes Lied an, zwei Manager eilten herbei und fielen beinahe auf die Knie, als sie Pirchner begrüßten. Es war nicht Pirchners Lokal, aber eindeutig von seiner Mafia abhängig. Was er uns auch bestätigte: In Cleveland hatten die aus Chicago nichts mehr zu reden. Die Schutzgelder kassierte seine Gang. Und was geschieht, wenn nicht gezahlt wird? Was ihm anfangs geschehen ist – das Lokal wird überfallen und zertrümmert.

In Verlegenheit brachte uns Pirchner, als er uns zur mitternächtlichen Stunde bat, ihm doch die jetzige österreichische Hymne vorzusingen, und wir kamen damals nur mit Ach und Krach über die erste Strophe. Wer heute im Internet nach Pirchners »Alpine Village« sucht, erfährt, dass Pirchner 101 Jahre alt geworden und 2009 gestorben ist. Das »Alpine Village« ging in Konkurs.

Die »Cleveland Press« und Cleveland waren die letzte Station auf unserer Weiterbildungsreise. Die Universität gönnte uns noch einen Ausflug an die nicht so weit entfernten Niagarafälle. Die waren natürlich ein großartiges Erlebnis. Aber danach sollte es nach Hause gehen. Also zunächst nach New York, Treffpunkt Grand Central Station, und von da auf zum Hafen. Die Rückreise, so hatte man uns gesagt, würde auf dem gleichen Schiff, der »General Maurice Rose«, erfolgen. Aber unter all den gedockten Schiffen war die »General Rose« nicht zu sehen. Bis uns der schon auf uns wartende Marineoffizier zu einem Schiff in gefleckter grün-braun-grauer Tarnfarbe führte. Und am Bug stand »General Maurice Rose«. Ja, sie war es wirklich! Der Koreakrieg war ausgebrochen, die »Maurice Rose« war über Nacht wieder ein Truppentransporter geworden. Kein weiß gestrichenes Schiff für reisende Kriegsbräute und österreichische Journalisten.

Aber wir waren froh, doch wieder mit diesem für uns durchaus luxuriösen Schiff heimkehren zu können. So gingen wir an Bord. Und wurden eingewiesen – auf das F-Deck. Da ging es nicht hinauf, da ging es hinunter. Immer weiter hinunter, bis wir uns auf dem eisernen Boden des Schiffes befanden, in einer riesengroßen, dunklen Höhle. Und in der hingen so an die 50 Hängematten. Viele waren schon besetzt – von Soldaten, und alle waren

Afroamerikaner. Das also war's: Der Krieg im Fernen Osten löste die Furcht aus auch vor einem Krieg in Europa. Und die USA sorgten für rasche Verstärkung ihrer Truppen in Europa. Die »General Rose« war einer der Transporter, die dafür zu sorgen hatten. Die noblen Kabinen für die höheren Offiziere, in denen wir nach Amerika gereist waren, waren nun wieder für die höheren Offiziere reserviert. Wir hingegen waren wohl nur noch störende Elemente, für die irgendeine Stelle den Auftrag gegeben hatte, sie nach Europa mitzunehmen.

Ich fand das eigentlich recht aufregend. Das würde doch ein spannender Reisebericht werden: Am untersten Deck, zusammen mit 50 schwarzen US-Infanteristen, da wird doch sicher Interessantes zu berichten sein. So dachte ich und tröstete damit meine teilweise recht unglücklich wirkenden Kollegen. Aber eine halbe Stunde später verschlug es auch mir den Atem. Ein Unteroffizier war erschienen, der von einem Papier weg laut die von nun an hier unten geltende Tagesordnung verlas: »F-Deck! Tagwache 4.30 Uhr, Frühstück 5.30 Uhr, Erholung an Deck 7.00 bis 9.00 Uhr, Mittagessen 10.30 Uhr, Abendessen 16.00 Uhr, Erholung an Deck 17.00 bis 18.00 Uhr, Nachtruhe 20.00 Uhr.«

Insgesamt dürften wohl an die tausend oder mehr Soldaten an Bord gewesen sein, daher die strikte Einteilung der Mahlzeiten und Erholungspausen am Oberdeck. Doch da riss auch mir die Geduld. Ein Blick in die Runde: »Gemma!« Wie auf Kommando griff jeder nach seinem Koffer und schon eilten wir die steilen Eisenstufen hinauf – und kamen tatsächlich in der letzten Minute an der Gangway an, die hinüberführte zur Kaimauer, der Letzte von uns sprang schon über einen Spalt. Es war nicht das F-Deck, nicht die schwarzen Soldaten, es war die Tagesordnung, die uns vertrieben hat – acht Tage lang hätten wir pro Tag insgesamt nur drei Stunden an der frischen Luft verbringen können!

Und nun? Zum Telefon. Wir hatten eine Nummer, um die Stelle zu erreichen, die im State Department für unsere Reise zuständig war. Die wies uns an, genau dort zu warten, wo wir gerade standen. Nach einer längeren Zeit erschien auch jemand, öffnete eine Aktentasche und überreichte jedem von uns 50 Dollar, den Tagessatz für fünf Tage – für Hotel und Verpflegung. Jeder von uns aber habe noch heute zu melden, über welche Telefonnummer er zu erreichen sei. Wir würden verständigt, wie es weitergeht.

Es waren zwar magere, aber sehr schöne fünf Tage in New York. Übernachtet haben wir in der Jugendherberge der YMCA für einen Dollar pro Nacht. Nach fünf Tagen hieß es wieder ganz plötzlich: neun Uhr früh Grand Central Station. Von dort brachte uns ein Zug an irgendeine Station, in der man aussteigen musste, um ein großes Flugfeld zu erreichen, das den Namen Westoverfield trug. Dort nahm uns am übernächsten Tag ein Flugzeug des Postdienstes der US-Armee auf. Nicht sehr bequem, man musste entlang der Wände Platz nehmen, ohne Fenster. Und der Flug dauerte ziemlich lange, das Flugzeug hatte nämlich Post für mehrere amerikanische Stützpunkte mitzunehmen: auf den Azoren, den Kanaren, im Senegal, in Spanien, Schottland, England und Deutschland. Zwei Tage waren wir unterwegs. Von Frankfurt am Main ging es dann mit dem Flugzeug nach Langenlebarn bei Tulln.

Die Weiterbildung war abgeschlossen. Aber eines nahm ich mir vor: Ich wollte noch einmal nach Amerika kommen. Die USA musste ich besser kennenlernen.

Mit Raab in Amerika
Der Kanzler wusste, was er wollte

Österreich war in den USA nicht nur durch seine Botschaft in Washington vertreten. In New York gab es auch ein Generalkonsulat, eine Handelsvertretung und einen Botschafter, akkreditiert als Beobachter bei der UNO, da das besetzte Österreich der UNO noch nicht beigetreten war. Und es gab den Österreichischen Informationsdienst. Der unterstand dem Außenministerium und hatte einen besonderen Auftrag: die amerikanische Öffentlichkeit über Österreich zu informieren.

Die USA waren nicht nur eine der vier Besatzungsmächte in Österreich, sie waren, was die Interessen Österreichs betraf, besonders wichtig. Bei den Verhandlungen über den künftigen Staatsvertrag, also den Abzug der Truppen und die Gewährung der vollen Freiheit, waren es die Amerikaner, die die österreichischen Positionen am stärksten vertraten und die mit dem Marshallplan den raschen Wiederaufbau und die wirtschaftliche Erholung des Landes ermöglichten. Die öffentliche Meinung in den USA war in dieser Haltung daher weiterhin zu bestärken.

Auch standen sich in Wien amerikanische und sowjetische Truppen unmittelbar gegenüber. Auf drei Seiten vom Eisernen Vorhang umgeben, war Österreich so etwas wie ein Flugzeugträger des Westens im »roten Meer«, von dem aus es galt, die, wie es im Kalten Krieg hieß, »Herzen und Hirne« der Menschen zu gewinnen. Auch das war den Amerikanern immer wieder bewusst zu machen. Und nicht nur den Amerikanern, wenn möglich, auch den Diplomaten und Journalisten im New Yorker Hauptquartier der Vereinten Nationen, der UNO.

1953 verließ ich die »Tageszeitung« und bewarb mich um einen Posten im Österreichischen Informationsdienst in New York, den ich auch erhielt. Geleitet wurde dieser Dienst von Botschafter Eugen Buresch, dem Sohn eines früheren Bundeskanzlers, dem das Fräulein Herta Freundlich zur Seite stand, eine ehemalige Sekretärin Karl Renners. Aber nur in diesem Dienst spiegelte sich der Regierungsproporz wider. Im gleichen Haus befanden sich auch das Generalkonsulat, der Beobachter bei der UNO und die Handelsdelegation. Nicht der von zu Hause aus gewohnte Proporz, sondern eher noch die höfische Ordnung der Monarchie war hier spürbar. Der Generalkonsul war ein Graf, der Vizekonsul ein Baron, ihre beiden Sekretärinnen eine Gräfin und eine Baronin, der UNO-Beobachter ein Baron. Der Handelsdelegation standen zwei Barone vor. Das war zwar merkwürdig, doch sie alle leisteten hervorragende Arbeit.

Unser Informationsdienst stand für Information und Auskünfte allen amerikanischen Medien zur Verfügung, hatte sich aber gerade in New York auch um die Kultur zu bemühen. Erst Jahre später wurde ein österreichisches Kulturinstitut in New York gegründet und von meinem Freund und Kollegen Gottfried Heindl erfolgreich geleitet. Bis dahin förderte unser Informationsdienst auch österreichische Künstler, Maler, Sänger, Musiker. Auch Wissenschaftler und Schriftsteller hatten wir zu betreuen. Und den Bundeskanzler.

Das allerdings kam für mich sehr überraschend. Seit Längerem war der Besuch des Bundeskanzlers Julius Raab in den USA angekündigt. Sein erster Amerikabesuch übrigens. Und es war klar, dass der Leiter des Informationsdienstes, Botschafter Buresch, den Kanzler auf dieser Reise als Pressechef begleiten wird. Nun stand der Besuch zwei Tage bevor. Da rief mich Buresch in sein Arbeitszimmer und eröffnete mir, dass nicht er, sondern ich den Kanzler begleiten müsste. Ich möge ihn nicht nach einer Erklärung dafür fragen. Die erfuhr ich erst viel später beziehungsweise da lag sie auf der Hand: Buresch heiratete einige Monate darauf die Nichte des amerikanischen Außenministers John Foster Dulles, die allerdings zur Zeit des Raab-Besuchs noch verheiratet war. Da Raab aber auch den Außenminister aufzusuchen hatte, wollten offenbar alle Seiten eventuelle Peinlichkeiten vermeiden. Für mich aber wurde diese Reise mit Raab ein großes Erlebnis.

So standen am 20. November 1954 Karl Gruber, vor Kurzem noch österreichischer Außenminister und soeben erst zum neuen österreichischen Botschafter in den USA ernannt, ein Abgesandter des State Departments und ich auf dem Flugplatz LaGuardia, damals der internationale Flughafen New Yorks, heute noch der Shuttle-Flughafen New York–Washington. Wir erwarteten die Ankunft des Bundeskanzlers. Er kam mit einem Linienflug der »Pan American Airlines«, einer viermotorigen Propellermaschine, die aus Shannon in Irland über Gander in Neufundland, Kanada, nun in New York eintraf. Zwei Ausstiege gab es: vorne für die Passagiere der ersten Klasse, hinten für die der Touristenklasse, Economy hieß sie noch nicht. Nachdem alle anderen Passagiere ausgestiegen waren, erschienen Raab und seine Begleiter am Ausstieg der ersten Klasse. Darauf hatte der Kapitän bestanden. Denn die Österreicher reisten in der Touristenklasse, aber die PAN AM war auf ihr Prestige bedacht, so stiegen sie nun vorne aus. Raab, Josef Schöner, der politische Direktor des Außenministeriums, und Raabs Sekretär, Franz Karasek. Nur diese zwei befanden sich im Gefolge des Kanzlers. So war das damals.

Der offizielle Besuch begann nicht in New York, sondern nahm seinen Anfang erst am nächsten Tag beim Eintreffen des Kanzlers in Washington – daher begrüßte hier nur ein Vertreter des amerikanischen Außenministeriums die kleine österreichische Delegation. Doch noch während der Begrüßung erschien ein Bote der französischen Vertretung bei der UNO mit einer Botschaft des Ministerpräsidenten Frankreichs, Pierre Mendès France, der sich zurzeit bei der Generalversammlung der UNO aufhielt. Mendès France bat den Kanzler, ihn unbedingt noch in New York zu sehen, ehe er nach Washington weiterreise. Ein sehr ungewöhnlicher Wunsch. Aber ausgesprochen vom Ministerpräsidenten einer der Besatzungsmächte Österreichs.

Der Vertreter des US-Außenministeriums war zwar etwas indigniert, als Raab ihn fragte, ob das möglich sei, aber da der Kanzler erst am nächsten Tag von Präsident Dwight D. Eisenhower im Weißen Haus erwartet wurde, war es möglich. Mit einem Polizisten auf einem Motorrad mit Beiwagen als Eskorte fuhren wir in einem großen Wagen alle gemeinsam, zunächst zum Hotel Waldorf Astoria, wohin Mendès France den Kanzler gebeten hatte. Wir anderen fuhren weiter zur Pennsylvania Station, von wo der Zug nach Washington abgehen sollte, den wir aber jetzt versäumten, um auf den Kanzler zu warten.

Raab kam noch rechtzeitig zum nächsten Zug. Während der gesamten Zugreise sprach Raab zu meiner Überraschung kein Wort. Das wurde von allen respektiert. Der Kanzler war offenbar tief mit dem beschäftigt, worüber Mendès France mit ihm gesprochen hatte. Erst viel später berichtete mir Karasek, worum es da gegangen war: Mendès France wollte in der UNO eine Österreich-Initiative einleiten und den Sowjets einen Kompromiss vorschlagen: Abschluss des Staatsvertrags und Abzug der Truppen aus Österreich in Etappen, wobei jede der vier Besatzungsmächte das Recht hätte, vor jeder Etappe zu bestimmen, ob die Lage eine weitere Reduzierung der Truppen erlaube. Raab, so Karasek, habe diesen Vorschlag sofort zurückgewiesen. Österreich werde keinem Vertrag zustimmen, der nicht einen festen Zeitpunkt für den Abzug auch des letzten Besatzungssoldaten vorsieht. Der Zeitpunkt könne sogar in der Ferne liegen, aber er müsse fix sein. Raabs Ablehnung erfolgte spontan, ohne Rücksprache mit dem Koalitionspartner in Wien, der SPÖ. Auf der Fahrt nach Washington dachte er wohl nur an diese Unterredung und welche Konsequenzen sie im einen wie im anderen Fall hätte haben können.

Ein Jahr später, bei einem Außenministertreffen in Berlin, sollte der sowjetische Außenminister Wjatscheslaw M. Molotow einen ähnlichen Vorschlag machen: Abschluss des Staatsvertrags, aber ein kleines Kontingent Sowjetsoldaten würde in Oberöster-reich bleiben bis zum Friedensvertrag mit Deutschland. Auch dieser Vorschlag wurde von Außenminister Figl und Staatssekre-tär Kreisky abgelehnt.

In Washington wurden wir abgeholt und zum Blair House gebracht, dem Gästehaus der amerikanischen Regierung, vis-à-vis vom Weißen Haus. Da saßen wir nun im großen Salon vor offenem Kaminfeuer und berieten darüber, was dem Kanzler am nächsten Tag bevorstand. Empfang im Weißen Haus durch Präsi-dent Eisenhower, danach Besuch bei Außenminister John Foster Dulles und anschließend bei dessen Bruder Allen Dulles, dem Chef der CIA.

Für den Präsidenten hatte Raab ein Gastgeschenk mitge-bracht, das von uns nun besichtigt wurde: ein Schreiben des da-maligen österreichisch-ungarischen Gesandten in Washington, das Kaiser Franz Joseph I. vorgelegt worden war. Er schlug vor, Österreich-Ungarn möge mit den USA einen Handelsvertrag ab-schließen. Der Kaiser aber hatte das offenbar abgelehnt, denn am Rande dieses Schreibens hatte er selbst mit Tinte vermerkt: »Was soll uns das mit diesen Indianern? F.J.«

In Wien hatte man offenbar erwartet, dass dieses Schreiben Präsident Eisenhower ebenso erheitern würde wie die Überbrin-ger. Ich war der Einzige in diesem Kreis, der schon eine längere Erfahrung mit den Amerikanern hatte, selbst Karl Gruber hatte sich bislang als Außenminister nur zu Kurzbesuchen hier aufge-halten. Ich gab zu bedenken, dass Präsident Eisenhower vielleicht gar nicht amüsiert reagieren könnte, aber selbst wenn, riskiere man, dass diese Bemerkung des Kaisers von den amerikanischen Journalisten und deren Lesern und Hörern eher als Beleidigung aufgefasst werden könnte. Und selbst wenn sie lachten, ließ das den Kaiser und Österreich nicht gut dastehen.

Nach kurzer Überlegung stimmte der Bundeskanzler mir zu. Aber was sollte er nun als Gastgeschenk mitbringen? Dazu Karl Gruber: »Da steht in der Botschaft so ein Lipizzanerreiter aus

Porzellan herum, den könnte man holen lassen.« Und so fand dieser Lipizzaner aus der Manufaktur Augarten seinen Platz in der Sammlung der Gastgeschenke amerikanischer Präsidenten, wohl neben anderen Lipizzanern, die vorher und nachher Österreicher als Gastgeschenke mitgebracht hatten und haben.

Am nächsten Tag wurde der Bundeskanzler zunächst am Heldenfriedhof Arlington mit allen militärischen Ehren empfangen, wo er im Gedenken an die gefallenen amerikanischen Soldaten im Zweiten Weltkrieg einen Kranz am Grabmal des unbekannten Soldaten niederlegte. Dann ging es zum Weißen Haus. Die Unterredungen mit Eisenhower und Dulles galten vor allem dem österreichischen Staatsvertrag und wie man die Sowjetunion dazu bringen könnte, dem Vertrag zuzustimmen. Ein Ergebnis hingegen gab es nicht. Außenminister Dulles jedoch ermahnte den Bundeskanzler, die schon mehrfach zugesagte Entschädigung der Opfer des Nationalsozialismus zu veranlassen. Raab bekräftigte diese Zusage, bat jedoch um mehr Zeit.

Nach den Besuchen war der Kanzler, wie fast alle Staatsbesucher, eingeladen, im National Press Club zu sprechen und die Fragen der in- und ausländischen Journalisten zu beantworten. Meine Aufgabe auf dieser Reise bestand vor allem darin, dem Kanzler bei allen Kontakten mit den Medien zur Seite zu stehen und auch für ihn zu übersetzen, da er nicht Englisch sprach. Aber im National Press Club wollte das Botschafter Karl Gruber selbst tun.

Worüber ich froh war. Denn der Kanzler wandte sich im vertraulichen Ton an jene, um die es ging: »Ihr Juden seid doch gute Kaufleut' und wisst daher, dass man erst etwas geben kann, wenn man es hat …« Ich erinnere mich nicht mehr, wie Gruber das übersetzte, jedoch daran, mit welchem Argument Raab seinen Standpunkt darlegte. Die berechtigten Forderungen würden von Österreich erfüllt werden, sobald es sich wirtschaftlich erholt habe und finanziell dazu in der Lage sei. Ein großer publizistischer Erfolg war dieser Auftritt leider nicht.

Nach diesen anstrengenden Tagen in Washington sollte sich der Bundeskanzler über ein Wochenende in Florida erholen, um danach eine Rundreise durch die Vereinigten Staaten anzutreten. So flogen wir nach Miami und nahmen in einem der schönen Strandhotels Quartier. Aber zur Ruhe kam der Kanzler nicht. Schon am nächsten Tag stand ein großes Auto vor der Türe. Raab und seine Begleiter wurden eingeladen, einen Ausflug nach Key West an der Südspitze Floridas zu unternehmen. Also, so meinten wir, Florida zu besichtigen.

Doch es ging mit einigem Tempo die große Fernstraße entlang, voran zwei Polizisten auf Motorrädern, die mit Blaulicht und Sirenengeheul den entgegenkommenden Verkehr ziemlich grob zur Seite wiesen. Das gefiel Raab nicht. Er bat anzuhalten und ließ die Polizisten ersuchen, die Sirenen abzustellen.

Das ging gut, bis wir in Key West eintrafen. An der Stadtgrenze erwartete uns der Bürgermeister und war auch schon von Raabs Sirenenstopp unterrichtet. Er begrüßte den Kanzler und hatte eine große Bitte: Der Kanzler möge das Sirenengeheul doch wieder erlauben. Dafür hatte er eine Erklärung: Der vorige US-Präsident, Harry Truman, habe an Wochenenden immer wieder Key West besucht und sei jedes Mal von Polizisten mit Blaulicht und Sirenen durch die Stadt geführt worden. Seit Truman nicht mehr Präsident ist, sind diese Besuche ausgefallen und damit habe auch das Prestige des Bürgermeisters abgenommen. Dazu Raab: »Das versteh' ich«, und gestattete den Gebrauch der Sirenen.

Angeführt von der Polizeieskorte, fuhren wir in einen subtropischen Park und hielten vor einem lang gestreckten Haus. Ich dachte, das wäre wohl der Sitz des Gouverneurs oder der Stadtverwaltung. Doch wir kamen in eine Halle, in deren Mitte ein großes, reichhaltiges Buffet vorbereitet war. In einem weiten Bogen standen viele Leute um dieses Buffet, Damen und Herren. Die Herren waren durchwegs in Uniform, hohe Offiziere der Armee und der Kriegsmarine, darunter auch Generäle und Admiräle. Die Damen waren wohl deren Frauen.

Alle wurden nun einzeln dem Bundeskanzler vorgestellt, der jedem und jeder die Hand drückte und dazu laut und vernehmlich »Raab« sagte. Wir trabten hinterher. Nach dem fünften »Raab« zischte mir der Kanzler zu: »Wo sind wir?« Hinter mir ging der Begleiter aus dem State Department, bei dem ich mich erkundigte. Die Antwort: Wir seien im karibischen Hauptquartier der US-Marine und wären die Gäste der Admiralität. Auch sei nicht nur dieses Buffet vorgesehen, sondern nach dem Essen sei der Bundeskanzler eingeladen, an Bord eines Kriegsschiffs gemeinsam mit dem Admiral eine Flottenparade abzunehmen. Keine große Sache, aber man hoffe, dem Kanzler würde es ein Vergnügen sein.

Raab hatte inzwischen die Vorstellungsrunde beinahe beendet, als ich ihm von der Einladung auf das Kriegsschiff zuflüsterte. Wir standen gerade wieder bei der Türe, durch die wir hereingekommen waren. Der Kanzler sagte noch einmal »Raab«, machte auf seinem Absatz geradezu militärisch Rechtsum und marschierte bei der Tür hinaus. Wir dachten zunächst, es wäre ein Irrtum und eilten dem Kanzler nach. Aber es war kein Irrtum. Draußen angelangt, winkte Raab energisch nach dem Auto, das uns gebracht hatte. Er nahm Platz, deutete uns einzusteigen und schnitt jede mögliche Frage mit den Worten ab: »Fahr' ma!« Der Chauffeur fragte: »Wohin?«, was Raab nur mit einem Wort beantwortete: »Los.« Einige Zeit sprach er zunächst nichts. Wir auch nicht. Dann Raab: »Wo gibt's hier ein Beisl?« Ich versuchte das dem Chauffeur klarzumachen und er brachte uns zu einem kleinen Fischrestaurant am Hafen. Der Kanzler bedauerte, dass es da kein Fleisch gab, und bestellte schließlich, was der Kellner vorschlug – ein Wiener Schnitzel aus Schildkrötenfleisch.

Raab war noch immer nicht bereit, mit Gruber, Schöner, Karasek und mir über die vergangene halbe Stunde zu sprechen. Er suchte sich an dem Souvenirstand im Restaurant eine Ansichtskarte aus: ein großer Pool, aus dem ein Delphin hochsprang, um nach einem Fisch zu schnappen, den ihm ein Wärter von einem fünf Meter hohen Sprungbrett hinhielt. Raab schrieb diese Ansichtskarte an seinen Außenminister und momentanen Vertreter in Wien, Leopold Figl. Er schrieb sie offen und da ich neben ihm saß, konnte ich mitlesen: »Lieber Leopold! Lass die Roten so springen wie diesen Fisch. Es grüßt Dich herzlich Dein Julius Raab, Bundeskanzler.«

Über Key West und das karibische Kommando der US-Marine hat Raab weiterhin nicht gesprochen, obwohl wir noch zehn Tage gemeinsam durch die USA reisten. Wir konnten uns die Beweggründe Raabs, die hohen amerikanischen Militärs zu brüskieren, zwar vorstellen, aber er wollte einfach nicht darüber reden. Monate später habe ich ihn in Wien danach gefragt. Raabs Antwort: »Das hätt' mir grad noch g'fehlt, das Bild in allen Zeitungen – ich auf einem amerikanischen Kriegsschiff mit den Generälen. Da hätt' uns der Molotow die Bündnisfreiheit grad g'laubt.«

Die Brüskierung in Key West hatte ein kleines Nachspiel. Das State Department erkundigte sich mit einigem Befremden nach den Gründen, weshalb der Kanzler sich dort so plötzlich absentiert hatte. Der Secret Service beschwerte sich recht heftig bei mir über die Unverantwortlichkeit, den Kanzler ohne Bewachung und Angabe des Reiseziels wegfahren zu lassen. Aber soweit ich weiß, bekamen die amerikanischen Stellen keine Antwort.

Von Florida flogen wir zunächst zurück nach Washington und begannen von dort unsere Rundreise durch die Vereinigten Staaten. Mit dem Flugzeug nach New Orleans, danach nach St. Louis und zu den Niagarafällen.

In New Orleans trafen wir an einem Wochenende ein und am Sonntag äußerte der Kanzler den Wunsch, in die Kirche zu gehen. Wir besuchten ein Hochamt in der Kathedrale. Was Raab aber am meisten erstaunte: Weiße und schwarze Gläubige saßen und beteten hier in zwei voneinander getrennten Sektoren – Rassentrennung damals noch, sogar in der Kirche.

An der Universität in St. Louis wurde dem Kanzler ein Ehrendoktorat verliehen. Ich hatte für jeden dieser Besuche eine Presseinformation für die lokalen Medien vorzubereiten und nach dem

Besuch einen Bericht für den Bundespressedienst im Wiener Kanzleramt zu verfassen. Aus St. Louis konnte ich nicht nur von der Verleihung des Ehrendoktorats berichten, der Kanzler hatte hier auch dem früheren Bundeskanzler Kurt Schuschnigg einen kurzen Privatbesuch abgestattet. Dazu fühlte er sich wohl verpflichtet.

Ansonsten gab es auf dieser Reise, die einen touristischen Charakter angenommen hatte, keine besonderen Vorkommnisse. Sie endete planmäßig in New York. Dort übernachteten wir im Hotel Waldorf Astoria. Für den nächsten Tag war eine kurze Stadtbesichtigung vorgesehen.

Um acht Uhr früh klopfte es an meiner Zimmertüre. Es war der Kanzler: »Gibt's da an Rasierer?« Er wollte sich rasieren lassen. Im Hotel war zu dieser Zeit der Frisiersalon noch nicht geöffnet. Mein eigener Friseur in New York hatte seinen Salon nicht weit vom Hotel entfernt, auf der Lexington Avenue. Ich meinte, wir könnten es dort versuchen, und Raab war einverstanden. So wanderten wir die Park Avenue ein Stück entlang und bogen dann zur Lexington Avenue ab.

Um diese Zeit gab es dort noch keinen Verkehr und wir überquerten die menschenleere Straße. Da raste ein Polizeiauto heran, zwei Agenten des Secret Service sprangen heraus und sperrten mit ausgebreiteten Armen links und rechts von uns die Straße ab. Das war komisch, aber dann musste ich mir von diesen Agenten schwere Vorwürfe gefallen lassen. Wieder hatte ich den Bundeskanzler ohne Bewachung vom Hotel weggehen lassen und dann den Gefahren der Straße ausgesetzt!

Nun gingen uns die beiden Agenten etwa 20 Schritte voraus. Wir gelangten zu meinem Friseur und der hatte schon geöffnet. So traten wir ein und ich bat ihn, den Kanzler zu rasieren. Wie in Amerika üblich, wird zu diesem Zweck der Kunde mit dem Stuhl in eine horizontale Lage gebracht, mit Schaum eingepinselt und mit einem Rasiermesser rasiert. So lag Raab also flach da und der Friseur machte sich mit dem Rasiermesser an seinem Kinn und

Hals zu schaffen. Am Schaufenster des Ladens sah ich zwei platt-gedrückte Nasen. Sie seien zu Tode erschrocken, sagten mir nach-her die Agenten des Secret Service, die zu spät bemerkt hatten, dass wir hinter ihrem Rücken verschwunden waren. Und sie setzten eines drauf: »Und wissen Sie, dass der Friseur ein Jude ist?«

Diese Sorge hatte der Secret Service unentwegt auf dieser Reise – es könnte einer der Demonstranten, die zum Protest gegen die Haltung Österreichs in der Entschädigungsfrage schon das österreichische Generalkonsulat mit Tomaten beworfen hatten, irgendwo auch den Kanzler angreifen.

Aber wir kamen unbelästigt in das Waldorf Astoria zurück und saßen nach dem Frühstück noch beisammen, um Abschied zu nehmen. Die Reise war mit diesem Tag beendet, der Kanzler, Schöner und Karasek würden nun mit dem Zug zu einem Staats-besuch nach Kanada fahren und diesmal von Botschafter Buresch als Pressechef begleitet werden.

Da erschien ein Page des Hotels und verkündete, er hätte ein Telegramm zu übergeben. Der Kanzler fragte, für wen das Tele-gramm bestimmt sei. »Für Mister Portisch«, sagte der Page. Ich saß neben dem Kanzler und öffnete das Telegramm. Raab beugte sich zu mir und las mit. Der Absender war Hans Dichand. »Bin Chefredakteur des ›Neuen Kurier‹ und lade Dich ein, mir zu hel-fen. Schon die Türken fanden, dass es sich lohnt, von weit her zu kommen, um Wien zu erobern. Liebe Grüße, Hans Dichand.« Da meinte der Bundeskanzler: »Das werden S' doch machen?« Ja, und ich antwortete telegrafisch: »Bin Türke, komme! Hugo.«

Ich bin Türke
Eingeladen, »Wien zu erobern«

Ich war also Türke, und ich kam. Zuerst nach Hause, danach zu Hans Dichand im »Neuen Kurier«. Die Redaktion saß im ersten Stock des alten Gebäudes der Druckerei Waldheim-Eberle in der Wiener Seidengasse, in dem seit neun Jahren schon der von den Amerikanern herausgegebene »Wiener Kurier« daheim war. Der war auch noch dort, logierte nobel im zweiten und dritten Stock. Denn die Amerikaner hatten lediglich ihren täglich erscheinenden »Kurier« eingestellt. Den »Samstag-Kurier« mit der dicken Inseratenbeilage ließen sie weitermachen. Der brachte nämlich Geld. Geld genug, um den Großteil der Redakteure weiter zu beschäftigen, auch wenn sie nicht sehr viel zu tun hatten. Was zur Folge hatte, dass das Geld für den täglich erscheinenden »Neuen Kurier« sehr knapp war, denn ohne Inserate, vom Verkauf allein, war bei der schon heruntergekommenen Auflage des Blattes jeder Groschen umzudrehen.

Dementsprechend sahen nun auch die wenigen dem »Neuen Kurier« überlassenen Redaktionsräume aus. Die Redaktion verfügte zwar nur über knapp 15 Mitarbeiter, doch es standen ihnen auch nur drei mittelgroße Zimmer zur Verfügung. Hans Dichand, der Chefredakteur, saß in einem gerade 3 x 6 Meter großen Kammerl, mit einem Schreibtisch und einer Sekretärin. Und ließ nun einen zweiten Schreibtisch hereintragen – für mich. Doch wir erinnerten uns: Als wir früher davon träumten, einmal selbst eine Zeitung zu machen, sagten wir immer, ein Seifenkisterl und ein Telefon, damit fangen wir an. So war es ja jetzt fast auch. Und das für die nächsten drei Jahre.

Hier muss ich einen kurzen Blick zurückwerfen, nämlich wie das so alles gekommen ist bei diesem »Kurier«. Die Amerikaner hatten ihn nach Einzug der Westalliierten in Wien im Herbst 1945 als eine »Zeitung für die Wiener Bevölkerung« mit einem Grußwort des amerikanischen Oberkommandierenden, General Mark Clark, herausgegeben: »Für ein freies Volk ist auch die Freiheit der Presse ein selbstverständliches Recht, ein Recht, für das wir Amerikaner uns stets mit ganzer Kraft einsetzen. Der ›Wiener Kurier‹ hat die Aufgabe, seine Leser mit wahrheitsgetreuen Berichten über die Ereignisse im In- und Ausland zu versorgen und sich in jeder Weise für die Einheit der österreichischen Nation, gegründet auf Selbstrespekt und gegenseitige Toleranz, einzusetzen. In diesem Sinne entbiete ich dem Redaktionsstab des ›Wiener Kurier‹ meine besten Glückwünsche.«

Die Redakteure waren zunächst Österreicher, die während des Krieges im amerikanischen Exil lebten, dann zum Militär kamen und mit den Stäben nach Wien zurückgekehrt waren. Unter ihrer Leitung und Mitwirkung entwickelte sich der »Wiener Kurier« rasch zu der bei den Wienern beliebtesten Tageszeitung: frei, anscheinend unzensiert, demokratisch, unparteiisch, objektiv und weltoffen gemacht. Auch von sehr guten Leuten, wie etwa die Kulturredaktion von Friedrich Torberg. Die Zeitung erschien als Mittagsblatt am späten Vormittag und ein kleines Heer von Kolporteuren rief, so schien es, fast an jeder größeren Straßenkreuzung laut »Kurier«! Die Auflage stieg und stieg, von allen Besatzungszeitungen war der »Kurier« die populärste.

Doch erschienen bereits die österreichischen Zeitungen, das überparteiliche »Neue Österreich«, danach jene der politischen Parteien, auch schon »Die Presse«. Und je länger die Besatzung dauerte, desto mehr gingen die Auflagen der Besatzungszeitungen zurück, brachten immer weniger Geld und begannen Geld zu kosten. Die Amerikaner beschlossen deshalb 1954, den täglich erscheinenden »Kurier« aufzugeben und nur noch die mit Inseraten gefüllte Samstag-Ausgabe zu behalten. Mit den Amerikanern waren zwei Kulturoffiziere nach Wien gekommen, frühere Österreicher, Marcel Prawy – der spätere »Opernführer« – und Ernst Haeusserman – der spätere Direktor des Burgtheaters.

Haeusserman war es nun, der den jungen und vermögenden, sehr ambitionierten Ludwig Polsterer, Sprössling einer Mühlendynastie, zunächst dazu brachte, sein Geld in hochwertige Filmproduktionen zu stecken: »Die letzte Brücke« mit Maria Schell, »Der letzte Akt« mit Albin Skoda, »Reich mir die Hand mein Leben«, einen Mozart-Film mit Oskar Werner und Johanna Matz. Jetzt riet Haeusserman Polsterer, sich doch ins Zeitungswesen zu wagen und den von den Amerikanern aufgegebenen »Tageskurier« als »Neuer Kurier« erscheinen zu lassen. Um dem diesbezüglich unerfahrenen Polsterer beizustehen, bewog Haeusserman den aus einer großen Zeitungsfamilie stammenden Fritz Molden dazu, bei der Gründung des »Neuen Kurier« mitzumachen. Und Molden empfahl Polsterer den erfolgreichen Chefredakteur der Grazer »Kleinen Zeitung«, Hans Dichand, die Chefredaktion des »Neuen Kurier« anzubieten. Dichand nahm an und rief mich zu Hilfe.

Das war's. Und wie schon zu den Zeiten, in denen wir in der gleichen Redaktionsstube bei der Wiener »Tageszeitung« gemeinsam arbeiteten, so war auch unsere Zusammenarbeit beim »Kurier« harmonisch und von gegenseitigem Respekt bestimmt. Dichand war ein Autodidakt, ein gelernter Buchdrucker, der alles, was seine Druckerei zu drucken bekam, mit großer Neugier und Interesse las und sich viel von dem Gelesenen aneignete. Ich habe ja schon beschrieben, wie wir uns in der Redaktion der »Tageszeitung« anhand der besten Schreiber der Gegenwartsliteratur im Journalismus übten. Und wie sehr uns dabei die uns von unseren Chefredakteuren überlassene Übungswiese in der Zeitung weiterhalf. Dichand war, wie auch schon berichtet, von der »Tageszeitung« als Chefredakteur des »Murtaler Boten« berufen worden und machte das Blättchen so erfolgreich, dass man ihn als Chefredakteur des Wochenblattes »Kleine Zeitung« in Graz einsetzte.

Im Nu verwandelte Dichand das Wochenblatt in eine Tageszeitung, erneut mit so großem Erfolg, dass er nun nach Wien geholt worden war.

Eines war sofort zu erkennen: Dichand hatte das Zeitungsmachen gründlich gelernt. Er wusste aber auch, dass seine Freude an der aufregenden Schlagzeile nicht ganz dem Zeitungstyp entsprach, der den »Neuen Kurier« wieder groß machen sollte. Es war nicht schwierig, unsere Auffassungen zu harmonisieren, und wir hatten dafür auch ein Leitmotiv: »Nie glauben, die Leser seien zu dumm, um zu verstehen, und immer wissen, dass die Leser gefordert werden wollen.« Der erste Leitartikel, den ich als stellvertretender Chefredakteur um sechs Uhr früh – Mittagsblatt – zu schreiben hatte, galt Albert Einstein, der in der Nacht gestorben war. Und ich mutete den Lesern zu, die Bedeutung der Relativitätstheorie zu verstehen – die Bedeutung, nicht die Theorie.

In seiner eigenen Biografie führt Hans Dichand den rasch einsetzenden Erfolg des »Neuen Kurier« auf unser gemeinsames Wirken zurück. Das bestand nicht nur im Zeitungsmachen und Zeitungsschreiben, sondern auch im großen Enthusiasmus, im Spaß und in der Freude, die wir gemeinsam daran hatten.

Keiner glaubte uns
Endlich der Staatsvertrag

Volksnahe Zeitgeschichte wurde in Wien immer schon auch in Form der Witze von Graf Bobby und seinem Freund Rudi erzählt. Einer dieser Witze hatte in den zehn Jahren, die es dauerte, um den österreichischen Staatsvertrag abzuschließen, einen festen Platz: Rudi trifft Graf Bobby und erkundigt sich nach dessen Befinden. Bobby: »Großartig, ich verdiene jetzt ganz gut.« Rudi: »Womit?« Bobby: »Im Auftrag der Regierung sitze ich im Turmzimmer des Stephansdoms und halte Ausschau. Wenn die Besatzungstruppen abziehen, muss ich die Regierung anrufen und ihr das mitteilen.« Rudi: »Was verdienst du da?« Bobby: »100 Schilling im Monat.« Rudi: »Das ist nicht viel.« Bobby: »Aber eine Lebensstellung.«

Der Witz war nicht so lustig, wie man annehmen würde. Er spiegelte die Hoffnungslosigkeit der Menschen wider, mit der sie auf diesen Staatsvertrag, auf die Beendigung der vierfachen Besetzung, auf die volle Souveränität und Freiheit des Landes warteten.

Bei der Reise mit Bundeskanzler Julius Raab durch die USA fragte ich den Kanzler, ob die beabsichtigte Aufnahme der Bundesrepublik Deutschland in die NATO die Verhandlungen über den österreichischen Staatsvertrag nicht endgültig auf den »Sankt Nimmerleinstag« verschieben würde. Zu meinem Erstaunen antwortete Raab, ohne länger nachzudenken: »Nein, eher eine Hilfe.« Da Raab in der Regel lieber schwieg als redete, gab er mir dazu keine weitere Erklärung, und weil er das nicht tat, fragte ich auch nicht weiter nach. Aber drei Monate später, ich war inzwischen nach Österreich zurückgekehrt, erfuhr ich von einem vertraulichen Bericht des österreichischen Botschafters in Moskau, Norbert Bischoff, an das Bundeskanzleramt. Der sowjetische Außenminister Molotow habe in einer Rede vor dem Obersten Sowjet den Beitritt Deutschlands zur NATO scharf verurteilt und dabei von der Gefahr gesprochen, dass es wieder zu einem Anschluss Österreichs an Deutschland kommen könnte. Es sei wichtig, Österreich davor zu schützen. Das könnte durch den raschen Abschluss des Staatsvertrags geschehen, falls es entsprechende Garantien Österreichs gebe.

Deutschland in der NATO – eine Hilfe?

Der letzte Stand der Dinge: Die Sowjets waren bei der Außenministerkonferenz 1954 in Berlin bereit, den Staatsvertrag abzuschließen unter der Voraussetzung, ein kleines Kontingent sowjetischer Truppen müsste in Oberösterreich an der Grenze Deutschlands stationiert bleiben, bis die deutsche Frage gelöst sei. Waren die Sowjets jetzt bereit, ihre Forderung nach Stationierung eines Truppenkontingents in Oberösterreich aufzugeben und das von Eisenhower befürwortete Angebot einer Neutralität nach dem Muster der Schweiz anzunehmen? So lautete die Frage, die man sich auf dem Ballhausplatz stellte. Oder war die Molotow-Erklärung nur ein Versuch, die Aufnahme Deutschlands in die NATO zu verhindern?

Doch dann meldete Bischoff, die Sowjetunion sei bereit, die Koppelung der österreichischen mit der deutschen Frage aufzugeben. Das wäre ein Durchbruch. Dazu erklärte mir der damalige Staatssekretär, spätere Außenminister und Bundeskanzler Bruno Kreisky, der an diesen Beratungen teilgenommen hatte: »Wir haben die geschichtliche Bedeutung dieser Stunde erkannt und haben sie genützt. Obwohl uns damals viele den Rat gaben: Fahrt's nicht hin, ihr werdet nur wie damals der Schuschnigg in Berchtesgaden an die Wand gespielt werden. Dann hat's geheißen, nur eine kleine Delegation, vielleicht der Raab und der Kreisky. Da habe ich gemeint: Wir wissen nicht, was uns in Moskau erwartet, aber man muss mit einer großen Delegation hingehen. Wenn sie uns Dinge zumuten, zu denen wir nicht Ja sagen können, dann müssen wir so stark sein, dass man dort Nein sagen kann, gleich an Ort und Stelle. Wenn hingegen ein Angebot gemacht wird, das akzeptabel ist, dann muss man gleich dort Ja sagen können, um keine Zeit zu verlieren. Wer weiß, wie lang diese Phase anhält.«

Der Delegation gehörten Bundeskanzler Julius Raab, Vizekanzler Adolf Schärf, Außenminister Leopold Figl und Staatssekretär Bruno Kreisky an. Dazu ein kleiner Stab von Experten, unter ihnen wieder der politische Direktor des Außenamts, Josef Schöner, der Leiter des Völkerrechtsbüros, Stephan Verosta, der Sekretär des Bundeskanzlers und spätere Staatssekretär Ludwig Steiner. Die Abreise erfolgte vom sowjetischen Militärflugplatz Vöslau. Die Sowjets hatten zwei Sonderflugzeuge geschickt, um die Österreicher abzuholen. Nach zehn Jahren ständiger Enttäuschungen hegte man trotz allem keine allzu übertriebenen Hoffnungen, als sich die Flugzeuge in Richtung Moskau in die Luft erhoben.

In Moskau aber wurden die Österreicher überrascht. Sie kamen doch nur zu einem Arbeitsbesuch. Jedoch auf dem Flugplatz empfing sie eine große Menschenmenge, Spitzen des Politbüros, darunter Molotow und Mikojan, sowie das ganze in Moskau akkreditierte diplomatische Korps. Eine Ehrenkompanie präsentierte die Gewehre, eine Militärkapelle spielte die Hymnen Österreichs und der Sowjetunion. Der kommandierende Offizier erstattete dem »Gospodin Bundeskanzler« Meldung, die Delegation schritt die Front der Soldaten ab und nahm danach auch das Defilee der Soldaten ab.

Dann wurden die Österreicher zu einem Gästehaus der Sowjetregierung gebracht. Darüber berichtete mir Ludwig Steiner: »Keiner von uns hatte je die Sowjetunion besucht. Man konnte sich also nicht vorstellen, wie die Unterbringung in Moskau sein wird. Wo würden wir untereinander sprechen können? Wir hatten natürlich den Verdacht, dass alles abgehört wird. Doch wie könnte man sich dagegen vorsehen? Da hat man uns geraten, einen

Plattenspieler mitzunehmen. Das haben wir auch getan. Und dann haben wir bei den Gesprächen innerhalb der Delegation immer den Plattenspieler laufen lassen, mit der gleichen Platte, mit dem ›Radetzkymarsch‹. Damit die Gespräche von der Musik verdeckt werden. Ob das viel genützt hat, kann ich nicht beurteilen, aber es war eben eine Vorbereitung auf ein ungewisses Abenteuer.«

Unter den Österreichern wurde heftig diskutiert. Die SPÖ hatte Schärf und Kreisky aufgefordert, einer Neutralität Österreichs nicht zuzustimmen. Sie würde Österreich von ihren westlichen Freunden trennen, die würden abziehen, aber die Sowjets wiederkommen. Das war die Befürchtung. »Wenn das Wort ›Neutralität‹ fällt, fahren wir nach Hause«, kündigte Schärf an. Aber Molotow hatte schon klar zu verstehen gegeben: Ohne Neutralität kein Staatsvertrag. Als bis zum Frühstück Schärf und Kreisky dem Wort Neutralität immer noch nicht zugestimmt hatten, erinnerte Molotow überraschend an die doch schon erfolgte Zustimmung durch den amerikanischen Präsidenten Eisenhower: »Da haben doch Ihre amerikanischen Freunde schon längst zugestimmt.« Und so steht es dann auch in dem letztlich ausgehandelten Memorandum: Nach Unterzeichnung des Staatsvertrags und nach Abzug des letzten Besatzungssoldaten werde das österreichische Parlament aus freien Stücken die Neutralität Österreichs beschließen. Aber auch das wollten die vier Regierungsmitglieder in Moskau nicht voll unterzeichnen, sie könnten einem Parlamentsbeschluss nicht vorgreifen. So setzten sie nur ihre Initialen unter das Memorandum.

Erstaunlich jedoch, was bei den Verhandlungen alles vereinbart werden konnte: Die von den Sowjets als »Deutsches Eigentum« beschlagnahmten Betriebe und Erdölfelder kaufen die Österreicher für 150 Millionen Dollar zurück und dürfen statt des Geldes sogar Waren dafür liefern. Auch die Donaudampfschifffahrt wird zurückgekauft, für 20 Millionen Dollar. Und noch etwas erreicht die Delegation: Alle sich noch in sowjetischer Gefangenschaft befindlichen österreichischen Soldaten und die von den

Sowjets verschleppten und in Moskau verurteilten Frauen und Männer werden freigelassen.

Drei Tage nach der Ankunft der Österreicher in Moskau erzielte man volle Einigung. Die Sowjetführung gab zu Ehren der Österreicher einen großen Empfang. Und hier bekamen sie zum ersten Mal den Mann zu Gesicht, der grünes Licht für den Abschluss des Staatsvertrags gegeben hatte: Nikita Chruschtschow, Generalsekretär der KPdSU und starker Mann der Sowjetführung.

Von diesem Empfang berichtete mir Stephan Verosta: »Chruschtschow hat gefragt: ›Habt ihr euch ein bisschen gefürchtet, wie ihr hierhergekommen seid? Und haben sich eure Frauen gefürchtet, dass ihr da herkommt zu den Teufeln? Aber ihr seht ja, ich bin gar kein Teufel.‹ Worauf Raab erwiderte: ›Sonst wären wir gar nicht gekommen.‹ Wir wussten, dass Chruschtschow den Staatsvertrag betrieben hat. Aber er scherzte jetzt: ›Die Genossen Molotow und Mikojan haben uns gesagt, dass der Abschluss des Staatsvertrags eine gute Sache ist. Wir werden diese Genossen zur Verantwortung ziehen, wenn das nicht der Fall sein sollte.‹«

Ein Fotograf bat die Anwesenden, sich für ein Foto aufzustellen. Chruschtschow hakte sich bei Raab und Schärf ein, Molotow bei Kreisky. Links und rechts davon die anderen Mitglieder der österreichischen Delegation und Mitglieder des sowjetischen Politbüros.

Ich hatte einen guten Draht zur österreichischen Delegation und erfuhr noch an diesem Abend das Resultat der Verhandlungen. Der »Kurier« war damals, wie schon erwähnt, eine Mittagszeitung und wäre daher erst am nächsten Vormittag erschienen. So teilte man mir die große Einigung mit, ohne jede Sperrfrist, genauso wie das der Bundespressedienst erfuhr, der allerdings mit Sperrfirst bis zum nächsten Tag. Aber als ich diese brisante Nachricht aus Moskau erfuhr und ich Hans Dichand und Ludwig Polsterer davon unterrichtete, beschlossen wir spontan, eine Extraausgabe des »Kurier« zu drucken. Die war relativ schnell erstellt, denn die mir telefonisch aus Moskau durchgegebene Botschaft war kurz, aber besagte alles: »Österreich wird frei! Wir bekommen unseren Heimatboden in seiner Gänze zurück. Die Kriegsgefangenen und Inhaftierten werden die Heimat wiedersehen. Das hat die aufrechte Haltung des österreichischen Volkes erarbeitet und errungen.« »Österreich wird frei«, und wir setzten noch einen weiteren Titel unter diese Botschaft: »Wir erhalten den Staatsvertrag!«

Gedruckt war diese Extraausgabe schnell, aber um diese Zeit am Abend hatten wir keinen einzigen Kolporteur zur Verfügung, um die Zeitung unter die Leute zu bringen. Und die Trafiken waren auch schon geschlossen. So nahmen Dichand und ich sowie die noch anwesenden Redakteure jeder einen Stoß Zeitungen unter den Arm und fuhren los. Dichand und ich zur Kärntner Straße, er lief links und ich rechts in Richtung Stephansdom. Dabei riefen wir laut: »Extraausgabe – Österreich wird frei! Wir bekommen den Staatsvertrag!« Damals waren am Abend nicht viele Menschen auf der Straße, aber wir hatten Glück, eine Kinovorstellung war gerade zu Ende und die Besucher strömten aus dem Kino. »Österreich wird frei!«, riefen wir und hielten ihnen die Schlagzeile vom Staatsvertrag entgegen. »Die pflanzen uns«, »ein Schmäh«, »des glaub' ma net«, schlug es uns entgegen. Die Extraausgabe bestand nur aus einer Seite und sollte 50 Groschen kosten. Doch nur wenige waren bereit, die 50 Groschen zu riskieren. Wir waren fassungslos. Solch ein Ereignis und so eine Skepsis! Aber nach all den Jahren und Enttäuschungen war das letztlich zu verstehen.

Dichand und ich gaben nicht auf. Als sich die Menge verlaufen hatte, setzten wir unsere Hoffnung auf den Westbahnhof: Dort müssten doch auch noch zu dieser Stunde, es war mittlerweile 21 Uhr geworden, Züge ankommen. Also fuhren wir zum Westbahnhof, im Krieg bombardiert und gerade erst wieder provisorisch hergestellt. Wir betraten die Halle und es kamen uns Menschen entgegen. Wieder riefen wir: »Österreich wird frei!« und: »Wir bekommen den Staatsvertrag!« Da stellte sich breitbeinig der uniformierte Bahnhofsvorstand vor uns und sagte mit barscher Stimme: »Schleicht's eich!« Denn um im Bahnhofsgebäude etwas zu verkaufen oder auch nur anzubieten, hätten wir eine Bewilligung gebraucht. Und ohne Bewilligung war dem Bahnhofsvorstand auch der Staatsvertrag wurscht.

Berührend hingegen war die Rückkehr der Delegation aus Moskau. Natürlich fuhr ich hinaus nach Vöslau, zum sowjetischen Flughafen. Inzwischen hatten die Leute schon erfahren, dass die Delegation die Zusage zum Staatsvertrag mitbringen werde. So hatte sich eine große Menschenmenge eingefunden und eine Ehrenkompanie der österreichischen Gendarmerie Aufstellung genommen. Die Delegation kam, wie beim Abflug so auch jetzt, mit zwei zweimotorigen sowjetischen Flugzeugen zurück. Die Regierungsspitze entstieg der ersten Maschine: Raab, Schärf, Figl, Kreisky. Und in dieser Reihenfolge schritten sie nun die Ehrenkompanie ab. Einer unter ihnen aber fiel mir und sicherlich vielen Zuschauern besonders auf: Leopold Figl. Er hatte eine dicke Aktentasche unter seinen rechten Arm geklemmt, hielt sie jedoch auch mit dem linken Arm wie einen Schatz fest: den Entwurf des ausgehandelten Staatsvertrags. Es war der Vertrag, um den er wie kaum ein anderer zehn Jahre lang gekämpft hatte, als Bundeskanzler, als Außenminister.

Raab gab im Namen der Delegation die erste Erklärung auf heimatlichem Boden ab: »Liebe Österreicher und Österreicherinnen! Vor allem möchte ich meinen Dank sagen dem Herrgott, dass wir diese Stunde für Österreich erleben konnten. Wir werden wieder, was wir in diesen zehn Jahren erhofft und erstrebt haben – frei sein! Die Verhandlungen, die in der Hauptstadt der Union der Sowjetrepubliken geführt wurden, sind nicht nur für diese beiden Staaten allein, für Österreich und die Sowjetunion, von größter Bedeutung, sie sind auch sicherlich ein wertvoller Beitrag für den Frieden der Welt.« Großer Applaus.

Die Delegation bestieg die bereitstehenden Autos. An der Stadtgrenze von Wien, bei der »Spinnerin am Kreuz«, wurde die

Kolonne von einer großen Menschenmenge angehalten. Mitten auf der Straße stand der Bürgermeister von Wien, Franz Jonas. Er hieß die Heimkehrenden im Namen der Stadt willkommen. Danach ging es Richtung Ballhausplatz. Aber beim Burgtheater kamen die Autos nicht mehr weiter. So viele Menschen! Raab, Schärf, Figl und Kreisky stiegen aus und setzten ihren Weg unter dem Jubel des dichten Spaliers zu Fuß fort – zur Hofburg, zur Berichterstattung an Bundespräsident Theodor Körner.

Am nächsten Tag sprach ich mit Ludwig Steiner. Er erzählte mir von den Gesprächen, die die Österreicher nach den Verhandlungen mit Molotow, Mikojan und dem späteren Außenminister, Andrej Gromyko, geführt hatten. Aus den Gesprächen ergab sich ein ziemlich klares Bild von den Überlegungen, die die Sowjets bewogen, den österreichischen Staatsvertrag abzuschließen. Die Aufnahme Deutschlands in die NATO habe eine Abkoppelung Österreichs von der deutschen Frage geraten erscheinen lassen. Die Sowjets fürchteten offenbar die Einbeziehung Westösterreichs in die NATO-Strategie. Mit der Neutralität wurde die »Front« der NATO unterbrochen.

Der Beitritt Westdeutschlands in die NATO hatte also, wie Raab es vorausahnte, Österreich geholfen. Chruschtschow gab zu, dass der Entstalinisierung im Inneren der Sowjetunion auch weltpolitisch eine Entspannung folgen müsste. Diese war aber nicht zu erreichen ohne eine entsprechende konkrete Tat. Der Staatsvertrag für Österreich bot sich daher als Instrument an, den Kalten Krieg abzubrechen und von der Konfrontation in eine Periode überzugehen, die Chruschtschow als »friedliche Koexistenz« bezeichnete.

Das war übrigens ziemlich deckungsgleich mit dem, was Präsident Eisenhower unmittelbar nach seiner Inaugurationsrede bei einer Pressekonferenz erklärt hatte. Er bot der Sowjetunion eine Wende in der Weltpolitik an: statt des Kalten Krieges und der Konfrontation Entspannung und Zusammenarbeit. Das wäre jedoch nur möglich, wenn zuerst greifbare Taten des Friedens gesetzt würden. Und Eisenhower nannte ausdrücklich den österreichischen Staatsvertrag.

Noch im Mai dieses Jahres 1955 wurde der Staatsvertrag in Wien von den Botschaftern der USA, der Sowjetunion, Großbritanniens, Frankreichs und dem Außenminister Österreichs, Leopold Figl, ausverhandelt und danach im Schloss Belvedere am 15. Mai feierlich unterzeichnet. Auf dem Balkon des Oberen Belvedere eine Szene, wie ich sie mir nie hätte vorstellen können: Figl erscheint, hält das unterzeichnete, mit Siegeln versehene Exemplar des Staatsvertrags hoch, die im Park des Belvedere wartende Menschenmenge bricht in Jubel aus. Den Balkon betreten nun auch der amerikanische Außenminister Dulles und der sowjetische Außenminister Molotow, hinter ihnen Raab, Schärf und Kreisky. Der Jubel schwillt an, Figl legt den Staatsvertrag aus der Hand und umfasst zuerst Dulles, dann Molotow, hält beide an den Schultern fest und die beiden jubeln der Menge zu. Man könnte wirklich glauben: Jetzt ist der Kalte Krieg zu Ende. So weit allerdings war es noch lange nicht.

Auf dem Schwarzenbergplatz, der noch Stalinplatz heißt, verabschieden einige Wochen später Raab und Schärf die Soldaten der vier Mächte, jeweils angeführt von ihren Militärkapellen. Die Franzosen mit Trompeten, die Briten mit Dudelsack, die Sowjets mit Schellenbaum. Als Letzte die Amerikaner: mit Sousafon und Saxofon, aber mit dem ›Radetzkymarsch‹. Die vier Fahnen der Alliierten werden vom Gebäude der Industrie, das bislang der Sitz des Alliierten Rates war, eingeholt. Und Jubel braust auf, als jetzt die rot-weiß-rote Fahne Österreichs gehisst wird. Ich stehe in der Menge, diesen Augenblick wollte ich miterleben.

Der Wiener Zeitungskrieg
Start in die neue Medienwelt

März 1958. Ludwig Polsterer am Telefon. Ich traue meinen Ohren nicht: Polsterer fragt an, ob ich mir vorstellen könnte, ab sofort den »Bild-Telegraf«, das Konkurrenzblatt des »Kurier«, als Chefredakteur zu übernehmen. Das heißt, den »Bild-Telegraf« gleichzeitig mit dem »Kurier« und mit den Redakteuren des »Kurier« zu führen. Zunächst kam ich da gar nicht mit. Was war geschehen?

Der »Bild-Telegraf« war eine Gründung des Salzburger Zeitungsherausgebers Gustav Canaval, Miteigentümer der »Salzburger Nachrichten«, und des Mitbegründers der »Oberösterreichischen Nachrichten«, Hans Behrmann. Gemeinsam wollten sie auch eine Zeitung in Wien herausbringen. Ein flottes, gefälliges Boulevardblatt. Sie hatten auch schon einen Chefredakteur dafür, den bisherigen Lokalchef der »Salzburger Nachrichten«, Gerd Bacher.

Die Aussichten, mit dem »Bild-Telegraf« Erfolg zu haben, waren gut. Die früher sehr erfolgreichen Besatzungszeitungen, der amerikanische »Wiener Kurier«, die britische »Weltpresse« und die französische »Welt am Abend«, hatten mit dem Ende der Besatzung ihre Protektoren, aber in einem hohen Maß auch schon ihre Leserschaft verloren. Es war Zeit, sie mit einem modern gemachten österreichischen Boulevardblatt zu konfrontieren. Und Gerd Bacher war offenbar der richtige Mann dafür. Der »Bild-Telegraf« startete also unter optimalen Bedingungen.

Doch gerade als sich der »Bild-Telegraf« zu entfalten begann, fassten Ernst Haeusserman, Fritz Molden und Ludwig Polsterer den Entschluss, anstelle des bisherigen »Wiener Kurier« den »Neuen Kurier« zu gründen und Hans Dichand als Chefredakteur einzusetzen. Die beiden Zeitungen wurden zu harten Konkurrenten, wobei der »Kurier« bald die Nase vorne hatte. Dafür hatten Hans Dichand und ich uns ganz schön abgerackert.

Der »Neue Kurier«, ein Mittagsblatt, das bedeutete für uns, jeden Tag um vier Uhr aufzustehen, ab fünf Uhr in der Redaktion zu sitzen und die Zeitung zu machen, die ab etwa halb elf Uhr von Kolporteuren und in den Trafiken den Lesern angeboten wurde. Danach für uns eine kurze Verschnaufpause und zwei Stunden Schlaf. Ab 17 Uhr wieder in der Redaktion, um den Großteil des Blattes für den nächsten Tag vorzubereiten. Um 22 Uhr ein kleines Abendessen und ins Bett. Dichand stand als Chefredakteur ein Volkswagen Käfer als Dienstauto zur Verfügung. Mit dem holte er mich um vier Uhr früh jeden Tag ab und wir fuhren gemeinsam in die Redaktion.

1958 war der »Neue Kurier« schon so etabliert, dass Dichand ein neuer Dienstwagen der Marke Opel Kapitän zugestanden wurde und er sich entschloss, mit dem neuen Wagen und seiner Frau nach Frankreich in den beginnenden Frühling, in die Provence zu fahren. Als stellvertretender Chefredakteur übernahm jetzt ich die Leitung. Nun kam Polsterers Anruf und die Erklärung seiner mysteriösen Frage: Der nunmehrige Alleinbesitzer des »Bild-Telegraf«, Hans Behrmann, habe um »Kollegenhilfe« gebeten. Gerd Bacher habe mit allen Redakteuren über Nacht die Redaktionsräume verlassen, sei mit ihnen in das Verlagshaus Molden eingezogen und wolle gemeinsam mit Fritz Molden dort den »Bild-Telegraf« weitermachen. Die Zeitung, so behauptete Behrmann, sei ihm solcherart »gestohlen« worden. Jedoch der Titel »Bild-Telegraf« sei auf seinen Namen eingetragen und so hätte nur er das Recht, eine Zeitung dieses Titels herauszugeben. Seine Frage und sein Hilferuf an Polsterer: Wären die Redakteure des »Neuen Kurier« in der Lage, auch den »Bild-Telegraf« herzustellen?

124

Und diese Frage richtete Polsterer nun an mich. Aber ich war nicht der Chefredakteur, das war Dichand. Dichand sei nicht erreichbar, er, Polsterer, habe das schon versucht, sogar mithilfe der französischen Polizei. Offenbar sei Dichand mit dem Auto unterwegs. Blieb nur die Hoffnung, dass sich Dichand, wie abgemacht, irgendwann von selbst melden werde. Aber jetzt hätte ich als Dichands Stellvertreter zu entscheiden.

Welch eine Herausforderung! Das Konkurrenzblatt selbst zu machen! Aber war es möglich, den »Neuen Kurier« und den »Bild-Telegraf« mit nur einer Redaktion gleichzeitig herzustellen? Ich rief alle Mitarbeiter in den Konferenzraum und machte sie mit der Lage vertraut. Großes Staunen, aber dann gefolgt von großem Enthusiasmus: Welch eine Lust, es der Konkurrenz zu zeigen! Und das sollte doch möglich sein, in der Nacht den »Bild-Telegraf« als Morgenzeitung zu produzieren und den »Neuen Kurier« danach als Mittagszeitung. Irgendwie würde dies schon gehen. Diese Bereitschaft der Redaktion teilte ich nun Polsterer mit. Eine Stunde später zog ich mit einem Drittel der Redakteure in die Redaktionsräume des »Bild-Telegraf« in der Wiener Canisiusgasse ein. Noch nicht an diesem Tag, aber schon am nächsten brachten wir den »Bild-Telegraf« in seinem gewohnten Erscheinungsbild heraus.

Genau das Gleiche tat aber auch Gerd Bacher. Hergestellt und gedruckt im Haus Molden am Wiener Fleischmarkt. Das hatten Hans Behrmann und Ludwig Polsterer erwartet. Polsterers tüchtiger Rechtsanwalt Heinz Giger brachte es zustande, einen Richter vor dem Tor der Druckerei am Fleischmarkt amtieren zu lassen: Die ersten Exemplare des »Bild-Telegraf« wurden dem Richter vorgelegt, der sie mit dem von uns gemachten »Bild-Telegraf« verglich. In ihrem Erscheinungsbild glichen sie einander wie ein Ei dem anderen. Doch der Eigentümer des Titels »Bild-Telegraf« war Hans Behrmann, nicht Bacher und nicht Molden. Der Richter verbot das Erscheinen des Bacher-Molden-»Bild-Telegraf«. Die »Kurier«-Redakteure und ich empfanden das als Sieg.

Aber Bacher und Molden gaben nicht auf. In der nächsten Nacht erschien ihre Zeitung mit dem Titel »Bild-Telegramm«. Mit dieser Namensänderung glaubten sie durchzukommen. Aber noch immer war das Erscheinungsbild unserer und ihrer Zeitung das absolut Gleiche. Der Richter verfügte erneut ein Veröffentlichungsverbot. Die Kräfte der »Kurier«-Redakteure aber waren nun schon bis auf das Äußerste gefordert. Ich selbst hatte mir in beiden Redaktionen je ein Feldbett aufstellen lassen und wechselte in den kurzen Arbeitspausen von einer zur anderen Redaktion. Den Redakteuren und deren Familien jedoch war das nicht mehr sehr lange zuzumuten.

In der nächsten Nacht hieß das Blatt »Bild-Depesche«. Und wieder eine Nacht später stand dort statt eines Namens »Zeitung ohne Titel«. Aber da Bacher und Molden mit der Zeitung immer noch die Leser des »Bild-Telegraf« ansprechen wollten, glich ihre Zeitung erneut weitgehend dem »Bild-Telegraf« und wurde wieder beschlagnahmt. Danach trat eine mehrtägige Pause ein, aber nur für Bacher und Molden. Wir mussten ja den »Neuen Kurier« und den »Bild-Telegraf« weitermachen.

Wir waren zwar harte Konkurrenten und führten einen Zeitungskrieg, aber den persönlichen Kontakt zu Fritz Molden, mit dem ich seit Langem befreundet war, hatte ich nicht abgebrochen. Hin und wieder telefonierten wir miteinander. Moldens Erklärung für Bachers Abgang und Wechsel ins Verlagshaus Molden deckte sich zwar mit Behrmanns Feststellung, Bacher habe ihn mit allen Redakteuren im Stich gelassen. Aber Molden gab dafür eine andere Erklärung: Der »Bild-Telegraf« hätte an Auflage und Inseratenaufträgen verloren und sei ins Defizit gerutscht. Behrmann sei nicht mehr in der Lage gewesen, die Druck- und Papierkosten zu bezahlen und hätte auch die Gehälter für die Redakteure zurückgehalten. Bacher hätte daher versucht, den Weiterbestand der Zeitung sicherzustellen, was ihm Fritz Molden ermöglichen wollte.

In dem durch diese Doppelbelastung entstandenen Trubel fand ich nicht die Zeit, den Berichten Behrmanns und Moldens nachzugehen, aber es war anzunehmen, dass sich beide Seiten bemühten, irgendwo Geld aufzutreiben, und dass irgendwer ihnen das vermutlich auch gab oder geben würde. Ludwig Polsterer leistete diese Kollegenhilfe für Behrmann gewiss auch nicht gratis.

Wie im damaligen Österreich nicht anders zu erwarten, fanden sich diese Geldgeber in beiden politischen Lagern. Bei der ÖVP war es die sogenannte Polcar-Gruppe, als schillernde Geldauftreiber bekannt. Sie stützte Behrmann. Die sozialistischen Gelder besorgte der für die SPÖ tätige Rechtsanwalt Christian Broda, später Justizminister. Er half Molden und Bacher. Hätten wir das und all die Verhandlungen, die dabei geführt wurden, zu dieser Zeit gekannt, wäre uns vermutlich die Lust schnell vergangen, in diesem »Krieg« mitzumachen.

Und so endete er schließlich: Bacher und Molden ließen den »Bild-Telegraf« bleiben und brachten stattdessen eine neue Zeitung heraus mit dem Titel »Express«. Mit dem »Express« wollten sie es dem »Neuen Kurier« nun heimzahlen – sie ließen ihn als Morgen- und Abendzeitung erscheinen und nahmen damit den »Mittagskurier« in die Zange. Ich schlug Polsterer daher vor, noch eines draufzusetzen und den »Neuen Kurier« dreimal am Tag herauszubringen, morgens, mittags und abends. Die Redaktion machte auch das noch mit, obwohl sie immer noch den »Bild-Telegraf« herstellte. Aber wir, die Redakteure, waren nicht die einzigen »Helden« in diesem Krieg, noch mehr gefordert war der Vertriebschef Anton Platt, der jetzt dafür zu sorgen hatte, dass drei verschiedene Ausgaben des »Kurier« und »unser« »Bild-Telegraf« täglich rechtzeitig die Leser erreichten.

Genau zu diesem Zeitpunkt kehrte Hans Dichand aus dem Urlaub zurück. Erst jetzt erfuhr er von dem, was da vor sich gegangen war. Das Telefonat mit der Zeitung hatte er zwar immer vor, aber nicht gemacht, österreichische Zeitungen gab es unterwegs keine, österreichisches Radio war nicht zu empfangen. Ein ungestörter Urlaub!

Dichand erfasste die Situation und wir fragten uns beide, wie das weitergehen soll. Aber als Chefredakteur hatte Dichand nun die Sache in die Hand zu nehmen und das wollte er mit dem Herausgeber Polsterer jetzt besprechen. Der Redaktion sei dieser Tag- und Nachteinsatz auf die Dauer nicht zuzumuten, erklärte Dichand und schlug Polsterer vor, die Redaktion personell entsprechend aufzustocken. Eines lag auf der Hand: Polsterer konnte in Zukunft den Wiener Zeitungsmarkt weitgehend beherrschen, wenn er weiterhin neben dem »Kurier« auch den »Bild-Telegraf« am Leben erhielte und ausbaute. Gegen diese beiden Zeitungen würde sich der »Express« nur schwer durchsetzen können. Doch um diese Doppelstrategie durchzuhalten, bedurfte es eines klaren Konzepts, einer doppelten Redaktion und einer besonderen Motivation.

Genau darum ging es in dem Gespräch, das nun Dichand mit Polsterer führte. Ohne mich zu fragen, schlug Polsterer Dichand vor, er möge die Chefredaktion des »Bild-Telegraf« übernehmen, Portisch solle den »Kurier« weitermachen. Dichand lehnte das ab und schlug stattdessen vor, das Team Dichand-Portisch für beide Zeitungen beizubehalten, Dichand als Chefredakteur, Portisch als Stellvertreter, in beiden Zeitungen. Doch dafür forderte Dichand, ihm eine Beteiligung am Eigentum des »Kurier« einzuräumen. Dazu war Polsterer nicht bereit. Dichand aber wollte ohne Beteiligung nicht weitermachen. Es kam zu keiner Einigung. Stattdessen wurde eine einvernehmliche Lösung des Dienstverhältnisses diskutiert.

Es war Dichand, der mir das jetzt berichtete und sich entschlossen zeigte, den »Kurier« eher zu verlassen als nachzugeben. Überraschend aber teilte Polsterer mir mit, dass er den von uns geführten »Bild-Telegraf« von Behrmann erworben habe und an Fritz Molden verkaufen werde. Die Redaktion könne die Arbeit für den »Bild-Telegraf« schon am nächsten Tag einstellen. Falls Dichand den »Kurier« sofort verlassen sollte, möge ich ihn als provisorischer Chefredakteur weiterführen.

Das waren dramatische Stunden. Ich versuchte zwischen Polsterer und Dichand zu vermitteln, aber beide blieben hartnäckig auf ihren Standpunkten. Ich mobilisierte den Betriebsrat der Zeitung, Hermann Stöger. Er ersuchte Polsterer um ein Gespräch. Dieses fand im Café Haas-Haus statt. Stöger kam betroffen und alarmiert in die Redaktion zurück und berichtete: Auch ihm gegenüber habe Polsterer jeden Kompromiss abgelehnt, aber am Nebentisch sei Gerd Bacher gesessen. Er, Stöger, vermute, dass Polsterer nachher mit Bacher als möglichen Chefredakteur des »Kurier« verhandelt habe. Der Betriebsrat und die Redaktion bedrängten mich, jetzt nicht auch noch die Zeitung zu verlassen.

So führte ich diese zunächst einmal provisorisch weiter. Die Nachfolge Dichands wollte ich loyalerweise nicht antreten. Dazu war ich erst bereit, als Dichand 1959 die »Kronen Zeitung« gründete. Nunmehr ersuchte ich meinen Freund, den Chefredakteur der »Wochenpresse«, Eberhart Strohal, zum »Kurier« zu kommen und mir so zu helfen, wie ich es für Dichand getan hatte. Strohal kam als stellvertretender Chefredakteur, ein hervorragender Journalist und ein unverzichtbarer Weggefährte. Auch ein guter »Blattmacher«, dem man die Führung des »Kurier« jederzeit überlassen konnte. Das erlaubte mir, in den nächsten Jahren große und lange Reisen zu unternehmen, um mir die Länder anzusehen, über die wir doch so oft zu berichten hatten. Und als ich den »Kurier« verließ, folgte mir Strohal als Chefredakteur.

Fritz Molden hatte Polsterer, wie er mir später berichtete, zehn Millionen Schilling für den »Bild-Telegraf« bezahlt, den Molden nun mit dem »Express« zusammenlegte. Damit war der Weg frei für die weitere Entwicklung des »Express«. So hatte Polsterer mit dem Verkauf des »Bild-Telegraf« eine Chance aus der Hand gegeben. Mit der Trennung von Hans Dichand aber hatte er sich auch eine weitere, den »Express« bald übertreffende Konkurrenz eingehandelt. Denn Dichand wollte schon lange die vor dem Krieg auflagenstärkste Zeitung Österreichs, die »Kronen Zeitung«, neu herausbringen.

Eigentümer des Titels »Kronen Zeitung« waren die Erben des ursprünglichen Gründers, Gustav Davis. Sie zeigten sich bereit, Dichand den Titel zu verkaufen. Dichand suchte nun Geldgeber für die Gründung der »Kronen Zeitung«. Aber die einen hielten die Sache für aussichtslos, die anderen wollten sie gerne im Rahmen ihrer Parteiverlage herausbringen. Ein Mann jedoch bot die notwendigen Millionen an, ohne parteipolitische Bedingungen zu stellen: Franz Olah. Olah trat nicht selbst als Geldgeber auf, er vermittelte nur einen solchen: Ferdinand Karpik, einen reichen Kaufmann, einen Polen mit österreichischer Staatsbürgerschaft, der in Frankfurt am Main lebte und mit Olah gemeinsam im Konzentrationslager gewesen war. Wie immer das dann gelaufen sein mag: Die Gelder, die zur Gründung der »Kronen Zeitung« notwendig waren, wurden Dichand in Form von Krediten durch die Zentralsparkasse der Gemeinde Wien zur Verfügung gestellt, elf Millionen Schilling. Olah hatte diese Kredite offenbar ermöglicht, indem Sparbücher der von ihm geführten Bau- und Holzarbeitergewerkschaft bei der Zentralsparkasse als Besicherung hinterlegt wurden. Olah empfahl Dichand auch einen erfolgreichen Manager, der sich die Geschäftsführung der »Kronen Zeitung« mit Dichand teilen sollte, Kurt Falk. Gemeinsam mit einigen »Kurier«-Redakteuren, die Dichand folgten, machten sie die »Kronen Zeitung«.

Diese Gründungsgeschichte hat ein Nachspiel, das ich an dieser Stelle vorwegnehmen möchte. In der SPÖ weiß man, dass Franz Olah der entscheidende Wegbereiter der »Kronen Zeitung« ist und glaubt, dass in Wirklichkeit die Zeitung ihm gehöre. Als Olah später unter anderem auch wegen seiner Rolle bei der Gründung der »Kronen Zeitung« als Angeklagter vor Gericht steht, kann ihm der Besitz der »Kronen Zeitung« in keiner Weise nachgewiesen werden. Zwar hat er Kredite für die »Kronen Zeitung« besorgt, aber selbst weder Anteile an der Zeitung erhalten noch solche durch Treuhänder verwalten lassen. Hätte die »Kronen Zeitung« die Kredite nicht zurückzahlen können, so wäre der

Kaufmann Karpik mit seinem Vermögen eingesprungen, so erklärte er.

Olah, den seine früheren Parteifreunde in der SPÖ vor Gericht gebracht haben, wird in zehn der elf gegen ihn erhobenen Anklagepunkte – in allen geht es darum, dass er Gelder der sozialistischen Gewerkschaftsfraktion zweckentfremdet hätte – freigesprochen. Übrig bleibt nur ein Anklagepunkt und der hat nichts mit der »Kronen Zeitung« zu tun: Er habe 1,225.628 Schilling an Gewerkschaftsgeldern unrechtmäßig behoben und für fremde Zwecke verwendet, wobei es unklar bleibt, wofür. Das Gericht erkennt auf »betrügerische Unterschlagung« und verurteilt Olah zu einem Jahr Gefängnis. Olah bestreitet bis zuletzt, dass er dieses Geld eigenmächtig behoben hätte. Man habe es ihm »rechnungsfrei für politische Zwecke« zur Verfügung gestellt. Aber Olah kann nicht beweisen, von wem er eine derartige Vollmacht erhalten hat, und er ist nicht bereit, den Verwendungszweck des Geldes zu nennen.

Ich habe Olah Jahre später danach gefragt. Er beantwortete mir die Frage nicht direkt, sondern mit einer Erzählung: Nach dem von den Kommunisten im Jahre 1950 ausgerufenen Generalstreik und den folgenden Unruhen – Blockaden auf Wiener Straßen, Belagerung des Bundeskanzleramts, Unterbrechung des Schienenverkehrs von Linz nach Wien, Besetzung einer Reihe von Industriebetrieben – habe man in der Regierung und auch bei den Westalliierten Angst vor einem Krieg gehabt. Sollten die Sowjets, wie zu erwarten war, nach Westen vorstoßen, so müsste Widerstand geleistet und hinter der Front weitergekämpft werden. Olah, von den Nazis verhaftet und jahrelang in das Konzentrationslager Dachau gesperrt, wollte sich nicht noch einmal einsperren lassen. Und er wollte auch nicht, dass Österreich widerstandslos unterginge wie 1938. So habe er Vorsorge getroffen, erklärte mir Olah, diesmal wäre gekämpft worden.

Tatsächlich wurde – noch einmal Jahre später – von der amerikanischen Regierung offiziell zugegeben, dass in der Sowjetzone

Österreichs nach 1950 Waffenlager und Funkstationen angelegt worden seien. Auch die Verstecke wurden jetzt bekannt gegeben und die Waffen und Funkanlagen gefunden. Was Olah mir, ohne sich selbst zu nennen, erzählt hatte, wurde damit voll bestätigt. Olah, der schon 1950 mit seinen Bau- und Holzarbeitern kommunistische E-Werksbesetzer in die Flucht geschlagen hat, dürfte tatsächlich an der Organisation dieser Waffenlager mitgewirkt oder die Sache sogar angeführt haben. Die Waffen und Funkanlagen wurden zwar von den Amerikanern beigestellt, aber Olah hatte für den Aufbau einer Kampftruppe vorzusorgen, sonst hätte es zwar die Waffen, aber keine Kämpfer gegeben.

So verstand ich Olahs Erzählung als Begründung für die Geldbeträge zur besonderen Verwendung.

Viele Jahre später gab es dazu noch ein aufgeregtes diplomatisches Nachspiel: Die USA ließen Österreich über ihre Botschafterin Swanee Hunt wissen, dass sie in Niederösterreich und in der Steiermark Waffenverstecke angelegt hatten, die vermutlich auch heute noch existieren. Dazu gab es eine Liste mit genauen Angaben über die Standorte dieser Waffenlager. Sie wurden auch prompt gefunden. Aber den von der Botschafterin befürchteten Skandal gab es nicht. Denn nicht nur Olah, sondern auch die Leute seiner Kampftruppe hatten immer wieder von Waffenverstecken gesprochen, für den Fall eines Krieges auf österreichischem Boden. Jetzt zu erfahren, dass es sie tatsächlich gibt, wurde nur als nachträgliche Bestätigung aufgenommen.

Der Wiener Zeitungskrieg wurde 1958 ausgetragen, bald danach die »Kronen Zeitung« gegründet, der Olah-Prozess erst im Jahr 1969 geführt. Aber im Gewerkschaftsbund und in der SPÖ glaubte man daran, dass mit der Hinterlegung der Gewerkschaftssparbücher als Sicherstellung der ÖGB Anspruch auf die »Kronen Zeitung« hätte.

Im Wahljahr 1966 stellte sich die »Kronen Zeitung« gegen die SPÖ und griff auch den ÖGB an. Das hatte Folgen. Knapp vor den Wahlen wurde auf Antrag des ÖGB durch eine einstweilige

Verfügung die »Kronen Zeitung« von der Polizei besetzt. Dichand und Falk wurden auf die Straße gesetzt und der stellvertretende Chefredakteur Grosberg als öffentlicher Verwalter zur Führung der »Kronen Zeitung« bestellt. Die Redaktion arbeitete weiter, um dem Blatt nicht zu schaden.

Es gab Proteste. Der Justiz wurde vorgeworfen, einen Anschlag auf die Meinungs- und Pressefreiheit zu begehen. Die »Arbeiter-Zeitung« verteidigte hingegen die, wie sie es nannte, »Ausräucherung« der »Kronen Zeitung«.

»Gegen Ausräucherung, für Pressefreiheit«, verurteilte ich in einem Leitartikel das Vorgehen von ÖGB und Justiz und zitierte dazu einen Satz, der Voltaire und Abraham Lincoln zugeschrieben wird: »Ich bin zwar ganz anderer Meinung als Sie, aber ich würde mein Leben dafür geben, dass Sie Ihre Meinung frei aussprechen dürfen.« Ich tat ein Weiteres: Ich entsandte Reinald Hübl, den Ressortchef für Lokales im »Kurier«, in die »Kronen Zeitung«, um darüber zu berichten, wie diese Polizeibesetzung aussah und was sie zur Folge hatte. Hübls Bericht füllte eine ganze Seite des »Kurier« und erregte Aufsehen. Unter dem Druck der öffentlichen Meinung wurde die einstweilige Verfügung zwei Tage später aufgehoben. Grosberg ging, Dichand und Falk kehrten zurück.

Die »Kronen Zeitung« konnte von da an ihren Vormarsch mit dem Ziel, den »Kurier« einzuholen und zu überholen, fortsetzen. Um diese Zeit lag der »Kurier« auflagenmäßig weit vor dem »Express« und der »Kronen Zeitung«. Doch mir war klar, dass es jetzt einer kräftigen Investition bedurfte, um diesen Vorsprung auch zu halten. In einem Memorandum an Polsterer drängte ich darauf, den »Kurier« zu regionalisieren, um ihn auch in den Bundesländern zu einer großen, ja jeweils zur größten Zeitung zu machen, ehe das die »Kronen Zeitung« tun konnte. Polsterer sah das ein und gab grünes Licht zur Gründung des »Linzer Kurier«.

Ich bestellte Reinald Hübl zu dessen Chefredakteur. Für den »Linzer Kurier« wurde die Seite eins täglich neu gestaltet und viele der Wiener lokalen Nachrichten und Berichte wurden durch Berichte aus Linz und Oberösterreich ersetzt, auch gab es einen eigenen Kultur- und einen eigenen Sportteil. Gemäß meinem Vorschlag hätte dem »Linzer Kurier« bald schon ein »Grazer Kurier« folgen sollen, danach eine Art »West Kurier« und zwei unterschiedliche Ausgaben speziell für Niederösterreich. Machbar wäre das alles gewesen, es hätte Geld gekostet, aber es hätte dem »Kurier« den Untertitel »größte Tageszeitung Österreichs« zumindest noch lange erhalten. Der »Linzer Kurier« jedenfalls erfüllte meine Erwartungen voll und ganz. Seine Auflage stieg relativ schnell auf über 33.000 Exemplare.

Doch eines Morgens betrat ich die Redaktion und auf meinem Schreibtisch lag die Weisung Polsterers, den »Linzer Kurier« mit dem nächsten Wochenende einzustellen. Ich rief Polsterer an. Seine Erklärung: Die Auflage sei erwartungsgemäß gestiegen, nicht aber der Anteil an Inseraten. Der »Linzer Kurier« sei daher defizitär und koste Geld, statt Geld zu bringen. Ich war fassungslos. Eine höhere Auflage musste mit der Zeit auch einen höheren Anteil an Inseraten, und zwar für den Gesamt-»Kurier« bringen. Aber Polsterer hatte sich selbst um die dazu notwendige Wartezeit gebracht.

Zur Erklärung: Der »Kurier« wurde damals zum Preis von einem Schilling verkauft. Etwa 30 Groschen davon gingen an die Kolporteure und Trafikanten für den Vertrieb der Zeitung. Der Preis für Druck und Papier der Zeitung aber erhöhte sich mit der ständig leicht ansteigenden Inflation und war mit den vom Verkauf übrig gebliebenen 70 Groschen pro Exemplar nicht mehr zu finanzieren. Das brachte den »Kurier« jedoch noch lange nicht in Not. Der »Kurier« war die Zeitung mit dem größten Inseratenteil aller Zeitungen in Österreich. Die Einnahmen aus dem Inseratengeschäft erlaubten es Polsterer, das Defizit von Druck und Papier abzudecken und den »Kurier« weiterhin zum Preis von einem Schilling zu verkaufen. Das konnten andere Zeitungen nicht und mussten ihr Erscheinen entweder einstellen oder ihren Verkaufspreis erhöhen, wodurch sie aber ihre Konkurrenzfähigkeit einschränkten.

Die Zeitung »Neues Österreich« war die erste, die da nicht mithalten konnte und ihr Erscheinen einstellen musste. Die Parteizeitungen »Arbeiter-Zeitung« und »Kleines Volksblatt« reduzierten ihre Seitenumfänge und mussten dennoch ihren Preis erhöhen. »Die Presse« und der »Express« brachten das Verlagshaus Molden finanziell in große Bedrängnis. Der Preis, so erklärte mir Polsterer, sei das Mittel, mit dem der »Kurier« die Konkurrenten besiegen würde. Voraussetzung allerdings sei, dass das Inseratenaufkommen weiterhin so hoch blieb.

Nun zum »Linzer Kurier«: Seine Auflage stieg, aber mit jedem Exemplar mehr um einen Schilling auch das Defizit. Um das auszugleichen, hätte der »Linzer Kurier« sofort steigende Einnahmen aus dem Inseratengeschäft gebraucht. Aber diese Erwartung konnte sich natürlich nicht gleich erfüllen. Dennoch entschloss sich Polsterer, den »Linzer Kurier« über Nacht einzustellen.

Wie kurzsichtig, dachte ich. Nur eine steigende Auflage kann den »Kurier« gegen die »Kronen Zeitung« konkurrieren lassen. Die Vorstellung, die »Kronen Zeitung« sei wie die anderen Zeitungen durch den Preis von einem Schilling niederzuzwingen, war absurd. Die »Kronen Zeitung« erschien im Kleinformat, eine ihrer Seiten kostete daher nur die Hälfte an Druck und Papier als eine Seite im »Kurier«. Erschien der »Kurier« mit 20 Seiten, so konnte die »Kronen Zeitung« immer noch mit 30 ihrer halben Seiten erscheinen und fuhr Gewinn ein – sie war daher nicht oder bei Weitem nicht in diesem Maß auf ein Einkommen durch das Inseratengeschäft angewiesen.

Noch bedenklicher wurde die Lage des »Kurier«, als es zur Trafiksperre am Sonntag kam und die »Kronen Zeitung« dies zum Anlass nahm, eine Sonntagsausgabe zu drucken und diese ohne Trafiken und Kolporteure auf kleinen Tischen – später in Plastiksäcken – zum Kauf anzubieten. Das konnte für den »Kurier« tödlich sein. Ich bedrängte Polsterer, sofort auch eine Sonntagsausgabe des »Kurier« herauszugeben. Polsterer lehnte ab: Schon das Aufstellen der Tischchen würde übers Jahr Millionen Schilling kosten. Auch würden die Leute die Zeitungen nehmen, ohne sie zu bezahlen, wie man das am Beispiel der »Kronen Zeitung« durchaus verfolgen könne. Die Kosten für Druck und Papier seien schon jetzt nur durch Inserate hereinzubringen, bei einer Sonntagsausgabe würde das Defizit nur noch mehr steigen.

Dichand und Falk ließen in den Sonntagsausgaben der »Kronen Zeitung« Preisrätsel erscheinen, mit deren Lösung die Leser Autos, Häuser, Brillanten gewinnen konnten, vorausgesetzt, sie würden nicht nur das Rätsel in der Sonntags-, sondern auch seine Fortsetzungen in den Wochentagsausgaben lösen. Jede – auch gestohlene – »Kronen Zeitung« am Sonntag brachte damit eine Steigerung der Auflage unter der Woche. Dichand und Falk aber leisteten sich nun auch bald die Regionalisierung der »Kronen Zeitung«. Als Erstes mit der »Grazer Krone«, gefolgt von der »Kärntner Krone« und so weiter.

Immer wieder plädierte ich bei Polsterer, sowohl die Regionalisierung des »Kurier« wiederaufzunehmen als auch einen »Sonntags-Kurier« erscheinen zu lassen. Auch der erprobte Verlagschef des Hauses, Alfons Maluschka, war dieser Ansicht. Zu jedem Gespräch mit Polsterer legte ich drei Mappen auf den Tisch, rot, grün und gelb: »Sonntags-Kurier«, Regionalisierung im Westen und Süden, zwei Niederösterreich-Ausgaben. Der erfahrene und überaus tüchtige Finanzdirektor des Hauses, Emanuel Divischek, war meiner Meinung und der Auffassung, dass der Schillingpreis auch für den »Kurier« nicht mehr lange zu halten sein würde. Vergeblich. Im Herbst 1967 verließ ich den »Kurier«. Zu diesem Zeitpunkt war er immer noch die auflagenstärkste Zeitung Österreichs. Gerd Bacher holte mich als Chefkommentator in den ORF. Doch damit eile ich den Ereignissen weit voraus. Noch stehen mir einige Jahre »Kurier« und viele entscheidende Ereignisse bevor.

Volksbegehren: »Wer redet, der fliegt«
Aufstand gegen den Parteienproporz

Zurück in das Jahr 1962. Wieder einmal war eine Nationalratswahl geschlagen. Mit einem Resultat, mit dem die beiden Großparteien nicht zufrieden sein konnten: Die SPÖ hatte mehr Stimmen als die ÖVP, die ÖVP um zwei Mandate mehr. Das lag am damaligen Wahlrecht, das die Partei bevorzugte, deren Wähler traditionell Familien mit mehr Kindern hatten, wie es bei Bauern üblich war.

Was tun? Den schwarzen Bundeskanzler weitermachen lassen, aber dafür die volle Gleichberechtigung der SPÖ auf allen Ebenen verankern. Die beiden Parteien dachten sich dazu ein besonderes Abkommen aus, um das, wie sie meinten, wichtigste Instrument zur Meinungsbildung, den Rundfunk – Radio und Fernsehen – unter totale gegenseitige Kontrolle zu stellen.

Als das Fernsehen nach Abschluss des Staatsvertrags in Österreich erstmals erlaubt und eingeführt wurde, hielt der damalige Bundeskanzler Julius Raab nicht viel davon. Er nannte das Fernsehen ein »Manderl-Radio« und meinte, dass die nun zum Kauf angebotenen Fernsehgeräte so teuer seien, dass sich diese ohnehin nur wenige Menschen werden leisten können. Also war es ihm ziemlich egal, wer das Fernsehen leiten sollte. So überließ er die Bestellung des Fernsehdirektors der SPÖ und war zufrieden, dass ihm die SPÖ dafür den Radio-Direktor überließ.

Aber bald schien es klar, dass Radio und Fernsehen für den künftigen Erfolg beider Parteien zumindest gleich wichtig waren. Daher entschied man hinter verschlossenen Türen und mit der Absicht, es geheim zu halten, dass von nun an alle wichtigen Positionen in beiden Medien von je einem Vertreter der beiden Parteien besetzt werden sollten. Ist der Leiter rot, hat der Stellvertreter schwarz zu sein und umgekehrt. Und das war in diesem Geheimabkommen auch schon ausgemacht: Das Radio bleibt in schwarzer, das Fernsehen in roter Hand, aber völlig gleichberechtigt die beiden Stellvertreter aus dem anderen Lager. Und das galt für alle Funktionen in beiden Medien. Das war die totale Inbesitznahme der größten Medien des Landes durch die beiden Parteien.

Ich hielt gerade die tägliche Redaktionskonferenz ab, als der Chef der Innenpolitik, Arnold Klima, hereinkam und mir ein Papier in die Hand drückte: eine Kopie dieses Geheimabkommens. Als ich es las, rief ich: »Das ist ein Anschlag auf die Demokratie dieses Landes!« Und schrieb einen protestierenden Leitartikel. Hier ein kurzer Auszug: »Der Pakt, der eine derartige parteipolitische Zensur in Rundfunk und Fernsehen einführt, ist, unserer Meinung nach, ein Anschlag auf die Demokratie selbst. Das Erschreckendste daran aber ist, dass unsere Politiker dies entweder selbst nicht sehen oder nicht sehen wollen. Rundfunk und Fernsehen sind wichtige Instrumente zur Bildung der öffentlichen Meinung, daher auch zur Sicherstellung der Freiheit dieser Meinung und der Information. Ohne derartige Freiheit gibt es keine Demokratie. Und von der Überwachung der Meinung und Information bis zu Polizeistaat und Diktatur ist kein sehr weiter Weg.«

Wie immer bat ich unseren Chef vom Dienst, Hermann Stöger, auch diesen Artikel gegenzulesen. Als er ihn mir zurückbrachte, zuckte er mit den Schultern: »Ja, aber geschehen wird nichts.« Ich dachte nach und musste ihm recht geben. Es war zum Verzweifeln. Waren wir wirklich ohnmächtig? Nein, sagte ich mir, rufen wir die Leser zu Hilfe und zum Protest auf.

Ich formulierte den entsprechenden Text: »Wir, die unterzeichneten österreichischen Staatsbürger und Wähler, sprechen uns entschieden dagegen aus, dass Rundfunk und Fernsehen der geplanten parteipolitischen Kontrolle unterworfen werden. Wir stellen an die gewählten Vertreter des Volkes, an die politischen Parteien und ihre Funktionäre das Begehren, durch geeignete Maßnahmen für einen Rundfunk- und Fernsehbetrieb zu sorgen, der der österreichischen Bevölkerung mit freier, überparteilicher Information sowie guter Unterhaltung dient und seine kulturelle Mission unbehindert von parteipolitischen Einflüssen erfüllt.«

Diesen Text ließ ich in der Größe einer Postkarte auf die Seite eins des »Kurier« setzen, dazu die Bitte an die Leser, ihn mit vollem Namen zu unterschreiben samt der Adresse des Unterzeichnenden. Man musste diesen Text nur ausschneiden, auf eine damals überall erhältliche Postkarte im gleichen Format aufkleben und an die Stadtadresse des »Kurier« schicken. Die Stadtadresse: Das war das sogenannte »Kurier-Eck« im Gebäude des Hotels Sacher, Ecke Kärntner Straße.

Was dann kam, überraschte uns alle. Die Briefträger brachten die unterschriebenen Proteste in Säcken in das »Kurier-Eck«. Franz Traintinger war dort der Chef, der Organisationsleiter all der großen Aktionen, die der »Kurier« in jenen Jahren durchführte – Weihnachtshilfe, Katastrophenhilfe, »Kurier-Forum« und eben jetzt auch diese Protestaktion. Traintinger und seine Mitarbeiter kamen kaum nach mit dem Zählen der Zuschriften. Drei Tage später waren es schon über 130.000.

Inzwischen aber hatten sich auch der Chefredakteur der »Kleinen Zeitung« in Graz, Fritz Csoklich, und der Chefredakteur der »Wochenpresse«, Bruno Flajnik, gemeldet: Sie und ihre Zeitungen wollten mitmachen bei der Aktion. Und auch sie berichteten ein paar Tage später von dem massiven Anschwellen der Protestflut. Das bekamen die beiden Parteien zu spüren und offenbar so sehr, dass sie um die Wählergunst zu fürchten begannen. Knapp hintereinander erhielt ich zwei Anrufe: Bundeskanzler Alfons Gorbach und Vizekanzler Bruno Pittermann luden mich ein, sie im Parlament zu besuchen, nicht gemeinsam, jeder für sich.

Das konnte nur eine Reaktion auf unsere Protestaktion sein. So hielten wir eine Telefonkonferenz ab: Csoklich, Flajnik und ich. Welche Bedingungen stellen wir, wenn sie uns ersuchen, die Aktion einzustellen? Wir waren uns schnell einig: 1. Das geheime Koalitionsabkommen über die proporzionelle Aufteilung des Rundfunks muss zurückgezogen werden und darf nicht in Kraft treten. 2. Die Parteien müssen sich verpflichten, innerhalb einer Frist von einem Jahr eine demokratische Rundfunkreform durchzuführen, die die Unabhängigkeit des Rundfunks und aller dort Beschäftigten garantiert. 3. Für den Fall, dass dies nicht innerhalb eines Jahres tatsächlich umgesetzt wird, soll ein Volksbegehren stattfinden, mit dem eine solche Reform wirksam eingefordert werden kann. 4. Da aber bisher für die in der Verfassung vorgesehenen Möglichkeiten von Volksabstimmung und Volksbegehren die notwendigen Durchführungsbestimmungen vom Parlament nicht beschlossen worden waren, müssten die beiden Parteien innerhalb dieser Frist von einem Jahr diese Durchführungsbestimmungen im Parlament beschließen.

Das war sozusagen der Knüppel im Sack: Falls sie die geforderte Rundfunkreform nicht selbst machen, muss das Instrument des Volksbegehrens gesetzmäßig durchführbar sein.

Mit diesem Beschluss ging ich ins Parlament, wurde zuerst von Pittermann, danach von Gorbach empfangen. Nach kurzer Rücksprache nahmen beide unsere Bedingungen an, sagten die Bildung eines Ministerkomitees zur Durchführung einer Rundfunkreform ebenso zu wie die Verabschiedung von Durchführungsbestimmungen für Volksabstimmung und Volksbegehren. Ein voller Erfolg also – das meldeten wir unseren Lesern und stellten die Protestaktion ein, nachdem das Geheimabkommen, so wurde jedenfalls versichert, nicht in Kraft treten und das Ministerkomitee auch schon bestellt werde.

Ein Jahr verging, das Ministerkomitee, angeführt von Justizminister Christian Broda, SPÖ, und Unterrichtsminister Heinrich Drimmel, ÖVP, trat ein einziges Mal zusammen, fasste keine Beschlüsse und meldete sich nicht wieder. Die beiden Koalitionsparteien hätten auch ihr Versprechen nicht erfüllt, die Durchführungsbestimmungen für ein Volksbegehren zu verabschieden. Aber da meldete sich einer zu Wort: Franz Olah, Innenminister, Abgeordneter der SPÖ und ein Aufmüpfiger, bereit, die Partei selbst zu reformieren. Auf seinen Antrag hin mussten die Kollegen beider Parteien die Durchführungsbestimmungen beschließen, das war ja ausdrücklich in der Verfassung vorgesehen.

Vor Ablauf der Jahresfrist beschlossen Csoklich, Fajnik und ich, die Minister Broda und Drimmel persönlich danach zu fragen, ob sie überhaupt noch die Absicht hätten, die Rundfunkreform durchzuführen und weshalb sie das trotz Zusage bisher nicht getan hatten. Ich sollte das auch im Namen der beiden Kollegen tun. Broda erklärte mir rundheraus, dass das eben nicht geschehen sei und sie auch nicht die Absicht hätten, es zu tun. Drimmel fand es nicht einmal der Mühe wert, mich zu empfangen.

So gingen wir vor, wie wir es uns vorgenommen hatten: Erneut riefen wir in unseren Zeitungen zum Protest auf. Das Geheimabkommen zur Aufteilung des Rundfunks zwischen den beiden Parteien war offiziell zwar zurückgezogen worden, de facto aber war diese Aufteilung voll im Gang. Das Versprechen, eine demokratische Rundfunkreform durchzuführen, war nicht erfüllt worden. Doch wir hatten jetzt das Instrument des Volksbegehrens in der Hand und waren entschlossen, es auch einzusetzen.

Das war allerdings viel schwieriger, als wir geglaubt hatten. Denn nach den Durchführungsbestimmungen konnte ein solches Volksbegehren damals nur beantragt werden, wenn gleichzeitig der Text des zu begehrenden Gesetzes im vollen Wortlaut eingereicht wurde. Das hieß, wir, die Antragsteller, hatten ein perfekt ausgearbeitetes Gesetz zur Reform des Rundfunks zu erstellen und das durfte keine Fehler aufweisen, um nicht zurückgewiesen zu werden. Hatte uns im Parlament Franz Olah geholfen, so half uns jetzt der Präsident der Journalistengewerkschaft, Günther Nenning. Er, der langjährige Gewerkschafter, hatte nicht nur die

Verbindungen zu erstklassigen Rechtsanwälten, die es gewohnt waren, Gesetzestexte auszuarbeiten, sondern wusste auch, wie damit umzugehen war.

Und nun meldeten sich auch die Chefredakteure vieler weiterer Zeitungen, die ihre Unterstützung anboten und mitmachen wollten. Darunter: Otto Schulmeister (»Die Presse«), Hans Dichand (»Kronen Zeitung«), Hermann Polz (»Oberösterreichische Nachrichten«), Karl-Heinz Ritschel (»Salzburger Nachrichten«), Ludwig Stricker (»Tiroler Tageszeitung«), Toni Russ (»Vorarlberger Nachrichten«). Schließlich waren es 32! Die Parteizeitungen hingegen stellten sich geradezu wutentbrannt gegen unsere Aktion. Polemisierten gegen uns, verhöhnten uns und sagten uns eine Niederlage voraus.

Mir standen einige schwierige Aufgaben bevor. Wer sollte das alles organisieren und mit wessen Geld? Ich ging zu meinem Herausgeber, Ludwig Polsterer, der bisher voll hinter der Aktion stand, den ich aber jetzt auch ersuchen musste, Personal und Geld zu bewilligen. Und nur einer, war ich überzeugt, konnte das organisieren: Franz Traintinger. Aber er konnte nicht die Ansichten und Meinungen von 32 Chefredakteuren einholen und koordinieren, die, wenn man sie an Bord haben wollte, sicher auch wünschten, Inhalt und Formulierung des dem Volksbegehren zugrunde liegenden Gesetzes zur Rundfunkreform mitzubestimmen. Also nahmen Nenning und ich diesen Teil des Unternehmens in die Hand: 32 Chefredakteure und jeder wollte und musste auch zu Wort kommen.

Wir tagten zweimal bis spät in die Nacht. Der solche Prozedur gewohnte Gewerkschafter Nenning wusste, wie Beratungen zu Ende zu bringen waren. Nenning, Stöger und ich einigten uns auf einen möglichen Beschluss. Den legten wir den Kollegen vor und ergänzten ihn während der Debatte mit gewünschten und berechtigten Änderungen. Ein Redaktionskomitee zog sich um Mitternacht kurz zurück und erschien dann mit der rasch ausgearbeiteten Resolution. Diese legten wir nun noch einmal zur Korrektur und Änderung vor. Aber da sie ja ohnedies dem Inhalt der vorangegangenen Diskussion entsprach, wurde sie auch mit Applaus angenommen.

Und die Chefredakteure waren auch sichtlich erleichtert, als ich ihnen vorschlug, dass die von nun an fast täglich stattzufindende Koordinierung der Aufrufe und Kommentare in den Zeitungen von Hermann Stöger vorgenommen werden sollte. Stöger wurde vom »Kurier« freigestellt und diente bis zum Abschluss des Volksbegehrens nur noch der Aktion. Dass Franz Traintinger die ebenso schwierige Organisation besorgen würde, war schon zuvor mit Zustimmung aller zur Kenntnis genommen worden. Und Ludwig Polsterer rang ich die Zustimmung zu all dem ab, wofür ihm nicht nur ich dankbar war.

Der Gesetzestext. Er war lang, aber eindeutig: Aus dem Rundfunk war ein selbstständiges und selbstverantwortliches Unternehmen zu machen, an dessen Spitze ein Generalintendant stehen werde, der von Vertretern aller gesellschaftlich relevanten Institutionen mehrheitlich zu wählen sei. Das Gesetz zählte diese Institutionen namentlich auf: die politischen Parteien, die Vertreter von Wissenschaft, Kultur, Kunst und Film ebenso wie die der relevanten Religionsgemeinschaften und noch einige mehr. Ein Paragraf hatte es besonders in sich: Der Rundfunk muss von politischen Interventionen vollkommen geschützt sein, wer interveniert, kann gesetzlich bestraft werden.

Dieses Gesetz brachten wir nun zur Einleitung eines Volksbegehrens ein. Es würde das erste Volksbegehren in Österreich sein. Wie es abzuwickeln ist, stand in den Durchführungsbestimmungen: In allen Gemeinden des Landes hatten die Bürgermeister Lokale zu bestimmen, in denen die Bürgerinnen und Bürger das Volksbegehren unterzeichnen konnten, mit Namen, Geburtsdatum und Adresse. Also keine geheime Abstimmung, jeder stand mit seinem Namen und seinem Wohnsitz voll für seine Unterschrift ein. Die Unterschriften konnten eine Woche lang geleistet werden, danach waren sie an das Innenministerium weiterzuleiten.

Die Formulare für diese Unterschriften wurden ebenso wie die Plakate zur Kundmachung des Volksbegehrens den Bürgermeistern aller Gemeinden zugeschickt. Laut Gesetz waren sie verpflichtet, die Kundmachung auszuhängen, das Abstimmungslokal bzw. die -lokale und die dort aufzulegenden Listen samt Personal bereitzustellen.

Was dann geschah, war so unerhört, dass es heute kaum zu glauben ist. Die Direktionen von Radio und Fernsehen verboten, die Nachricht von der Abhaltung des Volksbegehrens zu senden und untersagten auch allen Mitarbeitern, das Wort Volksbegehren in den Mund zu nehmen. Wer dieses Volksbegehren auch nur in irgendeiner Sendung erwähne, würde fristlos entlassen. Und das in einer Demokratie, in der Volksbegehren verfassungsrechtlich vorgesehen und vom Parlament zur Durchführung beschlossen worden sind! Auch die Parteizeitungen erwähnten das Volksbegehren mit keinem Wort. Totschweigen also wollte man es, um die parteipolitische Kontrolle des Rundfunks unangetastet zu erhalten.

Natürlich prangerten die das Volksbegehren unterstützenden Zeitungen diese allen Regeln der Demokratie, der Meinungs- und Pressefreiheit widersprechende Vorgangsweise an. Nun hatten die Bürgerinnen und Bürger auch noch gegen diese Verletzungen ihrer Rechte zu protestieren, und hoffentlich würden sie das in ausreichender Zahl tun. Um das dem Volksbegehren zugrunde liegende Gesetz zur parlamentarischen Behandlung zu bringen, mussten damals mindestens 200.000 Österreicherinnen und Österreicher das Begehren unterschreiben.

Bald erreichten uns Meldungen aus vielen Gemeinden, dass dort das Volksbegehren nicht ordnungsgemäß ausgeschrieben und bekannt gemacht worden sei. Totschweigen also auch von amtlicher Seite. Die Chefredakteure versuchten nun selbst einzugreifen. Ich fuhr im Konvoi mit Nenning und Schulmeister von Ort zu Ort in Niederösterreich. Viele der Bürgermeister hatten ihre Aufgaben als Behörde nicht zur Kenntnis genommen oder absichtlich nicht erfüllt, hatten Plakate und Unterschriftslisten in die Papierkörbe geworfen. Jedem von ihnen drohten wir mit Anzeige und entsprechenden Konsequenzen. Aber wir wussten, dass wir nur eine kleine Anzahl der Gemeinden inspizieren konnten.

Auch in Wien wurde das Volksbegehren von der Gemeinde schändlich behandelt: In jedem Bezirk konnte man lediglich im zuständigen Magistratischen Bezirksamt unterschreiben, also nur an 23 Stellen! Dorthin musste man oft einen langen Weg antreten und dann auch bei Wind und Wetter noch außerhalb des Eingangs Schlange stehen.

Dann meldete sich Max Eisler bei mir, ein bekannter Rundfunkjournalist, Autor und Mitwirkender in vielen Radiosendungen. Am Abend zuvor hatte er in einer seiner Sendungen bewusst das Volksbegehren erwähnt. Und fand am Morgen das Schreiben der Direktion mit seiner fristlosen Entlassung auf seinem Schreibtisch vor. Ich rief Polsterer an und bat um die sofortige Anstellung von Max Eisler im »Kurier«. Und hatte auch schon eine Aufgabe für ihn, er sollte ab sofort mit Mikrofon und Tonbandgerät auf der Straße für den »Kurier« an die Passanten eine »Frage zum Tag« richten. Die Antworten würden im »Kurier« veröffentlicht. Polsterer stimmte zu und Eisler blieb beim »Kurier«, bis vier Jahre später die gesamte Proporzleitung des Rundfunks aufgrund des Volksbegehrens abgelöst worden war und Eisler wieder zurück durfte.

Doch dazu bedurfte es, wie gesagt, mindestens 200.000 Unterschriften. Und auf die galt es nun eine Woche lang zu warten, bis zum Ablauf der Eintragungsfrist. Aber auch mit der Weiterleitung der abgegebenen Unterschriften ließen sich viele Bürgermeister Zeit. Daran hatten wir alle nicht gedacht. Und so erschraken wir, als nach dem letzten Eintragungstag zunächst erst weniger als 30.000 Unterschriften in der Zentrale eintrafen. Dem »Kleinen Volksblatt«, Zentralorgan der ÖVP, war das folgende Häme wert: Das Resultat dieses Volksbegehrens macht sich im Vergleich zur ÖVP-Wählerschaft aus wie eine Schrebergartenhütte zum Stephansdom. Auch Ludwig Polsterer zeigte sich an diesem ersten Tag deprimiert. Also all das für ein so mageres Ergebnis. Doch Tag für Tag summierte sich nun die Zahl der eintreffenden Unterschriften und am Ende stand da eine Zahl, mit der wir alle nicht gerechnet hatten: 832.353! Und das trotz aller Boykotte!

Für viele Jahre blieb das Rundfunkvolksbegehren das erfolgreichste. Übertroffen wurde es nur die wenigen Male, wenn sich die politischen Parteien mit all ihren Mitteln und ihrer Wählerschaft hinter ein Volksbegehren stellten. Was in Wirklichkeit eine Wählertäuschung war. Denn die Verfassung sieht vor, dass acht Abgeordnete im Parlament ausreichen, um ein Gesetz zur Debatte zu stellen und zur Abstimmung zu bringen. Also genau das zu tun, wozu sonst ein Volksbegehren mit 200.000 Unterschriften notwendig ist. Das heißt, die Parteien haben diese Begehren nur durchgeführt, um ihre eigene Stärke zu demonstrieren. Die parlamentarische Behandlung hätten sie auch ohne Volksbegehren erreicht. Und ein weiterer Hohn: Jedes auch erfolgreiche Volksbegehren muss zwar im Parlament behandelt werden, kann aber durch einfache Mehrheit für immer in der Schublade verschwinden – ein Schicksal, das nicht wenige Volksbegehren auch erlitten haben.

Dieses Schicksal hätte auch unserem Volksbegehren zur Rundfunkreform geblüht. Denn es waren ja beide Parteien strikt gegen dieses Volksbegehren und es sah auch ganz danach aus, dass es deshalb nie zur parlamentarischen Abstimmung kommen würde. Doch 1966, zwei Jahre später, versprach sich das neue Führungsteam der ÖVP unter Josef Klaus als Kanzlerkandidat und Hermann Withalm als Generalsekretär ein besseres Wahlergebnis, wenn sie verkündeten, sie würden, falls sie über die entsprechende Mehrheit verfügten, dieses Volksbegehren der parteiunabhängigen Zeitungen im Parlament beschließen und damit die gewünschte große Rundfunkreform einleiten. Die Zeitungen verschwiegen dies natürlich nicht, sondern meldeten diese Absicht der ÖVP. Und diesmal waren auch Radio und Fernsehen gezwungen, dies zu melden.

In jener Zeit wurde die SPÖ von zwei schweren Krisen erschüttert: In Vorarlberg gab es einen Aufstand gegen die vom SPÖ-Minister Otto Probst anbefohlene Taufe eines neuen Bodensee-Schiffes auf den Namen »Karl Renner«, während ein großer Teil der Bevölkerung für das Schiff den Namen »Vorarlberg« forderte. Zur gleichen Zeit zwang die SPÖ-Führung Franz Olah zum Rücktritt als Innenminister, weil er die Parteiführung infrage gestellt hatte. Ja, das schon. Aber diese Vorfälle hätten höchstwahrscheinlich nicht ausgereicht, um der ÖVP bei dieser Wahl die absolute Mehrheit zu verschaffen. Da war die Zusage auf Verwirklichung des Volksbegehrens zur Rundfunkreform gewiss ausschlaggebend. Die ÖVP erhielt bei dieser Wahl die absolute Mehrheit.

So stellte die ÖVP nun die erste Alleinregierung der Zweiten Republik, mit Josef Klaus als Bundeskanzler. Ihrer Zusage gemäß brachte die ÖVP auch ein Gesetz zur Reform des Rundfunks im Parlament ein und beschloss es mit ihrer Mehrheit. Ein Gesetz, nicht ganz genau das, wozu die 832.000 ihre Unterschrift geleistet hatten. Die kleinen Abänderungen sicherten der jeweiligen Regierungspartei immer noch Einfluss auf die Zusammensetzung des Gremiums, das den Generalintendanten zu bestellen hatte, und es enthielt auch nicht die vorgesehenen Strafen für im Rundfunk intervenierende Politiker.

Aber wer würde nun der erste Generalintendant werden, der diesen Rundfunk total reformieren sollte? Einige Namen, darunter sehr honorige und wahrscheinlich auch dazu fähige Personen, wurden genannt. Die ursprünglich das Volksbegehren in Gang setzenden Zeitungen selbst ließen die Frage offen. Ich dachte mir, dass durch das bloße Zusehen vermutlich keine wirklich durchgreifende Reform zustande kommen würde, sah mir die Namen der sich bewerbenden Kandidaten an und traute dieses Werk vor allem einem zu: Gerd Bacher. Als Chefredakteur des »Bild-Telegraf« und des »Express« war er der Konkurrent des »Kurier« gewesen. Ich wusste, wie er zu kämpfen und sich durchzusetzen verstand. Zurzeit stand er dem Buchverlag und der Druckerei Molden vor. Und auch da war er für den großen Anfangserfolg mit verantwortlich. Ludwig Polsterer, den Zeitungskrieg noch lebhaft in Erinnerung, war nicht ganz wohl bei dem Gedanken, aber er überließ mir die Entscheidung. So setzte ich mich in einem Leitartikel eindeutig für Bacher als künftigen Generalintendanten des Rundfunks ein.

Das brachte mir eine Einladung zum Mittagessen mit Bundeskanzler Klaus ein. Er hätte eine bessere Idee: Ich sollte mich als Generalintendant des Rundfunks bewerben. Nicht nur, dass ich das nie hätte werden wollen, es widersprach auch der unter allen Zeitungschefredakteuren vereinbarten Abmachung, dass keiner von uns eine leitende Funktion im Rundfunk übernehmen werde. Dass also das Volksbegehren zu niemandes eigenem Vorteil genützt werde. Aber wenn schon ich nicht dazu bereit wäre, erklärte Klaus, so möge ich doch nicht unbedingt auf Gerd Bacher bestehen. Auch das lehnte ich ab, wunderte mich aber, dass der Salzburger Klaus offensichtlich Bedenken gegenüber dem Salzburger Bacher hatte. Er kannte ihn wohl und ahnte, wie rigoros Bacher da vorgehen würde.

Gerd Bacher wurde gewählt und trat die Stelle des Generalintendanten des – von ihm bald ORF genannten – Rundfunks an. Und ging mit einer von vielen so nicht erwarteten Härte vor: Er entband alle vier Führungskräfte des Rundfunks mit sofortiger Wirkung aller ihrer Funktionen – den Fernsehdirektor, den Hörfunkdirektor, den kaufmännischen Direktor und den technischen Direktor – und brachte seine eigenen Kandidaten gleich in Stellung. Und schien damit nicht gerade den Vorstellungen der Initiatoren des Volksbegehrens zu entsprechen: Helmut Zilk, bisher an der Spitze des Schulfernsehens, Sozialdemokrat, wurde Direktor des Fernsehens, Alfred Hartner, schon bisher beim Hörfunk und ÖVPler, wurde Hörfunkdirektor, der als Konservativer bekannte Chefredakteur des »Münchner Merkur«, Alfons Dalma, wurde von Bacher auf den neu geschaffenen Posten eines zentralen Chefredakteurs – für Hörfunk und Fernsehen – berufen. Franz Kreuzer, bis vor Kurzem Chefredakteur der »Arbeiter-Zeitung«, erhielt die Stelle des Chefredakteurs für das Fernsehen, Helmut Bock, ÖVP, die Stelle eines Chefredakteurs für den Hörfunk. Das sah doch schon wieder nach Proporz aus. Aber wie die nächsten Monate und Jahre bewiesen, waren das sehr gut überlegte Bestellungen: Jeder Einzelne von ihnen war kompetent, dem Generalintendanten loyal ergeben und sah sich ausschließlich den Interessen des neuen Rundfunks und dessen Unabhängigkeit verpflichtet. Ein durchaus erhofftes Resultat des Volksbegehrens und der damit möglichen Umstrukturierung. Und den Parteien fiel es schwer, gegen die Bestellungen anzukämpfen beziehungsweise diese infrage zu stellen.

Mit diesem ORF brach in Österreich ein neues Medienzeitalter an, eine Informationsrevolution: Drei Journale täglich im Radio, drei Sendungen »Zeit im Bild«, eine junge Garnitur von Journalisten mit dem Auftrag, die neue Freiheit zu nutzen, die Politik zu hinterfragen, die Politiker zu zwingen, Auskunft zu erteilen. Gerhard Weis und Hannes Leopoldseder waren da die Speerspitze. Das Land wurde wachgerüttelt, der ORF wurde auch international zu einer beachteten und geachteten Radio- und Fernsehanstalt.

Ein Toter beim »Kurier-Eck«
Die Affäre Borodajkewycz

Noch gehen in Österreich die Uhren anders. Wir sind noch nicht im Jahre 1968, nicht mit linkem, sondern mit rechtem Gedankengut wird die Öffentlichkeit konfrontiert. An der Wiener Hochschule für Welthandel – sie heißt noch nicht Wirtschaftsuniversität – vertritt einer der Professoren, Taras Borodajkewycz, deutschnationales Gedankengut und schürt Antisemitismus. Er bedauert, dass das Großdeutsche Reich zerschlagen wurde – wörtlich: »Es ist nur ein Teil der gesamtdeutschen Katastrophe, dass wir deutschen Österreicher zum zweiten Male innerhalb einer Generation das größere Vaterland verloren haben.« Als einen der größten Tage seines Lebens bezeichnet er jenen, an dem Hitler 1938 auf dem Wiener Heldenplatz Österreich eine neue Mission für das Reich zuwies.

Borodajkewycz macht in seinen Vorlesungen mit eindeutig antisemitischer Tendenz Juden und deren Werke lächerlich. Er macht es geschickt und die Mehrzahl seiner Hörer folgt ihm auf diesem Weg. Er muss Dinge nicht aussprechen, er braucht sie nur anzudeuten, um schon höhnisches Gelächter vonseiten seiner Studenten zu ernten. Heinz Fischer, später Minister, Parlamentspräsident und schließlich Bundespräsident, ist damals Student an der Hochschule für Welthandel ebenso wie der spätere Finanzminister Ferdinand Lacina. Sie schreiben die Vorträge von Borodajkewycz mit. Aufgrund dieser Niederschriften greift Fischer in der »Arbeiter-Zeitung« den Fall Borodajkewycz auf und wirft seiner eigenen Partei vor, hier offensichtlich nicht hellhörig genug zu sein. Fischer zitiert Borodajkewycz, und Borodajkewycz klagt

Fischer. Trotz der Protokolle wird Fischer vom Strafgericht Wien zu einer Geldstrafe von 4000 Schilling verurteilt. Und Borodajkewycz hört nicht auf, seine Thesen im Hörsaal zu vertreten. Parlamentarische Anfragen an den Unterrichtsminister Piffl-Perčevič, ÖVP, ob er bereit sei, gegen Borodajkewycz ein Disziplinarverfahren einzuleiten, schmettert dieser ab: Selbst wenn er es tun könnte, würde er es nicht tun.

Im »Kurier«, in dem ich den Fall in großen Schlagzeilen aufgegriffen habe, empöre ich mich über diese Haltung des Ministers und die Untätigkeit der akademischen Behörden. Gründe zum Eingreifen gibt es mehr als genug. In der rechtsradikalen Zeitschrift »Die Aktion« erscheint ein Aufsatz von Borodajkewycz, in dem er erklärt: »Zu den unerfreulichsten Überresten des an Gesinnungslosigkeit und Würdelosigkeit reichen Jahres 1945 gehört das Geflunker von der österreichischen Nation. Es entstammt derselben geistigen und moralischen Haltung, die die Besatzungsmächte als Befreier feierte.«

Im März 1965 kommt es zum Eklat. Borodajkewycz hat wieder einmal einen Prozess gewonnen, weil das Gericht aus den Mitschriften seiner Äußerungen keine Verletzung bestehender Gesetze ableiten kann. Noch werden Neonazismus und Antisemitismus in Österreich nicht so bestraft wie später. Borodajkewycz höhnt im Hörsaal: »Der Gegenanwalt Dr. Wilhelm Rosenzweig (schallendes Gelächter) hat versucht, alle Minen gegen mich springen zu lassen … Nun kennen Sie meine Vorlesungen und Sie wissen, dass ich ja tatsächlich Persönlichkeiten aus der Geschichte, die aus dem Judentum stammen, als solche deklariere, und ich werde das auch weiter tun. … Abgesehen davon, dass ja vieles von den Lehren Marx' nicht verständlich ist, wenn man seine jüdische Herkunft, seine Herkunft aus dem Rabbinertum nicht berücksichtigt.« Erneut schallendes Gelächter.

Aber diesmal sind auch Journalisten anwesend. Einer von ihnen richtet an den Leiter der Diskussion die Frage, wieso er es nicht einmal eines Ordnungsrufes für wert befinde, »wenn hier vom ganzen Auditorium bei der Erwähnung des Namens eines Juden oder überhaupt des Judentums hellauf gelacht wird«. Der Vorsitzende braucht nicht zu antworten, wieder wird schallend gelacht, und Borodajkewycz lacht herzhaft mit.

Doch ein Teil der Studenten dieser Hochschule nimmt dies nicht mehr hin. Es kommt zu Protestaktionen. Mit Transparenten wird gegen Borodajkewycz, wird gegen Antisemitismus demonstriert. Am 31. März 1965 rufen ehemalige Widerstandskämpfer und KZ-Insassen zur Demonstration gegen Borodajkewycz auf und fordern dessen Absetzung als Hochschullehrer. Sie sammeln sich zu einer Kundgebung auf dem Wiener Karlsplatz. Doch dort formieren sich auch Studenten, die mit Borodajkewycz sympathisieren. Die einen fordern in Sprechchören die Absetzung des Professors, die anderen lassen ihn hochleben. Nicht lange wird das Duell verbal ausgetragen, dann werden Steine geworfen, werden Ordnerketten durchbrochen, es fließt Blut. Mit dem Ruf »vivat academia, vivant professores« marschieren die Studenten in Richtung Opernkreuzung und von dort gegen das »Kurier-Eck«, das prominente Innenstadtlokal des »Kurier«, an der Ecke des Sacher-Hotels.

Ich hatte im »Kurier« auch in Schlagzeilen gegen Borodajkewycz mehrfach scharf Stellung genommen. Tags zuvor schon hatten Borodajkewycz-Studenten in der Nähe des »Kurier-Ecks« mit »Kurier«-Exemplaren einen Scheiterhaufen errichtet und angezündet. Jetzt soll das »Kurier-Eck« selbst angegriffen werden. Aber inzwischen sind auch Anti-Borodajkewycz-Demonstranten eingetroffen und wollen das »Kurier-Eck« schützen. Kurz stehen die beiden Lager einander gegenüber. Von Polizei ist erstaunlicherweise nichts zu sehen. Jetzt kommt es zum Zusammenstoß. Die Studenten werden von den Widerstandskämpfern und Ex-KZlern abgedrängt. Im Handgemenge wird der 65-jährige Ernst Kirchweger von einem Studenten niedergeschlagen. Er prallt mit dem Kopf auf dem Pflaster auf und stirbt drei Tage später, ohne das Bewusstsein wiedererlangt zu haben. Kirchweger war Kommunist und verbrachte Jahre im Konzentrationslager.

Der erste politische Tote der Zweiten Republik. Das erschreckt die breite Öffentlichkeit, und das alarmiert nun auch die Politiker. Kirchweger wird auf dem Heldenplatz aufgebahrt. Tausende Menschen nehmen hier von ihm Abschied und formieren danach einen Trauerzug, der dem Sargwagen vom Heldenplatz über die Ringstraße in Richtung Schwarzenbergplatz-Zentralfriedhof folgt. Entlang der Ringstraße hat sich ein dichtes Spalier gebildet. Rund 25.000 Menschen geben Kirchweger das letzte Geleit. An der Spitze des Zuges fast alle Mitglieder der Bundesregierung und prominente Repräsentanten des kulturellen Lebens. Der Trauerzug reicht vom Heldenplatz bis zum Rennweg. Die Menschen in diesem Zug demonstrieren gegen die Wiederbelebung der Gewalt in diesem Land, sie demonstrieren gegen Rechtsextremismus, gegen Antisemitismus, und sie demonstrieren für Österreich.

Der Student, der Kirchweger niedergeschlagen hat, wird wegen »Notwehrüberschreitung« zu zehn Monaten Haft verurteilt – er habe sich von Kirchweger bedroht gefühlt. Aber nun wird auch der Prozess gegen Heinz Fischer neu aufgerollt und Fischer freigesprochen. Das heißt, die von Fischer gegen Borodajkewycz erhobenen und auch von mir im »Kurier« wiedergegebenen Anschuldigungen bestehen zu Recht. Die Stellung Borodajkewycz' an der Hochschule wird unhaltbar. Im Mai 1966 beschließt ein Disziplinarrat, Borodajkewycz zwangsweise in den Ruhestand zu versetzen, bei einer Verminderung seiner Pension um ein Prozent.

Was Habsburg wollte
Ringen um die Wiederkehr

Der Eigentümer und Herausgeber des »Kurier«, Ludwig Polsterer, mischte sich in der Regel nicht in die redaktionelle Führung der Zeitung ein. Zwischen Polsterer und mir bestand zwar ein gut funktionierender, aber nur zu besonderen Anlässen stattfindender persönlicher Kontakt. In grundsätzlichen Dingen waren wir der gleichen Meinung: Polsterer war ein überzeugter Demokrat, ein entschiedener Bekämpfer antisemitischer und rechtsradikaler Tendenzen und unterstützte mich in dieser Haltung kompromisslos. Dann kam es zum sogenannten »Fall Habsburg«.

Otto von Habsburg, der Sohn des letzten österreichischen Kaisers Karl, befand sich seit der Ausweisung der Familie Habsburg im Jahr 1919 mit seinen Eltern im Ausland. Eine Rückkehr nach Österreich war den Habsburgern gesetzlich verboten, es sei denn, sie würden, jeder für sich, auf den Anspruch, auf den Thron zurückzukehren, ausdrücklich verzichten. Otto, der Thronfolger, lebte in einem Haus in Bayern, in Pöcking am Starnberger See. Er hatte 1951 Regina von Sachsen-Meiningen geheiratet und dem Paar wurden fünf Töchter geboren. Doch am 11. Januar 1961 erblickte ein Sohn das Licht der Welt und wurde auf den Namen seines Großvaters, Karl, getauft.

Die Eintragung im Taufregister von Pöcking nennt die Eltern »Seine Majestät Otto von Österreich-Ungarn« und »Ihre Majestät Regina von Österreich-Ungarn« sowie den Sohn »Karl von Habsburg, Erzherzog von Österreich, königlicher Prinz von Ungarn«.

Das sah nicht wie eine Verzichtserklärung auf den Thronanspruch aus. Aber Otto von Habsburg bewarb sich nun um die Zulassung seiner Rückkehr nach Österreich. Darüber zu entscheiden hatte zunächst die Bundesregierung, die große Koalition von ÖVP und SPÖ mit Gorbach als Bundeskanzler und Pittermann als Vizekanzler an der Spitze. Doch da schieden sich die Geister. Die ÖVP wollte die Einreise Habsburgs zulassen, die SPÖ war strikt dagegen. Eine Rückkehr Habsburgs, so argumentierten die Sozialdemokraten, würde von ihren Wählern nicht verstanden werden. Und wohl auch eine negative Reaktion der Nachbarstaaten, der Tschechoslowakei, Ungarns und Jugoslawiens auslösen, die vermutlich von der Sowjetunion und von den Siegermächten des Ersten Weltkriegs, Frankreich und Großbritannien, unterstützt würden. Das hätte nachhaltige Auswirkungen nicht nur politischer, sondern auch wirtschaftlicher Natur für Österreich.

Die FPÖ erkannte ihre Chance, durch eine Unterstützung der SPÖ in dieser Frage die große Koalition eventuell sprengen zu können. Und bei den Sozialisten erkannte Franz Olah die Chance, mit einer kleinen Koalition von SPÖ und FPÖ erstmals die Führung in Österreich zu übernehmen. Der Krach war perfekt.

Und natürlich musste auch ich im »Kurier« dazu Stellung beziehen. Das war nicht einfach. Otto von Habsburg verdiente meine Hochachtung: 1938 protestierte er als einer der sehr wenigen gegen den »Anschluss« Österreichs an Hitlerdeutschland. Im Exil in Paris gründete er ein Hilfskomitee für Flüchtlinge aus Österreich. Das waren in der Mehrzahl Juden, für die er nun versuchte, in allen nur möglichen Ländern Einreisevisa zu erhalten. Als 1940 die Hitler-Truppen vor den Toren von Paris standen, flüchtete Habsburg und nahm viele mit, die von seinem Hilfskomitee betreut wurden. Das waren über hundert Personen, hauptsächlich Juden. Die Flucht ging nach Spanien. Dort regierte zwar der Faschist Francisco Franco, aber nominell war Spanien ein Königreich und die königliche Familie mit den Habsburgern verwandt. Otto von Habsburg hatte also hier trotz Faschismus ein automatisches Aufnahme- und Bleiberecht. Er schon, aber seine mit ihm an der Grenze angekommenen Schützlinge? Habsburg erklärte, sie alle gehörten zu seinem Hofstaat, und die Spanier ließen sie alle einreisen.

Während des Zweiten Weltkriegs sprach Habsburg sowohl bei Präsident Roosevelt als auch bei Premierminister Churchill vor, um sie für die Wiederherstellung Österreichs und für die Schaffung eines Staatenbundes im Donauraum zu gewinnen – nicht ganz zugegeben – vermutlich unter seiner Führung. Als allerdings Karl Renner von den Sowjets als Staatskanzler in Österreich eingesetzt wurde, riet Habsburg dem amerikanischen Präsidenten Roosevelt davon ab, diese Regierung anzuerkennen. Sie sei ein »Trojanisches Pferd« Stalins. Da hatte er sich geirrt, aber mit dieser Meinung war er nicht allein.

Jetzt wollte Habsburg zurück in diese Republik Österreich. Und ich musste im »Kurier« dazu Stellung nehmen. Das tat ich und war der Meinung, dass seine Rückkehr Österreich nicht nur außenpolitisch in Schwierigkeiten bringen würde, sondern auch innenpolitisch zum Sprengsatz werden könnte.

Da erhielt ich den Anruf Ludwig Polsterers. Der Herausgeber hatte, wie ich wusste, eine Reihe adeliger Freunde. Aber Polsterer rief nicht an, um für Habsburg zu intervenieren. Er hatte einen anderen Vorschlag, und den hatte er wohl mit seinen Freunden ausverhandelt: Ich möge doch mit ihm gemeinsam nach Pöcking reisen, wo wir mit Habsburg über dessen Absichten und Pläne persönlich sprechen könnten. Das taten wir nun und wurden im Hause Habsburg von Otto und seiner Gemahlin freundlich empfangen. Von da an bis lange nach Mitternacht diskutierten wir mit Doktor Habsburg.

Ohne Umstände legte er dar, wie er den Zustand Österreichs zurzeit einschätzte. Die große Koalition, nun schon fast 20 Jahre am Ruder, sei unfähig und korrupt, daher dementsprechend unbeliebt und politisch am Ende. Österreich benötige dringend eine neue Regierungsform, ähnlich der, die General Charles de Gaulle vor Kurzem in Frankreich eingeführt habe, durchaus demokratisch, aber doch mit einem entschlossenen, starken Mann an der Spitze.

Das kam völlig überraschend für mich und auch für Polsterer. Der Proporz in Österreich sei gewiss bei vielen Menschen unpopulär und es gab auch einige Korruptionsskandale, aber das Regierungssystem abzuschaffen und an die Spitze Österreichs wieder einmal einen starken Mann zu setzen sei unserer Ansicht nach aus vielen Gründen gewiss nicht im Sinne der Österreicher. Doch, doch, insistierte Habsburg, dafür gebe es unwiderlegbare Beweise, die er von seinen ganz verlässlichen Vertrauensleuten in Österreich erhalte. Österreich sei reif für eine Volksbewegung, so wie sie de Gaulle in Frankreich gegründet habe.

Und er sei bereit, sich an die Spitze einer solchen Volksbewegung zu setzen. Bei freien Wahlen würde er eine Mehrheit erhalten, die es ihm ermöglichen würde, die Verfassung zu ändern. Und wie würde die neue Verfassung aussehen? Auch das formulierte Habsburg genau: Die Ämter des Bundeskanzlers und des Bundespräsidenten würden zusammengelegt und von einem einzigen Mann bekleidet werden. Selbst den Namen für diese Funktion hatte Habsburg parat: Justizkanzler würde der heißen, eine integere Person, die für Gerechtigkeit und Sauberkeit im Staat sorgen würde. Er, Otto von Habsburg, ließ keinen Zweifel daran, dass er bereit sei, diese Funktion auszuüben.

Polsterer und ich waren gleicher Meinung. Schon die Einschätzung der Zustände in Österreich, wie sie Habsburg sah, war falsch. Der Versuch, unter Habsburgs Führung eine Volksbewegung zu organisieren, die praktisch die Auflösung der republikanischen Verfassung bedeutete, würde, unserer Meinung nach, nicht zum Erfolg, sondern nur zu einer politischen Spaltung der Bevölkerung führen. Und das nach all dem, was Österreich seit 1918 schon durchzustehen hatte – die Spaltung in zwei Lager, den Bürgerkrieg, den Naziputsch mit Kanzlermord, den »Anschluss«, den Krieg und die erst so mühsam errungene, endgültige Freiheit.

Am Schluss der ausführlichen und lebhaften Diskussion richteten wir eine Frage an Habsburg: »Soll all das das Ziel Ihrer

Rückkehr nach Österreich sein?« Die Antwort kam laut und entschlossen: » Ja!«

Wir hatten das Abendessen im Kreise der Familie, und nach deren Tischgebet, eingenommen. Wir waren eingeladen, im Hause zu übernachten, was wir zu dieser Stunde auch dankend annahmen. Doch bevor wir zu Bett gingen, setzten sich Polsterer und ich noch zu einer kurzen Besprechung zusammen. Die Unterredung mit Habsburg hatte uns beide zum gleichen Ergebnis gebracht: Eine Einreise Habsburgs nach Österreich konnte unter diesen Bedingungen von uns nicht unterstützt werden. Doch auch das wäre zu wenig: Der »Kurier« müsste sich auch dagegenstellen – mit der von uns auch Habsburg gegenüber vertretenen Begründung: Eine Rückkehr mit diesen Absichten würde zu Unruhen in der Bevölkerung führen und das Land außenpolitisch isolieren.

Natürlich benötige das politische System in Österreich eine Reform. Vor allem müsse die Proporzwirtschaft abgeschafft werden. Doch das forderten der »Kurier«, andere parteiunabhängige Zeitungen und auch viele vernünftige politische und gesellschaftliche Kräfte schon seit Längerem, und das würde sich, so waren wir überzeugt, letztlich auch durchsetzen. Das war übrigens damals und dort nicht nur eine Hoffnung. Zwei Jahre später gab es das Volksbegehren zur Reform des Rundfunks und leitete damit auch den Abbau des Proporzes ein.

Nach dem Frühstück am nächsten Morgen verabschiedeten wir uns von der Familie Habsburg mit einem offenen Wort an Habsburg: »Herr Doktor, unter diesen Umständen und Ihren Zielsetzungen werden wir uns gegen Ihre Rückkehr wenden.«

Der »Fall Habsburg« erwies sich auch schon ohne Gründung einer Volksbewegung als Sprengsatz in der österreichischen Innenpolitik. Die Regierung konnte sich über den Antrag Otto von Habsburgs zur Rückkehr nicht einigen. Habsburg rief den Verfassungsgerichtshof an, der sich aber für nicht zuständig erklärte. So klagte Habsburg die Regierung beim Verwaltungsgerichtshof an – wegen Säumigkeit. Inzwischen aber mobilisierte die SPÖ ihre

Anhängerschaft zur Massendemonstration gegen die Rückkehr Habsburgs. Auf vielen Transparenten und in Sprechchören wurde Habsburg angegriffen und teils verhöhnt.

Im Parlament kam es zur bislang hitzigsten Debatte der Zweiten Republik. Dazu Hermann Withalm, damals Generalsekretär der ÖVP und Fraktionsführer im Parlament: »Das war die stürmischste Sitzung, die ich je erlebt habe im Parlament. Bei meiner Rede gab es 156 Zwischenrufe, darunter nicht die feinsten.« Als Withalm mit dem Ruf »Recht muss Recht bleiben« schloss, verließen die Abgeordneten der SPÖ protestierend den Saal. Es war der Anfang vom Ende der damaligen großen Koalition und die Vorbereitung zum künftigen Zusammengehen von SPÖ und FPÖ, das 1970 zu Kreiskys Minderheitsregierung mit Unterstützung der FPÖ führt. Wofür Kreisky der FPÖ mit einer Wahlreform dankte, die ihr künftig mehr Mandate brachte.

Polsterer und ich haben die Vertraulichkeit unserer Unterredung mit Habsburg bewahrt. Aber wir traten gegen seine Rückkehr ein, solange er nicht von seinen politischen Ambitionen Abschied nahm. Otto von Habsburg trug mir das übrigens nicht nach. Schon zwei Jahre später vertraute er mir einen neuen Plan für den Donauraum an. Interessanterweise in Taiwan (Formosa). Ich besuchte nach meiner Reise in Rot-China auch die »Republik China«, die damals noch von General Tschiang Kai Schek auf der Insel Taiwan geführt wurde und dort auch heute noch existiert.

Der General gewährte mir ein Interview und lud mich ein, am nächsten Tag an einem Empfang zu Ehren des Nationalfeiertags teilzunehmen. Der Empfang fand in einem großen Park statt, in dem sich ein kleiner See mit einer Insel befand, auf der eine Militärkapelle musizierte. Eingeladen waren mehrere hundert Gäste. Das Eintreffen Tschiang Kai Scheks und seiner Frau wurde über Lautsprecher angekündigt und die nationalchinesische Hymne gespielt. Kurz danach ertönte aus den Lautsprechern die Ansage: »Ladies and Gentlemen, his Majesty, the Archduke of Austria and her Majesty the Archdutchess of Austria.« Die Militärkapelle begann zu spielen, die anwesenden chinesischen und amerikanischen Offiziere standen Habt Acht und salutierten, alle Gäste hatten sich erhoben. Ich dachte, nun kommt die alte Kaiserhymne, doch nein, es war der »Donauwalzer«. Und auf der Bühne erschien Otto von Habsburg mit seiner Frau.

Natürlich begrüßte ich sie später und Habsburg zog mich auch gleich ins Vertrauen. Er sei jetzt auf einer Rundreise und besuche nach Tschiang Kai Schek den Präsidenten Südkoreas in Seoul und fliege dann nach Washington, um dort Präsident Johnson zu sehen. Zwischen den Rot-Chinesen und der Sowjetunion sei es bereits zu Schießereien an der Grenze gekommen. Lange würden sich die Sowjets das nicht gefallen lassen können. Dann aber würden sie Unterstützung brauchen. Und er, Habsburg, könnte dabei Hilfe leisten. Dies vorzubereiten, sei der Zweck seiner Reise: Nämlich Nationalchina, Südkorea und die USA zu einer Unterstützung der Sowjetunion im Falle eines Krieges mit Mao Zedongs China zu gewinnen.

Ich hörte erstaunt zu und fragte dann: »Und das würden Sie der Sowjetunion anbieten?« Darauf Habsburg: »Die Sowjets müssten natürlich ihren Preis dafür zahlen und alle Länder im Donauraum freigeben.« Diese Freiheit wollte Habsburg den Ländern der früheren Doppelmonarchie auf diese Weise bringen, vor allem Ungarn, der Tschechoslowakei und Polen. Österreich war zu diesem Zeitpunkt schon frei.

Ich habe Otto von Habsburg noch einige Male gesehen, auch sprach ich mit ihm als wichtigen Zeitzeugen für unsere Dokumentationen »Österreich I« und »Österreich II«. Nach dem Resultat seiner damaligen Weltreise habe ich ihn nicht gefragt. Habsburg wählte schließlich einen anderen Weg: Er wurde ein prominenter Abgeordneter der Bundesrepublik Deutschland im Europäischen Parlament, wo er sich unentwegt für die Freiheit der Völker hinter dem Eisernen Vorhang einsetzte. Es war auch die von Habsburg geförderte paneuropäische Bewegung, die jenes Picknick in Ungarn veranstaltete, von dem aus Hunderte

DDR-Bürger aufbrachen, um durch den Eisernen Vorhang nach Österreich zu kommen, ein Beispiel, das sofort Schule machte und den Zusammenbruch des Sowjetimperiums einläutete.

Den Frieden zwischen der SPÖ und Habsburg hatte Bruno Kreisky schon früher geschlossen, als er die Teilnehmer eines Treffens der Paneuropa-Bewegung, die in Wien tagte, in das Kanzleramt einlud, wo es zu dem historischen Händedruck zwischen Kreisky und Habsburg kam. Da erinnerte ich doch noch einmal an den »Justizkanzler«. Ja, meinte Habsburg, das sei so ein Gedanke gewesen, »eine Art Ombudsmann«.

Als Otto von Habsburg am 4. Juli 2011 starb, wurde er in Wien unter Anteilnahme großer Teile der Bevölkerung mit einem fast kaiserlichen Begräbnis in der Kapuzinergruft beigesetzt.

Ein Gespräch mit Marschall Chen Yi
China klopft an die Tür der Weltpolitik

Fast alle großen Fluggesellschaften der Welt haben Destinationen in China auf ihren Flugplänen. Peking und Shanghai werden routinemäßig angeflogen. Das war lange Zeit nicht so. Im Jahre 1964 konnte man von Europa nach China nur mit der russischen »Aeroflot« über Moskau und Ulan-Bator nach Peking fliegen. Und natürlich auch nur jene, die ein chinesisches Einreisevisum bekamen. Das hatte Seltenheitswert und konnte nur dort abgeholt werden, wo es eine chinesische diplomatische Vertretung gab. In Westeuropa bestanden die lediglich in zwei Städten, in London und in Bern. Das kommunistische China wurde in all den anderen westlichen Ländern nicht anerkannt. Nicht anerkannt, weil die USA und in ihrem Gefolge fast alle westlichen Demokratien noch immer das alte nationale China des Präsidenten Tschiang Kai Schek anerkannten, hingegen das von Mao Zedong geführte kommunistische China als Rebellenstaat in Acht und Bann hielten.

Auch im UNO-Sicherheitsrat saß nicht das rote China, sondern das nationale gemeinsam mit den USA, der Sowjetunion, Großbritannien und Frankreich im Kreis der Vetomächte. Nur England sah sich gezwungen, diplomatische Beziehungen auch mit dem kommunistischen China aufzunehmen, weil seine Kronkolonie Hongkong auf Handel und Versorgung vom Festland Rot-China angewiesen war. Die Schweiz wieder hatte nicht nur ihrer traditionellen Neutralität wegen das rote China anerkannt, sondern auch auf Ersuchen vieler anderer Staaten, deren Vertretung sie in Peking übernehmen sollte. Als westliche Demokratie hatte auch Österreich das rote China bislang nicht anerkannt. Weil es also so gut wie keinen Reiseverkehr mit und nach China gab, interessanterweise auch noch fast keinen Handel, galt China als »Land hinter dem Bambusvorhang«. So wie man die sowjetischen Satellitenstaaten als »Länder hinter dem Eisernen Vorhang« bezeichnete.

Doch dieses Land hinter dem Bambusvorhang wollte ich sehen. Ich hatte als Chefredakteur des »Kurier« jedes Jahr eine große Reise in die Welt unternommen – in die Sowjetunion, nach Afrika und nach Lateinamerika. China, das wusste man, ist ein Land von großer Bedeutung oder wird es demnächst wieder sein. Es schien mir wichtig zu wissen, was dort vor sich geht. So reichte ich bei der chinesischen Botschaft in Bern den Antrag auf Erteilung eines Visums ein. Da ich in den folgenden sechs Monaten keinen Bescheid erhielt, urgierte ich ohne Erfolg.

Aber dann rief mich eines Tages der Präsident der Wiener Wirtschaftskammer, Rudolf Sallinger, an. Er war einer der Ersten, wenn nicht sogar der erste Vertreter der österreichischen Wirtschaft, der nach Peking gereist war. Wohl auch schon, um zu erfahren, welche Chancen sich im Handel mit China ergeben könnten. Er berichtete mir, dass er seinen Gesprächspartnern in Peking geraten habe, sich in Österreich bekannt zu machen, und er habe vorgeschlagen, Hugo Portisch einzuladen, der sei der Chefredakteur der größten Tageszeitung Österreichs. Der Vorschlag sei von den Chinesen freundlich aufgenommen worden und man werde mir ein Visum ausstellen lassen. Tatsächlich erhielt ich einige Tage später die Einladung, nach Bern zu kommen und das Visum in der chinesischen Botschaft abzuholen.

Dort wurde ich höflich empfangen, doch vor der Erteilung des Visums wollte man wissen, auf welche Weise ich mich nach China begeben wolle. Es gäbe ja doch nur die »Aeroflot«, meinte ich, die nach Peking flöge. Ja, sagte der Botschafter, aber das wäre »sehr unbequem«. »Wie dann?«, fragte ich zurück. »Sehr bequem« könnte man mit den »British Overseas Airlines« von London nach

Hongkong fliegen. Und von Hongkong dann »sehr bequem« mit der Eisenbahn weiterreisen. Da war mir klar, dass China offenbar Wert darauf legt, die Sowjetbehörden nicht wissen zu lassen, wer sich nach Peking begibt. Das fand ich schon einmal interessant, ein Anzeichen für mich, dass da zwischen dem kommunistischen China und der kommunistischen Sowjetunion nicht alles so brüderlich verlief, wie man das damals noch glaubte.

So flog ich über London nach Hongkong, besuchte dort den österreichischen Handelsdelegierten und wurde am nächsten Tag von ihm und seiner jugoslawischen Frau zum Bahnhof in Kowloon gebracht. Auf dieser Festlandseite Hongkongs fuhr die Eisenbahn über die Grenze nach Kanton (heute Guangzhou). Diese Eisenbahn stand schon damals unter rotchinesischer Kontrolle, die Schaffner trugen rotchinesische Uniformen und Kappen mit dem Sowjetstern. Kaum hatte sich der Zug in Bewegung gesetzt, brachte mir der Schaffner eine Propagandaschrift in englischer Sprache mit dem Titel: »Warum Jugoslawien kein sozialistisches Land ist«. Die Gattin des Handelsdelegierten war ihnen also bekannt. Von diesem Augenblick an wusste ich, dass ich auf Schritt und Tritt beobachtet wurde.

Im Zug musste ich an den Botschafter in Bern denken: Von Hongkong ging es wirklich »sehr bequem« mit der Eisenbahn weiter. Allerdings nur in dem Salonwagen für ausländische Reisende. In allen anderen Waggons herrschte starkes Gedränge – Bauern, die ihr Gemüse nach Hongkong gebracht hatten und nun wieder nach Hause reisten. Im Salonwagen gab es keine Bänke, sondern große Fauteuils, davor samtbezogene Hocker, auf die man die Beine legen konnte. Die Schaffner servierten Tee und erkundigten sich auf Chinesisch und Englisch nach dem Befinden der wenigen Reisenden, darunter einige wohlhabende Auslandschinesen, vier sehr schweigsame deutsche Wirtschaftsleute, ein Belgier.

Die Bequemlichkeit hörte auf, als wir die Grenze erreichten, aussteigen mussten und zu Fuß, mit den Koffern in der Hand, den

Grenzfluss auf einer Brücke überqueren. In dem Bahnhofsgebäude auf der anderen Seite wurden wir von mehreren Dolmetschern empfangen. Einer von ihnen war mir zugeteilt. Auf dem Bahnhof in großer chinesischer Schrift eine Parole mit Rufzeichen. Ich bat den Dolmetscher um Übersetzung: »Proletarier aller Länder vereinigt euch gegen den gemeinsamen Feind!« Das war mir in dieser Form neu: »Wer ist der gemeinsame Feind?« – »Die Imperialisten«, sagte der Dolmetscher knapp. Erst später lernte ich, dass im China Mao Zedongs in diesen Tagen mit »Imperialisten« an erster Stelle die Sowjets gemeint waren.

Die Reisenden wurden voneinander getrennt und jeder Einzelne mit seinem Gepäck in einem eigenen Raum kontrolliert. Ich hatte zwei Fotoapparate und 32 Filme im Koffer, das wurde genau registriert und ich wurde aufmerksam gemacht, dass ich bei der Ausreise nur belichtete und entwickelte Filme mitführen dürfe. Kodak-Color, amerikanische Farbfilme, hoffentlich können die in China entwickelt werden. Dass das der Zensur dient, war mir klar, und damit auch schon einer beabsichtigten Einschränkung des Fotografierens. Nach der Kontrolle bestiegen alle Reisenden einen bereitstehenden Zug nach Kanton. Dort angekommen, wartete ein anderer Dolmetscher auf mich, der mich zum Hotel brachte und am nächsten Tag zum Zug nach Peking begleitete.

Drei Tage würde nun die Reise quer durch China dauern. Darauf freute ich mich schon, was würde ich da alles zu sehen bekommen! Ein dichtes Moskitonetz vor dem Fenster. Das war schwer zu ertragen. Aber noch schwerer der Lautsprecher in meinem Abteil, das allerdings allein für mich reserviert war. Über diesen Lautsprecher ertönten unentwegt Ansagen, doch nur in chinesischer Sprache. Im Zug gab es keinen Dolmetscher. Und auch die Schaffner sprachen nur chinesisch.

In Peking erfuhr ich dann, dass die Ansagen im Zug durchaus von Interesse gewesen wären: Die Geschichte der wichtigeren Orte und der vorbeiziehenden Landschaften wurde erklärt, die nächste Station angekündigt ebenso wie die Aufenthaltsdauer dort. Und wichtig auch: Die Passagiere wurden immer wieder aufgefordert, die eventuell vorhandenen Fliegen im Zugabteil unbedingt zu erschlagen. Ja, das war Teil der großen Antifliegenkampagne des Landes, eine Aktion des Gesundheitsdienstes. Von der Antisperlingskampagne hatte man in Europa viel gehört: Sperlinge mussten überall in China erschlagen werden, weil sie insgesamt Hunderte Tonnen von Reis fraßen und damit den Menschen einen Teil ihrer Nahrung entzogen. Das Rote China, ein Land der Kampagnen.

Die größte hatte China gerade hinter sich: den »Großen Sprung vorwärts«. Über Nacht, so wollte es Mao Zedong, sollte China von einem rückständigen in einen modernen Staat verwandelt werden, wenn möglich, auch schon den im Marxismus so entscheidenden Schritt vom Sozialismus in den Kommunismus tun. Unfassbar, was da alles angeordnet und den Menschen zugemutet worden war. Auf dem Land – und 90 Prozent der Chinesen lebten noch auf dem Land – wurden die Dörfer in sogenannte Volkskommunen umgewandelt, viel größer als die sowjetischen Kolchosen. Einzelne zählten an die 15.000 und mehr Bewohner, die nun alle in Produktionsgruppen zusammengefasst und in Marschkolonnen zur Arbeit auf die Felder geschickt wurden. Auch die meisten Frauen mussten ihre Haushalte verlassen und mit auf die Felder ziehen. Kleinkinder wurden in Krippen, größere in Kindergärten untergebracht, Gemeinschaftsküchen sorgten für zwei Mahlzeiten am Tag für alle.

In jeder Volkskommune hatten aber auch kleinere Werkstätten, ja sogar industrielle Betriebe zu entstehen. Alle Kommunen waren aufgefordert, möglichst einen eigenen Hochofen in Betrieb zu nehmen. Da es weitgehend an geeigneten Heizmaterialien und Rohstoffen fehlte, verheizte man alles, was dazu geeignet schien, und schmolz auch alles ein, was an Metallen zu finden war. Und das nicht nur auf dem Lande, auch städtische Bezirke wurden in Kommunen umgewandelt und auf so manchem Platz und Hinterhof rauchte bald ein Schmelzofen.

167

Das konnte natürlich alles nicht funktionieren, wurde aber hart eingefordert und durchgezogen. Um die vorgeschriebenen Arbeitsvorgaben zu erfüllen, wurden Millionen Städter auf das Land getrieben.

Für die sogenannte Bourgeoisie, also Angehörige des Bürgertums, war das auch durchaus als Bestrafung gedacht. Der »Große Sprung vorwärts«, das war die Zeit, in der man im Westen von den Chinesen als »blaue Ameisen« sprach, weil es da eine landesweit verbreitete, einheitliche blaue Arbeitskleidung gab. Hunderttausenden wurde auch befohlen, Straßen und Staudämme zu errichten, ohne Maschinen und ohne Beton, mit Schaufeln, Erde, Steinen, mit Händen und mit Füßen. Wie das alles vor sich ging und was das alles bewirkte, erfuhr ich so nach und nach auf der mir nun bevorstehenden Reise, die insgesamt sechs Wochen dauern sollte.

Aber noch saß ich in dem Zug nach Peking. Ärgerte mich über das festgefügte Moskitonetz, das ein enges Maschengitter war und den Blick nach außen störte. Doch dann gelang es mir, dieses Gitter an einer Ecke aufzubiegen und zumindest das Objektiv meines Fotoapparats durchzuschieben. Die Aufnahmen, die dabei entstanden, zeigten mir später zum Teil wunderbare Landschaften, Reisfelder, angelegt auf Terrassen, den leichten Dunst, der aus den Feldern aufstieg, und dahinter schöne Berglandschaften.

Ab und zu sah ich auch Menschen, die in den Reisfeldern arbeiteten, hauptsächlich Frauen, die die jungen Setzlinge in den Boden steckten. Doch dann ein Anblick, der mir auf der Reise noch mehrmals begegnete und mich zunächst schockierte: Drei Frauen, die mit Stricken, die sie um den Körper gebunden hatten, einen Pflug zogen, der von einem Bauern gelenkt wurde. Bei einem späteren Besuch einer Volkskommune erklärte mir der Vorsitzende: »Mit der Mechanisierung sind wir noch hinten nach, das wird noch zehn, zwölf Jahre dauern. Zurzeit müssen wir uns vor allem auf die Arbeitskraft der Menschen stützen.«

Der Schaffner erschien und bedeutete mir, ihm zu folgen. Er führte mich in den Speisewagen. Der war menschenleer. Dort hatten offenbar die anderen Fahrgäste schon gegessen, für mich war ein Tisch gedeckt. Das tat mir leid, ich hätte mich gerne von Menschen umgeben gefühlt. Über mein »Einzelschicksal« aber dachte ich noch nicht nach. Doch daran musste ich mich bald gewöhnen. Selbst in Restaurants bestand der mich später stets begleitende Dolmetscher darauf, dass zwischen mir und den übrigen Gästen ein Paravent aufgestellt wurde. Das schien nicht außergewöhnlich zu sein und ich begann das auch einzusehen: Wo das nicht geschah, wurde ich von allen Seiten angestarrt. So selten bekamen sie offenbar eine »Langnase«, wie die Europäer genannt werden, zu sehen. Andererseits sollten sie wahrscheinlich auch nicht von mir beobachtet werden. Heute, da China längst vom Massentourismus heimgesucht wird, ist dies kaum noch zu verstehen, doch damals war das so.

Drei Tage und zwei Nächte später. Peking Hauptbahnhof. Und das will etwas heißen. Dieser Bahnhof war in der Zeit des »Großen Sprungs vorwärts« in nur wenigen Monaten von Hunderten Arbeitern errichtet worden, groß genug, um täglich 20.000 Fahrgäste zu befördern, und ein stolzes Herzeigeprojekt. Der auch hier auf mich wartende Dolmetscher hatte mich gleich gefunden. Er hieß Liu und sprach ein nahezu perfektes Deutsch. Ich nahm an, er hätte das in einem Sprachkurs in der DDR erlernt. Nein, sagte er, er habe China noch nie verlassen. So gut also waren die Sprachlehrer hier und erstklassig die Ausbildungsstätten. Und das bewies fast jeder weitere Dolmetscher, der mir auf dieser Reise begegnete.

Herr Liu war im Dolmetschen also perfekt, als Reisegefährte jedoch ein großer Schweiger. »Ich habe für Sie zu dolmetschen, aber nicht Antworten auf Ihre Fragen zu geben«, das war geradezu unhöflich, aber sichtlich aufgetragen und eingelernt. Keine Antwort auf Fragen, ob er Familie habe, ob er manchmal auf Urlaub gehe oder selbst Reisen unternehme. Eine Frage allerdings beantwortete er mir doch: »Herr Liu, weshalb haben Sie Deutsch gelernt?« Diese Antwort kam prompt: »Um die Schriften von Marx und Engels in der Originalsprache lesen zu können.« Daraufhin fragte ich ihn, ob er auch die Schriften von Goethe und Schiller kenne. Zu meiner Überraschung sagte er, ohne zu zögern: »Nein.«

Um es vorwegzunehmen: Ich habe Herrn Liu im Laufe der Tage doch noch »geknackt«. Bei irgendeiner Gelegenheit erinnerte mich eine Szene an einen Graf-Bobby-Witz. Und nahezu automatisch erzählte ich Herrn Liu diesen Witz, ohne eine Antwort zu erwarten. Doch siehe da, Herr Liu begann laut zu lachen und konnte damit fast nicht mehr aufhören. Nicht genug, Herr Liu erzählte diesen Witz weiter, als wir Fabriken und Kommunen besuchten, und fast überall wurde darüber herzlich gelacht.

In einem Auto der russischen Marke Wolga brachte mich Herr Liu ins Hotel. Wir bogen auf die große Straßenachse Pekings ein, die auch zum berühmten, später berüchtigten Tienanmen, dem Platz des Himmlischen Friedens, führt: mit Mao Zedongs Bild über dem Tor zur Verbotenen Stadt. Der Platz wurde auf zwei Seiten flankiert von Riesenbauten, auch sie errichtet in der Zeit des »Großen Sprungs vorwärts« – von der »Halle des Volkes«, Sitz des chinesischen »Parlaments«, dem Volkskongress und vis-à-vis dem »Museum für Geschichte und Revolution«. Auf diesem Platz wird rund 30 Jahre später das Massaker an den Studenten stattfinden, die hier für Freiheit und Demokratie demonstrieren.

Die große Avenue, die hierher führt, hat insgesamt zehn Fahrbahnen. Auf der ganzen Fahrt zum Hotel aber sah ich auf allen zehn Bahnen dichtgedrängt fast ausschließlich Menschen auf Fahrrädern. Da und dort einmal ein Auto, öfter schon Auto- und Oberleitungsbusse. Die Motorisierung Chinas hatte noch nicht begonnen. Das Fahrrad sei das Auto der Chinesen, erklärte man mir später. Wie sich die Zeiten geändert haben, kann man heute sagen, da Peking und viele andere Städte in China im Gestank der

Autos und Smog untergehen. Noch einen großen Unterschied gab es im Vergleich zu heute: Nur ein einziges, nicht sehr großes Hotel existierte für ausländische Besucher in Peking. Für Ausländer, die ihre Reise und ihren Aufenthalt samt Dolmetscher und Auto selbst bezahlten, also nicht auf Einladung chinesischer Behörden oder Organisationen nach China kamen. Für die gab es eigene Gästehäuser und auch andere Hotels.

Dieses damals einzige Ausländerhotel mit dem Namen »Hsinchiao« war nun meine Bleibe in Peking. Nur vier Stockwerke hoch mit nicht sehr vielen Zimmern. Aber mit einem Restaurant, in dem man chinesisch, aber auch europäisch essen konnte und einzelne Kellner verstanden auch ein wenig Englisch. Das Fenster meines Hotelzimmers jedoch erlaubte mir einen Blick auf China. Chinesischer hätte der Anblick nicht sein können, der sich mir nun täglich am frühen Morgen wie auch am späten Abend durch dieses Fenster darbot.

Gleich gegenüber befand sich die alte Stadtmauer von Peking, etwa 20 Meter hoch, und in der Stadtmauer ein herrliches Stadttor, das Chong Wen Men. Nicht vergleichbar mit den mittelalterlichen Stadttoren europäischer Städte, denn dieses Tor wurde von einem Gebäude gekrönt, das aussah wie ein chinesischer Tempel, mit weit geschwungenem, grün gekacheltem Dach und entlang der Dachfirste Nachbildungen von Fabelwesen aller Art, Einhorn, Drachen, Löwenhunde und andere. Dutzende Schwalben bevölkerten dieses mehrstöckige, leer stehende Gebäude hoch über dem Tor.

Vor dem Tor lag einer der belebtesten Plätze von Peking. Hier stießen mehrere Verkehrsadern aufeinander und pressten den Verkehr durch das Tor. Was da alles vorüberzog: Hunderte Radfahrer, von Menschen gezogene Karren, voll bepackt mit Gemüse, das von den Volkskommunen in die Stadt gebracht wurde, Dreiräder, hoch beladen mit Kisten, Fässern, Tischen und Stühlen, und ich musste lachen, als gleich drei derartige Transportrikschas, befrachtet mit Pyramiden von Spucknäpfen, vorbeirollten.

171

Manchmal passierten auch Lastwagen diesen Platz, gesteckt voll mit stehenden Männern und Frauen, die zu irgendeinem Arbeitseinsatz gebracht wurden. Eselskarren, beladen mit riesigen grünblauen Eisquadern, die die Bauern im Winter aus zugefrorenen Seen schnitten, tief in der Erde vergruben und nun in der heißen Jahreszeit in die Kühlhäuser, zu Restaurants und Hotels der Stadt brachten.

Am nächsten Morgen wurde ich mit »meinem« Wagen in das Außenministerium gefahren. In der großen Vorhalle sprang ein Beamter dienstbeflissen auf, ersuchte meinen Dolmetscher und mich, in einem Teesalon Platz zu nehmen. Kurz danach erschien Madam Ma. Sie hatte ihren eigenen Dolmetscher mitgebracht und bat mich, englisch zu sprechen. Madam Ma war, wie sie mir nun sagte, beauftragt worden, meine Wünsche anzuhören und wo möglich zu erfüllen. Zu den meisten nickte sie kommentarlos, während der Dolmetscher sie in chinesischen Schriftzeichen niederschrieb. Wie sich später herausstellte, wurde mir bis auf einen jeder Wunsch erfüllt. Nur die von mir auch beantragte Reise nach Tibet wurde abgelehnt.

Als ich ins Hotel zurückkehrte, lag dort bereits die erste Verständigung vor: In einer Stunde schon sollte ich mich in einem Kraftwerk am Stadtrand von Peking einfinden und danach die Textilfabrik Nummer zwei besuchen, wo man mich mit den Arbeits- und Lebensbedingungen des chinesischen Arbeiters vertraut machen werde.

Und so ging es weiter. Tag um Tag. Von Betrieb zu Betrieb, zu Märkten und Warenhäusern, von sogenannten Lebensbezirken zu Volkskommunen. Ich sah viel und erfuhr manches: Fabriken waren nicht nur Fabriken, fast jeder war ein Lebensbezirk angeschlossen, Wohnblocks für die Arbeiterinnen und Arbeiter, Kinderkrippen, Kindergärten und Schulen, eine Sanitätsstation, ein Markt und ein Warenhaus, ein, zwei kleine Restaurants. Aber all das war nicht vom Staat, nicht von der Provinzbehörde und nicht von der Stadt errichtet und bezahlt worden. Für all das hatte die jeweilige Fabrik aufzukommen. Sie bestimmte auch, was sie sich gegenüber der Arbeiterschaft leisten konnte, den Acht- oder Zehnstundentag, in fast allen Fällen die Sechstagewoche ohne Urlaub, fünf Wochen Babypause. In der Textilfabrik drehten sich, wie man mir sagte, Hunderte Spindeln und bewegten sich Hunderte Webstühle, die durchwegs von Frauen bedient wurden.

Geleitet wurde das Werk von einer Generaldirektorin, einer Vizedirektorin und einer Parteisekretärin, die – wie man mir erklärte – alle Maßnahmen der Direktion zu prüfen und zu bewilligen hatte. Auf dieses Schema der Betriebsführung stieß ich fast überall, auch in den Volkskommunen. Es gab Vorsitzende, Präsidenten, Direktoren, aber neben jedem stand der Parteisekretär beziehungsweise die -sekretärin. Die Entlohnung der Arbeiter und Arbeiterinnen war mit den im Westen üblichen Löhnen nicht annähernd zu vergleichen. Ein Monatslohn reichte für ein Paar Schuhe, für ein Kleid hatte man drei Monate, für einen Anzug ein halbes Jahr zu arbeiten, von »Luxusgütern« wie Kühlschrank, Radio und Fernseher ganz zu schweigen. Die Regale der Warenhäuser hingegen waren überall wohl gefüllt. Fleisch, Gemüse und Obst gab es geradezu im Überfluss. Zu meinem Erstaunen: In anderen kommunistisch geführten Ländern herrschte da meist Mangel.

Natürlich konnte ich auch die alten chinesischen Kulturdenkmäler besuchen, den Sommerpalast, den Winterpalast, die Verbotene Stadt, die alten und die neuen Museen sowie die Chinesische Mauer. Fast überall war mein Besuch angekündigt, die Vorsitzenden, die Direktoren, die Parteisekretäre waren immer bereit, mich durch die Betriebe zu führen und Auskünfte zu erteilen.

Aber wohin ich auch kam, gleich nach der Begrüßung wurde ich darauf hingewiesen, welchen Schaden dieser Betrieb erlitten hatte, weil die sowjetischen Techniker, Ingenieure, Berater, Experten praktisch über Nacht alles liegen und stehen gelassen hätten und unter Mitnahme von wichtigen und wertvollen Geräten und Bestandteilen nach Hause gefahren wären. Wichtige zugesagte

Lieferungen von Maschinen und Ersatzteilen aus der Sowjetunion blieben aus, die Stilllegung ganzer Betriebe war die Folge. Nach und nach begriff ich das Ausmaß dieses von der übrigen Welt immer noch nicht richtig wahrgenommenen Zerwürfnisses zwischen der Sowjetunion und dem kommunistischen China.

Nun sprach ich das Thema selbst an und wollte erfahren, was die chinesische Führung ihr eigenes Volk davon wissen ließ. Am nächsten Tag brachte Herr Liu mir einen Stoß von in mehreren Sprachen abgefassten Pamphleten, alle mit dem Grundthema: »Warum die Sowjetunion kein sozialistischer Staat ist«. Die Sowjetführung habe den Klassenkampf aufgegeben, in der sowjetischen Gesellschaft habe sich eine neue Bourgeoisie gebildet, die nach Besitz und Reichtum strebe und längst schon begonnen habe, die Arbeiterklasse zu unterdrücken und auszubeuten. In den Kolchosen werde die Gemeinschaftsarbeit total vernachlässigt, während die Grundstücke, die im privaten Eigentum der Bauern seien, größte Zuwendung fänden. Die dort erzeugten Güter würden privat zu hohen Preisen, auf freien Märkten verkauft. So sei die Sowjetunion eben kein sozialistischer Staat mehr, sondern folge dem Beispiel von Titos Jugoslawien. Dort seien sogar die Betriebsmittel, die Fabriken und Maschinen in das »Eigentum der Arbeiter« übertragen worden, also auch schon Privateigentum.

Aber das, so dachte ich mir, kann es doch nicht wirklich sein – nur ein ideologischer Konflikt, da muss es um mehr gehen. Um den Führungsanspruch im Weltkommunismus, vermutete ich. Auf diesen Führungsanspruch legte die Sowjetunion gegenüber ihren europäischen Satellitenstaaten größten Wert. Als er in Ungarn durch den Volksaufstand bedroht war, ließ Chruschtschow die Panzer rollen und den Aufstand blutig niederschlagen. In Afrika und in Südamerika war der Wettlauf zwischen der Sowjetunion und China um Einfluss auf diese Staaten und Völker sehr deutlich zu erkennen.

Je mehr ich mich darüber erkundigte und auch immer mehr ein Stückchen darüber erfuhr, desto vielfältiger schienen mir die

Gründe zu sein, die da zum Bruch mit der Sowjetunion geführt hatten. Es ging nicht nur um Ideologie und Weltführung, sondern um echte Feindschaft, um gegenseitige Bedrohung, sogar um territoriale Ansprüche. Entlang der sibirischen Grenzflüsse, am Amur und Ussuri, war es auch schon zu Schießereien zwischen Russen und Chinesen gekommen. Und etwas davon bekam ich selbst zu spüren und zu sehen.

Ich hatte immer wieder danach gefragt, weshalb damals die zwar wenigen, aber doch vorhandenen Autos auf den Straßen fast nur sowjetrussische Fabrikate waren, beschränkt auf die Haupttypen Moskwitsch, Wolga, Lada, ganz selten und dann von Blaulicht begleitet, die sowjetische Luxuslimousine ZIL. Kein Auto aus dem Westen. Doch eines Morgens kam Herr Liu und strahlte ausnahmsweise: »Wir reisen nach Tschangtschun!« Ich hatte diesen Namen noch nicht gehört, wurde nun aufgeklärt. Tschangtschun liege im Nordosten Chinas in der früheren Mandschurei, auf halbem Weg zwischen Shenyang, dem früheren Mukden, und Harbin, das sich bereits in der Nähe der sowjetischen Grenze befindet. In Tschangtschun ist Chinas Automobilfabrik Nummer eins. Und die sollten wir nun besuchen.

Tschangtschun ist eine der gepflegtesten Städte Chinas, gewesene Hauptstadt des japanischen Satellitenstaates Mandschurei. Viele der großen Gebäude dürften früher Ministerien und andere Ämter gewesen sein. Die chinesischen Kommunisten, für die Tschangtschun wieder eine normale Provinzstadt wurde, haben diese Gebäude zum größten Teil in Universitätsinstitute umgewandelt. Heute, so wird mir erklärt, sei Tschangtschun mit über 30.000 Studenten eine der größten Universitätsstädte Chinas.

Vom Flugplatz abgeholt, fahren wir eine breite Straße entlang, an deren Seiten mehrere Reihen alter Bäume stehen. Es ist die Stalinallee. So wurde sie benannt, als die Sowjets 1945 die Mandschurei besetzten. Sie führt zur Automobilfabrik Nummer eins. Das ist kein Werk, das ist eine Stadt. Sie beginnt mit Wohnsiedlungen, dann fahren wir über Plätze und durch Parks. Wir halten vor dem Direktionsgebäude, wo uns ein Mann in einem einfachen, uniformähnlichen Anzug erwartet, der Direktor der Fabrik. Er eröffnet das Gespräch mit einer überraschenden Bemerkung: »Privatwagen fahren bei uns nur die früheren Kapitalisten in Shanghai. Wir sind nicht dagegen, dass auch Werktätige Autos besitzen. Aber es darf nicht sein, dass einige Autos besitzen und andere nicht. Wenn schon, dann sollen alle Autos haben. Jeder andere Zustand wäre nicht gut.« Dieser Zustand aber hat sich seither in China ganz gewaltig verändert. In der Automobilfabrik Nummer eins wird mir nur ihr damals stolzestes Erzeugnis vorgeführt: ein großer Wagen der Luxusmarke »Rote Fahne«. Offenbar ist er handgefertigt hergestellt worden. Zum Parteijubiläum, so sagt der Direktor, wurden 15 Stück dieses Typs produziert. Aber er verweist darauf, dass es in China noch zwei andere Automarken gebe, die ich allerdings noch nicht gesehen hatte.

Wir übernachten in einem Hotel in Tschangtschun. Ich mache noch einen Abendspaziergang, unerlaubterweise ohne Herrn Liu. Und erlebe Überraschendes: Auf der großen Straße marschieren Soldaten, eine Kolonne nach der anderen, alle tragen Gewehre. Was hatte man mir gesagt? Tschangtschun liegt in der Nähe der sowjetischen Grenze. Die Sowjetunion – noch ein Bruderstaat?

Den politischen Höhepunkt erreichte meine Reise in Shanghai. Das heutige Wahrzeichen von Shanghai ist der riesige Fernsehturm mit Aussichtsplattform, von der man auf ein Meer von Hochhäusern blicken kann. Das gab es damals noch nicht. Der Mittelpunkt der Stadt war der sogenannte »Bund« am Flussufer des Huangpu, die einst prächtige Häuserzeile der früheren europäischen Sektoren. Und das immer noch berühmte Hotel Peace, in dem, wie einst, ein kleines Orchester alter Herren zum Fünfuhrtee spielte.

Hier nahm ich Quartier, und offenbar auch mein Dolmetscher. Am Abend schlug er vor, die »große Welt« zu besuchen. Angekommen, erkannte ich rasch, was die »große Welt« war, ein Vergnügungspark mit vielen Attraktionen, vor allem großartigen

Akrobaten, wie man sie erst viel später auf ihren Gastreisen in Europa kennenlernte. Mitten im Menschengewühl tauchte plötzlich ein atemlos wirkender Bote auf, der meinem Dolmetscher etwas ziemlich hastig berichtete. Der wandte sich mit ernstem Gesicht mir zu: »Wir müssen sofort zurück ins Hotel.« Weshalb? Diese Frage beantwortete er mir nicht. Im Hotel angekommen, sagte er mir im Befehlston: »Gehen Sie in Ihr Zimmer und verlassen Sie es nicht, bevor ich Sie nicht anrufe.«

Das hörte sich nicht gut an. Was war geschehen? Weshalb dieser Hausarrest? Erst eine Stunde später meldete sich der Dolmetscher wieder: »Bleiben Sie auf dem Zimmer bis morgen früh.« Ich hatte eine unruhige Nacht. In der Früh erneut ein Anruf des Dolmetschers: »Gehen Sie zum Frühstück und danach wieder in Ihr Zimmer, verlassen Sie es nicht.« Es dauerte bis elf Uhr, ehe sich der Dolmetscher wieder meldete: »Kommen Sie sofort herunter.«

Unten warteten zwei Männer in Lederjacken. Lederjacken, die Standardkleidung der Staatspolizei. Die beiden Männer winkten mich zu einem größeren Auto und hießen mich Platz zu nehmen. Auch sie stiegen ein und der Wagen begann eine längere Fahrt quer durch Shanghai. Erst nach einer Viertelstunde bog er in einen kleinen Park ein und fuhr zu einer Villa. Dort wurde ich empfangen von einem älteren Herrn mit weißem Haar, der recht gut Englisch sprach. Der begann nun, mich zu verhören. Ob es richtig sei, dass ich in Indien den Ministerpräsidenten Nehru getroffen habe, in Deutschland den Bundeskanzler Adenauer, den Bundespräsidenten Heuss, in den USA Truman und Nixon, in Israel Aba Eban, in Jordanien König Hussein?

Was sollte das, ging es mir durch den Kopf. Wollte man das gegen mich verwenden? Einen westlichen Agenten aus mir machen? Das Verhör ging zu Ende, der weißhaarige Herr verabschiedete sich freundlich, jedoch ohne weitere Erklärung. Die beiden Lederjacken hießen mich wieder ins Auto einzusteigen und jetzt fragte ich mich, wohin sie mich bringen würden – ins Gefängnis? Nein, zurück ins Hotel. Dort wartete schon Herr Liu: »Begeben

Sie sich in Ihr Zimmer und verlassen Sie es nicht.« Was ging da vor sich?!

Um drei Uhr nachmittags sollte ich es erfahren: »Kommen Sie zur Rezeption, sofort!« Da waren sie wieder, die zwei Lederjacken, und die Limousine vor dem Tor. Doch jetzt fuhren wir nur eine kurze Strecke und hielten vor einem palaisartigen Gebäude. Als ich es betrat, traf ich auf ein kleines Spalier von gut gekleideten Damen und Herren. Eine Flügeltüre wurde geöffnet, ein großer Mann, nach Mao-Art gekleidet, betrat den Raum, mit einem Stock, etwas hinkend. Einer der Anwesenden stellte ihn in englischer Sprache vor: Marschall Chen Yi, stellvertretender Ministerpräsident und Außenminister.

Also das war's! Das von mir gewünschte Interview wurde offensichtlich nun gewährt! Oder doch nicht? Denn der Marschall drückte mir nach der Vorstellung einige Schreibmaschinenseiten in die Hand und der Dolmetscher sagte: »Die Antworten auf Ihre Fragen.« Aber dann bat mich der Marschall sehr freundlich zu einer Sitzgarnitur, in der wir und der Herr, der englisch dolmetschte, Platz nahmen. Es wurde Tee serviert.

Chen Yi eröffnete das Gespräch mit einem mich überraschenden Satz, der nichts mit den Fragen, die ich bei Frau Ma in Peking einreichen musste, als ich um ein Interview bat, zu tun hatte: »Wissen Sie, die Amerikaner können Hanoi bombardieren, so oft sie wollen. Ich weiß ja nicht, wie lange sie diesen Krieg in Vietnam noch fortführen werden. Vietnam ist kein interessantes Land, dort ist nichts zu holen, nur Dschungel und Schlangen. Wir haben dort kein Interesse.«

Ich wusste noch nicht, was ich erst am nächsten Tag hören sollte: Die Amerikaner hatten zum ersten Mal Hanoi, die Hauptstadt Nordvietnams, mit Bombenflugzeugen angegriffen. Das hatten sie bis jetzt vermieden. Chen Yi nahm also zu einer hochaktuellen Situation Stellung – doch davon hatte ich noch nichts erfahren. Eines war mir jedoch sofort klar: Hier stellte der Außenminister Chinas fest, dass Vietnam für sein Land ohne Interesse sei, und es China offenbar einerlei wäre, was die Amerikaner dort trieben.

Das wollte ich nun genau wissen: »Meinen Sie, dass die Amerikaner auch in Nordvietnam einmarschieren könnten?« Eine solche Idee hatte man bisher in Washington immer strikt zurückgewiesen. Man wolle nur die Vietcongs – die kommunistischen Partisanen – in Südvietnam besiegen, um die Unabhängigkeit und Freiheit Südvietnams sicherzustellen. Doch der Vietcong konnte ja nur kämpfen, weil er vom kommunistischen Nordvietnam mit Waffen und Munition versorgt wurde. Und alle Versuche, diese Nachschubrouten mit Bomben und Napalm zu zerstören, waren bisher gescheitert. Wollte Marschall Chen Yi mir jetzt sagen, dass China gegen einen Einmarsch der Amerikaner in Nordvietnam nichts einzuwenden hätte? Einem Krieg der USA gegen Nordvietnam?

Die Parallele zum Koreakrieg lag auf der Hand. Auch der begann in Südkorea, wo die Amerikaner im Namen der UNO die eingedrungenen kommunistischen Nordkoreaner zunächst auf die ursprüngliche Grenze zwischen Nord und Süd zurückwarfen, aber dann diese Grenze überschritten und den Krieg gegen Nordkorea selbst weiterführten. Als sie ihn schon beinahe gewonnen hatten und sich der chinesischen Grenze näherten, überschritten Zehntausende chinesische sogenannte »Freiwillige« diese Grenze, traten zur Offensive an und warfen die amerikanischen Truppen weit zurück. Die Amerikaner hätten mit ihrem Vorstoß bis an den Grenzfluss Yalu Chinas Interessen unmittelbar bedroht, hieß es zu jener Zeit aus Peking. Der de facto chinesisch-amerikanische Krieg dauerte danach noch zwei Jahre. Und ich hatte damals fast täglich damit zu tun als Chef der außenpolitischen Redaktion der »Tageszeitung«.

Mit dieser Situation war ich also voll vertraut. So fragte ich den Marschall: »China würde sich nicht bedroht fühlen, wenn die Amerikaner in Nordvietnam einmarschieren?« – »Solange wir nicht unmittelbar berührt werden, nicht.« Was bedeutete das

Wort unmittelbar? So fragte ich: »Eine Annäherung an die chinesische Grenze wie in Korea, wäre das unmittelbar?« – »Nein, unmittelbar.« – »Also eine direkte Bedrohung Chinas?« – »Das wäre unmittelbar.« Das konnte nichts anderes bedeuten, als dass China einen Krieg der USA gegen Nordvietnam de facto tolerieren würde und ihm nicht zu Hilfe käme.

Im Verlauf des weiteren Gesprächs, das mehr als eine halbe Stunde dauerte, wurde mir diese Auffassung von Marschall Chen Yi noch einmal bestätigt. Während des Gesprächs wurden der Marschall und ich mehrfach fotografiert, so als wollte man einen Beweis erstellen, dass dieses Treffen tatsächlich stattgefunden hatte. Nach einem freundlichen Abschied wurde ich ins Hotel zurückgebracht. Jetzt war mir auch klar, weshalb ich am Vormittag so ausführlich nach meinen Gesprächen mit anderen Staatsmännern befragt worden war. Offenbar wollte man meinen »Status« überprüfen, ob ich eines Gesprächs von solcher Bedeutung auch würdig sei.

Und über die Bedeutung war ich mir jetzt auch im Klaren. Nur – das konnte doch nicht warten! Wenn das die chinesische Antwort auf die ersten amerikanischen Bombenangriffe auf Hanoi ist, dann war das wahrscheinlich ein Angebot: China nicht mehr ein Feind der USA. Frieden oder Krieg in Vietnam? Ich rief Herrn Liu an: »Herr Liu, ich möchte so rasch wie möglich nach Peking fliegen und von dort nach Hongkong kommen!« – »Das geht nicht. Sie müssen die Reise zu Ende führen. Wir haben nur ein Visum, das uns erlaubt, von Shanghai nach Hangzhou zu reisen, und eines von Hangzhou nach Kanton. Von dort können Sie dann ausreisen.« – »Herr Liu, fragen Sie bitte Ihre Vorgesetzten, ob ich nicht sofort nach Peking fliegen kann, um von dort auszureisen.«

Es bedurfte noch einer zweiten Aufforderung, ehe Herr Liu bereit war, diese Frage zu stellen. Nach einigen Minuten schon rief er mich zurück und klang selbst erstaunt: »Ja, Sie dürfen nach Peking, und zwar noch heute.« Das war für mich eine Bestätigung: Auch Außenminister Chen Yi war daran interessiert, dass sein Gespräch mit mir möglichst schnell im Westen bekannt wurde. Bald danach kam Herr Liu mit einem Flugticket für die Abendmaschine nach Peking.

Und das war auch der Abschied von Herrn Liu, denn er kam nicht mit – eine andere Stelle hatte mich zur Betreuung übernommen. Eine Übernachtung in Peking, dann war ich auch schon mit dem Flugzeug nach Kanton unterwegs. Von einer Sorge geplagt: Meine 32 Filme »nur belichtet und entwickelt auszuführen«, hatte es bei der Einreise geheißen. Wie sollte ich die jetzt über die Grenze bringen? In Kanton musste ich noch einmal übernachten, der Zug nach Hongkong ging erst am nächsten Tag. In einem Antiquitätengeschäft kaufte ich am Abend noch zwei kleine Jadefiguren, gedacht als Mitbringsel für zu Hause. Der Verkäufer sagte irgendetwas von einer Ausfuhrbewilligung, aber genau verstand ich das nicht.

An der Grenze angekommen, wurde mein Gepäck untersucht. Ich sprach meine Filme an, da sagte der Grenzbeamte: »32 Filme, Ausfuhr bewilligt. Aber wo haben Sie die Figuren, die Sie gestern gekauft haben?« Die hatte ich auch im Koffer verstaut und holte sie jetzt heraus, die hatten einen Wert von maximal hundert Dollar. »Die müssen Sie hierlassen und schreiben Sie Ihre Adresse dazu. Sie brauchen eine Ausfuhrbewilligung. Wir werden sie Ihnen nachschicken.« So vernetzt also waren die Überwacher. Heilfroh, meine Filme durchgebracht zu haben und kein Gedanke mehr wegen der beiden Figuren. Sechs Wochen später trafen sie in Wien mit der Post in meiner Wohnung ein, samt Ausfuhrbewilligung.

Auch in Hongkong hatte ich Glück, noch an diesem Abend ging ein Flugzeug nach London und es war auch noch Platz frei. Einen Tag später war ich in Wien und am übernächsten Tag veröffentlichte ich im »Kurier« das Gespräch mit Marschall Chen Yi. Und fragte mich, ob das tatsächlich auch die Aufmerksamkeit erregen würde, die ich diesen Aussagen des Außenministers zugemessen hatte.

Ja, das konnte man wirklich sagen. Zwei Anrufe erreichten mich in der Redaktion. Die amerikanische Botschaft in Wien kündigte an, dass ein Herr des State Departments aus Washington unterwegs sei, um mich zu sprechen. Die britische Botschaft rief mich an, dass ein Herr aus London unterwegs sei, um mich zu sprechen. Die Austria Presseagentur meldete eine Schlagzeile der »New York Times«: »China does not intend to go to war«, eine Analyse meines Gesprächs mit Marschall Chen Yi, eine Einschätzung des amerikanischen Außenministeriums. »China hat nicht die Absicht, in den Krieg zu gehen.«

Genau das wollten die Herren aus Washington und London dann am nächsten Tag von mir hören. Beide waren nach Wien entsandt worden, um sicherzugehen, dass das von mir wiedergegebene Gespräch auch wortgetreu so geführt worden war und ob es tatsächlich Marschall Chen Yi war, mit dem ich da gesprochen hatte. Ich zeigte ihnen das Foto, das man mir noch in Shanghai ins Hotel gebracht hatte. Dennoch baten sie mich, ihnen eine Personenbeschreibung zu geben. Als ich den Stock und das Hinkebein erwähnte, sah ich förmlich, wie sie aufatmeten. Es war Chen Yi. Danach gingen wir Wort für Wort das Interview durch. Ich hatte die Bedeutung der Erklärungen des Marschalls offenbar richtig eingeschätzt.

Zu diesem Interview wurde ich noch einige Male befragt. Drei Senatoren kamen aus Washington, Mitglieder des außenpolitischen Ausschusses des Senats. Auch sie wollten es noch einmal genau wissen. Nicht genug: Später stellte sich auch noch der neue Leiter der Indochina-Sektion des State Departments, Botschafter Sullivan, bei mir ein.

Aber das, wozu Marschall Chen Yi die Amerikaner vermutlich eingeladen hatte, geschah nicht: ein Einmarsch in Nordvietnam. Stattdessen gab es einige Zeit später eine überraschende Reise des Sicherheitsberaters des Präsidenten Nixon, Henry Kissinger, nach Peking und in der Folge den ersten Staatsbesuch eines amerikanischen Präsidenten in China – Richard Nixon reiste zu

Mao Zedong. Ich weiß nicht, ob mein Interview mit Chen Yi einen Beitrag dazu geleistet hat. Aber »China does not intend to go to war« war, wie mir der Leiter der Nordvietnam-Abteilung des amerikanischen Außenministeriums, Bill Stearman, später bestätigte, ein Wendepunkt im amerikanischen Denken.

Alles, was danach folgte, ergab für mich einen Sinn. Die Verständigung zwischen China und den USA war zweifellos eine chinesische Antwort auf den Bruch mit der Sowjetunion. China hatte jetzt mehr Angst vor dem unmittelbaren Nachbarn Sowjetunion als vor dem fernen Amerika. Und es waren die Sowjets, nicht die Chinesen, die Nordvietnam mit den Waffen und der Ausrüstung für den Vietcong versorgten. Die Sowjetunion war dabei, sich in Nordvietnam einen Stützpunkt zu schaffen und konnte so China von zwei Seiten aus dem Norden und dem Süden bedrohen. Die Chinesen selbst taten dann, wozu sie die Amerikaner eingeladen hatten, aber Amerika nicht tat. China erklärte Vietnam den Krieg. Am 17. Februar 1979 drangen 200.000 chinesische Soldaten in Vietnam ein. Es kam zu heftigen Kämpfen mit mehr als 20.000 Toten auf beiden Seiten. Die Sowjetunion unterstützte dabei Vietnam mit Waffen und Material. So spielte damals die Weltpolitik!

Nachträglich wunderte es mich, dass Marschall Chen Yi ausgerechnet mir dieses wichtige Interview gewährt hatte. Doch das wurde mir Jahre später erklärt, und zwar – fast konnte ich es selbst nicht glauben – durch Herrn Liu, der zum chinesischen Botschafter in Wien bestellt worden war. Welch eine Karriere und welch ein Wiedersehen. Und wie erklärte er dieses Interview? Zu diesem Zeitpunkt befand sich in ganz China außer mir kein einziger westlicher Journalist. Es gab damals überhaupt nur zwei ständige europäische Korrespondenten in China. Die britische Nachrichtenagentur Reuters und die jugoslawische Agentur Tanjug waren mit je einem Journalisten in Peking vertreten. Der Reuters-Korrespondent war auf Urlaub in England, Jugoslawien galt in China, wie berichtet, als feindliches Land. So gab es wirklich nur mich, um diese Botschaft glaubwürdig in den Westen zu bringen. Ob ich glaubwürdig war, das wurde ja in Shanghai vor dem Interview nachdrücklich erkundet. Und in Wien von eigens entsandten Diplomaten aus Washington und London auch noch überprüft.

Damals berichtete ich über meine China-Eindrücke in einer großen Zeitungsserie im »Kurier« und schrieb gleich danach auch das Buch »So sah ich China«. Kaum erschienen, gab es auch schon zwei Angebote. In London wollte der Verlag Bodley-Head eine englische Version mit dem Titel »Eyewitness in China« und in New York der Verlag Quadrangle-New York Times eine amerikanische Version mit dem Titel »Red China Today« herausbringen. Zur Vorstellung meines Buches lud mich der Verlag nach Amerika ein. Erstaunlich, auf welch großes Interesse mein Chinabuch da stieß. Die »New York Times« besprach das Buch gleich dreimal. Das führende Literaturmagazin der USA, »Saturday Review«, machte das Buch zum Titelblatt und ersuchte mich, ausführlich über meine China-Eindrücke zu schreiben. Danach trat ich eine Lesereise durch die USA an, begleitet vom Verlagschef. Wo wir auch hinkamen, das waren fast alle großen Städte der USA, musste ich in Fernseh- und Radiosendungen auftreten und wurde auch für alle größeren Zeitungen interviewt. Der Bürgermeister von Los Angeles übergab mir symbolisch den Schlüssel zur Stadt und ersuchte mich, an der bevorstehenden Feier des »Harbour Day« an seiner Stelle zu sprechen und über China zu berichten. Das Buch erreichte eine große Auflage, die von der bald folgenden Taschenbuchausgabe noch weit übertroffen wurde – 100.000 Exemplare.

Das große Interesse für mein Chinabuch wurde mir mehrfach erklärt: Ich war tatsächlich seit Langem der erste westliche Journalist, der China so ausführlich bereisen durfte und dementsprechend auch einen so umfassenden Bericht schreiben konnte. Das in einer Zeit, in der Amerika gerade dabei war, die wachsende Bedeutung Chinas zu erkennen.

Seither bereiste ich China noch zweimal so ausführlich. 1982, diesmal hervorragend betreut von Gerd Kaminski, Leiter des Boltzmann-Instituts für China- und Südostasienforschung, der selbst fließend Chinesisch spricht, von den Chinesen als große Autorität anerkannt und entsprechend gewürdigt. Und ich kam, wie so viele andere, aus dem Staunen nicht heraus. 1964 waren auf den Pekinger Straßen, außer von Menschen gezogenen Karren und Hunderttausenden Fahrrädern, nur ganz wenige Autos zu sehen. Auch gab es kein einziges Hochhaus. Am Ufer der Schlangenmaulbucht, gleich hinter Hongkong, hoben damals Hunderte Menschen mit einfachen Schaufeln die ersten Gruben aus für die zu errichtende Stadt Shenzhen. Bei meinem dritten Besuch 1996, ebenfalls hervorragend organisiert und betreut von Professor Kaminski, gab es in den Straßen von Peking fast nur Autos und nur wenige Fahrräder. Und überall standen Hochhäuser. Shenzhen war eine Millionenstadt geworden. In den neu entstandenen Fabriken zwischen Shenzhen und dem früheren Kanton wurden für fast alle amerikanischen Marken die Computer, die Fernsehgeräte und millionenfach die dazu gehörende Software erzeugt. Aus den Schuh- und Textilfabriken aber kam fast im Minutentakt alles, was in Europa und Amerika an Schuhen und Textilien unter großen Designernamen zum Verkauf angeboten wird.

War 1964 Peking eindeutig die wichtigste Stadt Chinas, so ist es heute Shanghai. In atemberaubender Geschwindigkeit hat man hier in jeder Beziehung Hongkong, noch vor Kurzem Finanz- und Handelsmetropole Asiens, eingeholt. Davon werde ich mich auf meiner vierten Chinareise noch selbst überzeugen.

Sibirien – Die Krähen sind da
Ein Blick hinter den Ural

Als ich die Tretjakow-Galerie in Moskau zum ersten Mal besuchte, beeindruckten mich zwei Ölgemälde besonders. Das eine zeigt eine Landstraße, die durch eine Steppe führt und sich im fernen Horizont verliert. Neben dieser Straße ist ein schmaler Pfad zu sehen. Er folgt der Straße ebenfalls bis zum Horizont. Das Bild trägt den Titel »Wladimirka«. Die mich begleitende Kunsthistorikerin erklärte den Namen: Die Straße verbindet Moskau mit Sibirien. Sie ist nach dem ersten Ort benannt, zu dem sie zunächst führt: Wladimir. Auf dieser Straße wurden die Gefangenen des Zaren zu Fuß nach Sibirien getrieben. Auf dem Pfad neben der Straße folgten die Frauen und Kinder ihren Männern und Vätern in die Verbannung. Nichts als eine Straße und ein Pfad, aber welch ein bewegendes Bild! Russland. Damals. Heute?

Das zweite Gemälde: Einige niedrige russische Bauernhäuser, davor ein Stück der »lichten Taiga«, wie man die Wälder vor der »dunklen Taiga« Sibiriens nennt. Auch dieses Bild hat einen Namen: »Die Krähen sind da«. Ja, man sieht sie, sie sitzen auf den Birken vor den Häusern. Es sind die Krähen, die uns in Wien den nahenden Winter ankündigen. Sie kommen aus Sibirien. Wenn sie zurückkehren, beginnt dort der Frühling.

Sibirien. Wie viel Schreckliches haben wir von dort gehört. Von den Gefangenen und Verbannten des Zaren und Stalins, von den Kriegsgefangenen und Verschleppten.

Aber ich wollte nach Sibirien, um zu sehen, wovon mir in China berichtet worden war, als ich dort am Ufer des Amur stand, des Flusses, der über weite Strecken die Grenze zwischen China und Russland bildet. Die chinesischen Funktionäre sprachen von Sibirien, zumindest von Teilen Sibiriens, die eigentlich zu China gehören würden, die aber den Chinesen durch List und Betrug von den Russen abgenommen worden seien.

Es war die Zeit des großen Bruchs zwischen China und der Sowjetunion, die Zeit, in der in China offen von der Möglichkeit eines Krieges zwischen den beiden Ländern gesprochen wurde. Nicht nur gesprochen, auch mit Krieg gerechnet: In Harbin, der chinesischen Millionenstadt an der Grenze zu Russland, führte man mich durch ein großes Netz unterirdischer Tunnel. Schutzräume, errichtet für den Fall des Krieges, im Moment aber – praktisch, wie die Chinesen sind – als riesiges, unterirdisches Einkaufszentrum genutzt. In Peking, sagte man mir dort, gäbe es eine noch viel größere unterirdische Stadt, die angeblich, zumindest teilweise, auch atomsicher wäre. Heute gibt es die Sowjetunion nicht mehr und statt der Kriegsgefahr eher wieder eine Annäherung zwischen Russland und China. Aber auch da spielt wie damals Sibirien eine große Rolle.

So machte ich mich 1966 auf die Reise nach Sibirien. Besser gesagt auf die Reise nach Moskau, um dort die Bewilligung zu erhalten, als Journalist nach Sibirien reisen zu dürfen. Zehn Tage musste ich warten. Für jede Stadt, die ich besuchen wollte, musste eine Sondergenehmigung eingeholt werden. Begleitet wurde ich auch nicht wie sonst üblich von einer Dolmetscherin des Touristenbüros »Inturist«, sondern von einem Journalisten der Presseagentur »Novosti«, der mir allerdings auch als Dolmetscher zur Seite stand – aber auf der Reise immer wieder ein paar Stunden verschwand, wohl um über mich und die von mir gestellten Fragen und Bemerkungen seiner eigentlichen vorgesetzten Stelle, dem KGB, zu berichten. Das störte mich nicht, damit war zu rechnen gewesen.

Die Reise durch Sibirien wurde für mich zum besonders eindrucksvollen Erlebnis. Schon weil vieles, was ich sah und hörte, so nicht zu erwarten war. Zunächst wollte ich mit der Transsibirischen Eisenbahn fahren – sechs Tage und Nächte lang bis zum Pazifischen Ozean. Da hätte ich viel von der Taiga gesehen, die Boris Pasternak in seinem Roman »Doktor Schiwago« sehr eindrucksvoll schildert. Aber das war ja nicht der Zweck der Reise.

So flogen wir von Moskau zunächst nach Nowosibirsk, der Stadt im Zentrum Sibiriens. Hier wurden wir abgeholt von einem Mann, der mir als Wissenschaftler vorgestellt wurde und der uns in den nächsten Tagen begleiten sollte. Nun ging es mit dem Auto weiter zu einer Stadt, die man auf den russischen Landkarten meist nicht verzeichnet sieht. Ihr Name: Akademgorodok.

Akademgorodok liegt mitten in der Taiga. Ein »Gelehrtenstädtchen«, hatte man mir gesagt. Als wir von der Autobahn abbiegen, passieren wir ein Straßenschild mit dem Namen Akademgorodok, ergänzt mit einer Parole: »Slawa Nauke!« – »Es lebe die Wissenschaft!« Was sich hinter der nächsten, dicht bewaldeten Straßenbiegung auftut, ist erstaunlich: moderne Häuserblocks bis zu zwölf Stockwerke hoch, niedrige Glaspaläste, deren Funktion ich noch nicht kenne, Fußgängerzone, Supermarkt, breite Alleen, auf denen sich ein Strom junger Menschen bewegt, ein Stück moderne Großstadt mitten in der Taiga. Wir passieren einen der größten Gebäudekomplexe. »Das ist unser Rechenzentrum«, erklärt der Wissenschaftler. »Es ist vollgestopft mit Computern«, setzt er lachend hinzu. Zwei Tage später weiß ich: Hier befindet sich eines der größten elektronischen Rechenzentren Russlands.

Im Verlauf der nächsten Tage werde ich auch zu Gesicht bekommen, was die lang gestreckten Gebäude beherbergen, deren Frontlinien je hundert Meter lang sind. Ich werde zu einem Hotel gebracht, wo mir unser Begleiter in einem kleinen Vortrag die Funktion dieser Stadt vorstellt. »Hier leben rund 45.000 Menschen. Die meisten von ihnen sind Wissenschaftler und ihre Angehörigen, viele Professoren, Studenten und Schüler. Die Stadt wurde erst Anfang der Sechzigerjahre fertiggestellt. Die lang gestreckten Gebäude beherbergen 16 wissenschaftliche Institute. Alle ihre Aufgaben sind eng mit Sibirien verbunden. Hier werden die technischen, industriellen, wirtschaftlichen, ja auch physiologischen und biologischen Probleme Sibiriens erforscht und wenn möglich gelöst. Akademgorodok ist durch tausend Fäden mit der sibirischen Praxis verbunden. Sie brauchen hier gar nicht mehr nach der Gegenwart Sibiriens zu fragen, man würde Sie nicht verstehen. Hier haben Sie die Fragen nach dem zu stellen, was in 10, 20 und 30 Jahren in Sibirien sein wird.«

Es ist klar: Ich befinde mich inmitten eines wissenschaftlichen Zentrums, einer Art »Silicon Valley«, zwar spezialisiert auf Sibirien, aber geschaffen, um interdisziplinär wissenschaftliche Aufgaben zu lösen, die für ganz Russland wichtig sind. Und schon wird mir erklärt: »Sie haben vollkommen recht, eine derartige Zusammenballung menschlicher wie wissenschaftlicher Potenzen gibt es in dieser Form und in dieser Konzentration zurzeit noch nirgends sonst in Russland.«

Ich werde eingeladen, den »Gelehrtenrat« zu besuchen. »Wir können zu Fuß gehen«, sagt unser Begleiter, »das Gebäude ist nur sechs Gehminuten von hier entfernt. Am besten, wir gehen durch die Taiga.« Der Boden ist trotz Sonne noch hart gefroren. »Der Winter dauert hier sechs Monate, aber in zwei Wochen werden wir im Obschen Meer schon baden können.« Das »Obsche Meer« ist ein gewaltiger Stausee, etwa 260 Kilometer lang und über 100 Meter tief. Er ist erst vor einigen Jahren entstanden, als man den Fluss Ob am Stadtrand von Nowosibirsk durch einen großen Staudamm zurückgedrängt hat.

Der Ob – war er nicht einst ein Fluss der Verbannten und Deportierten? Hatten nicht die Zaren, hatte nicht auch Stalin Zehntausende in den Sümpfen der Uferlandschaft dieses Stroms elend zugrunde gehen lassen? Aber in Akademgorodok spricht man nicht über die Vergangenheit. »Im Winter fällt hier das Thermometer bis auf minus 70 Grad«, setzt mein Begleiter fort. »Im Sommer steigt es auf plus 35 Grad und noch höher.« Die Kälte hat man in Akademgorodok bezwungen. Sämtliche Gebäude der Stadt werden von einem Fernheizwerk mit Wärme und heißem

Wasser versorgt, und nur auf den Dächern der ersten Häuser, die man hier errichtet hat, sieht man noch Schornsteine.

Elmar Antonow, der Sekretär des Gelehrtenrats, empfängt mich in einem Konferenzraum. »Sehen Sie, mit Sibirien konnte niemand fertig werden«, erklärt der junge, lebhafte Wissenschaftler, wendet sich einer Landkarte zu und legt beide Hände mit gespreizten Fingern mitten auf Sibirien. »Aber mindestens zwei Drittel aller Bodenschätze und des gesamten Reichtums der Sowjetunion (Russlands) liegen hier.« Und seine Finger fahren die Karte entlang. »Was man bisher versucht hat, das war ein Kampf gegen Windmühlen. Es gibt nur eine Möglichkeit, mit Sibirien fertig zu werden, und die schafft allein die Wissenschaft in Zusammenarbeit mit der Technologie. Neben jedem Wissenschaftler hier hat ein Computer zu stehen. Nur so werden wir dieses Land besiegen.«

Was Herr Antonow auch meint, ist die Tatsache, dass man erst nach Stalins Tod die Unsinnigkeit der bisherigen »Erschließungsmethoden« Sibiriens erkannt hat. Mit Sklavenarbeit konnte das Land nicht bezwungen werden. »Die Lager kosteten mehr als heute die freien Arbeitskräfte, und die Gefangenen leisteten viel weniger.« Herr Antonow kommt auf eine der gerade jetzt wichtigsten wissenschaftlichen Aufgaben zu sprechen. »Eine einfache Sache: die Verlegung einer Pipeline. Damit hat man in Europa und anderen Weltgegenden große Erfahrung. Aber was machen Sie, wenn diese Pipeline im Winter minus 70 Grad zu ertragen hat? Fließt da noch das Öl? Und wenn Sie sie in den Boden versenken, so werden Sie auch im heißesten Sommer in Sibirien in 50 oder 80 Zentimeter Tiefe auf hartgefrorene Erde stoßen, den Permafrost. Da taut der Boden nie auf. Fragen Sie einen Straßenbauer, was es bedeutet, jahraus, jahrein mit Frostaufbrüchen rechnen zu müssen – auch im Sommer!«

Das »Institut für Hydrodynamik« beschäftigt sich gerade mit diesem Problem. Es forscht auf allen Gebieten, auf denen Wasserkraft zur Anwendung kommt. »Wir versuchen hier, eine Eigenschaft des Wassers zu verwerten, die man in anderen Weltgegenden kaum zur Kenntnis nimmt«, erklärt Antonow. »Die Temperatur von Wasser liegt immer über null Grad. Für uns ist Wasser daher Wärme. Der gefrorene Boden lässt sich mit Wasser sprengen. Die Anwendung des Wassers als Explosivkraft ist bei uns ein wichtiges Forschungsgebiet. Wir benützen Wasser für den Bau von Tunnels und Gräben.«

Antonow nennt dann das »Institut für theoretische und angewandte Mechanik«. Unter diesem Namen verbirgt sich der wissenschaftliche Großangriff auf Sibiriens Reichtum, seine Naturschätze, auf die Erze, das Erdgas und Erdöl, aber auch auf Gold, Silber und Edelsteine. Was Herr Antonow in diesem Zusammenhang damals prophezeit hat, ist nach der Jahrtausendwende Wirklichkeit geworden: Aus der sibirischen Taiga sprudelt Erdöl und wird Erdgas über Pipelines in viele Länder Europas gepumpt.

Akademgorodok war die erste der Überraschungen, die ich in Sibirien erlebte. Die nächste erwartete mich in Bratsk. Auch Bratsk liegt inmitten der Taiga, etwa 600 Kilometer nördlich der zentralsibirischen Stadt Irkutsk. Man kann Bratsk auch über eine Straße erreichen, rascher geht es auf dem Luftweg. Als ich dorthin flog, war dieses Bratsk erst zwölf Jahre alt. Dieses, denn es gab noch ein anderes, eines, das fast 300 Jahre alt war, eine kleine Siedlung für Holzfäller und Fallensteller. Das alte Bratsk liegt jetzt hundert Meter unter dem Wasserspiegel, auf dem Boden des neu angelegten Angara-Stausees. Das neue Bratsk entstand an den Ufern dieses Sees. Am Ausgang des Flughafens steht ein kleiner Triumphbogen, grob aus Taiga-Hölzern gezimmert. Er begrüßt alle, die nach Bratsk kommen, mit dem Schlagwort, das man hier in die Tat umgesetzt hat: »Wir überwinden Sibirien.«

Nach etwa 20 Minuten Fahrt erreichen wir den See. Auf der noch dicken Eisdecke hat man ein kleines Blockhaus errichtet, ein Haus ohne Boden. Es ist ein Badehaus. Das Eis unter dem Haus hat man aufgebrochen, und im Schutz des Hauses badet die Ju-

So fing mein Journalistenleben an: Was immer ich zu vermelden hatte, ich habe es nicht geschrieben, sondern stets gesagt: einer Sekretärin in die Schreibmaschine diktiert. So wollte es mein erster Chef, Karl Polly, und so lernte ich es – frei zu sprechen. Hier mit der Sekretärin Käthe Lindner im »Kurier«.

*Wir machen den »Neuen Kurier«:
Ich als »Türke«, Hans Dichand
als Chefredakteur, Ludwig
Polsterer als Herausgeber.*

Ein Hochwasser in Flattach, Kärnten, war die erste große Unwetterkatastrophe, die ich als Journalist erlebte. »Wir müssen helfen«, meinte ich und Herausgeber Polsterer war sofort dabei. Wir fuhren beide nach Flattach und trafen noch in der Unwetternacht ein.

Karl Polly war es, der als Chefredakteur des Hörfunks die Chefredakteure der Zeitungen einlud, im Radio frei von Parteikontrolle über die aktuelle Politik zu diskutieren. Hier die erste Runde (v. l. n. r.): Fritz Molden (»Die Presse«), Franz Größl (»Kleines Volksblatt«), Karl Polly, Oscar Pollak (»Arbeiter-Zeitung«) und ich (»Neuer Kurier«).

Aber dann beschlossen die beiden Koalitionsparteien ÖVP und SPÖ, Hörfunk und Fernsehen unter ihre totale Kontrolle zu stellen. Ich
rief zum Protest auf, 32 Zeitungen schlossen
sich an und wir starteten ein Volksbegehren
für einen freien und unabhängigen Rundfunk. Die Chefredakteure warben selbst mit
Flugblättern dafür, so auch ich.

Der erste Spatenstich zum Neubau des durch Hochwasser zerstörten Flattach, für mich eine unverdiente Ehre, denn es werden Franz Traintinger und die Leser des »Kurier« sein, die dieses Dorf wieder aufbauen.

Franz Traintinger organisierte die Hilfe und wurde zum Organisationsleiter des »Kurier« bestellt. Unter ihm wurden die »Kurier«-Hilfen zur Legende. Mithilfe unserer Leser erbaute Traintinger in Kärnten ein ganzes Dorf.

Mich zog es immer wieder
in die Welt – selbst sehen,
worüber wir berichten. Hier
bereite ich meine erste Reise
in die Sowjetunion vor.

Mit der Swiss Air nach London, von dort nach Hongkong und China. Es gelang mir als einem der ersten westlichen Journalisten, »hinter den Bambusvorhang« zu schauen.

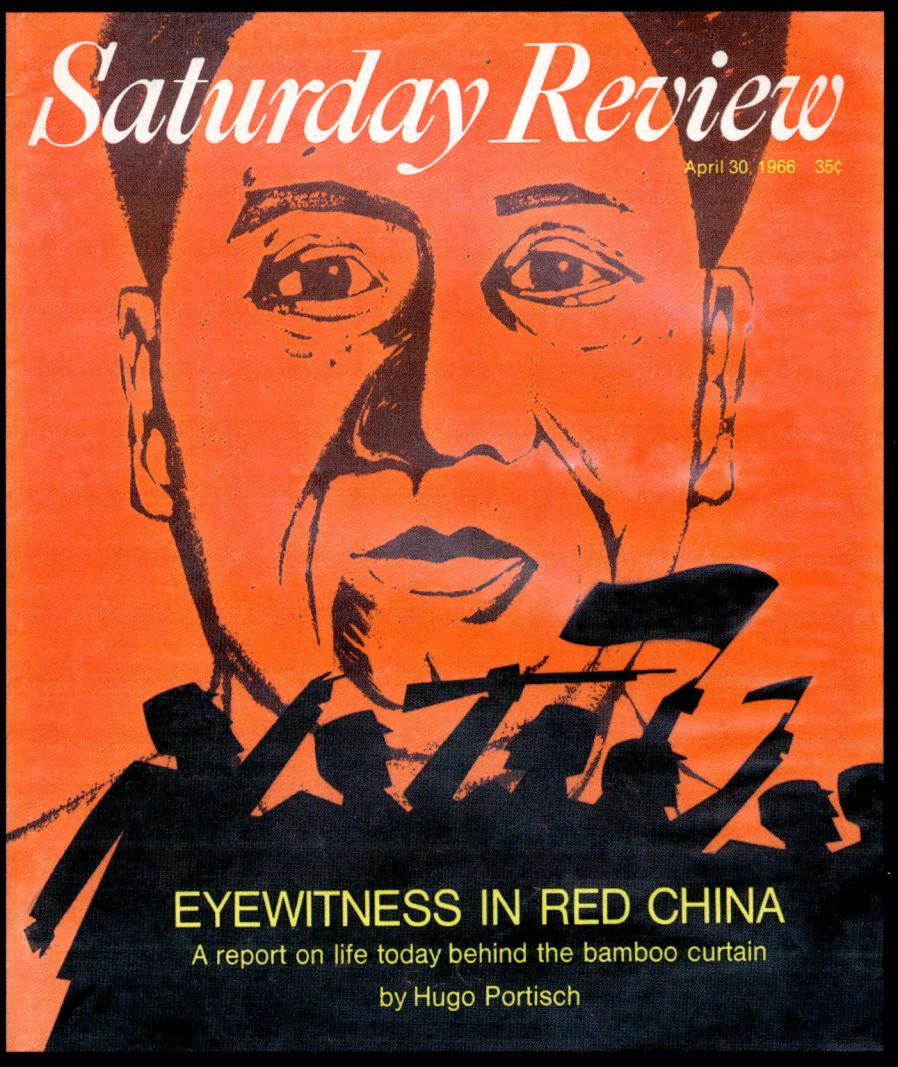

Saturday Review

April 30, 1966   35¢

EYEWITNESS IN RED CHINA

A report on life today behind the bamboo curtain

by Hugo Portisch

Mein Buch »So sah ich China« wurde auch in den USA ein Bestseller.
Die angesehene Literaturzeitschrift »Saturday Review« lud mich ein,
für sie eine Titelgeschichte zu schreiben.

Von Gerd Kaminski, Leiter des China-Forschungsinstituts, organisiert und begleitet, erstellte ich die erste ORF-Dokumentation über Chinas Weg zu neuer Weltgeltung. Hier mit Kameramann Joe Malina.

Die »So sah ich«-Serien im
»Kurier« über meine Reisen
in die Sowjetunion, nach
Afrika, Südamerika, China
und Sibirien wurden auch
Bucherfolge.

Für den ORF auf der Karls-
brücke in Prag. Es geht um
das Schicksal des Prager
Frühlings, den letztlich
gescheiterten Versuch, dem
Sozialismus ein »mensch-
liches Gesicht« zu geben.
Fast täglich berichtete ich
damals aus Prag.

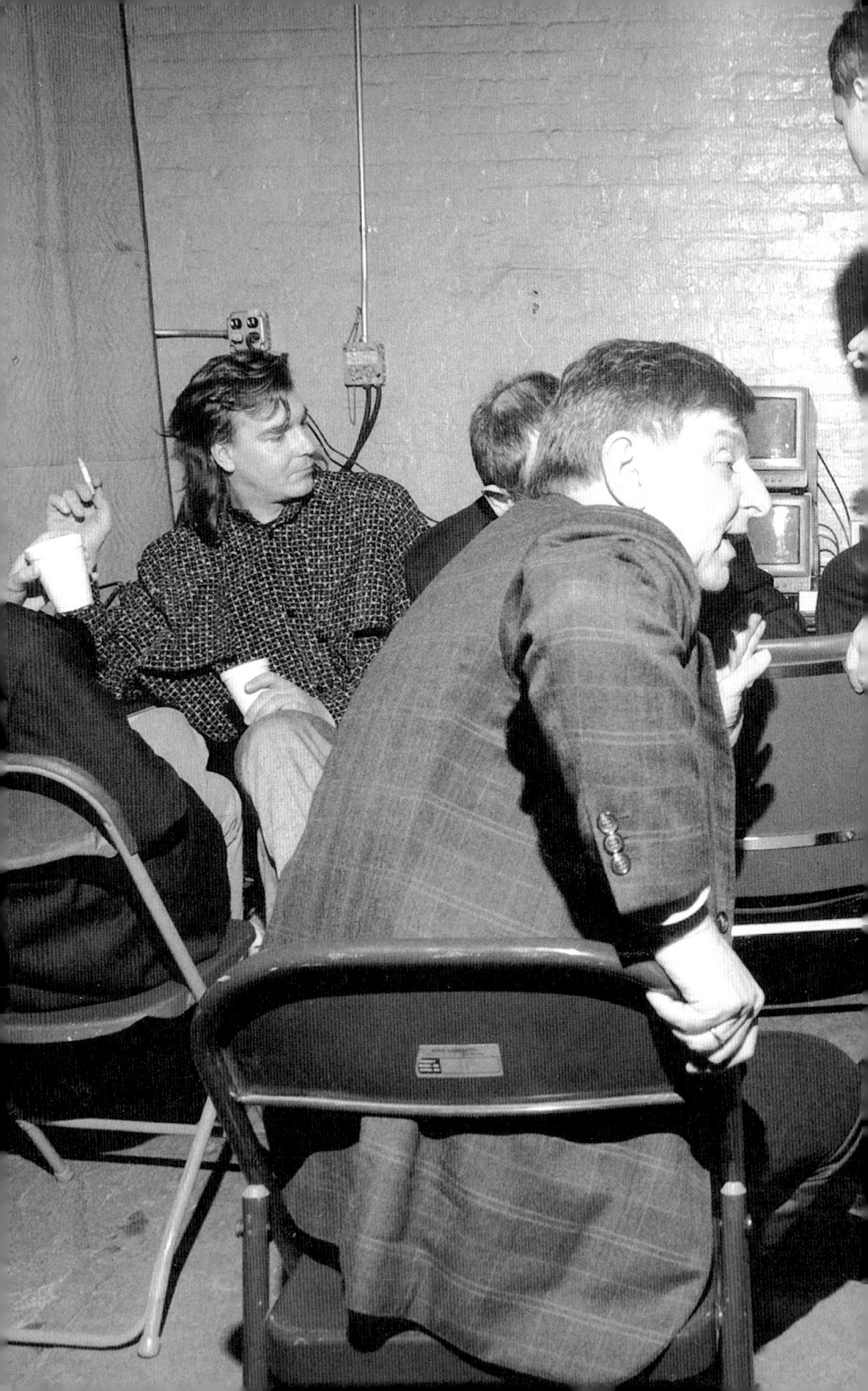

In New York gestaltete ich gemeinsam mit dem früheren US-Außenminister Henry Kissinger die Dokumentation »Ursachen und Hintergründe des Zweiten Weltkriegs«. Hier im Gespräch mit Kissinger während einer Drehpause (mit Produktionschefin Christine Graf).

Die ersten Menschen fliegen zum Mond, der ORF bleibt tagelang auf Sendung. Professor Herbert Pichler und ich erklären und kommentieren dieses atemberaubende Ereignis (1969).

Vor einem Übertragungswagen des ORF steigt Peter Nidetzky in einen originalen Weltraumanzug und demonstriert in Wien, wie sich die Astronauten auf dem Mond bewegen.

Gerd Bacher hat die Idee, Zeit-geschichte in das Fernsehen zu bringen – die Geschichte der Zweiten Republik. Sepp Riff und ich haben sie mithilfe eines großen Teams umgesetzt. »Österreich II« und danach »Österreich I«, unter dem Intendanten Johannes Kunz, werden große Publikumserfolge.

Sepp Riff, unzertrennlich von seiner Kamera, sorgte für die hervorragende technische Umsetzung der Projekte.

Für unsere Dokumentation »Österreich II« wurden Sepp Riff und ich im festlichen Rahmen mit der Goldenen Kamera ausgezeichnet.

Bundeskanzler Franz Vranitzky findet sich als interessierter Gast zur Präsentation meiner China-Trilogie im ORF ein und wird von Generalintendant Gerhard Zeiler und mir begrüßt.

Als Chefkommentator des ORF werde ich Papst Johannes Paul II. auf seiner ersten Reise ins Ausland nach Irland und in die USA begleiten. Hier stellt mich Kardinal König dem Papst vor.

Für die ORF-Dokumentation »Brasilien – vom Regenwald in den Weltraum« verabschieden wir uns nach sechswöchigen Dreharbeiten in Rio de Janeiro mit dem Zeichen, das uns in diesem Land überallhin begleitet hatte: Daumen hoch, alles in Ordnung! Kameramann Joe Malina, Produktionsleiterin Christine Gaf und ich.

Ein medialer Seitensprung: Begeistert von der Insel Madagaskar produzierte ich für Wolkensteins Satel Film eine zweiteilige Dokumentation mit dem Titel »Im Banne Madagaskars«, hier mit Kameramann Moritz Gieselmann.

Umweltschutz und Klimawandel – welche Zukunft hat die Welt? Mit zwei Spitzenteams der Epo-Film und der Cosmos-Factory spürten wir die »Schauplätze der Zukunft« auf, bei den Malediven wurden wir Zeitzeugen der Bedrohung der Korallen und der Inseln durch den Klimawandel und den steigenden Meeresspiegel. Kameramann Harald Mittermüller, Tonmeister Bruce Hops, Tonassistentin Manuela Horny und Autor Manfred Christ (rechts).

Der Generaldirektor des ORF, Alexander Wrabetz (links), und Peter Schöber (rechts), der Chef von ORF III, gaben den Auftrag, die großen Dokumentationen der Geschichte Österreichs, »Österreich I« und »Österreich II«, und zur Geschichte Russlands, »Hört die Signale«, auf den neuesten Stand der Fernsehtechnik, High Definition, zu bringen. Ich brachte mithilfe des Historikers Oliver Rathkolb auch die Texte und Moderationen auf den letzten Stand der historischen Erkenntnisse.

CHTE

Zum 70. Jahrestag der Gründung
der Zweiten Republik sprechen der
Historiker und Bundespräsident
Heinz Fischer und ich im ORF
über den erstaunlichen Weg,
den Österreich in diesen Jahren
zurückgelegt hat.

Meine Frau Traudi
und ich, eingeladen
von Queen Elizabeth
zum Pferderennen in
Ascot in der vorge-
schriebenen Kleidung.
Gemeinsam mit Sepp
Riff gestaltete ich
die Dokumentation
»Englands Weg nach
Europa« für den ORF.

Ein Hobby, das uns dazu brachte, ein Buch darüber zu schreiben: »Pilze suchen – ein Vergnügen« von Traudi und Hugo Portisch.

Auch das muss es geben: St. Pölten feiert sich als Barockstadt mit einem großen Fest. Und wie in England gehört auch in St. Pölten die entsprechende Garderobe dazu. Hier ziehe ich neben dem Bürgermeister der Stadt meiner Großeltern, Willi Gruber (links), und Kulturstadtrat Siegfried Nasko (rechts) in barocker Kostümierung durch die Straßen der Stadt.

In dem Buch »Die Olive und wir« schildern meine Frau Traudi und ich die Geschichte unseres Hauses und unseres Lebens in der Toskana. Ein wichtiger und heiterer Teil unserer gemeinsamen Biografie.

gend von Bratsk in den kalten Fluten des Stausees. Mit Taucher-brille und Pressluft machen die Jugendlichen sogar Ausflüge unter der Eisdecke. Man hat den jungen Pionieren am Ufer des Sees ein Denkmal errichtet, einen Obelisken aus Gips, in Silber lackiert: »Den Mitgliedern des Komsomol«, des kommunistischen Jugend-verbands, »die Bratsk erbaut haben«.

Bevor sie kamen, musste erst die Taiga gebändigt werden. Das taten die Insassen eines Gulags, wie Stalins Straflager genannt wurden. Bis 1953 war dieses Lager voll belegt – mit Gefangenen aller Art, hauptsächlich Russen, die der Verfolgungswut Stalins zum Opfer gefallen waren. Aber auch aus den damals von der Sowjetarmee besetzten Ländern wurden in dieses Lager immer wieder neue Gefangene gebracht: Polen, Rumänen, Ungarn, Deutsche und Österreicher. Verschleppt nach Russland, verurteilt wegen irgendeines Verstoßes gegen die Besatzungsmacht, oft un-berechtigter Spionageverdacht. Die Gefangenen rodeten die Tai-ga, sie bauten die Straßen, sie legten die Schienen für die Bahn, die Bratsk mit der Transsibirischen Eisenbahn verbindet. Wie es heißt, arbeiteten bei diesem Bahnbau Häftlinge aus mehr als 20 Nationen. Erst diese Eisenbahn hat die spätere Errichtung von Bratsk möglich gemacht.

Die Geschichte von Bratsk, von der man mir jetzt berichtet, nimmt ihren Anfang im Jahr 1955. Mehr als zehntausend Arbei-ter und viele freiwillige Jugendliche seien hierher geschickt wor-den mit dem Auftrag, »das größte Wasserkraftwerk der Welt« zu erbauen. Als sie die Stromschnellen der Angara erreichten, fan-den sie dort nur die »dunkle Taiga«, einen fast undurchdringli-chen Urwald und Millionen sibirischer Stechmücken vor, die so manchen dieser ersten Pioniere an den Rand des Wahnsinns ge-trieben haben sollen. »Wir trugen damals dichte Netze um unsere Köpfe, aber diese Biester fanden ihren Weg in unsere Gesichter und zerstachen sie bis zur Unkenntlichkeit«, berichtet einer jener Pioniere, der damals mit dabei war. Aus der Baustelle ist eine Stadt geworden mit damals 246.319 Einwohnern.

Doch das Ziel der großen Pionierarbeit an der Angara war es, dieses angeblich größte Kraftwerk der Welt zu errichten. Sechs Jahre dauerte es bis zur Fertigstellung. Jetzt stehe ich am Ufer der Angara, die in großen Wirbeln aus den Turbinenräumen des Kraftwerks quillt. Am Fuße des Staudamms, der mich mit seiner Höhe und seiner Breite zu erdrücken scheint: Er ist 126 Meter hoch und hat eine Länge von über drei Kilometern. Das Ausmaß des Kraftwerks selbst wird mir erst richtig klar, als ich »das Innere« des Staudamms betrete, den riesigen Turbinenraum des E-Werks. Generator neben Generator, jeder so groß wie ein Haus, insgesamt 20 hintereinander. »Sie produzieren zurzeit 23 Milliarden Kilowattstunden im Jahr«, berichtet mir der Direktor. Und kann sich daran nicht genug tun, diese Zahlen mit denen anderer Kraftwerke in der Welt zu vergleichen.

Dabei kommt er immer wieder auf die USA zu sprechen, kennt die Statistiken der großen amerikanischen Kraftwerke, vom Niagara bis Kalifornien. »Alle sind viel kleiner als Bratsk«, zieht er den Schluss. »Auch rentabler?«, will ich wissen. »Ich weiß nur, wie rentabel wir sind«, gibt er zur Antwort. »Eine Kilowattstunde kostet hier eine Hundertstel Kopeke«, also ein Hundertstel eines damaligen Rubels. Der Strom werde bis in die Industriegebiete im Ural über Tausende Kilometer hinweg transportiert.

Bratsk ist nur eines, wenn auch das größte der Kraftwerke, die man entlang aller großen sibirischen Ströme errichtet hat. Doch beeindruckender als diese technischen Großbauten sind die Menschen, die in Sibirien leben. Ja, es gibt auch »Eingeborene«, Angehörige von Stämmen, die hier schon lebten, bevor die Russen kamen. Heute aber sind mehr als 90 Prozent der Einwohner Sibiriens Europäer, in der Mehrzahl Russen, Neuankömmlinge und Nachkommen derer, die Sibirien für Russland entdeckt und erschlossen haben. Sie alle nennen sich »Sibirier« und wissen, dass sie sich schon damit von den Russen in Europa unterscheiden. Hier, so erzählen mir viele von ihnen, lebt man freier und unbeschwerter als im europäischen Russland. Obwohl es auch hier schon alles gibt, vom Modehaus und Frisiersalon bis zum Supermarkt. Doch jeder Tanzabend wird hier zum Fest, jeder Besuch eines Theaterstücks oder einer Oper zum besonderen Erlebnis. Ja, in Nowosibirsk sitzt man im »größten Opernhaus der Welt«, aber vor den Toren der Stadt befindet sich die »dunkle Taiga«. In das Opernhaus wurde ich eingeladen. Es ist vermutlich wirklich das größte Opernhaus der Welt, es bietet 1790 Besuchern Platz. Und es ist der Stolz der Sibirier: Es wurde 1944, also noch im Krieg, errichtet. Man hatte keinen Zement, stattdessen verwendete man das Eiweiß von Eiern Zehntausender Hühner.

Von Nowosibirsk nach Moskau ist es weiter als von Nowosibirsk nach Wladiwostok, am Ufer des Pazifiks. Man spürt hier die Größe des Landes, aber auch die Nähe Asiens, nein, die Nähe Chinas. Die Kosaken waren die Ersten, die in Sibirien eindrangen, um die Tartaren zu bekämpfen, die aus diesem Raum das Reich der russischen Großfürsten und auch noch der Zaren bedrängten. Die Kosaken waren es auch, die das erste »Gold« Sibiriens fanden, den Zobel, das wertvolle Fell dieser Tiere. Auf der Jagd nach dem Zobel erreichten die Kosaken die großen Flüsse Sibiriens und kamen schließlich bis an den Amur, folgten dem Fluss bis zum Pazifik und brachten von dort die Nachricht, dass »hinter dem Pazifik« und seinen Inseln ein Festland liegt: Alaska. Amerika vom Westen her entdeckt. Und Amerika war es, das die Zaren bewog, ihre Flotte in den Pazifik zu entsenden, Alaska für Russland zu erobern. Der Landweg über Sibirien war lang, beschwerlich und musste erst freigekämpft werden. In Sibirien stellte sich China in den Weg.

Daher war man ja in China der Ansicht, dass Sibirien »durch List und Tücke« in die Hände der Russen geriet. Das Heer des chinesischen Kaisers, das dabei war, Sibirien zu erobern, wurde von zwei russisch-orthodoxen Priestern begleitet, die als Berater am Hof des chinesischen Kaisers tätig waren. Sie waren als Dolmetscher auf diesen Heereszug mitgenommen worden. Als man auf die Vorposten der Russen stieß und die Popen in das russische

Lager kamen, sahen sie, wie schwach die russische Streitmacht war. So entschieden sie sich, ihren orthodoxen Glaubensbrüdern zu helfen. Sie berichteten dem chinesischen Heerführer, sie hätten eine gewaltige russische Streitmacht vorgefunden, und rieten ihm, lieber den Rückzug anzutreten, als den Kampf zu wagen. Von dort weg kam es zu den sogenannten »ungleichen Verträgen«, mit denen Sibirien Russland überlassen wurde. Darauf berief sich jetzt Mao Zedongs China und forderte Grenzberichtigungen.

Nach Nowosibirsk war ich geflogen, um mir einen Teil der langen Reise mit der Transsibirischen Eisenbahn zu ersparen. Doch in Irkutsk stieg ich jetzt ein in diese »Trans-Sib« – kurz für Transsibirien. Er ist grün gestrichen mit einem gelben Streifen entlang der Waggons, als ob die Farben die Taiga und den Strand des Pazifiks symbolisierten. Die Transsibirische Eisenbahn wurde – noch unter den Zaren – 1893 erbaut, um die russischen Garnisonen am Amur und Ussuri zu versorgen. Bedroht wurden diese nicht von den Chinesen, sondern von den Japanern, die jene Teile Chinas annektieren wollten und auch annektiert haben.

1904 kam es zum russisch-japanischen Krieg, mit schwerwiegenden Folgen. Die russische Flotte wurde von den Japanern vernichtend geschlagen, Russland verlor den Krieg. Im Schwarzmeerhafen Odessa traten die Matrosen zur Revolution an. Diese Revolution – in Eisensteins Filmepos »Panzerkreuzer Potemkin« dramatisch dargestellt – wurde von den zaristischen Truppen zwar niedergeschlagen und war doch der Auftakt für die Revolutionen im März und Oktober des Jahres 1917.

Heute dient die Transsibirische Eisenbahn zwar auch noch dem Güterverkehr zwischen dem europäischen Russland und Sibirien, aber sie ist auch die Nabelschnur für die Menschen, die in den Städten entlang dieser Bahnlinie leben. Nun lebte ich mit diesen Menschen in der Bahn. Die Abteile in der besseren Klasse sind mit Stockbetten ausgestattet, je vier pro Abteil. Mit den Mitreisenden werden mein Dolmetscher und ich jetzt einige Tage und Nächte verbringen. Die Reisenden richten es sich in den Abteilen gemütlich ein. Die Schuhe werden ausgezogen, die Jacken abgelegt, die Kinder losgelassen. Jedem Waggon sind zwei Schaffnerinnen zugeteilt, in braunen Uniformen, Uniformblusen und Krawatten. Schon vor der Abfahrt haben sie alle Hände voll zu tun. Die Betten werden hergerichtet, mit Leintüchern überzogen, mit Kopfpolstern ausgestattet. In der gepolsterten (ersten) Klasse wird dieses Bettzeug samt einem Handtuch kostenlos beigesteuert. In der harten (zweiten) Klasse muss man für das Bettzeug Miete bezahlen.

Während die Schaffnerinnen noch bemüht sind, das Bettzeug auszuteilen und die Leihgebühr einzukassieren, rufen schon viele nach Schachspielen und nach Tee. In jedem Waggon wird eine Anzahl des in Russland so beliebten Brettspiels mitgeführt, und es gilt als selbstverständlich, dass die Schaffnerinnen die Reisenden laufend mit Tee versorgen. Die Zubereitung des Tees ist gar nicht so einfach, denn die »Trans-Sib« ist nur teilweise elektrifiziert und wird über Strecken noch immer von Dieselloks gezogen. Das mag die Ursache dafür sein, dass die großen russischen Samoware, die in jedem Waggon stehen, nicht elektrisch, sondern mit Holzkohle geheizt werden. Es gibt große Aufregung wegen der Anheizung des Samowars, die ungeduldigen Passagiere erteilen den Schaffnerinnen gute und schlechte Ratschläge, es raucht aus allen Löchern des Geräts und jeder versucht, ein Stück Holzkohle nachzuschieben.

»Das ist noch gar nichts«, erzählt eine der Schaffnerinnen, »da sollten Sie erst im Hochsommer hier reisen. Unseren Russen ist es in den Abteilen viel zu heiß. Da stehen sie vor den Waschräumen Schlange, ziehen die Leintücher von den Betten ab, tränken sie mit Wasser und legen sich diese um die Schultern.« Doch all das geht in russischer Gemütlichkeit vor sich, jeder redet, jeder weiß es besser, keiner nimmt etwas ernst und alles wird mehr oder weniger im Kollektiv getan. Das Zugpersonal aber versucht mit Strenge, so viel Disziplin wie möglich aufrechtzuerhalten. Das ist nicht immer leicht. Besonders in der zweiten Klasse betrachten die Passagiere das Zugabteil bald als einen Teil ihres Zuhauses. Der Inhalt der Koffer und Bündel wird ausgebreitet, die mitgebrachten Lebensmittel ausgepackt und bald türmen sich auf dem kleinen Tischchen im Abteil und auch auf den Bänken Brot, Wurst, Speck, Zwiebeln und anderer Proviant.

Nicht alle Passagiere achten dabei auf Sauberkeit, Papiere werden zu Boden geworfen, brennende Zigaretten nicht auf den Aschenbecher, sondern auf den Tisch gelegt. Und fordert die Schaffnerin, dass diese Zigaretten abgetötet werden, drücken manche die Zigaretten an der Glasscheibe des Fensters aus und versuchen, die Stummel zu Boden zu werfen. Da gilt es für die Schaffnerinnen hart durchzugreifen, ein Geschäft, das sie gut verstehen, und so mancher der Passagiere muss sich eine donnernde Strafpredigt gefallen lassen.

Für Reisende aber, die sich auf der langen Reise nicht selbst versorgen, stehen zwei Speisewagen zur Verfügung. Man kann sie nicht aufsuchen, wann man will: »Das würde eine schöne Drängelei geben.« In jedem Waggon wird zwei Stunden vorher angesagt, wann die Passagiere dieses Waggons im Speisewagen erwartet werden. Sitzt man aber einmal im Restaurantwagen, so wird einem auch hier Zeit gelassen. Ein Essen darf bis zu zwei Stunden dauern und ist teuer. Dafür werden aber auch Kaviar und Krabben, Krimsekt und Kognak aus Aserbaidschan angeboten.

Allerdings findet man auf der Speisekarte zu erschwinglicheren Preisen auch die russischen Standardgerichte, Bœf Stroganoff, Huhn à la Kiew, Stör in Aspik oder gebraten. Wenn man längere Zeit in Russland verbringt, ist das Essen eintönig und langweilig. Im Speisewagen der »Trans-Sib« ist das Essen nicht langweilig, und die Gäste sind es wirklich nicht. Schnell kommt man hier mit seinen Nachbarn ins Gespräch, gerne tauschen sie auch ihre Plätze, um neue Nachbarn kennenzulernen. Und viele sind bereit, ihre Lebensgeschichte oder wenigstens die Gründe ihrer jetzigen Reise zu erzählen. Woher sie kommen, wohin sie fahren und zu welchem Zweck.

Manche kommen aus Europa, um sich in Sibirien niederzulassen, sind also Siedler im wahrsten Sinn des Wortes. Andere befinden sich auf einer Geschäftsreise oder sind Maturanten, die ihr Studium auf einer Universität fortsetzen wollen. Die Geschäftsreisenden führen ein Dokument mit sich, das ihnen erlaubt, in den verhältnismäßig wenigen Hotels entlang der Strecke ein Zimmer anzufordern. Die Studienanwärter aber reisen mit einer »Kommandirowka«, einer Art Marschbefehl. Sie sind verpflichtet, vor dem Studium ein Jahr in Sibirien zu arbeiten. Sie helfen mit, »Sibirien zu überwinden«.

In Kabarowsk am Amur erreichen wir die chinesische Grenze. Wer in Russland weiterfahren will, muss umsteigen. In die rot gestrichenen Waggons, mit denen es zur Hafenstadt Nachodka am Pazifik weitergeht. Die »Trans-Sib« heißt ab hier nicht mehr so und wird nach Peking geführt. Ich bleibe in Russland, bleibe auch einige Tage in Chabarowsk. Und höre hier viele Berichte über die Aggressionen Chinas, die chinesischen Provokationen und Demonstrationen entlang der Grenze. Immer wieder versuchten »organisierte chinesische Banden« den Amur zu überqueren und in Russland einzudringen und müssten von den russischen Grenztruppen zurückgetrieben werden. Ja, da komme es zu Faustkämpfen und manchmal auch zu Verletzungen. Es ist die Zeit, in der tagelang auch das sowjetische Botschaftsgebäude in Peking von Demonstranten belagert wird, die in Sprechchören Moskau und die Sowjetführung beschimpfen. Es ist die Zeit, in der der Sowjetführer Nikita Chruschtschow die Chinesen verächtlich macht. »In China«, sagt er, »seien die Menschen so arm, dass eine Hose auf zwei Chinesen kommt.« Er macht dafür die kommunistische Führung Chinas verantwortlich.

Seit dieser meiner ersten Sibirienreise sind einige Jahre vergangen, und ich befinde mich wieder einmal in China, diesmal auf der chinesischen Seite des Amurs. Wie hat sich doch das Bild in sein genaues Gegenteil verkehrt. Die Russen kommen in Scharen, mit Booten und mit Hubschraubern. Sie kommen, um in China einzukaufen – auch Hosen, und jede andere Art von Kleidung, Wäsche und Schuhwerk. Die Helikopter fliegen bis Harbin, wo den Russen das schon beschriebene unterirdische Einkaufszentrum zur Verfügung steht.

Vor dem Eingang zu diesem Einkaufszentrum steht eine merkwürdige Maschine: Eine eiserne, quadratische Box, in die all die Waren gestopft werden, die die Russen in den Hubschraubern mitnehmen wollen. Mit einem Hebel werden sie in der eisernen Box zusammengedrückt. Als festgepresster Würfel kommen die Waren dann heraus. Nur in dieser Form passen sie in den Helikopter. Wie sie in Russland wieder ihre ursprünglichen Gestalten annehmen, frage ich mich bis heute.

Am Amur herrscht – wenigstens zurzeit – wieder Frieden.

Kuba – Rote Insel im Sturm
Haarscharf am Atomkrieg vorbei

Die Wahl John F. Kennedys zum Präsidenten der USA am 8. November 1960 verwandelte fast über Nacht das weltpolitische Klima. Es schien, als würde dieser junge Präsident mit seinem Elan und neuen Ideen in der Lage sein, die schweren und durchaus auch gefährlichen internationalen Probleme zu lösen. Im Zentrum dieser Probleme stand nun schon seit Jahren die atomare Konfrontation zwischen den USA und der Sowjetunion. Der Kalte Krieg, der, so hatte man das Gefühl, jederzeit zu einem heißen und damit automatisch zu einem atomaren Krieg werden konnte. Zwar bestand der Eindruck, als würden die beiden Führungsmächte ihre »Hemisphären«, also Einflussgebiete, gegenseitig respektieren – die Niederschlagung des ungarischen Volksaufstands 1956 durch die Sowjetunion führte zu keinen Drohgebärden der USA, aber das hieß keineswegs, dass nicht beide Seiten danach trachteten, ihre Hemisphären auszuweiten und dort, wo sie schon das Sagen hatten, weiter dafür zu sorgen, dass dieser Zustand auch so blieb. Die Konfrontation hatte sich dadurch nicht eingeengt, sondern eher ausgeweitet.

Jetzt konkurrierten beide Mächte – und neben ihnen auch schon das kommunistische China – um jene Gebiete, deren weltpolitische Orientierung noch nicht entschieden war. Und dazu zählten nicht nur der Nahe und Mittlere Osten, sondern auch Südostasien, Afrika und Südamerika. Das ist heutzutage kaum noch vorstellbar, aber wo immer man damals in der Welt hinkam, war der Konkurrenzkampf zwischen Ost und West in vollem Gange. Das spürten und registrierten wir als Journalisten, die ja erst vor wenigen Jahren diese Ost-West-Konfrontation im eigenen Land und bei unseren Nachbarstaaten miterlebt hatten, sehr deutlich, und wir fragten uns, an welchem Punkt der Welt die nächste Krise durch diese Konfrontation ausgelöst werden könnte. Diese Frage stand auch an der Spitze der weltpolitischen Agenda des neuen amerikanischen Präsidenten. Und Kennedy schien entschlossen, die Grundmaxime, die nun schon über Jahrzehnte als Leitmotiv für die amerikanische Außenpolitik galt, die »Kennan-Doktrin«, nicht nur in Europa, sondern weltweit anzuwenden. Das galt für das amerikanische Engagement im Nahen Osten, aber auch für Indochina und für Lateinamerika. Die Kennan-Doktrin: Jedem Versuch, den sowjetischen Einfluss zu erweitern, ist entgegenzutreten. Truman folgte der Doktrin mit dem ERP-Programm, dem Marshallplan, und setzte diesen Grundsatz auch in seiner eigenen Doktrin um: Schutz und Militärhilfe für Griechenland und die Türkei. In Griechenland war es schon zu harten Kämpfen mit kommunistischen Partisanen gekommen. Und Truman zog auch in den Krieg, als die Kommunisten aus Nordkorea Südkorea überfielen und damit die Grenzen der sowjetischen Einflusssphäre überschritten.

Ich hatte mich zu Beginn meiner Rundreise in Südamerika schon in Wien bemüht, ein Visum für einen Besuch in Kuba 1963 zu erhalten. Vergeblich. Aber ich wusste schon, dass Kuba in einem einzigen lateinamerikanischen Staat diplomatisch vertreten war, in Mexiko. Und zum Abschluss meiner Rundreise durch Südamerika kam ich nach Mexico City. Ich besuchte den österreichischen Botschafter Herbert Grubmayr, der über gute Beziehungen zu vielen anderen Botschaften verfügte, und mir nun bei meinen Bemühungen, ein Visum nach Kuba zu erhalten, entscheidend beistand. So erhielt ich dieses Visum, die Möglichkeit, in Kuba einzureisen. Aber wie kam man dahin? Früher konnte man fast alle Stunden ein Flugzeug von Mexico City nach Havanna besteigen. Es gehörte fast zum Repertoire der meisten Touristen, die die Karibik bereisten, den Abstecher nach Kuba zu machen.

Bevor man das Flugzeug bestieg, wurde einem von einer hübschen Mexikanerin ein Daiquiri, das bekannte Getränk aus Rum und Eis, in die Hand gedrückt mit einem herzlichen »Auf Wiedersehen«. Und mit einem Daiquiri wurde man auf dem Flughafen von Havanna empfangen. Die Pässe wurden nur flüchtig angeschaut, das Gepäck nicht kontrolliert. Das war die azurblaue Welt der Karibik, sorglos, verspielt, paradiesisch für den ausländischen Touristen. Vom »Hilton Continental« in Mexico City flog man in das »Hilton Habana« nach Kuba – fast ohne Szenenwechsel. Aber so ging es gar nicht mehr, musste ich feststellen, als ich mich nach dem nächsten Flug nach Kuba erkundigte. Nach Kuba? Da fliegen nur die »Cubana Airlines«.

Einen festen Flugplan gebe es nicht, geflogen werde nach Bedarf. Und der Bedarf hänge davon ab, wie viele südamerikanische Studenten sich über die Grenzen ihrer Heimatstaaten nach Mexico City durchgeschlagen haben, um dort die Stipendien in Anspruch zu nehmen, die ihnen Fidel Castro großzügig gewährte. Es hänge auch davon ab, ob die kubanische Regierung besondere Staatsgäste oder Delegationen aus den mit ihr befreundeten Ländern erwarte, manchmal auch, ob die wenigen westlichen Botschaften in Havanna Kuriere oder Diplomaten abzufertigen hatten. Dann kommt ein Flugzeug der »Cubana Airlines«. So streng also war die Blockade, mit der die USA die von Fidel Castro geführte Insel von der übrigen Welt abschnitten. Jetzt erst wurde mir auch bewusst, weshalb es so schwierig war, ein Visum nach Kuba zu erhalten, und dass die Reise nach Kuba für viele ein gewisses Risiko barg.

Denn nun passierte ich die mexikanische Passkontrolle gemeinsam mit den übrigen für diesen Flug gebuchten Passagieren. Durch eine große Glaswand sah ich jene Leute, die in schicken Reisegarderoben nach wie vor von hübschen Mexikanerinnen mit einem Daiquiri zu den Flugzeugen der »Lufthansa«, der »Swiss Air«, auch der damals noch existierenden »Pan American« verabschiedet wurden. Aber ich stand jetzt hinter der Glaswand und vor mir saßen die mexikanischen Grenzbeamten und, wie ich später erfuhr, auch Agenten eines der amerikanischen Geheimdienste. Die Passagiere wurden einzeln aufgerufen, und auch ich wurde, wie alle anderen, an die Wand gestellt und mit Blitzlicht fotografiert. Die Fotos, offenbar für die Archive der mexikanischen und amerikanischen Geheimdienste. Danach wurde das Nationale jedes der Passagiere aufgenommen, feinsäuberlich in Maschinschrift. Wer einen südamerikanischen Pass besaß, wurde darauf aufmerksam gemacht, dass es fraglich sei, ob er je wieder ein Rückreisevisum nach Mexiko erhalte. Ohne dieses Rückreisevisum aber werde er nicht in der Lage sein, Kuba durch das kleine Loch in diesem Blockadevorhang nach Mexiko zu verlassen.

Nervös und verängstigt zeigten die Studenten aus Guatemala und Venezuela ihre Pässe und legten auf einem separaten Blatt Papier das kubanische Einreisevisum daneben. Die kubanische Botschaft in Mexiko hatte sie ausgestellt, aber nicht in ihre Pässe gestempelt, denn mit diesem Visum wäre ihre Reise nach Kuba ihren Heimatbehörden nach ihrer Rückkehr bekannt geworden, und Kuba galt damals auch für fast alle südamerikanischen Länder als Sperrzone. Sie folgten damit einer Forderung der USA. So unbekannt war mir dieses System nicht: Die Bundesrepublik Deutschland hielt zu diesem Zeitpunkt auch noch an der Hallstein-Doktrin fest. Sie besagte, dass die Aufnahme diplomatischer Beziehungen zur Deutschen Demokratischen Republik durch Drittstaaten als »unfreundlicher Akt« gegenüber der Bundesrepublik betrachtet werden muss. Ziel war es, die DDR außenpolitisch zu isolieren. Und wer aus Westdeutschland in die DDR reiste, musste später mit Misstrauen im Westen rechnen.

Mexiko war auch in dieser Hinsicht gehorsam. Die kubanische Botschaft hatte die Pässe der Studenten noch geschont und das Visum nicht in ihre Pässe gestempelt. Die mexikanischen Grenzbeamten taten das Gegenteil. Mit bewegungslosem Gesicht drückte der mexikanische Beamte einen großen Stempel in die Pässe dieser Studenten. Nur drei Worte waren es: »Ausgereist nach Kuba«. Das Wort Kuba ist zentimetergroß. Niemand wird es je übersehen können. Betroffen blicken die Studenten auf diese Eintragung in ihrem Pass. Für manche dürfte der Stempeldruck den Abschied von ihrer Heimat für lange Zeit bedeutet haben.

Ich werfe einen Blick auf meine Reisegefährten, an ihrer Kleidung, an ihrer Sprache lassen sie sich schon einordnen. Ein britischer diplomatischer Kurier, ein Schweizer Geschäftsmann, fünf Deutsche aus Sachsen, die einer DDR-Delegation angehören. Drei Studenten aus Venezuela, sehr jung, sehr enthusiastisch, wahrscheinlich auch sehr kommunistisch, vier junge Leute aus Guatemala, vielleicht Studenten, sicherlich aber im besten Militäralter. Sie schienen mir der Typ zu sein, den man eher im Umgang mit der Kalaschnikow als mit dem Schulbuch trainieren dürfte. Ein jugoslawischer Professor, nur auf Besuch, heiter und gelassen. Zwei Gewerkschaftsfunktionäre aus der Tschechoslowakei. Sie reden nichts. Für sie müssen das Blitzlicht und die Aufnahme ihrer Personalien durch die Mexikaner nur ein überflüssiger Beweis der Schlechtigkeit und der Geheimdienstmethoden des Westens sein. Ein ungarischer Techniker, der mit jedem zu reden versucht, aber nur dürftige Antworten erhält. Schließlich, überraschend auch ein amerikanisches Ehepaar, Blockadebrecher also, vielleicht »Liberale« von jener Art, die sich gegen die Politik ihres eigenen Landes stellen, und die womöglich auch mit Fidel Castros Kommunismus sympathisieren.

Durch einen langen Gang werden wir zum Flugzeug geführt, »Cubana Airlines« steht auf dem Rumpf der viermotorigen Turboprop-Maschine der britischen Type »Bristol Britannica«, damals schon ein älteres Modell, ein Überbleibsel aus der Zeit, in der mit solchen Maschinen noch 300.000 amerikanische Touristen jährlich nach Kuba geflogen wurden. Kuba besaß noch zwei Flugzeuge dieser Type, sie flogen dann und wann nach Mexico City und ziemlich regelmäßig über Gander (Kanada) nach Prag. Später erhielten die »Cubana Airlines« Verstärkung aus der Sowjetunion durch Maschinen der Type »Iljuschin 18«.

Ich hatte schon mit Überraschung festgestellt, dass ich für diesen Flug nach Havanna nur ein Flugticket Erster Klasse erhalten konnte. Wer ohne Einladung nach Kuba will und ein Visum erhält, kann nur Erster Klasse fliegen, darf sich also an dem doppelten Preis nicht stoßen und zahlt solcherart mit für die Sitze der Eingeladenen.

Drei Stunden später landen wir in Havanna. »Patria o Muerta«, »Vaterland oder Tod« ist die erste Inschrift, die ich auf dem Flughafengebäude zu sehen bekomme. Es ist der Kampfruf der kubanischen Revolution. Später sehe ich, dass dieser Ruf erweitert worden ist, jetzt heißt er: »Führer, befiel! Vaterland oder Tod! Wir werden siegen!«

Weshalb die Erinnerung an diese Reise? Weil das Thema Kuba damals eines der aufregendsten Kapitel der Tagespolitik war, und aufregend ist es in einer Form noch bis in unsere Zeit geblieben. Ja, so manche erinnern sich noch daran, dass es wegen Kuba im Jahre 1962 beinahe zu einem atomaren Krieg zwischen den USA und der Sowjetunion gekommen wäre. Er wurde tatsächlich nur ein paar Minuten vor zwölf abgewendet. Aber Kuba erregte auch in einem anderen Zusammenhang die Aufmerksamkeit der Weltöffentlichkeit. Denn so manche Spur führte vom Mord an Präsident Kennedy nach Kuba. Lee Harvey Oswald, der den Präsidenten ermordet haben soll, war längere Zeit in Kuba. Jack Ruby, der Lee Harvey Oswald erschoss, kam aus dem früheren Rotlichtmilieu in Kuba. Viele aus diesem Milieu und die mit ihnen verbündeten Mafiosi zürnten Kennedy, dass er die Invasoren in der Schweinebucht im Stich gelassen und dann auch noch mit den Sowjets einen Schutzvertrag für Castros Kuba ausgehandelt hatte. Davon freilich ahnte ich bei meiner Reise nach Kuba noch nichts. Was ich damals herausfinden wollte, waren die Hintergründe der feindseligen, ja kriegerischen Konfrontation zwischen den USA und Kuba.

Vor dem Ankunftsgebäude des Flughafens in Havanna steht eine große Tafel. Auf Spanisch gibt sie kund, was man damals aus jedem Ostblockland kennt: »Wir erfüllen den Plan«, und darunter stehen die Plansolls und die Planübersolls, die man schon erfüllt hat. Man ist also gefasst darauf, die Fahrt in eine volksdemokratische Stadt anzutreten, in eine Volksdemokratie unter tropischem Himmel. »Führer, befiehl! Vaterland oder Tod! Wir werden siegen!«

Auf dem Weg vom Flughafen nach Havanna begegnen einem die Schlagworte auf Schritt und Tritt, auch andere: »Kuba – Leuchtturm für ganz Südamerika!« oder »Kuba – das Land ohne Analphabeten!« Ich bin also darauf gefasst, eine Stadt vorzufinden, wie wir sie in Europa hinter dem Eisernen Vorhang kennen. Und bin überrascht, wie amerikanisiert diese Stadt ist. Kaum nähert man sich dem Stadtkern, sind die revolutionär-patriotischen Plakate und Aufschriften verschwunden. Stattdessen leuchtet es mir in allen Neonfarben entgegen: »Coca-Cola«, »Nightclub Tropicana – Zwei große Shows jede Nacht!«, »Supermercado«, »Cinema«. Jedes Personenauto auf der Straße ist amerikanisch: Ford, Chevrolet, Chrysler, Buick, Oldsmobile, aber alle sehen sie aus, als kämen sie aus dem Museum. Ausnahmslos, so scheint es, stammen sie aus den 1940er- und 1950er-Jahren. Und ich bin erstaunt, dass ich nicht ein einziges Auto russischen Fabrikats sehe.

Rund um den alten Stadtkern von Havanna, in dem sich im spanischen Kolonialstil niedrige Häuser ducken, schmale Gässchen von einer längst vergangenen Zeit träumen, die alte Kathedrale sich beschämt abwendet von jenem spanischen Fort, das früher und immer noch als Gefängnis dient, ragen 20 und 30 Stock hohe Hochhäuser in den Himmel. Eingetaucht in vielfarbiges Neonlicht mit großen Glasfronten, umgeben von Avenidas mit vier und sechs Fahrbahnen. Umsäumt von Geschäften, die zweifellos schon bessere Zeiten gesehen haben, dazwischen Cafeterias, so wie man sie aus amerikanischen Städten kennt. Dann die Hotels wie aus Las Vegas, monströse Bauten, »Habana Libre« vormals Hilton, »Capri«, »Riviera«, alle drei mit Hunderten Zimmern und zum Teil noch funktionierenden Klimaanlagen, Nachtclubs und eigenen Restaurants. Das Taxi, auch ein klappriges amerikanisches Modell, bringt mich ins »Riviera«. Zwei Portiere in roten Uniformen und goldenen Epauletten beeilen sich, den Taxischlag aufzureißen und die Drehtüre zu bedienen. Über Lautsprecher, dezent in den Decken versteckt, ertönt amerikanische Unterhaltungsmusik. In der Hotelhalle steht eine große, abstrakte Statue, an den Wänden surreale Fresken, Kristall, Gold, Silber, dicke Läufer. Personal in Uniformen, zwischen jenen in Rot und Gold aber auch solche in Olivgrün, mit blauen Hemden, Pistole am Gürtel. In diesen grünen Uniformen stecken Mädchen. Schöne Kubanerinnen. Die Uniformen sind auch sichtlich körpernah geschneidert, die Haare modern frisiert, die Fingernägel lang, rot, manche silbern. Diese Mädchen gehören zur Miliz. Und bald fällt mir auf, nicht nur in diesem Hotel, sondern auch im Straßenbild gibt es viel Miliz.

An jenem Abend mache ich die erste Bekanntschaft mit dem Kommunismus à la Kuba. Gegen elf Uhr, offenbar die Zeit, zu der das Personal den normalen Dienst beendet, versammelt es sich in der Hotelhalle. Jemand bedient einen Plattenspieler, Marke »Westinghouse«, und über Lautsprecher ertönt ein Lied, das mir bekannt vorkommt, aber das ich nicht gleich erkenne. Doch – es ist die »Internationale«, aber das ist nicht der grimmige Rhythmus der »Verdammten dieser Erde«, das ist ein Cha-Cha-Cha. Die Mädchen und Burschen in ihren olivgrünen Uniformen strecken nicht die Fäuste zum Himmel. Sie haben einen großen Kreis gebildet, haben sich bei den Händen gefasst, heben diese ineinandergelegten Hände hoch über ihre Köpfe und wiegen sich im Rhythmus des Cha-Cha-Chas. Die Pistolen an den Gürteln tanzen mit.

Am nächsten Morgen treffe ich die österreichische Honorargeneralkonsulin, Frau Alice Weigel, die mich gleich unter ihren Schutz stellt und mir rät, mich nicht von einem Dolmetscher des kubanischen Tourismusbüros begleiten zu lassen. Da würde ich wohl nur die Errungenschaften des Sozialismus bewundern dürfen. Stattdessen stellt mir diese kluge Dame ihren erwachsenen Sohn und ihr

Auto zur Verfügung, ihr Privatauto, aber immerhin versehen mit einem diplomatischen Kennzeichen. Auch der Sohn erweist sich als Schatz, in Kuba geboren und aufgewachsen, kennt er alle Seiten dieses Landes, ist mit dessen Vergangenheit ebenso vertraut wie mit dessen Gegenwart. Als ich ihm berichte, was sich in der Nacht im Hotel zugetragen hat, meint er:»Daran müssen Sie sich gewöhnen, wir haben hier einen musikalischen Sozialismus.«

Und was das Straßenbild betrifft, ist man versucht zu meinen, auch einen amerikanisierten Sozialismus. Doch die amerikanische Fassade, die einen damals und, wie ich von späteren Besuchen auf Kuba weiß, weitgehend noch bis heute auf Schritt und Tritt umgibt, durchschaut man bald. Am augenfälligsten zeigt es sich in der Tatsache, dass jedes größere Haus in Havanna bewacht ist. Ich habe noch nie so viele bewaffnete Menschen im zivilen Leben gesehen wie damals in Kuba. Tausende Menschen beiderlei Geschlechts stecken in Uniform, tragen eine Pistole oder ein Gewehr, stehen oder sitzen vor Portalen. Ihre Aufgabe ist es, darüber zu wachen, dass die Konterrevolution keinen Anschlag auf die Revolution durchführt.

Zwischen diesen Menschen in Uniform bewegen sich solche in Zivil, die in Kuba die gleiche Aufgabe haben, wie sie die Stasi in der DDR hatte. Hier heißt die Stasi CDR, die spanische Abkürzung für »Komitee für die Verteidigung der Revolution«. Die Angehörigen des CDR sind nicht nur Spitzel, sie treten auch ganz offiziell in jedem Haus in der Funktion eines Blockwarts auf und haben sämtliche Hausbewohner und deren Besucher zu überwachen, übrigens auch die Beziehungen der Hausbewohner untereinander. Schreibmaschinen müssen registriert sein und dürfen nicht von einer Wohnung in die andere getragen werden.

Auf der Straße merkt man von dieser Überwachung nichts, aber sie ist auf Schritt und Tritt vorhanden, das erfahre ich erst am Ende meines Kuba-Aufenthalts. Als ich von der kubanischen Geheimpolizei festgenommen und einem intensiven Verhör unterworfen werde, bemerke ich, dass man mich genau beobachtet und jede meiner Begegnungen und Unterredungen notiert hat, ebenso die Namen meiner Gesprächspartner.

Aber bleiben wir noch beim Straßenbild. »Sie sind erstaunt über die sehr alten Autos«, sagt José, »sie stammen fast durchwegs aus der Zeit vor der Revolution, und die fand im Jahre 1956 statt, sehr bald danach kam kein Ersatzteil mehr aus den USA nach Kuba. Nach und nach musste man Autos zerlegen, um die übrigen in Fahrt zu halten.« Auswirkung der von den USA über Kuba verhängten Wirtschafts- und Handelsblockade. Erst nach fast 60 Jahren hat Präsident Barack Obama diese Blockade gelockert, aber bis dahin hatten nicht nur die USA ihren Handel mit Kuba völlig eingestellt, sondern die US-Regierung verhängte auch Sanktionen gegen ihre eigenen Verbündeten, um deren Handel mit Kuba zu verbieten. Firmen, die in Kanada und in Europa Waren nach Kuba lieferten, wurden vom Handel mit den USA ausgeschlossen.

Im Zentrum von Havanna stoße ich auf eine große Freilichtausstellung, sie steht unter dem Titel »Cuba« und schildert von der Entdeckung der Insel durch die Spanier die politische, wirtschaftliche und kulturelle Entwicklung des Landes anhand alter Schiffsteile, Kanonen, Fahnen, Kupferstiche und Fotografien. Eines dieser Fotos zeigt den Hafen von Havanna. Ein Schiff geht gerade unter, darüber liegt eine dicke, schwarze Rauchwolke. Dieses Schiff war eine stolze Einheit der US-Marine, das gepanzerte Schiff »Maine«. Am 15. Februar 1898 war es im Hafen von Havanna explodiert. Das Echo dieser Detonation ist bis heute in den kubanisch-amerikanischen Beziehungen zu vernehmen. Seinerzeit war Kuba noch eine der überseeischen Kolonien Spaniens, ebenso wie Puerto Rico, im Pazifik die Philippinen. Die USA beschuldigten damals Spanien, die Explosion des Panzerschiffs »Maine« veranlasst zu haben. Unter diesem Vorwand landeten zwei Monate später 2000 amerikanische Marineinfanteristen auf Kuba. Um Rache zu nehmen für den Untergang der »Maine« und um jene Kubaner zu unterstützen, die zur Revolution gegen Spanien bereit waren.

Die USA hatten nicht viel Mühe, Spanien zu besiegen. Das karibische und das pazifische Erbe Spaniens traten nun die Amerikaner an. Die Philippinen und die Insel Guam wurden besetzt, ebenso Puerto Rico und Kuba. Aber im Gegensatz zu Puerto Rico waren die Amerikaner nach Kuba nicht gekommen, um zu bleiben. Sie erklärten, sie wollten nur den kubanischen Interessen dienen, und zwangen Spanien, Kuba als selbstständigen Staat anzuerkennen. Als die USA diesen Frieden mit Spanien schlossen, machten sie ihren ersten schwerwiegenden Fehler gegenüber den Kubanern. Sie schlossen diesen Vertrag, ohne die Kubaner selbst hinzuzuziehen. Die Kette solcher Fehler gegenüber Kuba ist später nicht abgerissen. So verdankte Kuba seine staatliche Selbstständigkeit zwar den USA und fühlte sich dennoch 60 Jahre lang von den USA abhängig, manchmal sogar als eine Kolonie der USA. Die Amerikaner unterhielten lange Zeit zwei Flottenstützpunkte auf Kuba und besitzen bis heute noch die größte Kriegsbasis im karibischen Raum auf kubanischem Territorium, das berüchtigte Guantanamo.

60 Jahre gab es diese Symbiose Kubas mit den USA, Kuba lebte fast ausschließlich von seinen Zuckerexporten. In guten Zeiten waren das über sechs Millionen Tonnen Zucker im Jahr. Die USA nahmen den Kubanern drei Millionen Tonnen davon ab zu Vorzugspreisen, die über den Weltmarktpreisen lagen.

Das war Kubas Einnahmequelle Nummer eins. Zur Einnahmequelle Nummer zwei wurden bald jene 300.000 amerikanischen Touristen, die jährlich nach Kuba kamen, um ihr Geld nicht nur in den Luxushotels und auf den schönen Stränden rings um Havanna auszugeben, sondern vor allem auch in den Nachtclubs, Spielcasinos und Bordellen. Aber der größere Teil dieser Gelder kam nicht Kuba zugute, sondern den Amerikanern, die die Hotels, Nachtclubs, Casinos und Bordelle errichteten und betrieben. Es war eine Art amerikanische Kuba-Mafia und ihre Interessen waren mit denen verwoben, die die Autos und das Erdöl nach Kuba lieferten und mit den Zuckerrohrfeldern und damit mit dem Grund und Boden Kubas ihre Spekulationen betrieben. Amerikaner wurden dadurch zu den größten Grundbesitzern in Kuba. Doch auch die Eisenbahnen, das Telefonnetz, die Radiostationen gehörten meist mehrheitlich amerikanischen Firmen. Die Gewinne aller dieser Unternehmen kamen den amerikanischen Eigentümern und Aktionären zugute.

Das war die eine Seite des amerikanisch-kubanischen Verhältnisses, die andere, dass die USA nun als Staat über das Eigentum und die Investitionen ihrer Bürger auf Kuba zu wachen begannen. Das heißt, sie sorgten dafür, dass auf Kuba politische Verhältnisse geschaffen wurden, die den amerikanischen Interessen zu dienen hatten. Und es waren nicht die Demokratie und politische Freiheit, die die USA hier vertraten, das war Washington viel zu riskant, da hätten sich auch Kräfte durchsetzen können, die die amerikanischen Ansprüche nicht erfüllen würden.

Mit anderen Worten, die Amerikaner sorgten dafür, dass Kuba von einem Amerika genehmen und auch den USA dienenden Diktator beherrscht wurde. Der letzte dieser Politiker vor Fidel Castros Machtergreifung war Fulgencio Batista. Batista kam schon 1935 an die Macht, wurde 1944 aus dem Amt gewählt, aber 1952 kehrte er aus seinem Exil in Miami, Florida, zurück nach Kuba, putschte und wurde Kubas Diktator. Wirtschaftlich war Batista erfolgreich. Unter seiner Herrschaft wurde das neue Havanna geschaffen, die Hochhäuser und die Luxushotels, die Casinos, aber er legte auch eine Autobahn quer durch Kuba an und sorgte für kräftige amerikanische Investitionen. Er versuchte sogar eine Art Sozialgesetzgebung einzuführen. So nannten sie ihn auch einen »wohlwollenden« Diktator.

Doch Batista war vor allem auch ein Dieb, er stahl wie ein Rabe, und mit ihm stahlen alle, die zu seinem Regime gehörten. Kuba wurde unter Batista eines der korruptesten Länder Lateinamerikas. Alles hatte seinen Preis, jedes Anliegen, jedes Geschäft wurde nur gegen Barzahlung bewilligt, 10 Prozent für kleinere, 40 Prozent für größere Abschlüsse. Und diese »Gebühren« waren natürlich privat zu leisten: die großen Beträge direkt an den Präsidenten, die anderen an seine Minister, an die Beamten, selbst an die Polizei. Es gab in Kuba nichts, was man nicht hätte kaufen können. Die Bevölkerung begann unruhig zu werden. Die sozialen Ungerechtigkeiten waren groß, die Kluft zwischen jenen, die sich in zunehmendem Maß bereicherten, und den anderen, die arm blieben, wurde groß und größer.

Das Volk murrte. Batista wusste, dass man Murren nicht zulassen durfte, ohne nicht auch schon gestürzt zu werden. So zog Batista eine Geheimpolizei auf, die sich mit den härtesten Organisationen dieser Art auf der Welt messen konnte. Bei den Folterungen der Gefangenen begnügte man sich nicht mit dem Auslöschen von Zigaretten auf den Leibern der Verhörten. Die Amerikaner gaben ihrem Unwillen über diese Ausartung der Batista-Diktatur zwar immer wieder Ausdruck, aber der Schutz ihrer Interessen und ihrer Investitionen war ihnen zu wichtig, um Batista ernstlich zur Ordnung zu rufen.

Andererseits duldeten die USA auch die Bildung kubanischer Exilgruppen in Florida – nur 120 Kilometer von Kuba entfernt –, die sich die Beseitigung Batistas zum Ziel gesetzt hatten. Hier, auf amerikanischem Boden, entstand die Keimzelle des Widerstands, aus der später auch der junge Student und Rechtsanwalt Fidel Castro hervorging. Amerikaner mit den verschiedensten Interessen auf Kuba statteten diese Gruppen mit Waffen und Geld aus, und im Jahr 1953, am 26. Juli, wurden diese Waffen und dieses Geld zum ersten Mal auf Kuba selbst eingesetzt, mit dem Ziel, Batista zu stürzen. Der Führer dieser Gruppe hieß Fidel Castro.

An diesem 26. Juli wagte er an der Spitze einer kleinen Truppe von Revolutionären den Angriff auf eine der Hochburgen Batistas: Er stürmte die Moncada-Kaserne in der Stadt Santiago de Cuba, der Hauptstadt der Provinz Oriente. Eine Handvoll gegen ein Regiment Soldaten. Der Spuk dauerte nur wenige Minuten, dann war die Gruppe geschlagen, die Anführer, auch Castro, gefangen. 15 Jahre Gefängnis, lautete das Urteil für Castro. Aber schon nach einem Jahr kam er aufgrund einer Amnestie frei, kehrte in die USA zurück, sammelte neue Anhänger, neues Geld, neue Waffen und versuchte es zum zweiten Mal. Diesmal von Mexiko aus.

Zwei Jahre dauerte sein Partisanenkampf gegen Batista, Tausende Landarbeiter schlossen sich den Castro-Partisanen an. Batista unterschätzte Castros Organisation, die sich den simplen Namen »Bewegung vom 26. Juli« gegeben hatte. Die Regimenter, die Batista in den Kampf schickte, wurden von Offizieren befehligt, die von der allgemeinen Korruption des Regimes bereits mehr als angenagt waren. Es ist nachgewiesen, dass sie einen guten Teil ihrer modernen amerikanischen Waffen an Castro verkauften, auch nachgewiesen, dass sie mit Castro Verträge abschlossen, denen zufolge sie nach einem Sieg der Rebellen höhere Posten in der Armee erhalten würden. Als im Dezember 1958 eine Marschkolonne Castros unter der Führung des jungen Argentiniers »Che« Guevara auf Havanna vorstieß, traf sie auf keinen Widerstand mehr. Der Diktator Batista, von seiner Armee verlassen, flog am 1. Jänner 1959 mit seinem immer bereitstehenden Flugzeug ins Exil.

Im Gefängnis schrieb Castro sein politisches Programm, von seinen Gegnern als »Sein Kampf« bezeichnet, in Anspielung auf Hitlers Gefängnisepos »Mein Kampf«. Aber im Unterschied zu Hitler beinhaltete Castros Kampfschrift sehr realistische Aufrufe zu sozialen Reformen auf Kuba. Sein zentrales Ziel: Der Großgrundbesitz sollte aufgeteilt werden und die landlosen Zuckerarbeiter sollten eigenes Land erhalten, die Oligarchie sollte erstmals besteuert werden, um von ihrem Reichtum etwas für den ganzen Staat abzugeben. Der Staat sollte auch Einfluss auf die Rohstoffquellen und auf einen Teil der Industrie erhalten. Auch müsste das Sozialsystem auf Kuba wesentlich verbessert werden. Vor allem aber rief Castro zur Beseitigung der Diktatur auf.

Havanna fiel kampflos in die Hände der Fidelisten, diese waren eine einmalige Erscheinung für Kuba. Sie trugen ärmliche Uniformen, ohne Epauletten und Orden, ihre Gesichter waren umrahmt von Bärten, die sie sich in den zwei Jahren ihres Partisanenkampfes hatten wachsen lassen. Die Kubaner hatten immer schon etwas übrig für das Extravagante, für das Romantische, für das Theatralische, Castro und seine Männer brachten ihnen genau das. Das Volk jubelte ihnen zu. Nicht nur das Volk, auch die amerikanischen Touristen, und in der amerikanischen Botschaft in Havanna herrschten Freude und Erleichterung, Batista war in den letzten Jahren schon zu einer großen Belastung geworden.

In den USA schossen Komitees der »Freundschaft mit dem neuen Kuba« wie Pilze aus dem Boden, sammelten Geld und Lebensmittelpakete und sandten sie an das neue Regime in Havanna. Endlich eine echte soziale Revolution, die Schluss macht mit einem korrupten, terroristischen Regime. Was Castro bei seiner ersten großen Ansprache in Havanna zu sagen hatte, war Musik in den Ohren der Kubaner, aber auch vieler Amerikaner: »Keine Freiheit ohne Brot, kein Brot ohne Freiheit!« Das war nicht kommunistisch, ja das Zentralorgan der wieder erlaubten kommunistischen Partei »Hoy« beurteilte die Fidelisten geringschätzig und abweisend. Die USA hatten zu diesem Zeitpunkt alle Hoffnung, mit Fidel Castro auf Kuba einen Mann gefunden zu haben, der den Traum von Demokratie und sozialem Fortschritt in Lateinamerika beispielhaft verwirklichen könnte – natürlich unter Berücksichtigung aller amerikanischen Interessen.

Doch Castro machte wahr, was er von Anfang an verkündet hatte. Er ordnete eine Landreform an. Um diese durchzuführen, wurde der gesamte Großgrundbesitz beschlagnahmt und zur Aufteilung vorgesehen. Eine Todsünde in den Augen amerikanischer Politiker, die die Interessen jener Konzerne vertraten, in deren Besitz sich ein Großteil dieser Ländereien befand. Enteignung war ein Tiefschlag für die Investoren. Erste Reaktion: Das kann nur hingenommen werden, wenn Castro jeden Quadratmeter dieses Bodens finanziell kompensiert. Castro versuchte zu beruhigen: Kuba werde von den Erträgen dieser Landreform solche Zahlungen leisten, aber das könnte vermutlich erst in 20 Jahren der Fall sein. Die erste Strafe der USA folgte auf dem Fuß: Die Erdöllieferungen aus den USA wurden gesperrt. Da erhielt Castro eine vermutlich schon erwartete Hilfe: Die Sowjetunion war bereit, Castro Erdöl zu liefern und dafür Zucker als Bezahlung zu akzeptieren.

Um aber dieses Erdöl zu nutzen, benötigte Castro jene Raffinerien, die sich auch vorwiegend in amerikanischen Händen befanden. So forderte Castro diese Raffinerien auf, das sowjetische Öl zu verarbeiten. Aber auf Anweisung ihrer amerikanischen Eigentümer verweigerten dies die Raffinerien. Dann, so Castro, müsse er auch die Raffinerien beschlagnahmen, und das tat er auch. Daraufhin verhängten die USA ein Handels- und Finanzembargo gegen Kuba.

Ab sofort durfte niemand in den USA Zucker, Zigarren und Rum aus Kuba importieren oder irgendeinen anderen Handel mit Kuba betreiben. Schiffe aus den mit Amerika verbündeten Ländern, in Europa und Kanada, die Güter von und nach Kuba transportierten, wurden auf schwarze Listen gesetzt und durften amerikanische Häfen nicht mehr anlaufen. Den Verbündeten wurden auch Wirtschaftssanktionen angedroht, wenn sie versuchten, das Embargo der USA zu umgehen. Das führte zwar zu Protesten in Kanada und Europa, aber jene Unternehmen, die in den USA Tochterfirmen unterhielten oder in ihren Exporten auf den amerikanischen Markt angewiesen waren, mussten sich bald an die Embargovorschriften der Amerikaner halten. Praktisch kam das Embargo einem wirtschaftlichen Todesurteil für Kuba gleich, aber es geschah, was zu erwarten war: Castro rief die Sowjetunion um Hilfe.

Zurück zu dem Bild, das sich mir in den Straßen bei meinem ersten Besuch in Havanna bietet: Die alten Autos, von denen so manche havariert am Straßenrand liegen bleiben. Die leeren Schaufenster der Läden, die es nicht so wie ähnliche Läden in damaligen Ostblockstaaten verstehen, Attrappen in die Fenster zu stellen. Die Menschen, die sich auf dem Markt in langen

Schlangen anstellen, um etwas Gemüse zu ergattern. Sämtliche Lebensmittel sind damals in Kuba rationiert, selbst der eigene kubanische Zucker. Milch und Butter gibt es nur für Kinder bis zum 14. Lebensjahr. Fleisch 200 Gramm pro Woche und Person, aber die Ration ist seit drei Wochen nicht ausgegeben worden, 500 Gramm Kartoffeln pro Woche und Nase, 750 Gramm Reis und ebenso viel Zucker. In den beiden Supermärkten, die ich besuche, gähnen mir leere Tiefkühltruhen entgegen, und dort, wo früher einmal die Rinder- und Schweinehälften gehangen sein mussten, hängen jetzt schwarze Tafeln mit Kreide beschrieben: der Lebensmittelaufruf und die Ausgabezeiten.

»Wie lange kann man das durchhalten?«, lautet daher eine meiner ersten Fragen an José, meinen Chauffeur und Begleiter. Diese Frage, so meint er, kommt allen in den Sinn, die Kuba heute besuchen. Aber er hat die Antwort parat: »Noch sehr lange, vielleicht für immer.« Das Geheimnis, das sich hinter dieser Antwort verbirgt, enthüllt er mir im Hafen von Havanna: Acht sowjetische Schiffe, schwarze Schornsteine mit rotem Band und darauf Hammer und Sichel liegen da an den Kais. Am nächsten Tag sind drei neue Schiffe aus der Sowjetunion eingelaufen. »Das ist die Nabelschnur, an der wir hängen, Mütterchen Russland sorgt für uns.«

Aber Castro forderte von der Sowjetunion auch militärischen Schutz für Kuba. Kuba wollte als Vollmitglied in den Warschauer Pakt aufgenommen werden. Das hätte die Sowjetunion verpflichtet, sofort in einen Weltkrieg zu ziehen, wenn es zwischen Kuba und den USA zu einem militärischen Konflikt gekommen wäre. Moskau lehnte vorsichtig ab, um Castro nicht allzu sehr zu vergrämen. Und Ministerpräsident Chruschtschow hielt noch ein Trostpflaster bereit: In einer Rede am 9. Juli 1960 drohte er den USA mit »massiver Vergeltung«, falls sie Kuba angreifen sollten. Präsident Eisenhower zeigte sich davon nicht beeindruckt. Und seine Berater drängten ihn, mit dem Spuk auf Kuba, mit Fidel Castro »Schluss zu machen«.

Die CIA hatte schon vorgesorgt. In einem streng geheim gehaltenen Gebiet im Dschungel von Guatemala wurden von der CIA junge Exilkubaner militärisch ausgebildet und für eine Invasion Kubas vorbereitet. Aus heutiger Sicht war das durchaus vergleichbar mit dem Vorgehen Wladimir Putins im Jahre 2014 auf der Krim. Diese Exilkubaner sollten auf getarnten Schiffen der US Navy des Nachts auf Kuba landen, schnell einen Brückenkopf bilden, dann behaupten, dass sich das kubanische Volk gegen Castro erhoben und sich bereits eine neue kubanische Regierung gebildet habe. Im Namen dieser Regierung sollten sie noch am gleichen Tag die USA um militärische Hilfe ersuchen. Und diese würde ihnen prompt zuteilwerden: Die amerikanische Luftwaffe würde sofort zum Einsatz kommen und helfen, den zu erwartenden Widerstand der Castro-Truppen durch intensives Bombardement zu brechen. Gleichzeitig aber würden auf diesem Brückenkopf der Exilkubaner auch schon amerikanische Marineinfanteristen an Land gehen, bis zu zehntausend Mann, und für eine schnelle Eroberung Havannas sorgen. Die CIA und die Berater Eisenhowers glaubten fest daran, dass es tatsächlich sofort zu einem Volksaufstand der Kubaner gegen das Castro-Regime kommen würde. Alle Vorbereitungen und Pläne waren bis zur Reife gediehen, als Eisenhowers Präsidentschaft im Jahre 1960 zu Ende ging. Sein Nachfolger hieß John F. Kennedy.

Als Kennedy nach seiner Angelobung das Weiße Haus betrat, wurde er kurz darauf nicht nur mit den Geheimcodes für den Einsatz der Atomraketen und -bomben der USA vertraut gemacht, sondern eben auch mit den Plänen zur Invasion Kubas. Die gefielen Kennedy nicht. Trotz der Ratschläge der CIA und der Generäle lehnte er ein direktes Engagement amerikanischer Streitkräfte auf Kuba ab. Aber er war mit einer Unterstützung der zur Landung bereiten Exilkubaner einverstanden. Und sie landeten am 17. April 1961 an einem Strand Kubas, der Schweinebucht hieß. Mit kubanischen Hoheitszeichen versehene amerikanische Bomber unterstützten die Landung. Doch das reichte nicht. Castros Soldaten waren bald zur Stelle und brachten den geplanten Vorstoß der Exilkubaner zum Stillstand. Vergeblich riefen diese nun die Amerikaner um Hilfe. Weder kamen weitere Flugzeuge noch die versprochenen Marineinfanteristen, Kennedy hatte ihren Einsatz untersagt. So erlitten die Exilkubaner schnell eine jämmerliche Niederlage. Kennedys Haltung ersparte den USA trotzdem nicht, als Drahtzieher dieser Invasion weltweit angeprangert zu werden. Nebenbei bemerkt: Putins Invasion auf der Krim erfolgte nach dem gleichen Muster. Nur gab es dort kaum Widerstand und die russischen Streitkräfte kamen den Invasoren nach einem vorgetäuschten Volksentscheid sofort »zu Hilfe«.

Kennedy allerdings kam um die Konfrontation mit der Sowjetunion auf Kuba nicht umhin. Denn nun sah sich Chruschtschow zum militärischen Schutz Fidel Castros verpflichtet. Umso mehr, als sich Castro in einer großen Ansprache als Marxist, Leninist und Kommunist ausgab und Kuba zu einem sozialistisch-marxistisch-leninistischen Staat ausrief. Das hieß, dass ihm die gleiche Hilfe zu gewähren sei, wie sie die Sowjetunion etwa den moskautreuen Kommunisten beim ungarischen Volksaufstand gewährt hatte – mit dem Einsatz sowjetischer Waffen.

Gleichzeitig erkannte Chruschtschow, dass diese Situation auch der Sowjetunion selbst durchaus hilfreich sein konnte. Moskau verfügte zu diesem Zeitpunkt über nur wenige Langstreckenraketen. Die Amerikaner aber hatten im Rahmen ihres NATO-Bündnisses, zu dem auch die Türkei gehörte, auf türkischem Boden eine erhebliche Anzahl von Mittelstreckenraketen der Type »Saturn« stationiert, ein Raketentyp, der mit atomaren Sprengköpfen bestückt war. Diese Atomraketen konnten fast alle Ziele im europäischen Russland erreichen, insbesondere Moskau. Die Sowjetunion stand also unter unmittelbarer atomarer Bedrohung, während ihre Kapazität zur Abschreckung dieser Bedrohung – nach einem Angriff einen vernichtenden Gegenangriff starten zu können – noch nicht entwickelt war. Jetzt bot sich Chruschtschow die Gelegenheit, sowjetische Mittelstreckenraketen auf Kuba zu stationieren und damit auch Washington und New York atomar bedrohen zu können.

Chruschtschow nutzte die Gelegenheit. Anfang Oktober 1962 entdeckte ein Spionageflugzeug der CIA vom Typ U2 auf einem Erkundungsflug über Kuba den Aufbau von Abschussrampen und auch die bereitliegenden sowjetischen Mittelstreckenraketen. Die von diesem Flugzeug aus gemachten Fotos ließen alle Einzelheiten erkennen, auch die Anwesenheit vieler Männer, die als sowjetische Raketenmannschaften zu deuten waren.

Krisensitzung im Weißen Haus. Anwesend Präsident Kennedy, sein Bruder Robert, Justizminister und engster Berater des Präsidenten, Verteidigungsminister Robert McNamara. Die Welt aber ahnte zu dieser Stunde nicht, dass nun im Weißen Haus darüber entschieden werden sollte, ob es zu dem lange Zeit befürchteten atomaren Schlagabtausch mit der Sowjetunion kommen sollte. Verteidigungsminister McNamara war dafür, sofort loszuschlagen, Kuba zu invadieren und Castro zu beseitigen. Dabei wurde McNamara vom Vereinigten Generalstab und der CIA voll unterstützt.

Aber Kennedy machte noch einen Versuch, den Krieg abzuwenden. Am 22. Oktober wandte sich Kennedy über das Fernsehen an die Nation und an die Weltöffentlichkeit: Er verhängte eine Seeblockade gegen Kuba, 200 Einheiten der US-Marine wurden rund um Kuba in Stellung gebracht mit dem Auftrag, jedes Schiff anzuhalten, auf Raketen zu untersuchen und es zum Abdrehen zu zwingen. Gleichzeitig forderte Kennedy die Sowjetunion auf, alle auf Kuba schon vorhandenen Raketen sofort abzuziehen und drohte für den Angriffsfall mit einem atomaren Gegenschlag. Alle US-Streitkräfte weltweit wurden in erhöhte Einsatzbereitschaft versetzt, eine Streitmacht zur Vorbereitung der Invasion Kubas wurde nach Florida verlegt.

Kennedy holte nun auch die Spitzenpolitiker beider Parteien ins Weiße Haus und ließ den amerikanischen Botschafter in Moskau, Llewellyn E. Thompson, eiligst nach Washington berufen. Thompson war der letzte amerikanische Hochkommissar in Österreich, verhandelte lange mit den Sowjets über den österreichischen Staatsvertrag und war daher mit dem strategischen Denken der Sowjets, ihren Verhandlungstaktiken und ihrer Mentalität sehr vertraut. Auf diese österreichischen Erfahrungen Thompsons stützte sich nun Kennedy. Was tun? Ein Telegramm aus Moskau traf ein: Chruschtschow erklärte sich bereit, die Raketen aus Kuba abzuziehen, wenn die USA garantierten, Kuba nicht jetzt und nicht in Zukunft anzugreifen. Er forderte auch den Abzug der amerikanischen Raketen aus der Türkei. McNamara war noch immer für die Invasion Kubas, Thompson riet Kennedy dazu, auf die Vorschläge Chruschtschows einzugehen. Das tat Kennedy.

In einer auch vor der UNO abgegebenen Erklärung verpflichteten sich die USA, Kuba nicht anzugreifen. Die Sowjets begannen unverzüglich mit dem Abbau der Raketen in Kuba und ihrer Rückführung nach Russland. Dass Kennedy auch den Abbau der US-Raketen in der Türkei akzeptiert hatte, wurde von beiden Seiten zunächst geheim gehalten, aber auch durchgeführt.

Erst im Nachhinein erkannten beide Seiten und hörte die Welt, dass es in diesen Tagen bereits zum Einsatz von Unterwasserbomben gekommen war, um russische U-Boote vor Kuba zum Auftauchen zu bringen, dass diese U-Boote mit Atomtorpedos bestückt waren und dass Fidel Castro Chruschtschow aufgefordert hatte, sofort mit einem Atomangriff auf Washington zu beginnen. McNamara erfuhr nach Zusammenbruch der Sowjetunion in Moskau, dass die Küste Kubas auch mit russischen atomaren Minen gespickt war, die bei einer US-Invasion in die Luft gegangen wären – der atomare Gegenschlag gegen die Sowjetunion wäre automatisch erfolgt. Die Welt war also um Haaresbreite am Atomkrieg vorbeigeschrammt.

Aber die USA und die Sowjetunion zogen doch die Konsequenz aus der Konfrontation: Zwischen Moskau und Washington wurde ein sogenannter »heißer Draht« eingerichtet – eine gesicherte Fernschreib- und Telefonleitung zur sofortigen und direkten Verständigung, falls es irgendwann wieder zu einer derartigen Situation in der Welt kommen sollte. Diese Leitung steht vermutlich noch heute.

Mein Besuch auf Kuba erfolgte 1963, ein Jahr nach dieser Konfrontation. Auf den »Sieg über die Amerikaner« in der Schweinebucht ist man stolz und sieht in ihm den Beweis der eigenen »Überlegenheit der Revolution«. Über den Aufbau und Abzug der Sowjetraketen wird nicht viel gesprochen. Vielleicht glaubt man auch nicht ganz daran, denn sowjetische Soldaten und Experten gibt es noch viele in Kuba. Sie sind an mehreren Merkmalen zu erkennen: Sie tragen im Gegensatz zu den meisten Kubanern einen kurzen militärischen Haarschnitt und durchwegs karierte Hemden, die offenbar zur standardisierten Zivilkleidung dieses Personals gehören.

Wenn mir das nicht gesagt worden wäre, hätte ich auch nicht gleich verstanden, was mir nun selbst passierte. In Mexiko hatte mir ein Friseur – nach fünfwöchiger Rundfahrt durch Südamerika – einen kurzen Haarschnitt verpasst. In Kuba halten mich jetzt immer wieder junge Leute mit einem freundlichen Lächeln an und zwei Mädchen küssen mich sogar auf die Wange, alle mit dem Ruf: »Russki!«, »Towarisch!«. Sie schätzen mich als einen Russen ein und sind nach wie vor Russland dankbar. »Sie bringen große Opfer für uns. Sie sind doch selbst arm, aber sie helfen uns.« Allerdings nicht mehr mit Raketen, doch weiterhin militärisch, mit modernen Waffen und Ausbildnern – vor allem jedoch mit Erdöl und Lebensmitteln.

All das fiel mir 2014 sofort wieder ein, als die Nachricht eintraf, dass maskierte Männer, die aber offenbar russische Uniformen trugen, auf der Krim erschienen waren und die schon erwähnte »Volksabstimmung« organisierten, die ein eindeutiges Ja zu einem Anschluss der Krim an Russland erbrachte. Der wurde mit regulären russischen Truppen auch bald vollzogen. Das heißt,

Putin war gelungen, was Eisenhower für Kuba plante, aber Kennedy nicht durchzog.

Kuba und die USA. Mehr als 50 Jahre dauerte diese Konfrontation. Erst im Jahre 2015 wurden die diplomatischen Beziehungen zwischen den beiden Staaten wieder aufgenommen, die Wirtschaftsblockade aber noch nicht aufgehoben.

Vietnam
Ein Krieg verändert die Gesellschaft

Es war der Krieg in Vietnam, der die Welt veränderte. Nicht schlagartig, nach und nach, dafür nachhaltig. Zunächst war es ja ein Krieg nur der Franzosen, die sich in »ihrem Indochina« so verhalten wollten wie in »ihrem Algerien«: Nicht aufgeben, wie die Briten ihre Kolonien aufgaben. Die Franzosen betrachteten jede ihrer Kolonien von Anfang an so, als wären sie Landesteile Frankreichs, Provinzen. Und die Einwohner dort Franzosen.

Im Zweiten Weltkrieg besetzten die Japaner Indochina. Als der Krieg zu Ende war, zogen sie ab und die Franzosen kamen wieder. Aber die Vietnamesen hatten unter den Japanern ein starkes, eigenes nationales Bewusstsein entwickelt. Und mit den Franzosen kamen auch jene Vietnamesen zurück, die in Frankreich den Kommunismus kennengelernt hatten. Kommunismus und Nationalismus, das war das Gemisch, das auch in China nach der Niederlage Japans zum Bürgerkrieg führte und Mao Zedong an die Macht brachte.

In Vietnam hieß der kommunistische Anführer Ho Chi Minh. Und bei dem vietnamesischen Ort Dien Bien Phu kam es zur großen Schlacht, die die Franzosen verloren. Vietnam wurde, wie schon Korea, in Nord- und Südvietnam geteilt – im Süden kämpften die Kommunisten weiter. Die USA wurden zu Hilfe gerufen, Präsident Kennedy entsandte Militärberater, vor allem um den Südvietnamesen zu helfen, gegen die Kommunisten zu kämpfen. Aus dem Kolonialkrieg wurde ein Bürgerkrieg. Und für die Amerikaner eine Front des Westens, um den Kommunismus einzudämmen, gemäß der in Europa praktizierten

Containment-Doktrin, keinen Schritt zurückzuweichen: Westberlin als Symbol.

Nach der Ermordung Kennedys stand sein Nachfolger Lyndon B. Johnson in Vietnam vor der Frage: Siegen oder Rückzug? Er wollte siegen. Ein angeblich erfolgter Angriff eines kommunistischen Kanonenboots auf ein amerikanisches Kriegsschiff im Golf von Tonkin bot ihm Gelegenheit, die Zustimmung des Kongresses zur Entsendung von Truppen nach Vietnam zu erhalten. Aber der erwartete schnelle Sieg blieb aus. Vietcong wurden die Kommunisten genannt, in der amerikanischen Militärsprache bald VC (»WISI«). Sie kämpften nach Partisanenart, schlugen zu und verschwanden danach im Dschungel, holten sich aus den Dörfern den Reis und die Rekruten. Wer nicht kooperierte, wurde getötet. Und diese Drohung machte es den Amerikanern schwer, die Bevölkerung nun für ihren Kampf gegen den Vietcong zu gewinnen.

Der Krieg wurde immer verlustreicher und die Schiffe, die mit Särgen gefallener Amerikaner nach Hause fuhren, wurden zum Symbol dieses Krieges.

Schlimmer noch: Da es kein erklärter Krieg war, sondern nur eine »Hilfsaktion« für Südvietnam, konnten sich die Journalisten und Fernsehteams in Vietnam frei bewegen und lieferten jeden Tag Berichte und Filmaufnahmen von diesem immer grausamer werdenden Krieg in die Wohnzimmer der Amerikaner. Die amerikanische Armee war damals keine Berufsarmee, jeder 18-jährige Amerikaner musste sich zur Rekrutierung stellen, und immer mehr von diesen jungen Leuten mussten in den Krieg nach Vietnam. Die Studenten waren die Ersten, die dagegen demonstrierten. Die Protestbewegung wurde zu einer Jugendrevolte, die rasch auch Europa erfasste.

Der »Kurier« hatte, so wie alle Zeitungen weltweit, sowohl über den immer verlustreicher werdenden Krieg als auch über seine gesellschaftlichen Auswirkungen fast täglich zu berichten. So wollte ich mir selbst ein Bild machen von diesem Krieg. Und flog 1967 nach Vietnam, nach Saigon, der Hauptstadt Südvietnams und auch Sitz des amerikanischen Hauptquartiers. USPAO hieß die Pressestelle in diesem Hauptquartier, »US Public Affairs Organisation«. Interessanterweise waren die meisten der dort tätigen Offiziere Amerikaner armenischer Abstammung. Wenn man danach fragte, was das Wort USPAO (ausgesprochen »Tschaspao«) bedeute, bekam man zur Antwort: »Just another Armenian word for chaos.«

Und recht chaotisch ging es dort zu, viele Journalisten, und alle wollten den Krieg sehen. Ich auch. Die Besichtigung des Krieges konnte man buchen: Meist schon am nächsten Tag nahm einen eines der dafür eingesetzten zweimotorigen Beachcraft-Flugzeuge an Bord, um zu einem der stets wechselnden Kampfgebiete zu fliegen. Mit mir flogen drei amerikanische Journalisten, ein USPAO-Mann und ein vietnamesischer Dolmetscher.

Nach zwei Stunden setzte der Pilot zum Tiefflug an. Noch nicht zur Landung. Er überflog einen kleinen Airstrip mitten im Dschungel. Ich sah aus dem Fenster, erkannte eine Windhose und eine Hütte, sah aber keinen Menschen. Der Pilot wusste sofort Bescheid. Der Airstrip befand sich in der Hand des Vietcongs. Aufgeregt sagte er das über den Lautsprecher. Einen Moment später wurde das Flugzeug aus dem Dschungel beschossen. Der Pilot setzte zum Steilflug und zur Flucht an. Ein paar Minuten später überflogen wir ein größeres Dorf und sahen überall amerikanische Soldaten. Am Rande des Dorfes hatten sie schon mit den diesem Zweck dienenden Eisenplatten einen Airstrip ausgelegt. Wir landeten.

Ja, an diesem Morgen hatte der Vietcong wieder einmal ein Stück des Dschungels erobert. Man habe das nach Saigon gemeldet, aber die Nachricht hatte offenbar USPAO nicht erreicht.

Was ich jetzt zu sehen bekam, war ein Feldlazarett mit verwundeten Soldaten und Offizieren, die nach dem morgendlichen Kampf wenig Lust hatten, mit Journalisten zu sprechen. Nur so viel: Der Kampf wäre nicht so aussichtslos, wie so viele Journalisten meinten. Es gäbe immer mehr Dorfbewohner, die, vom Terror des Vietcongs schockiert, zur Kooperation mit den Amerikanern bereit wären. Es gäbe Überläufer, die sogar bereit wären, gegen den Vietcong zu kämpfen.

Einige davon wurden uns jetzt vorgeführt. Für solche Leute gab es eine eigene schwarze Uniform: »Wir setzen sie nicht der psychologischen Belastung aus, ihre früheren Kameraden anzugreifen. Wir setzen sie in den Dörfern ein, aus denen sie kommen. Dort sollen sie ihre eigenen Familien beschützen und den Vietcong daran hindern, sich Lebensmittel und Rekruten zu beschaffen.« Ob der Kampf, den die Amerikaner da führten, nach Ansicht der Offiziere Aussicht auf Erfolg habe? Der Offizier, der uns antwortete, berief sich auf den »body-count«, ein Wort, das ich in Vietnam noch öfter hörte – die Zahl der toten Vietcongs. Wenn dieser »count« von Tag zu Tag zunahm, war man, so die Erklärung, auf dem Weg zum Sieg. Und tatsächlich fand sich dieser »body-count« immer öfter in den offiziellen Lageberichten der Amerikaner aus Vietnam. Wie viele hatte man getötet? Je mehr, desto näher sei man dem Sieg.

Um den Journalisten auch etwas vom Kampfgetümmel zu vermitteln, wurde einigen Soldaten befohlen, ihre neuesten Schnellfeuerwaffen vorzuführen. Mit wenigen Feuerstößen wurden drei große Bäume total entlaubt. So effektiv konnte man Nester des Vietcongs ausräumen. Mehr hatte ich an diesem Tag nicht gesehen, als uns die Beachcraft nach Saigon zurückbrachte.

Beim USPAO stellte ich daher am nächsten Tag die Frage, ob es möglich sei, Kontakt zu den Südvietnamesen aufzunehmen. Immerhin waren das ja jene Menschen, für die die Amerikaner hier in den Krieg zogen. Der Chef des USPAO riet mir ab: »Bei denen weiß man nie, wie sehr sie vom Vietcong infiltriert sind.« Eigentlich eine schockierende Antwort, setzten doch amerikanische Soldaten ihr Leben für diese Südvietnamesen ein. Schließlich wies man mir doch den Weg zu deren Hauptquartier.

Die Art, wie ich dort empfangen wurde, ließ erkennen, dass Journalisten hier nur selten vorbeikamen. Man war überrascht, sehr höflich und bereit, mich über die Operationen der südvietnamesischen Soldaten zu informieren. Demzufolge siegten auch sie an allen Fronten. Wenn ich das selbst beobachten wolle, könne ich eine südvietnamesische Patrouille bei ihrem Einsatz begleiten. Nein, Flugzeuge gebe es nicht. Zunächst nur Schützenpanzerwagen. Danach würde es zu Fuß weitergehen, ich möge am nächsten Tag wiederkommen und mir gutes Schuhwerk anziehen.

Am nächsten Tag stapfte ich mit etwa 20 südvietnamesischen Soldaten durch den Dschungel. Feindberührung gab es keine. Aber man zeigte mir den versteckten Zugang zu einem unterirdischen Tunnelsystem, aus dem heraus der Vietcong seine Überraschungsangriffe gestartet hatte. Und auch einige der Fallgruben, die der Vietcong auf den Wegen angelegt hatte, auf denen amerikanische beziehungsweise südvietnamesische Truppen zu erwarten waren. Die Böden dieser Gruben strotzten von aus Bambus geschnitzten Speerspitzen. Ja, es gab auch eine Strecke total zerfetzter Bambusstämme. Hier hatte es einen heftigen Feuerwechsel gegeben. Und mit einem solchen sei immer zu rechnen, meinte der Kommandant. Das war nicht gerade beruhigend.

Dafür aber gab es zu Mittag ein Lagerfeuer, auf dem das Mittagessen bereitet wurde. Da traute ich meinen Augen kaum. Einige Soldaten hatten eigenartige Rucksäcke getragen. Jetzt stellte sich heraus, dass es Käfige mit lebenden Heuschrecken waren. Auf das Feuer wurde eine Pfanne gestellt und als diese richtig heiß war, wurden die Heuschrecken hineingeworfen zum Rösten. Ich wollte nicht mitessen, konnte aber dann doch das intensive Angebot nicht ablehnen. Sie waren knusprig und tatsächlich ganz gut.

Am Abend erreichten wir eine ziemlich große Ortschaft. Dort gab es ein Krankenhaus, zu dem man mich nun brachte. Der Direktor des Hauses würde mich zum Abendessen einladen. Gemeinsam mit einem Dolmetscher, dem Gouverneur der Provinz und seinen beiden Adjutanten wartete ich bei Tisch auf den Direktor. Der kam sehr verspätet und entschuldigte sich: Es seien viele Kranke eingeliefert worden. Kranke? Ja, es sei wieder einmal die Pest ausgebrochen. Nein, nur keine Sorge, die Pest lasse sich heutzutage mit Antibiotika rasch und erfolgreich bekämpfen. Viel Appetit hatte ich danach nicht.

Zum Übernachten lud mich der Gouverneur in sein Haus ein. Zu meiner Überraschung brachte er mich zu einer Leiter, die auf den Dachboden führte. Mein Bett würde ich da oben finden. Eine Sicherheitsmaßnahme. Wenn der Vietcong angreifen sollte, würde er das mit einer Panzerfaust tun und sie gegen die Wohnräume im Erdgeschoss richten. Am Dach sei man da ziemlich sicher. Er selbst, der Gouverneur, werde allerdings nicht im Haus sein. Und er erklärte ganz offen: Er wechsle jeden Tag seine Schlafstelle, der Vietcong dürfe nie wissen, wo er schlafe. Oben auf dem Bett lagen eine Maschinenpistole und ein »Walkie-Talkie«, ein Funktelefon. Dazu die Nummer, über die ich den Gouverneur erreichen könne, sollte Gefahr im Verzug sein. Sicherheitshalber möge ich die Leiter einziehen.

Aber die Nacht verging ruhig und am Morgen nach dem Frühstück lud mich der Gouverneur zu einer Besichtigungsfahrt ein. Wir fuhren gemeinsam im dritten Wagen einer kleinen Kolonne, der Gouverneur, ein Adjutant, der Dolmetscher und ich. Nach der Rundfahrt klärte mich der Dolmetscher auf: Der Vietcong lege manchmal Minen, doch die explodieren schon unter dem ersten Wagen.

Drei Wochen hielt ich mich in Saigon auf und machte noch einige »Ausflüge« in andere Provinzen und an andere Kriegsschauplätze. Die Amerikaner waren bemüht, die eigenen und fremden Journalisten von der Notwendigkeit und Richtigkeit des Krieges zu überzeugen. Immer wieder kam der Vergleich mit Westberlin auf. Hier in Vietnam würde auch Berlin verteidigt. Gäbe man in Vietnam nach, käme es zu einem »Dominoeffekt«, die Kommunisten würden nicht nur Südvietnam, sondern auch das benachbarte Laos und Kambodscha und von dort womöglich noch den Rest von Südostasien überrollen. Malaysia, Burma und Thailand wären dann die Nächsten. Aber es werde nicht dazu kommen, der Sieg der USA in Vietnam sei sicher. Wieso? Weil sich die Großmacht Amerika eine Niederlage nicht erlauben könne und sich daher auch nicht erlauben werde.

Und das wollte Präsident Johnson unter Beweis stellen. Die großen B52-Bomber, gebaut für den Einsatz von Atombomben, wurden umgerüstet und trugen nun Tonnen von normalen Bomben nach Vietnam. Weil es dort keinen entsprechend großen Flugplatz gab, kamen sie von den amerikanischen Stützpunkten auf den Philippinen und Guam und warfen ihre Last über jenen Gebieten ab, in denen die Nachschubwege des Vietcongs von Nordvietnam nach dem Süden vermutet wurden. Aber der Vietcong wusste sich diesem Bombenhagel in den dichten Dschungelwäldern zu entziehen.

Da ordnete Johnson den Einsatz von Chemikalien an, die den Dschungel entlauben sollten – den sogenannten »Agent Orange«. Doch der entlaubte nicht nur die Wälder, sondern führte langfristig auch zu schweren Erkrankungen bei den Menschen und setzte die USA ebenso langfristig dem Vorwurf aus, sich eines Kriegsverbrechens schuldig gemacht zu haben. Den Krieg beendeten die Bomben nicht und auch nicht der »Agent Orange«, wohl aber wurde die Moral bei den Amerikanern zerstört. In den Colleges und Universitäten lehnten sich die Studenten auf, in der Universität Kent kam es sogar zum Waffengebrauch und es gab Tote. Nicht wenige der jungen Amerikaner entzogen sich der Wehrpflicht durch Flucht ins Ausland, vorwiegend nach Kanada, aber auch in andere englischsprachige Länder, Australien, Neuseeland und Großbritannien. Viele flüchteten sich ins Rauschgift. Der spätere Präsident Bill Clinton ging ins Ausland.

Zu den Protesten gegen den Vietnamkrieg kam es auch in Europa. Bald zogen hier demonstrierende Jugendliche durch die Straßen mit antiamerikanischen Transparenten und dem Kampfruf: »Ho, Ho, Ho Chi Minh!«, dem Namen des nordvietnamesischen Führers. Dabei blieb es nicht. Vieles wurde nun infrage gestellt – das politische System auch der eigenen Staaten, die

Autoritäten an sich, die gesellschaftliche Ordnung. Auf den deutschen und bald auch österreichischen Universitäten hieß es »unter den Talaren der Staub von hundert Jahren«.

Alle Fraktionen der Hochschülerschaft riefen in Wien zu einer Demonstration vor dem Unterrichtsministerium auf, aber dann stürmten die Studenten auch die Rampe des Parlaments. Sie forderten eine Hochschulreform und hatten damit durchaus recht. Die Universitäten hatten zum Teil den Anschluss an den Weltstandard versäumt. Mitte der Sechzigerjahre waren 90 Lehrkanzeln in Österreich unbesetzt. Politisch nicht genehme Wissenschaftler wurden von den Hochschulen ferngehalten. Ich erlebte das bei meinem Freund Friedrich Heer. Der österreichische Philosoph und Schriftsteller, international hoch anerkannt, seine Werke in alle Weltsprachen übersetzt, erhielt in Österreich keinen Lehrstuhl. Weil er Nonkonformist und »Linkskatholik« war, daher nicht ins System passte. Viele österreichische Wissenschaftler waren ins Ausland abgewandert. Von 80 österreichischen Professoren und Dozenten wusste man, wo sie lehren, jedenfalls nicht in Österreich. Und wenn einer zurückkehren wollte, gab es Widerstände wie im Fall Friedrich Hacker, hoch angesehener Psychiater, Chef einer eigenen Klinik in Los Angeles. Er wollte zurück nach Wien, aber wie bei Heer wusste man auch Hacker zu verhindern. Dafür allerdings betrug der Aufwand für Forschung in Österreich nur 0,3 Prozent des Bruttonationalprodukts. Wissenschaft in Not, so lautete die Klage selbst der Professoren. Österreich, hieß es, sei zur geistigen Provinz geworden.

All das stellte man zur Diskussion, ausgelöst durch den Protest gegen einen Krieg, der weltweit immer mehr als Verbrechen gegen die Menschlichkeit empfunden wurde. Die spätere Professorin Marina Fischer-Kowalski erklärte mir dazu in einem Interview für »Österreich II«: »Was da in der Luft lag, war die Hochschulreform, das war sozusagen das Basisprojekt, aber wir hatten natürlich die gesamte Gesellschaft irgendwie erlösen wollen ... Bildungsreform als Hebel zur Gesellschaftsreform ... Dazu gab es einen theoretischen Gestus der Verachtung für die bürgerliche Demokratie mit der Begründung, dass hier irgendwelche Leute gewählt werden, die keine inhaltlichen Aufträge haben, die machen können, was sie wollen in der Politik. Und das Volk delegiert seine politische Selbstbestimmung an diese Personen für vier Jahre. Das sei ein verlogenes System, nicht wirklich Demokratie. Also das war etwa die Linie, die dann in vielen Ausformungen aufgetreten ist.«

Wie in Berlin versuchten junge Aktivisten es jetzt auch in Wien mit Wohngemeinschaften, Kommunen, antiautoritärer Erziehung und freier Liebe. Jahre danach befragt, meinen viele der damaligen führenden Aktivisten, sie hätten mit all dem nicht gar so viel bewegt. Damals und oft noch später nahm ich an Diskussionen teil, die die Ziele der Jugendrevolte und die Aufregung über ihre angeblichen Auswüchse zum Thema hatten. Bei einer dieser Diskussionen in der »Galerie nächst St. Stephan« konfrontierte mich der fortschrittliche, angesehene Monsignore Maurer mit einer Gruppe junger »Revoluzzer«, und erstaunt stellten er und ich am Ende der erhitzt geführten Diskussion fest, dass wir mit vielen ihrer Forderungen durchaus einverstanden waren.

Tatsächlich hat sich als Folge dieser Jugendrevolte gesellschaftlich doch Erhebliches verändert. Die Selbstherrlichkeit an den Universitäten, aber auch der Bürokraten und Politiker wurde weitgehend überwunden. Der Staat und die Parteien suchten und fanden mehr Bürgernähe. Das fand auch Ausdruck in der »Grünen«-Bewegung und Organisationen wie »SOS Mitmensch« und »Amnesty International«, in den Bestrebungen nach mehr Menschlichkeit und Mitgefühl.

Eine Lektion Journalismus
In Wien und in Afrika

Apropos Wiener Universität. 1946 hatten sich die Ränge der Professoren schon wieder etwas gefüllt. Und ein neues Institut wurde eingerichtet: das Institut für Zeitungswissenschaft. Mittlerweile war mir schon klar geworden, dass ich meinen Traum vom weltreisenden Forscher bestenfalls nur in Form eines reisenden Journalisten erfüllen könnte. Also auf ins Zeitungswissenschaftliche Institut! Dort, so glaubte ich, werde es möglich sein, Journalismus zu studieren, vielleicht sogar eine Ausbildung zu erhalten. Dann die Überraschung: Ein älterer Herr stellte sich als Institutsleiter vor, Eduard Ludwig. Er war Mitglied des Staatsrats unter Bundeskanzler Kurt Schuschnigg.

In seiner ersten Vorlesung erklärte Ludwig den Studenten und Studentinnen, wie sie sich künftig als Journalisten zu verhalten hätten. Ihre wichtigste Aufgabe müsste es sein, stets die Staatsräson zu vertreten. Das heißt, in allen Berichten und Kommentaren auf das Wohl des Staates bedacht zu sein und vor allem die Regierung in ihrer schweren Aufgabe, das Land zu führen, zu unterstützen.

Dies habe in der Regierungszeit von Dollfuß und Schuschnigg in der Regel recht gut funktioniert. Im Großen und Ganzen hätten sich die Journalisten durchaus im Sinne der Staatsräson verhalten. Dann kam der überraschende Satz: »Die paar Journalisten, die versucht haben, aus der Reihe zu tanzen, für die unterhielt der Bundespressedienst einen ›Reptilienfonds‹.« Als er das sagte, lachte Professor Ludwig verschmitzt und erklärte uns, was unter »Reptilienfonds« zu verstehen war und wie er angewendet wurde.

Journalisten, die sich unbotmäßig verhielten und sich auch nicht gut zureden ließen, mussten halt bezahlt werden. Die das annahmen, nannte man »Reptilien«. Interessanterweise gab es nach dieser Erklärung unter den Studenten keinen Sturm der Entrüstung. Heute wäre das gewiss undenkbar.

Ludwig blieb allerdings nicht lange Vorstand des Instituts. Er hatte ja auch längst schon die Pensionsreife erreicht. Ihm folgte eine tüchtige, aufgeschlossene und liberale Assistentin nach, Marianne Lunzer. Aber auch sie lehrte uns keinen Journalismus, sondern genau das, was der Titel dieses Instituts besagte: Zeitungswissenschaft. Also Erforschung von Zeitungen.

Die erste Seminararbeit, die ich für Lunzer schreiben musste, war die Erforschung der politischen Haltung und Schreibweise der Wiener Zeitungen in der Zeit der beiden napoleonischen Besetzungen 1804 und 1809. So lernte ich die Wiener Nationalbibliothek kennen und schätzen. Dort wurden diese Zeitungen aufbewahrt und so verbrachte ich nun hier viel Zeit, fand und durchforstete die Zeitungen, die damals in Wien erschienen waren. Wie gescheit von Frau Lunzer: Denn aus diesen Zeitungen ließ sich durchaus herauslesen, wie die damaligen Journalisten trotz Besatzung und strenger Zensur doch so manches an Kritik an der napoleonischen Besatzungsmacht übten und geschickt verschlüsselt Nachrichten von den Aktionen der Verbündeten Russland und England veröffentlichten. Mit Besatzungsmächten hatten wir es in Wien ja gerade auch zu tun.

Frau Professor Lunzer und ihr Nachfolger Kurt Paupié ermunterten mich Jahre später, doch noch eine Dissertation zu schreiben und das Studium abzuschließen. Obwohl wir alle drei, Lunzer, Paupié und ich, doch der Meinung waren, dass sich im Zeitungswissenschaftlichen Institut der Journalismus nicht erlernen ließ, jedenfalls nicht mit den damals angewandten Lehrinhalten.

Um es vorwegzunehmen: Heute heißt es nicht mehr Zeitungswissenschaft, sondern Publizistik, Lehrinhalte und -methoden sind den heutigen multimedialen Anforderungen angepasst.

Aber so etwas wollten Lunzer und Paupié auch schon damals realisieren und baten mich, doch einen Lehrauftrag anzunehmen, die Studenten mit der Praxis des Journalismus vertraut zu machen. Aufgrund meiner eigenen Erfahrungen war mir das auch ein persönliches Anliegen. Immer wieder bewarben sich junge Menschen um einen Job in der Zeitung, wollten Journalisten werden. Nicht wenige davon nahm ich auch auf und bewog die Redakteure des »Kurier«, diesen Nachwuchs zu schulen und nannte das eine »Lehr-Redaktion«.

Jetzt sollte ich die journalistische Praxis als Lehrbeauftragter auch den Studierenden im Zeitungswissenschaftlichen Institut nahebringen. Mit zwei Doppelstunden in der Woche. Mein Kurs nahm zwei Semester in Anspruch, wurde von rund 40 Studierenden besucht, und das mit viel Freude und Enthusiasmus. Ich erzählte das meinem Herausgeber Ludwig Polsterer und fragte ihn, ob er bereit wäre, alle Einrichtungen des »Kurier« und der Druckerei den Studierenden einen Tag lang zur Verfügung zu stellen. Sie sollten zum Schluss meines Kurses selbst eine Zeitung machen. Die Idee gefiel Polsterer und wir fanden einen Tag, an dem das möglich war.

Schließlich sollte den Studenten eine Art Abschlusszeugnis ausgestellt werden, mit dem sie sich auch um Aufnahme bei Zeitungen, Hörfunk- und Fernsehstationen bewerben konnten. So gab ich den Studenten die Aufgabe, unter sich eine Redaktion zu bilden, das heißt, für jedes Ressort der Zeitung einen Ressortleiter und dessen Mitarbeiter zu bestellen. An dem Tag, wo ihnen das gesamte Haus »Kurier« zur Verfügung stand, sollten sie selbst eine Zeitung machen mit allem, was dazugehört: einen eigenen Zeitungstitel, Berichte, Kommentare, politische Glossen, Kultur- und Sportkritiken, kurzum jeder Studierende sollte zumindest einen Beitrag selbst schreiben und mit seinem Namen signieren. Diese Beiträge würde ich für ihre Benotung berücksichtigen. Sie machten eine wunderbare Zeitung mit sehr interessanten Beiträgen.

Ich wandte mich an mehrere österreichische Chefredakteure, schilderte ihnen knapp, was die Studenten in meinem Kurs gelernt hatten und wozu sie, meiner Ansicht nach, schon fähig wären. Ich hoffte, der eine oder andere Kollege könnte meinen Studenten bereits einen Job anbieten.

Am Tag der Zeugnisverteilung gab ich meinem Bedauern Ausdruck: Ich konnte ihnen nur zwei Jobs anbieten. Aber welche Enttäuschung! Keiner der rund 40 Studenten war an diesen Jobs interessiert. Ich traute meinen Ohren nicht. Da hatten sie doch ein Jahr lang recht fleißig meinen Kurs besucht, hatten auch gezeigt, dass sie dabei einiges gelernt hatten. Was wollten sie denn beruflich werden? Da kam fast unisono die Antwort: Journalist sei nach allem, was sie erkannt hätten, ein viel zu anstrengender Beruf – Tag und Nacht bereit sein, sich jeden Tag neu bewähren müssen und, wie sie hörten, auch gar nicht gut bezahlt zu werden, das wollten sie nicht. Fast alle wollten in die Werbung gehen, das sei gut bezahlt und nicht so stressig. Aber dazu hätten sie ja meinen Kurs nicht gebraucht. Ja, der Kurs, der war immer interessant und lustig, mit anderen Worten: Bei mir war's eine Hetz.

Aber gar keine Hetz war es, was sich nun im Parlament abspielte. Die Zeitung der Studenten war unter Ausschluss der Öffentlichkeit gemacht und gedruckt worden. Jeder der Studierenden konnte sich so viele Exemplare, wie er wollte, mit nach Hause nehmen. Doch eine oder einer hat eines der Exemplare an einen Politiker weitergereicht. Und in der Spalte »politische Glosse« hatte ein Student, durchaus im Sinne der gestellten Aufgabe, einen Kommentar verfasst, mit dem er eine parlamentarische Debatte und einen Politiker kritisierte. Das war doch das Lernziel: Durch ihre Beiträge zu zeigen, was sie als Journalisten zu leisten vermochten. Dabei konnten sie sich jedem Thema widmen.

Aber einige Herren der SPÖ fanden das skandalös. Die Spitzen ihrer Fraktion, Bruno Pittermann, Franz Jonas, Franz Olah und noch einige andere, brachten eine parlamentarische Anfrage an den Unterrichtsminister Heinrich Drimmel ein: Wie lange werde der Minister noch dulden, dass Hugo Portisch an der Universität politische Verhetzung der Studenten betreibe?

Der Minister rief mich an und ich erklärte ihm Zweck und Übung dieser unter Ausschluss der Öffentlichkeit gemachten Zeitung. Der Minister antwortete der SPÖ-Fraktion entsprechend: Welche Auffassung hätten sie denn von freier Meinungsbildung, von der Freiheit der Lehre und der Wissenschaft? Und auf welcher Grundlage stellten sie eine solche Anfrage – ohne sich zu erkundigen, worum es sich dabei handelt, und ob diese Oberflächlichkeit Basis ihrer parlamentarischen Tätigkeit sei. Es folgte keine Entschuldigung. Aber ich frage mich, was da los wäre in den Medien, wenn sich das heute eine Riege prominenter Politiker erlauben würde. Gekränkte Eitelkeit, oder sie teilten die Meinung des Professors Ludwig – Journalisten hätten stets im Sinne der »Staatsräson« zu schreiben. Der Vorfall sagte schon viel aus über die damals arrogante, anmaßende Allmächtigkeit der Politiker.

Mich hat das nicht entmutigt. Eines Tages erhielt ich den Anruf von Walter Wodak, diesmal in der Funktion des Generalsekretärs des Außenministeriums. Es läge ihm eine Anfrage der österreichischen Botschaft in Nairobi vor. Aufgrund einer Initiative des »Internationalen Presseinstituts« hätten drei Länder, Dänemark, Schweden und Norwegen, beschlossen, in Nairobi eine Journalistenschule – eine School of Journalism der Universität Nairobi – zu gründen, in der englischsprachige Afrikaner mit den Grundlagen demokratischer Journalistik vertraut gemacht werden sollten. Ziel dieser Aktion sei es, für die gerade um diese Zeit vom Kolonialismus befreiten, neuen afrikanischen Staaten gut ausgebildete Journalisten heranzuziehen, denn von ihrer Tätigkeit werde wohl auch die Entwicklung dieser Staaten beeinflusst werden.

Die Journalistenschule sei im Wesentlichen bereits eingerichtet, verfüge auch schon über rund 50 Studentinnen und Studenten aus sieben englischsprachigen Ländern – Äthiopien, Kenia, Nordrhodesien (Sambia), Südrhodesien (Simbabwe), Südafrika, Südwestafrika (Namibia) und Ghana. Jedoch: Einer der drei Sponsoren, Schweden, habe seine Teilnahme abgesagt. Wäre Österreich bereit, diese Aufgabe nun zu übernehmen, das heißt, ein Drittel der Kosten für diese Schule zu tragen? Der Vorteil für Österreich, so meinte der österreichische Botschafter Georg Reisch, läge darin, nicht nur den aufstrebenden afrikanischen Demokratien zu helfen, sondern auch in jedem dieser Länder künftig Ansprechpartner in den Zeitungen, Radio- und Fernsehstationen zu haben, die mit österreichischer Hilfe ausgebildet worden seien.

Das Außenministerium hatte nun über diesen Vorschlag zu entscheiden und Wodak fragte mich um meine Meinung. Doch ich konnte das nicht beurteilen, ohne das Projekt zu kennen. Meine Frau und ich hatten in dem Jahr, 1970, gerade einen einmonatigen Urlaub vor uns und noch keinen Plan, wo wir ihn verbringen wollten. So machte ich Wodak den Vorschlag, wir würden nach Nairobi fliegen und ich würde mir die Journalistenschule an Ort und Stelle ansehen. Natürlich auf eigene Kosten, Wodak brauchte mir nicht erst zu sagen, dass dafür kein Geld zur Verfügung stünde.

Es wurde einer der interessantesten und schönsten Urlaube, die wir je verbracht haben. Das hatte vor allem mit den Menschen zu tun, auf die wir hier nun trafen – auf die rund 50 Studentinnen und Studenten in dieser Schule. Sie hatten nicht nur für afrikanische Verhältnisse überaus hohe Aufnahmebedingungen zu bestehen: Jeder der Studierenden musste die Mittelschule mit Matura abgeschlossen haben, jeder musste bereits zwei Jahre Berufserfahrung haben bei Zeitung, Radio oder Fernsehen. Für jeden musste der Arbeitgeber bereit sein, den Lebensunterhalt für zwei Jahre zu bezahlen – das Studium selbst kostete nichts. Bedingungen, die, meiner Meinung nach, vermutlich auch in Europa nicht so leicht zu erfüllen wären. Und erst in Afrika, wo schon ein abgeschlossenes Studium an einem Gymnasium gar nicht selbstverständlich war.

Ich bot an, vier Wochen lang selbst als Lehrender an der Schule zu wirken, um eine fundierte Beurteilung dieses Projekts abgeben zu können. Schon die erste Doppelstunde erstaunte mich. Ich fragte die Studenten, was sie von mir wissen wollten. Einfache Antwort: Erzählen Sie uns, woher Sie kommen und wie es dort ist, woher Sie herkommen. Also Österreich.

Ich dachte mir, gemäß meiner Erfahrungen an der Wiener Universität würde es ausreichen, die letzte Viertelstunde der Unterrichtszeit für Fragen der Studenten zu reservieren. Denn in dem von mir geleiteten Kurs in Wien meldeten sich nur vereinzelt Studenten, die noch etwas fragen wollten. Ganz anders hier: Als ich meinen Vortrag beendete mit den Worten, wer habe noch Fragen, schnellten 50 Hände in die Höhe. Ausnahmslos hatte jede und jeder eine Frage. Und danach noch eine. Als ich nach einer Stunde sagte, jetzt müsse ich leider gehen, gab es noch eine Frage: Warum? Weil meine Frau und ich heute zu einem Abendessen eingeladen wären. Von wem? Wo? Vom österreichischen Botschafter in dessen Residenz. Wann? Um 20.00 Uhr. Da wäre aber noch viel Zeit. Ja, aber ich müsse noch meine Frau abholen. Von wo? Vom Hotel? Von welchem Hotel? Hotel »Norfolk«. Ob sie mich auf dem Weg dorthin begleiten dürfen? Jedenfalls wollten das einige von ihnen. Ja, gerne.

Auf diesem Weg wurden weitere Fragen gestellt. Dann verabschiedete ich mich von den Studenten und ging in das Hotel. Als meine Frau und ich eine halbe Stunde später aus dem Hotel kamen, saßen vis-à-vis auf dem Rasen noch immer einige Studenten, die uns zum österreichischen Botschafter begleiten wollten und enttäuscht waren, dass wir mit dem Taxi davonfuhren.

So ging das weiter. Jeden zweiten Tag eine Vorlesung, und immer wollten sie noch mehr wissen. Einige zeigten sich auch gut orientiert, waren offenkundig auch politisch geschult – der »Anschluss« 1938, Jubel für Hitler in Wien, Judenverfolgung und Krieg – darüber wussten sie Bescheid und wollten mehr darüber erfahren. Aber bald drehte ich den Spieß um. Auf den Wegen nach dem Unterricht mussten sie mir über ihre Heimatländer und deren Lebensbedingungen erzählen. Da habe ich viel gelernt. Und das bewog mich auch, einige dieser Länder später zu besuchen und über sie zu berichten.

Die vorlesungsfreien Tage waren für meine Frau und mich doch auch Urlaub. Wir besuchten die großen Nationalparks Kenias, Ngorongoro-Krater, Tsavo Ost und Tsavo West, den Naivashasee, Outspan … Dazwischen führte ich immer wieder Gespräche mit Botschafter Reisch und seinem Presseattaché, meinem alten Freund Kurt Hampe, über meine Erfahrungen mit der Journalistenschule und die Erwartungen, die diese beiden erfahrenen Kenia-Kenner an eine österreichische Teilnahme an dem Schulprojekt knüpften.

Heimgekehrt nach Österreich, konnte ich Walter Wodak durchaus eine Beurteilung der Journalistenschule abgeben: ein wichtiges, ein eindrucksvolles Projekt, bestimmt keine Geldverschwendung und – richtig genutzt – auch ein gutes Investment für Österreich in Afrika. Unter einer Bedingung: Für diese Leistung müsste sich die Universität Nairobi dazu verpflichten, pro Jahr mindestens eine österreichische Lehrkraft für diese Schule aufzunehmen. So wäre gesichert, dass Österreich ständig im Lehrprozess vorhanden wäre.

Das Außenministerium folgte dieser Empfehlung und der erwartete Erfolg stellte sich auch durchaus ein. An drei folgenden Jahren wurde jeweils ein österreichischer Journalist als Lehrer für die Schule aufgenommen. Aber dann war die Journalistenschule doch zu erfolgreich: Die ausgebildeten Studenten wurden Redakteure und Chefredakteure in Kenias Tageszeitungen, Radio- und Fernsehstationen. Und sie hatten demokratischen Journalismus gelernt. Wir machten sie zwar immer darauf aufmerksam, dass sie ihren Beruf unter den in ihren Heimatländern herrschenden politischen Verhältnissen werden ausüben müssen und dies unter Umständen auch Gefahren mit sich bringen könnte. Vermutlich auch den Anspruch, den Professor Ludwig von seinen Journalisten erwartet hatte: »Staatsräson«.

Diese Erwartung hatte die von Österreich mitbegründete School of Journalism der Universität Nairobi offenbar nicht erfüllt. Erst wurde versucht, Einfluss zu nehmen auf den Unterricht, und als dies nicht gelang, wurde sie als staatlich kontrollierte School of Journalism weitergeführt.

Ich melde mich von überall
Als Chefkommentator beim ORF

Mit dem Einzug Gerd Bachers und dessen Team 1967 begann eine neue Ära im ORF, eine, die man bald »Informations-Revolution« nennen wird. Der größte Mangel des unter der Proporzkontrolle der Parteien stehenden Rundfunks war die Vernachlässigung der Information. Was in Österreich selbst vorging, wurde weitgehend darauf reduziert, was der eine oder andere Minister gerade veranlasst oder gesagt hatte und was die offiziellen Stellungnahmen der Parteien, der Regierung und der Landesregierungen veröffentlichen wollten. Nachrichten aus dem Ausland beschränkten sich weitgehend darauf, was die internationalen Nachrichtenagenturen, geschleust, selektiert und übersetzt von der Austria Presseagentur, an die Zeitungen und eben auch an den ORF nach Österreich sendeten. Der ORF selbst hatte – kaum zu glauben – außer einem ganz selten eingesetzten freien Mitarbeiter bei der UNO keinen einzigen Auslandskorrespondenten. Alles, was vom ORF gesendet wurde, unterlag einer zweifachen Zensur: der Selbstzensur der eigenen Redaktionen und der minutiösen Beobachtung und Bewertung der Parteisekretariate. Es gab fast keine eigenen Recherchen und selbst Interviews mit Politikern wurden in der Regel Wort für Wort, Frage und Antwort, vorher festgelegt.

Fritz Senger, einer der damaligen Spitzenredakteure, schilderte mir, zu welchen Auswüchsen das manchmal führte: Ein Interview mit einer bekannten Wissenschaftlerin war vereinbart, die Fragen und die Antworten schriftlich ausgeführt. Der Interviewer wartete im Studio, um dort dieses »Live«-Interview zu führen. Die Sendung begann auf die Sekunde pünktlich. Die Interviewpartnerin war noch nicht da, doch der Reporter nahm an, dass sie im nächsten Moment das Studio betreten würde, also begann er zu sprechen.

Der Sendeleiter im Kontrollraum erfuhr in diesem Moment, dass der Interviewpartner nicht eintreffen werde, hatte aber keine Ahnung, dass es sich um eine Frau handelte. Er wandte sich an den neben ihm sitzenden Sprecher vom Dienst, drückte ihm die Kopie der vorbereiteten Antworten in die Hand, riss die Tür zum Studio auf und schickte ihn zum Mikrofon. In dem Moment stellte der Interviewer seine erste Frage: »Und was meinen Sie dazu, Frau Professorin?« Der Sprecher kapierte, versuchte seine Stimme zu verstellen und mit einer Frauenstimme zu antworten. Das aber misslang und alle mussten lachen. Das »Interview« wurde vom Sendeleiter unterbrochen.

Eine Anekdote, aber eine treffende. In der Dokumentation »Österreich II« verwendeten wir die früheren TV-Aufnahmen von mehreren österreichischen Politikern zu wichtigen Themen, aber ausnahmslos lasen sie fast alle ihre Antworten von einem vorbereiteten und sichtbaren Manuskript ab.

Es gab eine einzige Ausnahme von diesen Regeln. Der Chefredakteur des Hörfunks, Karl Polly (wie berichtet, war er mein erster Chef in der Wiener »Tageszeitung«), wagte es, unter seiner Leitung eine Runde von Chefredakteuren einmal im Monat zu einem aktuellen Thema frei diskutieren zu lassen. Für lange Zeit war es eine feststehende Personengruppe: Oscar Pollak (»Arbeiter-Zeitung«), Franz Größl (»Kleines Volksblatt«), Fritz Molden (»Die Presse«), Rudolf Kalmar (»Neues Österreich«) und ich (»Neuer Kurier«). Wir sprachen jedes gerade aktuelle Thema an und sagten frei unsere Meinung, übten Kritik und stellten Forderungen an die Politik.

Die Sendung wurde im Nu sehr populär. Und der von Karl Polly gezeigte Mut steckte den von der SPÖ gestellten Fernsehdirektor Gerhard Freund an. Er lud diese Runde nun auch zur Diskussion ins Fernsehen ein. Die Sendung hieß dort: »Was halten Sie davon?« Und zum Diskussionsleiter wurde Rudolf Kalmar bestellt. Im Lauf der Zeit wechselten einige der Teilnehmer. Statt Fritz Molden nahm für »Die Presse« Otto Schulmeister Platz, für die »Arbeiter-Zeitung« statt Pollak Franz Kreuzer, anstelle Größls Heinrich Schramm-Schießl von der Wiener »Tageszeitung«. Auch diese Diskussion wurde live und zur besten Sendezeit ausgestrahlt. Sie hatte schnell die höchste Zuseherquote.

Das bewies das starke Bedürfnis der Menschen nach Information und freier Meinungsäußerung. Und brachte mir die Einladung des Leiters des Schulfernsehens, Helmut Zilk, ein, bei ihm aufzutreten. Nicht als Diskussionsteilnehmer, sondern als Kommentator. Ich sollte für dieses Schulfernsehen die Weltpolitik erklären, etwa so, wie ich das regelmäßig an Samstagen in meinen Leitartikeln im »Kurier« tat.

Ich folgte dieser Einladung und trat nun ab und zu am Vormittag im Schulfernsehen auf. Ohne Manuskript, ich sprach frei. Laut innerbetrieblicher Vorschrift aber war zu jeder Wortmeldung das ihr zugrunde liegende Manuskript vorzulegen, zur parteipolitischen Begutachtung. Ich wusste das und fragte Zilk, ob ihn meine freie Kommentierung nicht in Schwierigkeiten bringen würde. Antwort: »Am Vormittag schauen die in den Parteisekretariaten doch nicht zu.«

»Die« sahen nicht zu, aber interessanterweise sahen die Sendeleiter des Bayerischen Fernsehens in München zu. Die kamen auf eine Idee: Solche Kommentare wollten sie jeden Samstag auch in der Sendung »Rundschau« haben. Ob ich da mitmachen würde, abwechselnd mit den Chefredakteuren der »Süddeutschen Zeitung«, des »Münchner Merkur« und des Bayerischen Fernsehens? Diese rotierende Runde kam zustande. Ich machte mit.

Einmal im Monat flog ich nach München mit der einzigen Linienmaschine, die am Samstagnachmittag von Wien nach München ging. Wenn sie pünktlich war, hatte ich zwei Stunden Zeit, vom Flugplatz ins Studio zu kommen, wenn sie verspätet war, kam ich nicht selten erst während der Sendung in das Studio. Gab es Nebel, trat ich die Reise viel früher mit dem eigenen Auto an, obwohl es die Autobahn nach München erst nur auf Teilstrecken gab. Allein schon daraus lässt sich viel über diese Kommentarsendungen ableiten. Die Themen jener Kommentare wurden anfangs mit dem Chefredakteur abgeklärt, sehr bald aber wurden sie mir völlig freigestellt. Auch diese Kommentare sprach ich frei und ohne Manuskript. Ich tat das einige Jahre lang und es gab nie Schwierigkeiten. Vom Publikum allerdings erhielt ich einen Spitznamen: Das ist der »ohne Punkt und Komma«.

Weshalb diese lange Einleitung? Der Salzburger Gerd Bacher hatte meine Kommentare im Bayerischen Fernsehen immer wieder gesehen. Jetzt richtete er die Bitte an mich: »Mach das doch auch für den ORF.« Just zu dem Zeitpunkt, zu dem ich den »Kurier« verließ. Aber anlässlich des Volksbegehrens zur Rundfunkreform hatten wir Chefredakteure eine Erklärung abgegeben, im neuen Rundfunk keine leitende Funktion anzunehmen. Ich richtete eine Rundfrage an alle Chefredakteure: Wenn ich als freier Mitarbeiter im ORF Kommentare spreche, ist das eurer Meinung nach eine leitende Funktion? Alle verneinten das. Bacher gab mir zwar den Titel »Chefkommentator«, aber ich war beim ORF nie angestellt, immer nur Mitarbeiter auf freier Basis, auch ohne Pensionsansprüche, daher aber auch immer frei und unabhängig.

Der Titel »Chefkommentator« hatte es jedoch in sich, nämlich Kommentare für alle Informationssendungen des ORF zu erstellen. Das wäre im alten Rundfunk einfach gewesen, im neuen ORF aber gab es von nun an täglich drei Journale im Radio, morgens, mittags und abends, sowie zwei Sendungen »Zeit im Bild« im Fernsehen. Und immer wieder Sondersendungen zu weltpolitischen Großereignissen. In einem Jahr wie 1968 fanden solche Ereignisse permanent und oft gleichzeitig statt: Prager Frühling, Pariser Mai, Friedensverhandlungen zur Beendigung des Vietnamkriegs, dumpfes Grollen aus Moskau schon als Drohung des etwas später folgenden Einmarsches der Warschauer-Pakt-Truppen in die Tschechoslowakei. Und der ORF hatte in diesem Jahr immer noch keinen einzigen Auslandskorrespondenten.

So hatte ich die Berichterstattung und Kommentierung von all diesen Ereignissen zu übernehmen. Das führte manchmal dazu, dass ich mich im »Mittagsjournal« aus Prag und in den Abendnachrichten im Fernsehen aus Paris meldete, und am nächsten Tag wieder aus Prag.

Heutzutage hört sich das als ganz selbstverständlich an. Aber damals war die Herstellung von Sendeleitungen zwischen den Ländern zwar möglich, aber sehr zeitaufwendig und vor allem sehr teuer. Auch gab es noch kein Video. Jeder in Prag, Paris oder Moskau gesprochene Kommentar für das Fernsehen musste gefilmt und der Film auf dem Luftweg nach Wien gebracht werden. Ihn elektronisch zu übertragen, konnte man sich nur in Ausnahmefällen leisten. Man musste also auch immer dafür sorgen, dass die Filme zu den Flugzeugen kamen und die Piloten willens waren, diese nach Wien mitzunehmen – heute in Zeiten der Bombendrohungen und Sicherheitsscanner unvorstellbar. Aber die »Austrian Airlines«, ihre Piloten und Flugbegleiter halfen uns damals immer.

Auch gar nicht so einfach war es, Kamerateams zu den verschiedenen Schauplätzen zu bringen. Zur Illustration beider Situationen zwei Episoden: In Paris gab es nicht nur Straßenschlachten zwischen der Polizei und den Studenten, nicht nur die Versuche, Präsident Charles de Gaulle zu stürzen, sondern so nebenbei auch Verhandlungen zwischen den USA und Nordvietnam mit dem Ziel, einen Waffenstillstand im Vietnamkrieg zu erreichen. Mit den US-Verhandlern, Botschafter Averell Harriman und Henry Kissinger, war es nicht schwer, ab und zu Interviews zu führen, ich kannte beide gut. Ganz schwierig dagegen die Nordvietnamesen. Aber dann hieß es, zum ersten Mal würde ein Mitglied der nordvietnamesischen Regierung, Außenminister Nguyen Duy Trinh, nach Paris kommen. Ich bat die nordvietnamesische Delegation um ein Interview mit dem Minister, hielt es aber für sehr unwahrscheinlich, dass ausgerechnet dem Journalisten eines so kleinen Landes ein derartiges Interview gewährt würde. Doch ich ersuchte in diesem Fall, mich über die österreichische Botschaft zu benachrichtigen. Ich war in Prag, als mich diese Nachricht erreichte. Der Außenminister war eingetroffen und das Interview mit ihm sei noch am gleichen Abend möglich, vorausgesetzt allerdings, Hanoi, also die Regierung in Nordvietnam, erteile dazu die Zustimmung. Die Zeit, zu der diese Zustimmung zu erwarten wäre, war unbestimmt.

Mein erster Anruf galt Franz Kreuzer, dem Chefredakteur des Fernsehens im ORF: Bitte stelle ein Team auf Abruf bereit, nach Paris zu fliegen. Ich selbst buchte einen Flug von Prag nach Paris. Aber noch war die Zustimmung aus Hanoi nicht erteilt. Was sich im ORF abspielte, erfuhr ich erst Tage später. Zur Stunde war nur ein einziges Fernsehteam vorhanden. Das war dabei, den Fernsehkoch bei der Zubereitung eines Menüs zu filmen. Kreuzer verständigte das Team, sich zu einem Flug nach Paris bereitzuhalten. Das Team hatte gerade den Hauptgang des Menüs gefilmt und wollte nun von Kreuzer wissen, ob es auch noch die Zwetschkenknödel filmen könnte. Kreuzer, der selbst schon sehr nervös war, schrie ins Telefon: »Ob ihr die Zwetschkenknödel filmen könnt, wird erst in Hanoi entschieden!«

Die Genehmigung wurde erteilt, das Team und ich trafen rechtzeitig und fast gleichzeitig in Paris ein und wurden von einem Wagen der nordvietnamesischen Botschaft abgeholt. Die Nordvietnamesen, gewiss arm an Devisen, nahmen in Paris die Gastfreundschaft der kommunistischen Gewerkschaft in Anspruch, ein kahles Gebäude am Rande der Stadt. Auch der Raum, in den man uns jetzt zum Gespräch mit dem Außenminister führte, war kahl, so schien es auf den ersten Blick. Aber dann sah ich, dass auf den Wänden mehrere Geckos saßen. Erst auf den zweiten Blick merkte ich, dass sie nicht lebten, sie waren aus Kunststoff – der Minister sollte sich ganz zu Hause fühlen. Denn in den Häusern ohne Klimaanlage in Vietnam hatten die Geckos auf den Wänden die Aufgabe, Mücken zu fangen, und man sah sie überall.

In diesem heimatlichen Milieu gewährte mir der Minister nunmehr das Interview. Die Tatsache allein war zwar ganz außerordentlich, aber wie meist in offiziellen Gesprächen mit kommunistischen Funktionären wären die Aussagen des Ministers vorhersehbar gewesen. Natürlich Waffenstillstand, natürlich Frieden, auch so bald wie möglich. Nur müssten vorher die Amerikaner abziehen und ihre Unterstützung der südvietnamesischen Regierung einstellen. Also Kapitulation. Was damals nicht zu erwarten war: Fünf Jahre später würden die Amerikaner genau das tun.

In Paris gab es rund um die Universität Sorbonne damals fast jeden Tag Straßenschlachten zwischen den Studenten und der Polizei. Das war wesentlich dramatischer, als die letzten Endes fruchtlosen Friedensverhandlungen zu beobachten. Also blieb das ORF-Team in Paris und ich berichtete vor dem Hintergrund brennender Straßenbarrikaden. Nicht, ohne mit der Zeit – diese Auseinandersetzungen dauerten viele Tage und Nächte – Sympathie für die Studenten zu entwickeln. Imponierend, wie sie das durchhielten, wie sie dem Tränengas der Polizei trotzten und wie gut sie sich selbst organisiert hatten: die Verpflegung ebenso wie die Versorgung ihrer Verwundeten. In den Nächten holten sie die Steine aus der Pflasterung der Straßen als Wurfgeschosse oder um die Barrikaden auszubessern. Ihre Emissäre schlichen sich an der Polizei vorbei in das Odéon-Theater, das sie zu ihrem Argumentationszentrum gemacht hatten.

Hier auch trat einer ihrer prominentesten Anführer auf: Daniel Cohn-Bendit, sowohl Deutscher als auch Franzose, in beiden Sprachen wortgewaltig. In manchen Punkten überzeugend, in anderen Punkten für meine Ohren fast erschreckend: Europa, Frankreich und Deutschland, könnten nur gerettet werden, wenn sie Räterepubliken würden. Räterepublik, auf Russisch heißt das Sowjetrepublik. So wie der deutsche Studentenführer Rudi Dutschke erklärte auch Cohn-Bendit, dass man Marx in Russland falsch interpretiert habe, Lenin sei durchaus auf dem richtigen Weg gewesen, erst Stalin habe den Irrweg beschritten. Jetzt gälte es, »Lenin wieder auf die richtigen Füße zu stellen«.

Im Innenhof der Sorbonne hatten die aufständischen Studenten die schwarze Fahne der Anarchie gehisst. Dennoch fanden sie nicht nur bei den kommunistischen Gewerkschaften, sondern auch in der breiten Arbeiterschaft Sympathie. Es dauerte nicht lange, da wurde diese Sympathie in Aktion umgesetzt: Generalstreik. Alle öffentlichen Verkehrsmittel in Paris standen still. Auch die Müllabfuhr fiel aus und in den Straßen häuften sich die Plastiksäcke mit dem Hausmüll meterhoch. Udo Neukomm, unter den ORF-Kameramännern einer der Besten, ging mit mir durch dick und dünn. Und noch war unser ständiger Taxifahrer bereit, die Straßenblockaden zu umfahren, um mit unseren Filmen den Flughafen zu erreichen. Dann war auch das vorbei.

Aber eine Außenstelle des französischen Fernsehens, des ORTF, blieb in Betrieb, in der Rue Cognacq-Jay. Und in der Nähe des Triumphbogens fanden wir ein kleines, privates Filmstudio, in dem man bereit war, die Filme mit meinen Kommentaren zu entwickeln. Nachfrage in Wien: Wir könnten die Filme über den ORTF auch über Kabel nach Wien überspielen, doch das kostet. Bacher: Her damit!

Und so kam es zu einer merkwürdigen Szene. Ich hatte meinen Kommentar gesprochen, der Film war entwickelt, die Tonspur dazu. Ich nahm die Filmdose, der Kameramann die Dose mit der Tonspur, und wir liefen vom Triumphbogen die Pariser Prachtstraße, die Champs-Élysées, hinunter in Richtung Place de la République, um auf halber Höhe die Rue Cognacq-Jay zu erreichen. Ich lief, und die Dose mit dem Film fiel mir aus der Hand, öffnete sich beim Aufschlag und rollte die Straße hinunter. Dabei wickelte sich der Film von der Spule ab. Ich fasste das offene Ende und begann den Film über meinen Ellbogen händisch aufzuwickeln.

Das klappte, und mit dem über meinen Arm gewickelten Film erreichten der Kameramann und ich das ORTF-Studio. Da standen wir nun in dem Raum, von dem aus der Film via Kabel nach Wien hätte überspielt werden sollen. Die bestellte Verbindung mit dem ORF war schon hergestellt und der französische Techniker stand zur Übertragung bereit. Hilflos zeigte ich ihm meinen Arm mit dem aufgewickelten Film. Der aber nahm ein Ende des Films und das Tonband, fädelte beide, Band und Tonspur, in seine Übertragungsmaschine ein und wies mich an, nun mit der entsprechenden Armbewegung den Film nach und nach von meinem Ellbogen abzuspulen. Das Unternehmen gelang. Danach rief ich in Wien an: Habt ihr den Film mit meinem Kommentar empfangen? Ja, wenn auch spät und wir mussten ihn direkt in die »Zeit im Bild« einspielen. War er in Ordnung? Ja, der Kommentar war in Ordnung, aber merkwürdigerweise war das Bild voll mit kleinen schwarzen Punkten, die wir uns nicht erklären konnten. Ich konnte das schon: Das war der Staub der Champs-Élysées.

Ich kam in diesem Jahr 1968 noch öfter nach Paris. Denn nach den Straßenkämpfen im Mai bahnte sich die Revolte gegen den Präsidenten der Republik, General Charles de Gaulle, an. Die Studentenbewegung hatte sich in eine zunächst von der Arbeiterschaft, aber dann auch von einer breiten Gesellschaftsschicht getragene Revolte verwandelt. Täglich ging ich nun ins Hôtel de Beauvau, dem Sitz des Innenministeriums, wo die Journalisten über all die Vorgänge unterrichtet werden wollten. Doch an dem Tag, von dem ich jetzt berichte, standen keine Polizisten vor dem Gebäude, gab es am Eingang keine der üblichen und sehr genauen Kontrollen. Völlig ungehindert gelangte ich in den Raum, in dem bislang der Pressesprecher der Polizei aufgetreten war. Aber außer ein paar verloren wirkenden Journalisten war da niemand mehr. Es war, als hätte Frankreich aufgehört, als Staat zu funktionieren.

Am nächsten Morgen blickte ich aus dem Fenster auf die vor dem Hotel befindliche Straßenkreuzung: Da standen Soldaten in der Uniform der französischen Fallschirmjäger mit der Maschinenpistole unter dem Arm. Aber unten in der Lobby des Hotels wartete schon Jutta Schleifer auf mich. Sie wusste Bescheid. An diesem Morgen hatte sie bereits alle Nachrichten abgehört und

Erkundigungen eingezogen. General de Gaulle hatte über Nacht General Jacques Massu, den Oberbefehlshaber der französischen Truppen in Deutschland, in dessen Hauptquartier Baden-Baden aufgesucht, um sich der Loyalität des Generals zu vergewissern. Danach wandte sich Charles de Gaulle in Uniform via Fernsehen mit einem flammenden Appell an die Franzosen, Frankreich nicht im Stich zu lassen. Die Soldaten in den Straßen sollten dem Appell wohl den entsprechenden Nachdruck verleihen. Welch eine Nachricht! Wenn ich nur jetzt mit einem Kommentar nach Wien durchkommen könnte. Aber dort wusste man schon über die internationalen Nachrichtenagenturen, was sich in der Nacht in Paris zugetragen hatte. Jetzt galt es, die Hintergründe zu beleuchten. Also auf zu unseren hoffentlich noch erreichbaren Informanten. Zu Fuß, denn es fuhr kein Taxi mehr.

An dieser Stelle muss ich an zwei Menschen denken, die ganz entscheidend dafür waren, dass mir die Berichterstattung und Kommentierung in und aus Paris überhaupt und sogar sehr gut gelungen ist: an Egon Zidek, Presseattaché an der österreichischen Botschaft, und vor allem an die von ihm mir empfohlene Jutta Schleifer. Eine Österreicherin in Paris im Studium für ihr Doktorat und ausgebildet für das Lehrfach Französisch und Französische Zivilisation. Ohne sie wäre ich mit meinem schlechten Französisch nicht weit gekommen. Dabei ging es nicht nur um die Sprache. Jutta Schleifer wusste auch mit der Präfektur, der Polizei, den Studenten, den streikenden Arbeitern und den Einsatzkommandos der Sonderpolizei großartig umzugehen. Wo wir auch hinkamen, mit wem immer wir sprechen wollten, sie trat auf, als kämen wir direkt von Charles de Gaulle, verschaffte uns überall Zugang und Gehör. Bald darauf heiratete sie Wilfried Lang, damals österreichischer Botschaftsrat in Paris, später Botschafter in Brüssel. Jutta Lang – resolut ist sie geblieben bis zum heutigen Tag.

General Massu hatte zur Rettung der Präsidentschaft de Gaulles beigetragen, aber auch seine Bedingungen gestellt. Diese wurden nicht gleich bekannt, die erfuhr man erst später: Die Militärs, die wegen der während des Krieges in Algerien begangenen Befehlsverweigerung und Menschenrechtsverletzungen verurteilt worden waren, seien freizulassen. Die noch wegen ihrer Kollaboration mit dem Vichy-Regime während der Nazizeit nach dem Krieg verurteilten Militärs waren zu pardonnieren. Mit anderen Worten: Massu war angetreten, die Ehre des französischen Offizierskorps wiederherzustellen.

Ob Charles de Gaulle dem nachgekommen wäre oder nicht, seine Tage als Präsident waren auf jeden Fall gezählt. Die Entwicklung blieb abzuwarten.

So sah ich in Prag vorbei, wie es dort um die Zukunft des »Kommunismus mit menschlichem Gesicht« stand. Die Bewegung, angeführt vom slowakischen Generalsekretär der Kommunistischen Partei, Alexander Dubček, versuchte, mit den starren Dogmen des von Moskau vertretenen Kommunismus zu brechen und die Partei zu reformieren.

Ein Versuch, der im Frühjahr 1968 noch zu gelingen schien. Unter dem Jubel weiter Teile der Bevölkerung beschloss diese KP, ihre politische Alleinherrschaft aufzugeben und neue demokratische Parteien im echten Wettbewerb um die Wählergunst zuzulassen. Auch die Partei selbst wollte sich der Demokratie öffnen: Fachleute aller Art sollten in führende Positionen der Partei aufgenommen werden. Über Parteiführer als auch über die Vorstellungen, für die sie eintraten, wäre offen zu diskutieren und über sie auch abzustimmen. Die Zensur über alle Medien sei sofort einzustellen, von nun an gelte Meinungs- und Pressefreiheit ebenso wie Versammlungsfreiheit.

Und schon kam es zu großen Demonstrationszügen in Prag, mit denen die neu gewonnene Freiheit jubelnd gefeiert wurde. Ebenso wie die Männer, die die Reformen durchgesetzt hatten. Ich hatte die meisten von ihnen schon getroffen und gesprochen, mit einem der wichtigsten Reformer, Eduard Goldstücker, stand ich im täglichen Kontakt. Auch mit dem damaligen österreichischen Gesandten in Prag, Rudolf Kirchschläger. Kirchschläger war mit dem ebenfalls zu den prominenten Reformern zählenden Außenminister Jiří Hájek im ständigen Kontakt und wurde auch laufend vom Prager Erzbischof František Tomášek informiert. Es gab, so schien es, keinen Zweifel mehr daran, dass sich die Reformbewegung durchgesetzt hatte.

Da erhielt ich überraschend einen Anruf von Walter Wodak, der zu diesem Zeitpunkt die österreichische Botschaft in Moskau leitete und mit dem ich seit Langem befreundet war. Wenn es meine Zeit erlaube, würde er sich freuen, mich in Moskau zu begrüßen. Was sollte das bedeuten? Einerlei, dieser Einladung musste ich folgen. Ich flog nach Moskau. Im Botschaftsgebäude wollte Wodak mit mir nicht sprechen, er lud mich zu einem Spaziergang ein. Wie immer schon musste man damit rechnen, dass westliche Diplomaten vom KGB, der sowjetischen Geheimpolizei, abgehört werden, auch in ihren Botschaften.

So gingen wir spazieren. Wodak hatte, wie er nun sagte, eine wichtige Information für mich: »Ich höre, ihr seid in Prag davon überzeugt, dass sich der Reformkurs durchsetzen und die Sowjetunion dabei tatenlos zuschauen wird. Was ich dir jetzt sage, weiß ich aus verlässlicher Quelle: Der Kreml wird nicht zuschauen. Sie werden so kommen wie 1956 in Ungarn.«

Ich war fassungslos. Doch eines wusste ich: Walter Wodak würde mir so etwas nicht sagen, wäre er sich der Sache nicht sicher. Auf jeden Fall wollte ich in meinen kommenden Kommentaren darauf achten, die Entwicklung in Prag nicht als schon entschieden darzustellen.

Zurückgekehrt nach Prag, schien sich eine Wende anzubahnen, mit offenem Resultat. Leonid Breschnew, der sowjetische Staatspräsident und kommunistische Parteiführer, zitierte die tschechoslowakische Staats- und Parteiführung zu Verhandlungen in die kleine ostslowakische Stadt Čierna nad Tisou, an der Grenze zur Ukraine. Dort wollte die Sowjetführung per Bahn mit einem Salonwagen täglich über die Grenze kommen, um auf diese Weise auf tschechoslowakischem Boden, und nicht auf sowjetischem, mit den Tschechoslowaken zu reden. Es sollte nicht so aussehen wie zu Stalins Zeiten, als Satelliten zum Rapport in den Kreml bestellt wurden. In Prag aber war man alarmiert. Was würden diese Verhandlungen bringen?

Am Tag der Abreise Dubčeks und seiner hochrangigen Delegation veröffentlichten über hundert tschechoslowakische Intellektuelle einen Aufruf an diese Delegation: In ihr wird daran erinnert, wie der damalige tschechoslowakische Staatspräsident Emil Hácha 1939 zu Hitler reiste und dort »das Schicksal der Tschechoslowakei« in die Hände des »Führers« legte. Einen Tag später begann der Einmarsch deutscher Truppen in Böhmen und Mähren. Niemals, so heißt es in dem Aufruf, dürfe sich dergleichen wiederholen, »sonst würde uns die Geschichte mit Recht auslöschen«.

Ein sichtbares Nachgeben gegenüber der Sowjetunion können sich also die Reformer nicht leisten. Doch sie haben die Tür zu einer künftigen Invasion der Tschechoslowakei bereits geöffnet: Schon im Mai hatten sie gemeinsamen Manövern des Warschauer Pakts auf tschechoslowakischem Boden zugestimmt. Unmittelbar danach trafen sowjetische Stabsoffiziere in der Tschechoslowakei ein und sogenannte »Markierungstruppen« rollten über die Grenze, um »die Manöver vorzubereiten«. Dessen eingedenk hält man jetzt in Prag den Atem an. Gespannt wartet man auf den ersten Bericht aus Čierna nad Tisou.

An diesem Vormittag stehe ich in Prag auf dem Altstädter Ring vor der Kamera und schildere die Lage, berichte von dem Aufruf der Intellektuellen, von der Anspannung in der Bevölkerung, von ihren Hoffnungen und Befürchtungen. Diesmal ein fast zehn Minuten langer Kommentar. Was ich nicht bemerke: Hinter mir und rund um mich sammelt sich eine Menschenmenge, einige Passanten beginnen meinen Kommentar ins Tschechische zu übersetzen. Als ich mit dem üblichen »auf Wiederhören und auf Wiedersehen« schließe, beginnen die von mir bisher nicht bemerkten Leute zu applaudieren. Der Kameramann erfasst die Situation und stellt die Kamera auf Weitwinkel ein. Die Zuseher in Österreich erfahren von dieser Aufnahme mehr über die Stimmung in Prag, als ich es mit Worten schildern konnte.

In Čierna nad Tisou mimt man Einigung. Alle Ostblockführer werden nun zu einem Gipfeltreffen in die slowakische Landeshauptstadt Preßburg-Bratislava eingeladen. Am 3. August 1968 entsteigt ein strahlender Breschnew dem sowjetischen Sonderzug, umarmt und küsst die tschechoslowakischen Reformer auf dem Bahnhof. Mit Ausnahme des rumänischen Staats- und Parteichefs Ceauşescu sind nun alle Ostblockführer in Preßburg versammelt. Konferiert wird allerdings nur kurz. Es geht nur mehr darum, ein gemeinsames Dokument zu unterschreiben, in dem sich alle Anwesenden im Namen ihrer Parteien und Staaten zur ewigen Treue gegenüber dem Kommunismus und der Sowjetunion bekennen. Das nannte man später die »Breschnew-Doktrin«. Wer die »Treue« bricht, der wird gebrochen. Nach der Unterzeichnung begeben sich die Führer zu einer Gedenkfeier zum sowjetischen Denkmal, das an die Befreiung Preßburgs durch die Rote Armee 1945 erinnert.

Die große Treppe zu diesem Denkmal steigen sie in einer breiten Reihe hinauf. Ihr gemeinsames Auftreten soll Einigkeit demonstrieren. Österreichs Star unter den Filmberichterstattern, Sepp Riff, hat die Gesichter der Teilnehmer nacheinander im Großformat aufgenommen. Aus diesen Gesichtern lässt sich ablesen, was da in Wirklichkeit vor sich gegangen war. Mit niedergeschlagenen Lidern und völlig undurchsichtig, Leonid Breschnew. Selbstbewusst und herausfordernd der DDR-Chef, Walter Ulbricht. Sichtlich deprimiert der Ungar János Kádár. Aber zutiefst angeschlagen, ja verzweifelt, Alexander Dubček. Und doch will die tschechoslowakische Öffentlichkeit das Ärgste nicht glauben. Selbst in der Prager Führung gibt es noch so etwas wie Optimismus, die sowjetische Führung werde die Invasion nicht wagen.

Rudolf Kirchschläger erklärte mir später: »Noch Anfang August, als die Begegnung mit den sogenannten Bruderstaaten stattfand und das Abkommen von Čierna nad Tisou unterzeichnet wurde, hatte man die Situation immer noch nicht mit dem entsprechenden Ernst interpretiert. Ich hatte meinen Urlaub abgesagt, weil ich das Gefühl hatte, der August kann Böses bringen. Und ich bin zu meinem Routinegespräch mit Außenminister Hájek gekommen. Er sagte: ›Ja, jetzt haben wir eine Atempause, zumindest einmal bis zum 14. Parteitag, zum Außerordentlichen Parteitag.‹ Und ich sagte: ›Ich glaube nicht. Das Abkommen von Čierna nad Tisou ist so ähnlich dem Berchtesgadener Abkommen zwischen Schuschnigg und Hitler, sie sagen beide dasselbe, aber die Interpretation dessen, was sie sagen, obliegt den Großen. Bei uns war das das Deutsche Reich und Hitler, bei Ihnen ist es die Sowjetunion. Ich kann mir nicht vorstellen, dass dieses Abkommen eine Sicherheit gibt.‹ – ›Nein, da sind Sie zu pessimistisch‹, und er zeigte mir zum Zeichen dafür, wie entspannt er die Situation ansieht, seine Tickets, mit denen er und seine Familie zu einem Flug in zwei Tagen nach Jugoslawien in den Urlaub aufbrechen wollten.«

Ja, genau das war damals die Stimmung in Prag. Alle gingen auf Urlaub. Auch ich. Meine Frau und ich flogen nach Malta. Darauf hatten wir uns schon gefreut. Aber irgendwie ließen mir die Lage in Prag und Walter Wodaks Mitteilung keine Ruhe. So suchte ich einige Tage später ein Reisebüro auf, nur um mich zu erkundigen, wann Flüge von Malta nach dem Festland gingen. »Wenn Sie nicht gebucht haben, gibt es den ersten freien Platz in einem Flugzeug erst Ende August.« Und bis dahin – wie kommt man auf das Festland? »Es gibt Fähren nach Sizilien und Neapel.« Die Vorstellung, dass im Ernstfall keine rasche Heimkehr möglich wäre, bewegte mich, am nächsten Tag, mit vollem Verständnis meiner Frau, die Fähre nach Neapel zu besteigen. Wir wollten noch nicht nach Wien, wollten nur die Möglichkeit dazu wahren. So beschlossen wir, mit der Fähre nach Neapel überzusetzen, von dort nach Venedig zu fliegen, mit einem Mietwagen nach Südtirol zu fahren und dort den Rest unseres Urlaubs zu verbringen.

Am Abend kamen wir in Corvara an, wo wir öfter schon auf Winterurlaub waren, im Hotel Posta Zirm. Als wir die Rezeptionshalle betraten, fiel mein Blick auf den dort befindlichen Fernsehschirm. Da musste ich zweimal hinschauen, um glauben zu können, was ich sah: Panzer fuhren über den Wenzelsplatz in Prag. Sowjetische Panzer! Ich stürzte zum Telefon, rief den ORF an: »Wo bleibst du nur, wir suchen dich schon seit dem frühen Morgen«, schrie Chefredakteur Alfons Dalma aufgeregt, »die Sowjets sind in Prag einmarschiert!« Ich schleppte die Koffer zurück zum Auto und wir fuhren los. Bei der morgendlichen »Zeit im Bild« um neun Uhr saß ich im Studio und die nächsten Tage bekam mich meine Frau nicht mehr zu Gesicht.

Natürlich tat es mir leid, in diesem Moment nicht in Prag gewesen zu sein. Andererseits hätte man von dort auch nur schwer Kommentare nach Wien übermitteln können. Oder doch? Immer wieder trafen unbekannte Leute im ORF-Zentrum ein, hatten Filmdosen in der Hand: »Die haben sie mir ins Auto geworfen und dazu gerufen: ›ORF!‹« Tschechische und slowakische Fernsehreporter hatten die Aufnahmen gemacht und sie heimfahrenden österreichischen Touristen mitgegeben.

Auch einem Team des ORF gelang es noch, über die tschechische Grenze zu kommen und eigene Filmberichte vom Aufmarsch der Pakt-Truppen heimzubringen. Der ORF wurde damit für die gesamte Welt zur Drehscheibe der Bildberichterstattung aus der Tschechoslowakei. Aus vielen Teilen der Tschechoslowakei erreichten uns die dort gedrehten Aufnahmen vom Aufmarsch der Truppen und Panzer des Warschauer Pakts, vor allem sowjetische. Die Pikanterie, dass auch DDR-Truppen dabei waren, erfuhren wir erst etwas später.

Aber auch die Kollegen vom tschechoslowakischen Fernsehen hielten eine Leitung nach Österreich noch offen, versuchten über diese die Welt zu erreichen. Sie meldeten sich aus dem Untergrund, sie berichteten aus Wohnzimmern, während an den Fenstern die sowjetischen Panzer vorbeirollten. Einer der bekannten

Kommentatoren des tschechoslowakischen Fernsehens, Lubusch Popelka, erschien über diese Leitung auf dem Bildschirm im ORF-Zentrum. Er sprach deutsch:»Liebe Freunde in Österreich, ich spreche jetzt aus Brünn, wir sind vielleicht die Einzigen in der ganzen tschechoslowakischen Republik im Fernsehen, die noch senden können. Ich weiß nicht, wie lange. Ich bitte alle, informieren Sie die ganze Welt, besonders den (UNO-)Generalsekretär U Thant und den (UNO-)Sicherheitsrat. Wenn die Situation kommt, dass mit dieser Sendung Schluss wird, dann bitte ich die Kollegen in Wien, dass sie die Informationen von der Situation in der tschechischen Sprache senden. Ich danke aus dem ganzen Herzen.«

Wir haben Lubusch Popelka später bei unseren Recherchen für »Österreich II« wiedergefunden. Wir haben ihm eine Aufzeichnung seines damaligen Hilferufs gezeigt. Und er berichtete uns, wieso ihm diese Sendung noch möglich war. Popelka und seine Leute saßen in einem Behelfsstudio des Senders Brünn.»Wir wussten, in der Straße vor dem Studio fahren kreuz und quer die Panzer, aber sie haben das Fernsehstudio nicht gefunden. Wie sie die Leute danach gefragt haben, sagten die ihnen: ›Ja das Fernsehen, das ist da weiter, immer weiter.‹ Alle wussten, wie groß die Gefahr war, wenn die Russen in das Studio gekommen wären. Aber lange konnte es nicht mehr dauern. So haben wir den Einfall gehabt, wir nehmen unseren Übertragungswagen und fahren aus Brünn weg, ganz nahe zum Sender und werden von diesem Platz die Sendung fortsetzen.« Das gelang noch einige Zeit, dann kam die letzte Durchsage, die der ORF aufzeichnete und an die ganze Welt weitergab.

24 Stunden später erfüllte der ORF auch den letzten Wunsch des Kollegen aus Brünn. Gerd Bacher ließ im Hörfunk eine tägliche Nachrichtensendung in tschechischer Sprache ausstrahlen. Wir wussten auch, dass in den Randgebieten der Tschechoslowakei von Preßburg bis in die Vorstädte von Prag das österreichische Fernsehen empfangen werden konnte. In Preßburg wurden die ORF-Sendungen zeitweise mehr gesehen als die tschechoslowakischen. Die auf den Preßburger Häusern angebrachten hohen An-

tennen wurden von den Preßburgern selbst »unser Wienerwald« genannt.

Jiří Pelikán, der damalige Chef des tschechoslowakischen Fernsehens, erzählte mir später, dass er von der Regierung aufgefordert worden war, zu den Zeiten, in denen im ORF von Paul Lendvai über die osteuropäische und von mir über die weltpolitische Lage berichtet wurde, besonders attraktive Sendungen im tschechoslowakischen Fernsehen laufen zu lassen, um möglichst viele Seher vom ORF-Programm abzulenken. Auch jetzt war in Preßburg, Brünn und in den Vorstädten von Prag der ORF die wichtigste Informationsquelle über die Vorgänge in der Tschechoslowakei und über die Reaktionen der Welt.

Doch es gab auch Ereignisse in Wien, die einer Kommentierung bedurft hätten, und die auch mich intensiv beschäftigten: die Reaktionen und Beschlüsse der österreichischen Regierung auf die gewaltsame Besetzung der Tschechoslowakei. Bundeskanzler Klaus war auf Urlaub und merkwürdigerweise telefonisch nicht erreichbar. Der Erste, der nun zu reagieren hatte, war daher der Außenminister, Kurt Waldheim. Die von ihm abgegebene Erklärung war behutsam formuliert. Er war deutlich bemüht, sich so neutral wie gerade noch möglich auszudrücken. Im Laufe des Tages wurde Bundeskanzler Klaus dann doch nach Wien geholt und auf dem Weg auch schon von Generalintendant Gerd Bacher empfangen, der ihm empfahl, so rasch wie möglich eine Stellungnahme der Regierung folgen zu lassen, die mehr Mut und Empörung zum Ausdruck bringen sollte. Was Klaus auch tat.

In Prag hatte indessen der Gesandte Kirchschläger verfügt, dass jeder, der ein Visum für die Reise nach Österreich beantragt, dieses ohne Wenn und Aber sofort zu erhalten hat. Hunderte stellten sich vor der Gesandtschaft an, die das Land so schnell wie möglich verlassen wollten. Die Vertretungen der Bundesrepublik Deutschland und der Schweiz folgten dem Beispiel des österreichischen Gesandten.

Außenminister Waldheim ordnete per Telegramm an, dass Kirchschläger die Visa-Erteilung einzustellen habe. Damit wäre Tausenden Tschechen die Flucht nach Österreich nicht mehr möglich gewesen. Denn die österreichischen Grenzposten wiesen jeden zurück, der kein österreichisches Visum vorweisen konnte. Zur Anordnung des Außenministeriums, die Visa-Erteilung sofort einzustellen, erklärte mir Kirchschläger später: »Das wäre besonders tragisch gewesen, nicht nur, weil wir am Tag 5000 bis 5500 Visa ausgegeben haben – die tschechischen Behörden haben allen Tschechen Reisepässe gegeben, gültig für alle Staaten der Erde. Und so hatten die Schweizer Botschaft, die britische Botschaft und die deutsche Handelsdelegation, eine getarnte bundesdeutsche Botschaft in Prag, denn offiziell hatte die ČSSR nur mit der DDR Beziehungen, sehr engen Kontakt mit mir. Wenn ich aufgehört hätte, Visa zu erteilen, hätten die wahrscheinlich auch gestoppt. Zumindest wurde mir immer gesagt: Solange Sie Visa geben, geben wir sie auch.«

Und Kirchschläger erklärte mir seine eigene Auffassung der Neutralität Österreichs: »Unsere Neutralität hat eine spezifisch österreichische Note und die ist eine humanitäre Note, eine humanitäre Aufgabe. So sandte ich damals ein Kabel nach Wien: Wenn wir die humanitäre Note aufgeben, verlieren wir die moralische Rechtfertigung für die Neutralität. Ich habe gebeten, den Erlass noch einmal zu überlegen und vorsorglich dazugeschrieben, dass mich eine Befolgung der Weisung einem sehr schweren Gewissenskonflikt aussetzen würde – und dass ich bis auf Weiteres die Visa weiter erteilen werde.« Tage später wurde die Weisung annulliert.

Kurt Waldheim berief sich später auf eine Forderung des Innenministers Franz Soronics: Die Sowjets hätten in Prag tausend tschechische Reisepässe gestohlen, wer weiß, wen sie damit nach Österreich schleusen, Soronics habe deshalb die Einstellung der Visa-Erteilung gefordert.

Auch um die Rolle des Bundesheers gibt es Konflikte. Im Verteidigungsplan ist vorgesehen, dass im Falle einer Bedrohung aus dem Norden, also von der Tschechoslowakei, das Bundesheer bis an die Grenze vorzurücken hat, um dort sofort die Verteidigung aufzunehmen. Nach dem Einmarsch der Warschauer-Pakt-Truppen in die Tschechoslowakei gab der Generalstab diesen Befehl und die Panzer des Bundesheeres rollten bis an die Grenze. Doch bald danach wurde das Heer auf Anordnung der Bundesregierung um 30 Kilometer zurückverlegt. Auch bezüglich dieser Entscheidung wollte ich später Auskunft haben. Antwort: »Man wollte eine Provokation der Sowjetunion vermeiden.« Ganz anders also als bei der Niederschlagung des ungarischen Volksaufstands, als die Regierung dem Bundesheer den Auftrag erteilte, auch auf sowjetische Soldaten zu schießen, falls sie sich beim Übertritt nach Österreich nicht zurückweisen oder entwaffnen ließen.

Und doch gab es auch diesmal einen Schießbefehl, der lange Zeit geheim gehalten wurde. Der sowjetische Einmarsch in die ČSSR hatte mit der Landung einer Vorausabteilung von Fallschirmjägern und Geheimdienstlern auf dem Prager Flugplatz begonnen. Jetzt meldeten ein geflohener tschechischer General und auch ein westlicher Geheimdienst, dass eine Invasion Österreichs auf gleiche Weise vorgesehen sei. Und wie in Prag würden die Sowjets als Erstes den Flughafen Schwechat besetzen. Oberleutnant Jörg Tschepper erhielt den Befehl, mit seiner Panzerkompanie den Flughafen zu sichern und bei Landung sowjetischer Flugzeuge sofort das Feuer zu eröffnen. Und das wäre beinahe geschehen. Ein Flugzeug der sowjetischen »Aeroflot« sollte in Preßburg landen, hatte sich verflogen und landete in Schwechat. Entgegen dem Befehl aber wartete Oberleutnant Tschepper ab. »Ich wusste nicht, was ich in den nächsten Minuten tun sollte und was ich damit auslösen könnte. Es war ja die Taktik der Luftstreitkräfte des Warschauer Pakts, zunächst die Kontrolleinrichtungen einzunehmen, um dann die Luftlandetruppen herbeizuholen.« Tschepper zögerte, und das Flugzeug stellte sich als harmlos heraus.

Als ich Bundeskanzler Klaus später bezüglich der damaligen Haltung der Regierung befragte, erklärte er mir, er sei beruhigt gewesen. Wären die Sowjets in Wien einmarschiert, wäre er im Kanzleramt geblieben. Denn »der Bundespräsident und der Vizekanzler waren in der Steiermark, und wie für diesen Fall schon seit längerer Zeit vorgesehen, hätten sie einen Regierungssitz im Westen Österreichs errichten können.«

Im Moment wusste die österreichische Bevölkerung von diesen Überlegungen nichts: Nur an der Spitze des Bundesheeres kannte man die Versäumnisse – die unterlassene Mobilmachung, die unterlassene Bereitstellung der Truppen im grenznahen Gebiet und den Entschluss der Bundesregierung im Falle der Wiederbesetzung der Ostzone, im Westen Österreichs weiter zu regieren. Als das verirrte »Aeroflot«-Flugzeug am nächsten Morgen vom Schwechater Flughafen abhob und es nicht klar war, welche Art von Flugzeug das nun sei, erlaubte man sich in der Heeresleitung eine bittere Bemerkung: »Da fliegt sie, unsere Regierung.«

Friede durch Angst
Im Atomarsenal der USA

Als der russische Präsident Wladimir Putin im März 2014 die ukrainische Krim von den Soldaten seiner Schwarzmeerflotte besetzen und zehntausend Mann seiner Armee mit Panzern an der Ostgrenze der Ukraine auffahren ließ, wurde zum ersten Mal seit vielen Jahren wieder ein Krieg für möglich gehalten. Ein Krieg – was hieß das eigentlich? Ein Krieg Russlands mit der NATO, also mit Westeuropa und den USA? Unvorstellbar. Aber unter der Drohung eines solchen Krieges hatte die Welt und haben besonders die Europäer in der zweiten Hälfte des 20. Jahrhunderts jahrzehntelang gelebt. Und er schien jedes Mal möglich, wenn es zwischen dem Westen und der Sowjetunion zu einer ernsthaften Krise kam: Mehrere Male bei dem Versuch der Sowjets, Westberlin zu blockieren und die Truppen der Westmächte von dort zu vertreiben, und besonders als die Sowjets begannen, Raketen auf Kuba zu installieren, Raketen, die Washington und New York in Minutenschnelle erreichen und zerstören konnten.

Der große Krieg – das wäre auf jeden Fall ein Atomkrieg geworden. So stand es offiziell in den Verteidigungsplänen der NATO. Und wurde so begründet: Die Sowjetunion unterhielt zu jeder Zeit nach dem Zweiten Weltkrieg eine gewaltige Armee mit über einer Million Soldaten und Tausenden Panzern. Das konnten bzw. wollten sich die westeuropäischen Staaten und auch die USA nicht leisten. So gingen sie davon aus, dass im Kriegsfall die sowjetischen Landstreitkräfte zwar die westlichen Verteidigungslinien durchbrechen und rasch nach Westeuropa vordringen würden, aber sie sollten nicht weit kommen. Denn die NATO würde sie aus der Luft mit Atomwaffen bekämpfen, zum Stillstand bringen und atomar vernichten. So die Verteidigungsdoktrin.

An dieser Stelle darf ich daran erinnern, dass wir – wie ich später berichten werde – im Zuge unserer Recherchen zu der Fernsehdokumentation »Österreich II« auf die Vormarschpläne der Truppen des sogenannten »Warschauer Pakts«, also des sowjetischen Militärbündnisses, stießen und schockiert feststellen konnten, dass auch die Sowjets im Fall des Krieges den sofortigen Einsatz von Atomwaffen vorgesehen hatten. Es war also damals in den 1960er-, 70er- und 80er-Jahren gar keine Frage, dass ein großer Krieg zwischen Ost und West mit Atomwaffen ausgetragen werden würde. Aber – und das war ein großes Aber – gerade deshalb würde es keine der beiden Seiten wagen, einen solchen Krieg zu beginnen.

Henry Kissinger, der spätere Sicherheitsberater im Weißen Haus und danach Außenminister der USA, beschäftigte sich schon als Professor an der Universität Harvard mit der Möglichkeit eines Atomkrieges und auf welche Weise er verhindert werden könnte. Kissinger erfand das Wort vom »Gleichgewicht des Schreckens«, einer gegenseitigen Bedrohung mit Atombomben, sodass keine der beiden Seiten den Einsatz dieser Waffen wagen würde.

Wir Journalisten mussten uns mit diesem Szenario immer wieder auseinandersetzen, jedes Mal, wenn es eine Krise zwischen den Weltmächten gab, und das war ja nicht nur rund um Berlin oder Kuba der Fall, sondern auch, wenn es innerhalb des Ostblocks zu solchen Volkserhebungen kam wie in der DDR, in Ungarn, Polen und der Tschechoslowakei. Und gerade beim Prager Frühling, der im August 1968 von sowjetischen Panzern zerstört wurde, hielt Europa und hielten besonders auch die Österreicher den Atem an. Was geschieht, wenn man in Moskau zu dem Schluss käme, die Aufstände in Ungarn und in der Tschechoslowakei gegen die Sowjetherrschaft hätte es gar nicht geben können, wenn die Sowjetarmee ihre Besatzungszone in Österreich beibehalten und solcher Art die ungarischen und tschechischen Grenzen fester im Griff behalten hätte? Der »Fehler« ließe sich gerade jetzt beheben, wenn man die Panzer weiterrollen ließe, zurück in die frühere Sowjetzone Österreichs. Wie zur Zeit des ungarischen Volksaufstands so auch jetzt stellte man sich auf dem Ballhausplatz und in den Redaktionen der österreichischen Medien die Frage, was in diesem Fall geschehen würde. Was würde der Westen tun? Was die USA? Und dann? Krieg – der große Krieg? Ein atomar geführter Krieg? Aber nein, da gibt es doch diesen Schutzschild – das »Gleichgewicht des Schreckens«.

Ich war Henry Kissinger schon einige Male begegnet, hatte mit ihm Diskussionen im Fernsehen und mit ihm Interviews geführt. Jetzt saß er als Sicherheitsberater des amerikanischen Präsidenten Richard Nixon im Weißen Haus. Ich richtete eine Frage an ihn und hatte eine Bitte: Wäre er zu einem Fernsehinterview über das »Gleichgewicht des Schreckens« bereit und könnte er es mir ermöglichen, mit einem Fernsehteam die atomaren Arsenale in den USA zu sehen und zu filmen? Die Antwort kam überraschend schnell, ein Ja zu beiden Anliegen.

Wenige Tage später betrat ich gemeinsam mit Sepp Riff und unserem Team das Weiße Haus in Washington. Kissinger empfing uns in seinen Arbeitsräumen, die im Untergeschoß des Gebäudes lagen. Zu diesem Zeitpunkt, 1970, war Kissinger gerade dabei, mit der Sowjetunion das Abkommen zu verhandeln, das unter dem Kürzel SALT in die Geschichte der beiden Großmächte und der Welt eingehen würde. Die vier Buchstaben stehen für Strategic Arms Limitation Talks, Gespräche über die Einschränkung von strategischen Waffen. Strategisch stand für Atomraketen, die über eine Reichweite verfügen, mit der jeder Punkt im Land des Gegners erreicht und zerstört werden kann. Wie viele solche Raketen wollten sich die USA und die Sowjetunion gegenseitig zugestehen? Kissinger benützte als Antwort darauf die damals von den militärischen Fachleuten gebrauchte Formel: Jede der beiden Seiten – USA und Sowjetunion – müsste über so viele mit

Atomsprengköpfen versehene Langstreckenraketen verfügen, dass »ein sicheres Ausmaß an nicht mehr zu akzeptierender Zerstörung im Lande des Gegners garantiert erscheint.« Und was umfasst dieses »sichere Ausmaß«? Es wäre dann gegeben, wenn mindestens ein Drittel der Bevölkerung und ein Viertel der Industrie und Wirtschaftskapazität des Gegners vernichtet werden.

Die dahinter stehende Überlegung: In allen Kriegen der bisherigen Geschichte der Menschheit war es möglich, sich gegen einen Angriff zu verteidigen. Und wer angreifen wollte, musste dazu seine Vorbereitungen treffen. Ein Krieg war daher in den meisten Fällen erwartbar und voraussehbar. Die dazu notwendigen Streitkräfte mussten mobilisiert, die Waffen für den Angriff bereitgestellt werden. Es war sogar üblich, einen Krieg offiziell zu erklären. All das konnte man an dem Tag vergessen, als es der Sowjetunion gelang, mit einer Rakete einen Satelliten in den Weltraum zu bringen und um die Erde kreisen zu lassen. »Sputnik«, »Weggefährte« nannten die Sowjets diesen Satelliten treffend. Aber wer Raketen von einer derartigen Tragkraft erzeugen konnte, war ab jetzt auch imstande, Atomsprengköpfe rund um die Erde zu senden und sie auf dem Territorium eines Gegners explodieren zu lassen.

In den USA löste der sowjetische »Sputnik« höchsten Alarm aus, denn die Amerikaner waren in ihrer Raketenrüstung noch nicht so weit – trotz der Hilfe des deutschen Raketenbauers Wernher von Braun, der die V2-Raketen für Hitlerdeutschland konstruiert hatte. Nun wurden alle Anstrengungen unternommen, um, wie es hieß, diese »Raketen-Lücke« zu schließen. Es dauerte nicht allzu lange, bis Sowjets und Amerikaner die ersten Menschen in den Weltraum bringen und um die Erde kreisen lassen konnten und daher auch über Raketen verfügten, die das mit Atomsprengköpfen tun konnten. Wer aber dazu imstande war, der war auch in der Lage, mit solchen Raketen einen überraschenden atomaren Überfall auf den Gegner durchzuführen und ihn damit auch schon zu besiegen.

Wie also konnte verhindert werden, dass die eine oder die andere Macht einen solchen atomaren Schlag wagte? Die unmittelbare Antwort der Amerikaner: Sie ließen ganze Geschwader ihrer Bombenflugzeuge der Type B-52, beladen mit Atombomben, von nun an ständig über der Arktis entlang der Grenzen der Sowjetunion kreisen, zum Gegenangriff immer bereit, falls die Sowjets einen solchen Atomschlag gegen die USA führen würden. Ständig in der Luft? Die Bombergeschwader wurden mit Tankflugzeugen in der Luft mit Treibstoff versorgt und kehrten auch erst dann auf ihre Flugfelder zurück, wenn andere Geschwader als Ablösung bereits gestartet waren. Solcherart sollte die Sowjetunion davon abgehalten werden, einen Atomschlag gegen die USA zu riskieren; die Bomber hätten mit einem vernichtenden Gegenschlag alle größeren Städte der Sowjetunion mit Atombomben zerstört.

Das war zur Zeit dieses Gesprächs mit Kissinger im Jahre 1970 immer noch der wichtigste Teil des amerikanischen Abschreckungsszenarios. Aber nur noch ein Teil. Denn Kissinger sprach schon von Atomraketen, die zum Gegenschlag bereitstünden, die, wie er es nannte, in »Silos« geschützt, einen Erstschlag überstehen würden, und von Raketen, die auf U-Booten stationiert und sogar zum Abschuss in getauchtem Zustand fähig seien. Solcherart wäre sichergestellt, dass ein Überraschungsangriff des Gegners mit einem vernichtenden Gegenschlag vergolten würde, selbst wenn die USA bereits weitgehend atomar verseucht und zerstört wären. Kissinger erklärte nur, was damals bereits zum Einmaleins des »Gleichgewichts des Schreckens« zählte. Denn natürlich hatte die Sowjetunion die gleichen oder zumindest sehr ähnliche Gegenschlagsmaßnahmen vorgesehen.

Worum es Kissinger zu diesem Zeitpunkt in seinen Verhandlungen mit den Sowjets ging, war die Frage, wie man die Anzahl der aufeinander gerichteten Raketen beschränken und damit eine sich immer schneller drehende Rüstungsspirale bremsen könnte und welche Vereinbarung man treffen müsste, um den Gegner am

Aufbau eines Raketenabwehrsystems zu hindern. Denn wem es gelänge, ein wirksames Raketenabwehrsystem zu errichten, der wäre imstande, doch einen ersten Schlag zu führen, in der Hoffnung oder sogar Gewissheit, den Vergeltungsschlag danach abwehren zu können.

Das Erstaunlichste aber geschah nach diesem Gespräch: Wir erhielten die Genehmigung, das Strategische Oberkommando der amerikanischen Bomberflotten und Atomraketen zu besuchen. Dieses SAC, Strategic Air Command, befand sich außerhalb der Stadt Omaha im Bundesstaat Nebraska. Genau genommen ist dieses »Hauptquartier« selbst schon eine Stadt. Hier waren zu diesem Zeitpunkt nicht weniger als 2700 Offiziere und 8400 Soldaten sowie über 2000 zivile Spezialisten tätig. Mit ihren Angehörigen machte das einen »Personalstand« von über 35.000 Menschen aus, inmitten dieses riesigen Arsenals, das ein Flugfeld mit drei Start- und Landebahnen, Dutzende Kommando- und Verwaltungsgebäude und Hunderte Häuser für die Unterbringung des Personals umfasste. Im Zentrum das mächtige, lang gestreckte Hauptgebäude des SAC. Vor dem Portal eine Rakete, eine Attrappe – weiß lackiert, als Wahrzeichen schon von Weitem zu sehen. Über dem Portal ein Wappen. Eine gepanzerte Faust, die Blitze schleudert, und darunter das Motto der Strategischen Streitkräfte der USA: »Peace is our business – Friede ist unser Beruf«.

Hier also stehen wir und sind zunächst etwas enttäuscht. Insgesamt sieht das alles wie ein riesiger Komplex von Kasernen aus und wird auch genauso bewacht: von Soldaten in der Uniform der US-Luftwaffe. Aber den Unterschied bekommen wir gleich zu spüren: Hier darf nur herein, dessen Identität drei- oder vierfach gesichert ist – Ausweis, Code-Nummer, Augenerkennung und Losungswort. Wir haben nichts dergleichen, aber werden von einem Major empfangen, der dies alles hat und dazu auch noch eine genaue Beschreibung unseres Teams. Man hat uns erwartet.

Der Major sagt uns, dass er uns nun in den »War Room« führen würde. War Room? Ja, so wird die unterirdische Bunkeranlage genannt, von der aus atomare Bomberflotten und Interkontinentalraketen, versehen mit Atomsprengköpfen, gestartet werden können – das gesamte Atomarsenal der USA.

Nachdem wir zwei weitere Kontrollposten passiert haben, überrascht es uns, dass es auf dem Weg hinunter in den großen unterirdischen Kriegsbunker keine Treppen gibt und – wie der Major erklärt – auch Aufzüge nur für den Ausnahmefall. Denn wenn der Atomkrieg beginnt, und der beginnt vermutlich gleich mit einer Atomexplosion in der Nähe dieses Hauptquartiers, dürfe nichts die Menschen behindern, die in die Kommandozentrale eilen. Auch kein Aufzug, in dem die Generäle doch stecken bleiben könnten. Und sie alle müssen, wie jetzt auch wir, durch Räume, die als Schleusen dienen.

Denn auch in Friedenszeiten wird die Frischluftzufuhr für den Kriegsbunker über viele Filter geleitet. Die Friedenszeit kann in einem Moment vorbei sein, wenn draußen ein atomarer Sprengkopf explodiert. Zahlreiche Filter schützen also den War Room vor atomarer Radioaktivität, aber auch vor chemischen Kampfstoffen und selbst vor Bakterien. Der Krieg könnte auch mit dem Versuch beginnen, die kommandierenden Generäle auf verschiedenste Art kampfunfähig zu machen.

Noch eine dicke Stahltüre, dann halte ich unwillkürlich den Atem an: Das also ist der unterirdische Befehlsstand der atomaren Streitkräfte der USA! Käme es je zum Atomkrieg, von hier aus würde der Befehl des Präsidenten an die Atombomber und -raketen weitergeleitet, sofort zu starten, ihre Ziele anzusteuern und ihre ganze Zerstörungskraft zu entfalten, um sie atomar zu zerstören. Der Raum liegt im Halbdunkel, die Flutlichtanlagen an der Decke sind nicht eingeschaltet, ihr starkes Licht würde die großen Projektionsflächen an den Wänden und die Bildschirme an den Arbeitsplätzen überstrahlen. Das Halbdunkel lässt den Befehlsbunker größer erscheinen, als er tatsächlich ist: Er ist »nur« 50 Meter lang, 13 Meter breit und 7 Meter hoch. Er bietet Platz für rund hundert Offiziere, die im Alarmfall ihre Kommandoposten an den langen Tischen zu besetzen, ihre Telefone und Bildschirme zu bedienen haben. Der Status der Flugfelder und Raketenabschussbasen ist an den sechs großen Projektionsflächen an der Stirnwand des Raumes abzulesen.

Der uns begleitende Major führt uns vor, was vorzuführen ihm erlaubt ist – vieles in diesem Raum wurde vor unserem Besuch ausgeschaltet, abgedeckt und sogar entfernt. Darauf macht der Major selbst aufmerksam und verwendet dabei einen Fachausdruck: »Bei einem Besuch wie dem Ihren werden der War Room und alles, was wir Ihnen noch zeigen werden, vorher ›sanitised‹.« Sozusagen »keimfrei« gemacht, vor Spionage geschützt. Nur weil man das kann, ist es ausnahmsweise möglich, Besuchern diesen Raum und das SAC-Hauptquartier zu zeigen.

Und jetzt erklärt uns der Major, was auf den Projektionsflächen an der Wand gesehen werden kann. Zunächst die »Feindlage«: Sie wird vom großen Kontrollzentrum, das mit allen Radarstationen verbunden ist, die den Luft- und auch den Weltraum über den Vereinigten Staaten ständig kontrollieren, in den War Room übertragen. Dieses Kontrollzentrum, genannt NORAD, North American Aerospace Defense Command, liegt inmitten eines Berges der Rocky Mountains im Bundesstaat Colorado und ist somit auch vor einer direkten Atomexplosion vollkommen geschützt.

Die Radaranlagen selbst sind rund um die Arktis von Alaska über Grönland bis zu den Aleuten stationiert und sollen sicherstellen, dass sich kein Flugobjekt den USA nähern kann, ohne entdeckt zu werden. Das bedeutet zwar, dass manchmal bis zu tausend Flugzeuge von den Radarstrahlen erfasst werden, aber die enorm leistungsfähigen Computer dieser Stationen können sie in wenigen Sekunden identifizieren oder sie zur Identifizierung auffordern, sie auch von Jagdflugzeugen verfolgen und notfalls abschießen lassen. Auf diese Weise sollen einfliegende Atomraketen oder sich nähernde, selbst einzelne Atombomber verlässlich aufgespürt werden. Und das geschieht tagaus, tagein ohne Pause.

Nächste Projektion: der Zustand der eigenen Bomberverbände und Interkontinentalraketen, zunächst nur im Überblick. Dann wird umgeschaltet auf rote, grüne und gelbe Lämpchen zu den Offizieren und ihren Bildschirmen. Grün – die Rakete kennt ihr Ziel, ist einsatzfähig und startbereit; rot – die Rakete ist nicht startbereit, wird gerade ausgewechselt; gelb – Reparaturen am Raketensilo verhindern den Start. Jede einzelne der über tausend Interkontinentalraketen unterliegt hier der Kontrolle, jeder der Offiziere kann mit der Mannschaft direkt sprechen, die diese Rakete »betreut« – das heißt jene, die Raketen im Kriegsfall zu starten hat. Auch diese Raketensilos und ihre Bedienung wird man uns in den nächsten Tagen noch zeigen.

Doch nun führt man uns das Wichtigste in diesem War Room vor – drei Telefone, jedes in einer anderen Farbe. Gold – das Telefon, über das der War Room de facto ständig mit dem Präsidenten der USA verbunden ist. Ständig? »Ja, das müsste Ihnen schon aufgefallen sein, wo immer sich der Präsident befindet, auch auf Reisen im Ausland, wird er von einem Offizier begleitet, der einen kleinen Koffer trägt, ein Sendegerät, mit dem der Präsident direkt mit dem War Room Kontakt aufnehmen kann. Er kann von dort aus auch den Einsatzbefehl für den Atomkrieg geben, unter Verwendung von Codes, die ständig geändert werden.«

Dann das blaue Telefon: Es verbindet den War Room mit dem Pentagon, also mit dem Vereinigten Generalstab, den militärischen Befehlshabern aller Streitkräfte, und dient der Koordinierung des Einsatzes aller Waffengattungen. Weit separiert von diesen beiden Telefonen das rote Telefon – über dieses ist der War Room gleichzeitig mit sämtlichen Bomber- und Raketenbasen der USA verbunden, über jenes Telefon wird der Befehl zum Atomkrieg gegeben.

Alles in diesem War Room dürfen wir filmen, nur nicht die vier Männer in blauer Uniform mit dunklen Berets in den Ecken des Raums, die uns zunächst gar nicht aufgefallen sind. Sie gehören der speziellen Sicherheitstruppe an, die jeden Winkel des gesamten Hauptquartiers zu bewachen hat. Die Männer tragen große Pistolen an ihrem Gurt.

Es ist Sepp Riff, nicht nur ein begnadeter Kameramann, sondern von Natur aus auch das, was man im Englischen einen »practical joker« nennt, der diese Männer richtiggehend aufscheucht. Sepp filmt gerade das rote Telefon und kann es nicht lassen, eine Hand von der Kamera weg in Richtung dieses Telefons zu bewegen, so als wolle er das Telefon filmgerecht zurechtrücken. Da durchschneidet ein scharfes Kommando die Stille im Raum und würde Sepp seine Hand nicht blitzschnell zurückziehen, dann, so stellt der uns begleitende Major höchst vorwurfsvoll fest, wäre Sepp vielleicht schon ein toter Mann. Denn diese Posten sind, wie der Major nun zugeben muss, dazu da, jeden unbefugten Zugriff auf die Kommandoinstrumente in diesem Raum sofort zu verhindern, auch unter Einsatz ihrer Pistolen.

»Kann es so etwas geben wie einen unbefugten Zugriff?«, frage ich. »Theoretisch ja, jeder der hier arbeitenden Offiziere ist natürlich auf seine Zuverlässigkeit und auf seine psychische Stabilität überprüft, und beides wird in Abständen immer wieder kontrolliert. Aber theoretisch könnte es möglich sein, dass der Feind einen oder mehrere der hier tätigen Offiziere auf irgendeine Weise unter seine Kontrolle bringt. Oder es könnte passieren, dass hier jemandem die Nerven durchgehen, schließlich ist die psychische Belastung in diesem Raum ziemlich groß. Wir schließen das natürlich alles aus, aber theoretisch muss auch solchen Fällen vorgebeugt werden. Dazu gibt es diese Sicherheitsposten.« Später erfahre ich, dass es außer diesen Posten auch Spezialagenten zumindest zweier der vielen amerikanischen Geheimdienste gibt, die hier unerkannt eine zusätzliche Überwachung ausüben. Der War Room scheint also vielfach gesichert und ständig bereit zu sein, auf den Befehl des Präsidenten in den Atomkrieg einzutreten.

Der Befehl: Er kann nur vom Präsidenten der USA erteilt werden, wenn dieser lebt und einsatzfähig ist. Fällt er aus – getötet oder entführt –, sind insgesamt 13 Personen der Reihe nach bevollmächtigt, das Oberkommando zu übernehmen. Aber ist sichergestellt, dass der Befehl zum Krieg auch nicht durch einen Irrtum der Radarstationen oder durch eine Fehlinterpretation der gelieferten Informationen erteilt werden kann? Ich stelle diese Frage, nachdem wir den War Room verlassen haben. Zu meinem Erstaunen wird diese Möglichkeit nicht sofort verneint, im Gegenteil: Falsche Alarme habe es schon gegeben. Und einige Jahre habe diese Frage die Politiker, die Strategen, die Techniker der USA sehr beschäftigt. Ein kleiner Schwarm von Meteoriten, der in die Radarüberwachung geriet, wurde von den blitzschnell rechnenden Computern im NORAD als Anflug eines Raketengeschwaders aus der Richtung der Sowjetunion identifiziert. Der Irrtum wurde doch noch rechtzeitig bemerkt.

Aber die Sache löste eine heftige Debatte und eine schwerwiegende Entscheidung aus. Und jetzt, da ich das höre, läuft mir der kalte Schauer über den Rücken. Denn bis zu diesem Zeitpunkt hatten die zuständigen, kleinen und geheim tagenden Gremien im Kongress und im Pentagon die Befürchtung, ein massiver feindlicher Raketenangriff könnte die Kommandozentralen, aber auch die Raketenstellungen selbst in den USA überraschend atomar vernichten und damit den Gegenschlag teilweise oder zur Gänze verhindern. Könnte der Feind mit dieser Möglichkeit rechnen und sie nutzen, wären die USA solcherart atomar zu überrumpeln und ihr Abschreckungspotenzial hätte jeden Sinn verloren.

Daher ließ man sich zumindest eine Zeit lang auf eine riskante Strategie ein: Die Radarstationen und Beobachtungssatelliten wurden mit einer weiteren Technologie ausgestattet, die es ermöglichen sollte, den Start sowjetischer Raketen schon in dem Moment zu erfassen, in dem diese Raketen mit Feuerstrahl vom Boden abheben. Wenn ein solcher Start gemeldet wird, sollten die amerikanischen Vergeltungsraketen bereits in dem kurzen Zeitraum gestartet werden, den die sowjetischen Raketen benötigen, um ihre Ziele in den USA zu erreichen. Das heißt, eine Zeit lang war die Möglichkeit eines großen Atomkriegs davon abhängig, was diese neuen Überwachungstechniken auf den Projektionsflächen des SAC-War Rooms aufscheinen ließen. Eine Zeit lang – bis man erneut gelernt hatte, dass auch dieses System unter gewissen Umständen einen irrtümlichen Alarm auslösen könnte.

Der Major ist soeben dabei, mir dies zu erklären, als wir auf dem Gang nach oben an einem anderen, kleineren Raum vorbeikommen. Der Major hält an und meint: »Hier können Sie sehen, was wir daraufhin getan haben.« »Bomb Alarm« steht da in großen Buchstaben. »Und das bedeutet?«, frage ich. Ich fasse hier die lange Erklärung kurz zusammen: Man hat die Strategie aufgegeben, die eigenen Raketen zu starten, auf den Verdacht hin, dass die Sowjets ihre Raketen bereits gestartet hätten. Man hat damit ein anderes, vielleicht größeres Risiko auf sich genommen, aber für eine große Sicherheit eingetauscht: Erst in dem Augenblick, wenn feindliche Atomraketen auf amerikanischem Boden explodieren, also der Angriff eindeutig erfolgt ist, wird der Befehl zum Gegenschlag gegeben. Um dies aber mit Sicherheit feststellen zu können, wurden in sämtlichen Landesteilen der USA Sensoren aufgestellt, die Atomexplosionen sofort registrieren und diese Meldung an das SAC-Hauptquartier in Lichtgeschwindigkeit weiterleiten würden. »Bomb Alarm« heißt diese Einrichtung, vor der ich nun stehe – und Sepp Riff darf auch sie filmen.

Und man erlaubt uns nicht nur das, man ist auch auf meinen Wunsch vorbereitet, mit dem General zu sprechen, dem das gesamte Strategic Air Command untersteht. Also mit dem Oberkommandierenden des SAC, der als Erster den Befehl des US-Präsidenten erhält, den atomaren Schlag auszulösen. Zu diesem Zeitpunkt heißt der Oberkommandierende Bruce Holloway. In Friedenszeiten befindet sich sein Büro im dritten Stock des oberirdischen Stabsgebäudes. Ein Vorzimmer mit mehreren Sekretärinnen und Ordonanzen, daneben der Arbeitsraum des Generals, in das wir nun geführt werden. Auf dem Schreibtisch drei Fähnchen, das Sternenbanner, die Wappenfahne des SAC mit der Blitze schleudernden Faust und die Fahne der US-Luftwaffe. Daneben vier Telefone, das goldene und das blaue an erster und an zweiter Stelle. Hinter dem Schreibtisch der General, höflich, jedoch militärisch knapp.

»Herr General, wie sehen Sie die Aufgabe der Ihnen unterstellten strategischen Streitkräfte?«, frage ich zur Einleitung des Gesprächs. Er antwortet mit einem einfachen Gleichnis: »Es ist das gleiche Prinzip, das für Nationen wie für jeden Einzelnen gilt: Wer stark genug ist, wird wahrscheinlich nicht angegriffen. Als kleine Jungen haben wir dieses Prinzip instinktiv beachtet. Wir haben uns unsere Gegner genau angesehen. Waren sie stark, wurde der Kampf nicht begonnen. Unsere heutige Politik der Abschreckung lässt sich auf so einfache fundamentale Erkenntnisse zurückführen. Wenn man sich die Methoden und Aktionen ansieht, auf denen die Politik der Abschreckung beruht, wird das Ganze natürlich weitaus schwieriger. Und unsere heutigen Waffen sind um so vieles komplizierter als alle Waffen, die es je gegeben hat. Dementsprechend kompliziert ist die Strategie und sind die Programme, die diese Strategie umzusetzen haben.«

In Anbetracht all dieser komplizierten Computer- und Leitungssysteme stelle ich die nächste Frage: »Kann das von Menschen noch beherrscht werden? Kann nicht irgendein Fehler in irgendeinem Computer zur ungewollten, unabsichlichen Auslösung des atomaren Krieges führen? Halten Sie das für möglich, Herr General?« Ich erhalte eine überraschende Antwort: »Es ist in dem Maße möglich, als alles möglich sein kann«, sagt der General, schränkt aber ein: »Wenn ich jedoch an die Systeme denke, die wir zur Kontrolle und Beherrschung unserer Waffen eingesetzt haben, dann würde ich doch meinen, dass so gut wie alles dagegen spricht.« Und dann erklärt der General, wie viele Kontroll- und Sicherheitsmaßnahmen in dem System wirksam sind, und schließt mit dem Satz: »Und wenn Sie diese Sicherungen in Augenschein nehmen, werden auch Sie zur Überzeugung gelangen, dass Fehler nicht möglich sind.«

»Und die Gegner, haben die die gleichen Sicherungen und Kontrollen?« Der General meint, dass das unbedingt so sein müsste, und ohne auf die Methoden und Mittel einzugehen, auf die sich seine Kenntnisse stützen, sagt er: »Glauben Sie mir, wenn sie diese Sicherheiten und Kontrollen nicht hätten, so wüssten wir das.«

Danach debattieren wir darüber, wie viele Raketen auf beiden Seiten überhaupt nötig sind, um den Gegner von einem ersten Atomschlag abzuschrecken. Um diese Zahl geht es ja gerade auch bei den Verhandlungen Henry Kissingers mit den Sowjets. Der General ist sicher, dass beide Seiten ihre Interessen gleichermaßen wahren werden. Am Ende der Diskussion frage ich: »Herr General, Sie leben sozusagen mit dem Krieg, er ist von Ihnen stets nur einige Sekunden entfernt. Sie befehligen ein ungeheures Atomarsenal – können Sie ruhig schlafen?«

Zum ersten Mal zögert der General. Es ist, als müsste er sich erst daran erinnern, was ihm seine Position an Verantwortung auferlegt, und was sie ihn an Sorge und Schlaf kostet. Dann sagt er: »Ich habe mich nach und nach daran gewöhnt. Das alles ist ein Teil meines Lebens geworden. Ich erschauere beispielsweise bei dem Gedanken, dass ich einer von jenen Bauarbeitern sein müsste, die sich ganz oben auf dem Baugerüst eines Wolkenkratzers glühende Nieten zuwerfen oder auf einem schwingenden Stahlbalken sitzen und ihr Mittagessen verzehren. Natürlich gibt es einen bedeutenden Unterschied – ich bin mir der ganzen Schwere meiner Verantwortung durchaus bewusst und manche Nacht schlafe ich vielleicht nicht so gut. Aber grundsätzlich ist das eine Frage des Trainings und ob man die Verantwortung auch tragen will. Und wenn man sie trägt, ob man sein Bestes dabei leisten kann. Wer das nicht kann, der darf nicht in meiner Position sein – er würde sonst verrückt werden.«

Das führt natürlich zu einer Diskussion über die Ausbildung, die Erfahrungen und die bisherigen Leistungen des Generals, die Daten sind beeindruckend. Das Gespräch beende ich mit einer Überlegung, die mir die ganz Zeit schon durch den Kopf geht: »Das erste Ziel eines Atomschlages des Gegners würde wohl hier

diese Kommandozentrale sein. Ist der War Room atomsicher?«
Und noch einmal gibt es gleich eine doppelt überraschende Antwort: »Den direkten Einschlag einer Atomrakete könnten wir hier
nicht überleben, aber Atomraketen sind nie zielgenau und müssen es auch nicht sein. Aber selbst wenn der Gegner es schafft,
uns punktgenau zu treffen, würden unsere Atomraketen zu Lande und von den Atom-U-Booten aus alle noch zum Einsatz kommen, der Gegenschlag wäre gesichert.« Um das unter Beweis zu
stellen, deutet der General von seinem Fenster aus auf ein soeben
auf dem Flugfeld gelandetes Flugzeug, so groß wie eine Boeing
707 und mit merkwürdigen Aufbauten. »Dieses Flugzeug nennen
wir ›Looking Glass‹. Sehen Sie sich das mal an.«

Unglaublich, aber wir dürfen das wirklich. In einem blau gestrichenen Kommandowagen und in Begleitung unseres Majors
werden wir zu dem Flugzeug gebracht. Soeben steigt die »Besatzung« aus, Majore, Oberste und als Letzter ein General im Drei-
Sterne-Rang. Insgesamt 15 Personen. »Looking Glass« wird uns
nun erklärt: Das Flugzeug ist ein fliegender Kommandostand für
den Einsatz aller Atomstreitkräfte der USA, der Atombomber
und aller Atomraketen zu Lande und auf den ständig getauchten
Atom-U-Booten. Wir dürfen uns in das Flugzeug begeben und
auch hier alles filmen: Wir befinden uns in einem großen Raum
ohne Fenster. Entlang der Wände auf beiden Seiten sind Dutzende
Computer mit ihren Bildschirmen und Kommunikationsmitteln
positioniert. »Sie entsprechen«, erklärt der Major, »allen wichtigen Kommandostellen, wie sie sich im War Room befinden. Und
von diesem Sitz aus« – einem breiten Chefsessel mit Rückenlehne
und Kopfstütze – »gibt der General den Befehl zum Einsatz der
Atomwaffen«, schildert der Major die Funktion von »Looking
Glass«: »Sollten das Hauptquartier und andere mit allen Kommunikationsmitteln ausgerüstete Kommandostellen in den USA
durch einen ersten Atomschlag zerstört werden, ›Looking Glass‹
würde sich auf jeden Fall hoch in der Luft befinden und in der
Lage sein, den Gegenschlag anzuordnen. Es gibt nämlich nicht

ein, sondern 14 ›Looking Glass‹-Flugzeuge, mindestens drei davon befinden sich immer in der Luft und dürfen nicht landen, bevor nicht die Ablösemaschinen gestartet sind und sich in sicherer Höhe befinden. Sie operieren von verschiedenen Flugplätzen der USA aus. Jedes einzelne ›Looking Glass‹ ist mit einem General besetzt und jeder der Generäle ist für seine Aufgaben ausgebildet, jeder könnte das Oberkommando über alle Atomstreitkräfte übernehmen. Kein Erstschlag könnte diese fliegenden Kommandos vom Himmel holen.«

Man kommt ja aus dem Staunen nicht heraus, ich rechne mir aus, dass für 14 »Looking Glass«-Flugzeuge mindestens 42 Generäle im Einsatz sein müssen, wenn sie jeweils in drei Schichten pro Tag unterwegs sind, aber mit Freizeit und Urlaub müssen es mehr sein – und das nur Generäle, vom übrigen Personal abgesehen.

Diese Zahlenspiele kann man natürlich auf der ganzen Linie fortsetzen: Genau wie »Looking Glass« sind auch amerikanische Atom-U-Boote stets getaucht in den Meeren rund um die Sowjetunion und China unterwegs, an Bord jedes einzelnen 16 Raketen, und jede Rakete ist mit mehreren, sich eigene Ziele suchenden atomaren Sprengköpfen versehen. Und je vier auf dem Land in Silos versteckte Langstreckenraketen werden aus eigenen Bunkern von »Besatzungen« betreut, die ebenfalls in drei Acht-Stunden-Schichten operieren. Auch diese Raketensilos dürfen wir besuchen, ebenso die Kommandobunker, von denen aus sie im Kriegsfall von zwei sich gegenseitig kontrollierenden Offizieren gestartet würden.

Kaum ein anderer journalistischer Einsatz beeindruckte mich so, aber ließ mich auch so erschauern wie diese Reise zu den Atomarsenalen der USA. Am Ende aber und noch lange Zeit stellte ich mir die Frage, wieso mir und unserem Team das alles zu sehen und zu filmen erlaubt wurde. Sepp Riff und ich machten daraus eine Fernsehdokumentation, der ich den Titel »Friede durch Angst« gab. Und war ein halbes Jahr später noch mehr erstaunt, als bei einem alljährlich in Los Angeles stattfindenden Wettbewerb internationaler Fernsehdokumentationen unser Film »Friede durch Angst« – »Peace through Fear« mit dem zweiten Preis ausgezeichnet wurde, begleitet von einem bemerkenswerten Bericht der »Los Angeles Times«. Wieso, schrieb der Berichterstatter, kann ein fremdes Fernsehteam aus dem fernen Europa uns das alles vor Augen führen, während wir noch nichts dergleichen von unseren eigenen Fernsehgesellschaften erfahren haben?

Und das fragte ich mich jetzt umso mehr: Wieso, oder vielleicht genauer, weshalb hatte man das uns erlaubt und noch dazu so gut organisiert? Viel später gab man mir eine Antwort und ich nehme an, dass sie stimmte: Präzise zu diesem Zeitpunkt, da mit den Sowjets über die Atom- und Raketenrüstung verhandelt wurde, kam es den Amerikanern darauf an, ihre Fähigkeit unter Beweis zu stellen, jeden atomaren Angriff, auch wenn dieser noch so erfolgreich wäre, mit einem Gegenschlag beantworten zu können, der den Angreifer mit der totalen Verwüstung bestrafen würde. Sepp Riff und ich hatten unsere journalistische und filmische Kompetenz und Objektivität durch viele Berichte unter Beweis gestellt. Und es dürfte den Amerikanern wichtig gewesen sein, dass ein solcher Bericht über ihre Atomarsenale, Kommandosysteme und Einsatzfähigkeit nicht von einem amerikanischen, sondern von einem neutralen Fernsehteam geliefert würde.

Das war damals. Und heute? Am »Gleichgewicht des Schreckens«, am Frieden durch Angst hat sich seither zwar einiges, aber nicht das Wesentliche geändert. Die Sowjetunion gibt es nicht mehr, aber Russland ist ihr nachgefolgt und hat alle Rüstungsbetriebe, Atomwaffen und Raketen geerbt. Beide Seiten, Russland und die USA, verfügen weiterhin über je weit mehr als tausend atomar bestückte Interkontinentalraketen, ihre Zahl ist trotz mühsamer Verhandlungen nur geringfügig reduziert worden. Und wie Putin vor Kurzem ankündigte, werden sie demnächst wieder verstärkt durch 40 neue, moderne Raketen.

Eines allerdings haben Amerikaner und Russen einander zugesichert: Die Raketen wären nicht, so wie früher, sofort einsatzbereit. Denn bis dahin war jede dieser Raketen auf vorbestimmte Ziele – Städte, Industriegebiete, militärische Anlagen – vorprogrammiert. Auf Knopfdruck konnte man sie starten und sie wären schon zu diesen Zielen unterwegs gewesen. Das heißt, jede größere Stadt in der Sowjetunion und in den USA lebte jahrelang unter dem Damoklesschwert der Vernichtung durch diese Raketen. Die Raketen gibt es weiterhin, aber auf die Vorprogrammierung, welche Ziele sie anzusteuern haben, hätten beide Seiten bis auf Weiteres verzichtet. So das auch tatsächlich eingehalten wird.

Die Angst aber, dass es sehr schnell wieder zu einer neuen Rüstungsspirale kommen könnte, ist geblieben, ja sogar verstärkt worden. Die Verantwortung dafür hat der amerikanische Präsident George W. Bush zu tragen. Er nämlich war es, der gleich am Anfang seiner Präsidentschaft entschied, möglichst alle internationalen Verträge, die die USA in ihrer Handlungsfreiheit einschränken, aufzukündigen. Das schon von Präsident Clinton unterzeichnete Weltklimaabkommen von Kyoto wurde von Präsident Bush nicht umgesetzt, der ebenfalls beschlossene Internationale Gerichtshof zur Verfolgung von Kriegsverbrechen und Verbrechen gegen die Menschlichkeit, der in Den Haag etabliert wurde, wurde von Bush gleichfalls nicht anerkannt – kein Amerikaner dürfe sich je vor einem fremden Gerichtshof zu verantworten haben. Und dann kam der entscheidende Eingriff des Präsidenten Bush in das über so viele Jahre immer wieder ausbilanzierte »Gleichgewicht des Schreckens«. Das zwischen den USA und der Sowjetunion erzielte Abkommen, alle Tests zur Erprobung neuer Atomwaffen einzustellen, wurde von Präsident Bush einseitig gekündigt. Ziel des Abkommens war es, keine neuen Atomwaffen in den Dienst zu stellen. Die Entwicklung solcher Waffen konnte also wieder beginnen. Und Putin tut es schon, vermutlich, weil es Bush auch getan hat.

Aber dann kam die noch viel wichtigere, ja eine entscheidende Wende. Das »Gleichgewicht des Schreckens« wurde durch ständige gegenseitige Bedrohung erzielt, welche Seite auch immer einen Atomangriff wagt, würde durch den darauffolgenden Gegenangriff vernichtet werden. Beide Seiten hatten dafür gesorgt, dass ihre Vergeltungswaffen auch nach einem Angriff noch einsatzfähig bleiben – die Raketen in ihren Silos und auf den ständig getaucht operierenden Atom-U-Booten. Das setzte voraus, dass keine der beiden Seiten je versuchen würde, sich gegenüber diesem zweiten Schlag durch die Errichtung eines Raketenabwehrsystems zu schützen. Denn wer sich vor dem Gegenschlag schützen kann, der könnte weitgehend unbeschadet den ersten Schlag, den Überraschungsangriff, führen. Dieser Verzicht auf jeden Abwehrschild wurde im sogenannten ABM-Vertrag zwischen der Sowjetunion und den USA vereinbart. ABM steht für Anti-Ballistic Missile, also Anti-Raketen-Raketen. Das Ende der Sowjetunion und die sich daraus ergebenden Schwierigkeiten für die neue russische Führung nutzte Präsident Bush auch zur Aufkündigung dieses Vertrags.

Tatsächlich hatten die Amerikaner, und vermutlich auch die Russen, in all der Zeit, da dieser Vertrag gültig war, ihre Forschungen und Arbeiten an einem Raketenabwehrschild fortgesetzt – es war ja nur dessen Errichtung verboten. Viele Experten hatten daran gezweifelt, dass es je möglich sein würde, die in so großer Geschwindigkeit und Weltraumhöhe fliegenden Raketen durch Abwehrraketen zu treffen und zerstören zu können. Aber in den letzten Jahren gelang es den amerikanischen Hightech-Ingenieuren, Computer zu bauen, deren Berechnungen mit diesen Geschwindigkeiten und Höhen Schritt halten konnten. Von Kalifornien in Richtung Mitte Pazifik gestartete Raketen konnten von solchen Computern erfasst und von Abwehrraketen getroffen und zerstört werden. Die Amerikaner waren den Russen diesbezüglich also weit voraus. Präsident Bush beendete daraufhin nicht nur den ABM-Vertrag, sondern kündigte auch an, dass die Amerikaner einen »beschränkten« Raketenabwehrschild errichten werden, und zwar – in Europa. Die aus der Sowjetherrschaft entlassenen und sofort unter den Schutz der NATO geeilten

Tschechen und Polen waren bereit, die Computer- und Radaranlagen sowie die Abschussbasen für die Antiraketen auf ihren Territorien in Stellung bringen zu lassen.

Zur Begründung dieses Wortbruchs gegenüber den Russen erklärte Präsident Bush, dieser »kleine« Schutzschirm würde nur errichtet, um die in Zukunft zu erwartenden Atomraketen des Irans abwehren zu können. Eine Begründung, die das neue Russland ganz und gar nicht akzeptierte: Dieser Schild, erläuterte Russlands Präsident Putin, sei natürlich vor allem gegen Russland gerichtet, und stünde er einmal, könnte und werde er dementsprechend vergrößert und aufgerüstet werden.

Einige Mitglieder der NATO, vor allem Deutschland, versuchten zu vermitteln: Von Staaten wie dem Iran und Nordkorea könnte künftig die ganze Welt atomar bedroht werden, so wäre es doch vernünftig, gemeinsam mit Russland einen Raketenabwehrschirm für die ganze nördliche Erdhälfte zu errichten. Amerikanische und russische Computer- und Raketentechniker könnten da gemeinsam eingesetzt und die Abwehrsysteme zusammen betrieben werden.

Das klang vernünftig, das wäre auch vernünftig, aber bislang kam es zu keinerlei Vereinbarung für eine solche Zusammenarbeit. Und Präsident Barack Obama, der zu Beginn seiner Amtszeit auf eine weitgehende Einschränkung der Atom- und Raketenrüstung gedrängt hatte, dabei aber nicht recht weitergekommen ist, griff in seiner zweiten Amtszeit den Vorschlag zur einseitigen Errichtung eines Raketenabwehrschildes selbst auf, heftig unterstützt von den Tschechen und Polen, die in der Stationierung eines solchen Schirms praktisch eine Garantie der USA für ihre eigene Sicherheit sahen – und ihre Angst vor künftigen Expansionsabsichten Moskaus durch das russische Vorgehen gegenüber Georgien und der Ukraine für mehr als berechtigt hielten.

Eine Zeit lang schien es also, als ob es des »Gleichgewichts des Schreckens« zur Aufrechterhaltung des Weltfriedens nicht mehr bedürfte. Doch da kam durch das russische Vorgehen in der

Ukraine unerwartet wieder Kriegsgefahr auf. Im Atom- und Raketenzeitalter war bereits seit Langem ein kleiner, ein beschränkter Krieg zwischen Russland und den USA nicht mehr vorstellbar, jeder Krieg würde letztlich zu einem Atomkrieg führen. Aber die Arsenale der seinerzeitigen Supermächte USA und Sowjetunion, ihre Raketen und Atomsprengköpfe sind nach wie vor vorhanden und, wie beide Seiten wissen, auch recht schnell wieder einsatzfähig zu machen.

So sorgt, wie ich glaube, das potenziell weiter bestehende »Gleichgewicht des Schreckens« immer noch für die Bewahrung des Friedens – eines Friedens durch Angst.

Kreisky und die Neutralität
Österreichs Weg in die Weltpolitik

Zwei Mal seit dem Abschluss des Staatsvertrags im Jahr 1955 musste man sich auf dem Ballhausplatz die Frage stellen, ob die von Österreich beschlossene Neutralität dem Land tatsächlich Schutz bieten würde, falls es zu einem Krieg käme. Das war 1956, als die sowjetischen Panzer in Ungarn bis an die österreichische Grenze rollten, und das war 1968, als sie entlang der tschechischen Grenze auftauchten. In beiden Fällen hoffte man, Rückendeckung aus den USA zu erhalten: Eine Verletzung der Neutralität Österreichs würde von den Amerikanern als Rechtsbruch, als Bedrohung des Friedens angesehen werden. Das allein schon würde die Sowjets davon abhalten, etwa ihre frühere Zone in Österreich wieder zu besetzen. Aber was würde wirklich geschehen, wenn es zu einem Ost-West-Krieg käme? Könnte sich Österreich mithilfe seiner Neutralität aus künftigen Konflikten so heraushalten, wie es der Schweiz mit ihrer Neutralität so erfolgreich gelungen ist? Ein Wunschdenken, vermutete ich. Jedoch nicht erwartet hatte ich, dass mir das sogar bildlich in die Hand gedrückt werden könnte.

Das geschah, als ich 2005 die Schweizer Militärakademie besuchte. Ich war dabei, für den ORF in diesem Gedenkjahr – 60 Jahre Zweite Republik – eine Kurzfassung der TV-Dokumentation »Österreich II« zu erstellen, sie aber gleichzeitig auch auf den letzten Stand der Entwicklungen in Europa und der Welt zu bringen. Dazu wollte ich wissen, welche Bestimmungen des österreichischen Staatsvertrags noch Gültigkeit haben und ob die von Österreich beschlossene »Neutralität, wie sie von der Schweiz gehandhabt wird« tatsächlich auch dem Schweizer Muster entspricht. Das Erste, was mir in der Schweizer Militärakademie gesagt wurde, lag auf der Hand: »Die Schweiz hat wahrscheinlich die Möglichkeit, tatsächlich auch in einem dritten großen Krieg neutral und dem Kriegsgeschehen fernzubleiben. Österreich hat das sicher nicht – Österreich ist ein Durchmarschland, wer von Ost nach West, von West nach Ost, von Nord nach Süd kommen will, muss durch Österreich durch. Darauf ist man bei der NATO und beim Warschauer Pakt vorbereitet.« Und wieso wissen die Schweizer, dass beide Seiten darauf vorbereitet sind? Sie konnten das mit solcher Bestimmtheit sagen, weil sie im Besitz der Aufmarschpläne des früheren Warschauer Pakts waren. Und diese holten sie jetzt hervor. Es waren tatsächlich Kopien der Kriegspläne des vereinigten Generalstabs des Warschauer Pakts.

Die Schweizer legten mir diese Pläne vor: die Landkarte Österreichs, durchzogen von roten Linien, die Angriffsspitzen und die Marschrouten der Truppen des Warschauer Pakts. Vom Osten, aus Ungarn, zwei breite rote Angriffskeile, der eine direkt auf Wien gerichtet, der andere der Donau entlang in Richtung Linz, Passau, Salzburg, München. Der rote Keil teilte sich zur Umzingelung Wiens von Osten, Süden und Westen. Da war aber auch ein roter Angriffspfeil, der vom Norden her auf Wien gerichtet war, aus der Tschechoslowakei. Dieser Keil sah die Umzingelung Wiens vom Norden und Westen vor, während der Hauptstoß der Ostblocktruppen auf die Erreichung der bayerischen Grenze ausgerichtet war.

Aber da gab es auch noch eine andere breite rote Angriffsspitze, ebenfalls aus dem Raum Ungarn, über Graz und Klagenfurt in Richtung Kanaltal – eindeutig mit dem Ziel, nach Italien vorzustoßen.

Die Schweizer erklärten mir dazu, dass das Kopien der Originalaufmarschpläne des Warschauer Paktes seien. Wie sie dazu gekommen wären, dafür gab es keine Erklärung, nur ein Zucken mit den Achseln. Natürlich verfügt die Schweiz über einen gut funktionierenden Spionagedienst. Einen kurzen Moment lang dachte ich, na hoffentlich hat das unser Generalstab auch, aber es war mir klar, dass die Schweizer diese Kenntnisse selbstverständlich an ihre österreichischen Kollegen weitergegeben hätten. Doch dann gab es eine zweite Überraschung, und für mich einen Schock. Nochmals eine Landkarte Österreichs aus den Plänen des Warschauer Pakts. Sie zeigte nicht nur die geplanten Vormarschrouten, sondern entlang dieser Routen viele rote Kreise, größere und kleinere. »Das sind die Ziele für den Einsatz der sowjetischen Atomwaffen.« Die Verteidigungsstellungen des österreichischen Bundesheeres, sie würden mit Atomwaffen ausgeschaltet werden.

War das wirklich geplant? Die Schweizer meinten, dass das zweifellos so sei. Der Einsatz von Atomwaffen sei von der ersten Minute des Krieges an von beiden Seiten vorgesehen gewesen. Heimgekehrt, rief ich Anatol Koloschin in Moskau an. Ich erwähnte schon, Koloschin war der Chefkameramann der Sowjetarmee in Österreich, und mittlerweile nach dreijähriger Zusammenarbeit auch ein Freund geworden. »Anatol, glaubst du das?« – »Ich werde fragen«, sagte er. Zwei Tage später rief er zurück: »Ja, das stimmt. Und das haben mir die Generäle selbst gesagt. Ich habe eine Überraschung für dich: Sie haben mir das vor der Kamera bestätigt, ich schicke dir die Interviews.« Die kamen tatsächlich. Nun hörte ich es auch aus dem Mund des damaligen Mitglieds des Planungsstabs der Sowjetarmee, Generaloberst Adrian Danilewitsch. Der betonte, dass man davon ausginge, die NATO würde den Krieg beginnen, aber natürlich würde der Warschauer Pakt sofort reagieren. Danach wörtlich:

»In erster Linie sollten die österreichischen Verbände direkt an der Grenze zerschlagen werden, wobei die militärischen Schwierigkeiten bei den Durchbruchkämpfen in den befestigten Grenzzonen lägen. Dann sollte natürlich die Zerschlagung der westdeutschen und amerikanischen Verbände und zum Schluss der italienischen Verbände erfolgen. Mit dem weiteren Vorstoß erst gegen westdeutsche, dann aber auch gegen die jugoslawische und italienische Grenze. Wir hielten es für notwendig, ganz von Anfang des Krieges an, unser atomares Potenzial für die Lösung strategischer Aufgaben in vollem Umfang auszunützen. Auch in Österreich sind die wichtigsten militärischen Objekte als Kernwaffenziele betrachtet worden. Unter günstigen Bedingungen könnte man von österreichischem Boden aus weiter in Richtung München vorstoßen und die ganzen Kampfoperationen auch nach Norditalien hinübertragen.«

Aber ich fragte nicht nur in Moskau nach, auch in Budapest. Aus Ungarn wäre ja der Hauptangriff der Warschauer-Pakt-Truppen erfolgt in Richtung deutsche und italienische Grenze. Der damalige Generalstabschef der ungarischen Armee, Generalmajor Robert Szeles, war sogar bereit, nach Wien zu kommen, um mir den geplanten Einsatz von Atomwaffen in Österreich zu bestätigen: Die Ungarn hätten die Aufgabe gehabt, durch das Klagenfurter Becken die italienische Grenze zu erreichen und danach die Lombardei. Im Falle eines Atomkriegs wären aber natürlich die in Ungarn gelagerten taktischen Kernwaffen zum Einsatz gekommen, auch in Österreich. »Vorrangig oder ausschließlich gegen militärische Ziele, was natürlich nicht ausschließt, dass trotzdem anderes in Mitleidenschaft gezogen worden wäre.«

Was war aus all dem zu schließen? Im Kriegsfall zwischen Ost und West hätte uns die Neutralität nicht geschützt und würde das wohl auch in Zukunft nicht tun.

Aber es war der amerikanische Präsident Dwight Eisenhower, der der Neutralität Österreichs zugestimmt, ja sie sogar vorgeschlagen hatte. Laut dem Protokoll dieses Gesprächs des Präsidenten mit seinem Außenminister John Foster Dulles sagte Eisenhower wörtlich: »Ja, neutral wie die Schweiz.« Die würde nämlich ihre Grenzen mit allen Mitteln verteidigen und damit automatisch die Lücke in der Westverteidigung schließen. War das auch von Österreich zu erwarten? Zu erwarten war es vielleicht, nur hätte sich Österreich dann auch zu bewaffnen gehabt, wie das die Schweiz tut – unter anderem hat das Schweizer Parlament schon vor Jahren der Regierung die Vollmacht erteilt, auch Atomwaffen anzuschaffen, wenn sie das für nötig hielte. Ob diese Vollmacht je eingelöst worden ist, darüber bekam ich keine Auskunft.

Mit einem gleichwertigen Widerstand war in Österreich nicht zu rechnen. Dafür aber war die NATO offenbar darauf vorbereitet, in Österreich einzugreifen, sollten die Sowjets die österreichische Grenze überschreiten. Dazu erklärte uns der deutsche NATO-General Gerd Schmückle: »Es gibt heute und gab auch damals schon militärische Mittel, die alles ausgleichen können, wäre die Neutralität gebrochen worden, dann hätte Österreich möglicherweise die NATO um Hilfe gebeten, und dann hätten wir schon gewusst, was wir tun müssen. Da bräuchten wir keine großen Vorbereitungen.«

Der österreichische Generalstab war sich dieser Situation voll bewusst. Man war bereit, Widerstand zu leisten, wusste aber auch, dass dies maximal nur einige Tage möglich wäre, und nur an den wenigen geografisch dazu geeigneten Stellen. In der Hoffnung, die Zeit würde ausreichen, bis Hilfe einträfe? Aber man war sich auch durchaus bewusst, dass das Aufeinanderprallen der beiden Streitmächte auf österreichischem Boden für Österreich und vor allem für die österreichische Bevölkerung verheerende Auswirkungen haben würde. Dazu erklärte uns der damalige Armeekommandant des Bundesheeres, Hannes Philipp: »Das Problem ist ja, wenn uns einer unterstützt, wir aber keine direkten Verbindungen über Fliegerleittrupps gehabt hätten, dann hätte ja diese Luftunterstützung mehr angerichtet als geholfen, beziehungsweise, wenn es hart auf hart geht, sichert man sich die Flanken halt, wenn es sein muss, auch nuklear ab. Und das hätte sich dann auf unserem Grund und Boden abgespielt mit unserer Bevölkerung.«

Mit dem Zusammenbruch des Sowjetimperiums scheinen alle diese Überlegungen heute hinfällig zu sein. Verbunden mit der Hoffnung, dass es auch so bleiben wird. Aber auch da lässt sich aus der Erfahrung lernen. Denn die so offensichtliche Hilflosigkeit Österreichs im Falle eines Ost-West-Konflikts nahm vor allem Bruno Kreisky, Außenminister und danach Bundeskanzler, nicht als gegeben und unabänderlich hin. Er »war der Meinung«, dass auch ein kleiner und neutraler Staat aktiv dazu beitragen könne, Entspannung und Friedensbemühungen zu unterstützen, um einen solchen Konflikt zu vermeiden und sich dadurch international nützlich zu machen. Das nannte er »aktive Sicherheitspolitik«.

Es war zwar schon seit Längerem geplant, die UNO einzuladen, in Wien ein drittes Hauptquartier der Vereinten Nationen einzurichten – nach New York und Genf. Aber es war letztlich Kreisky, in dessen Kanzlerschaft die Entscheidung zu fällen war, der UNO ein großes Hauptquartier anzubieten und dieses auch zu errichten – die UNO City.

Gleichzeitig wusste Kreisky sich auch der UNO zu bedienen. Er brachte das bis dahin noch bei Weitem nicht gelöste Problem einer echten Autonomie für Südtirol vor die UNO und setzte darauf, es auch mithilfe der UNO lösen zu können.

Ich war damals Chefredakteur des »Kurier« und sehr skeptisch, gleich in doppelter Hinsicht. Ich war mit der Lage in Südtirol sehr vertraut, war immer wieder in Bozen und hielt mich auch lange in Südtirol auf. Ich kannte fast alle politischen Akteure, sprach oft mit dem Landeshauptmann und Obmann der Südtiroler Volkspartei, Silvius Magnago, und mit seinen engen Vertrauten, Friedl Volgger und Alfons Benedikter. Sie wussten, dass die von der großen Mehrheit der Südtiroler gewünschte »Selbstbestimmung« – die eine Rückgliederung Südtirols an Österreich ermöglichen sollte – bei den Italienern nicht zu erreichen war. Aber nicht alle Südtiroler nahmen das so hin. Die sogenannte »Gruppe Kerschbaumer« und andere waren entschlossen, mit Sprengstoffanschlägen und durchaus auch im Kampf mit den Carabinieri und dem Militär die Italiener zum Nachgeben zu zwingen. Aktiv unterstützt aus Nordtirol, dort gefördert von Wolfgang Pfaundler, Fritz Molden, Gerd Bacher und anderen.

Ich war in Bozen am Abend des 11. Juni 1961, dem sogenannten »Herz-Jesu-Sonntag«, dem von Andreas Hofer gegründeten Landesfeiertag Tirols. Auf den Bergen rund um Bozen wurden am Abend die traditionellen Höhenfeuer entzündet und viele Menschen sammelten sich um diese Feuer. Für die geplanten Attentate ideal: An die hundert Männer des sogenannten »Befreiungsausschusses Südtirol«, kurz BSA, konnten solcher Art völlig unverdächtig ihre Ziele rund um Bozen, aber auch in Meran und im Pustertal erreichen. Alle ausgebildet in Nordtirol und dort auch mit Sprengstoff versorgt. Einer von ihnen, Luis Gutmann, schilderte mir das später so: »Das Ziel waren die Hochspannungsmasten. Wir wollten die Industriezone von Bozen lahmlegen, aber auch unten in Italien sollten sie spüren, welche Folgen das hat, wenn wir einmal losschlagen.« Die Zünder an den Sprengstoffladungen waren auf 1 Uhr gestellt. Sie explodierten – und in Bozen und Meran gingen die Lichter aus. Insgesamt wurden in dieser Nacht 47 Strommasten gesprengt. Die Detonationen weckten uns aus dem Schlaf. Es hörte sich an wie Krieg. Viele suchten in den Polizeistationen und Carabinieri-Kasernen Schutz. Obwohl an die hundert Männer an den Anschlägen beteiligt waren und die Vorbereitungen dieser »Feuernacht« mehrere Tage beansprucht hatten, waren die italienischen Behörden, wie sich herausstellte, völlig ahnungslos. Und trotz der großen Anzahl schwerer Explosionen blieb es bei einem einzigen Toten.

Mit Bruno Kreisky hatte ich immer wieder Gespräche zur Lage in Südtirol geführt. Was er dachte, hielt ich für falsch: Es gäbe Situationen, in denen Gewaltanwendung nicht zu vermeiden sei und – wie etwa die Beispiele Zypern und Irland gezeigt hatten – auch politische Ziele erreichbar mache. Aber in einem neuen Europa, so meinte ich, müssten doch Konflikte zwischen demokratischen Staaten auch demokratisch lösbar sein. Als Kreisky dann vorschlug, die Frage Südtirol vor die UNO zu bringen, hielt ich auch das nicht für einen gangbaren Weg, und das schrieb ich auch so im »Kurier«. Wer in der UNO sollte dieses Vorhaben Österreichs unterstützen? Viele Mitgliedsstaaten hatten selbst Schwierigkeiten mit ihren Minderheiten und waren daher nicht für die Lösung einer solchen Frage zu gewinnen. Tatsächlich sprach sich zunächst auch nur eine Handvoll von Staaten für eine Behandlung des Südtirol-Problems in der UNO aus: Kuba, Afghanistan, später auch Irland, Dänemark, Indien und Kanada.

Das schien meine Argumentation zu bestätigen. Kreisky versuchte mich dennoch von seiner Linie zu überzeugen: Die noch fehlende Unterstützung in der UNO sei eine große Hilfe, sagte mir Kreisky, sie führe den Südtirolern vor Augen, dass sie mit ihren weit überhöhten Erwartungen in der Welt nicht weiterkommen könnten. Gleichzeitig aber wusste Kreisky, wie er selbst in der UNO weiterkäme. Er brachte dem einflussreichen Generalsekretär der UNO, Dag Hammarskjöld, ein wertvolles Gastgeschenk mit. Hammarskjölds größte Sorge in jenen Tagen war der Kongo. Dort gab es Krieg. Einen blutigen Stellvertreterkrieg Ost gegen West, der den Weltfrieden gefährden konnte. Hammarskjöld hatte es schwer, die UNO-Mitglieder zu bewegen, Soldaten für einen Blauhelm-Einsatz im Kongo zu stellen. Kreisky aber hatte sich schon die Zustimmung der Bundesregierung gesichert, der UNO eine Mitwirkung Österreichs im Kongokonflikt zuzusagen. Hammarskjöld war beeindruckt: Österreich werde ein großes Sanitätskontingent in den Kongo entsenden, mit Ärzten, Sanitätern und der Ausrüstung für ein komplettes Feldlazarett.

Die Wirkung hatte Kreisky richtig eingeschätzt: Der Generalsekretär war behilflich bei der Beschaffung befürwortender Stimmen für eine Behandlung der Südtirol-Frage in der UNO. Gleichzeitig hatte Kreisky Österreich damit aber auch international aufgewertet. Von nun an konnte das kleine Österreich in weltpolitischen Fragen mitreden, seine Stimme wurde beachtet und bei Abstimmungen in der UNO auch gebraucht. Und für Österreichs Sicherheitspolitik war damit mehr gewonnen als mit einem Versuch, sich militärisch besser auszurüsten.

Kreiskys Initiative, das Problem Südtirol vor die UNO zu bringen, erwies sich letztlich als großer Erfolg. Nach vielen Verhandlungen und Überwindung großer Hindernisse ist es Österreich gelungen, für Südtirol eine Autonomie auszuhandeln, die weltweit als mustergültig gilt. Jede, auch die kleinste Ortschaft in Südtirol hat zweisprachige Ortstafeln und wo immer irgendeine Aufschrift auftaucht, ob auf einer Mülltonne, einem Wanderweg oder einem Toilettenhinweis, alle Aufschriften in Südtirol sind zweisprachig. Viel wichtiger, die Südtiroler haben Kompetenzen in sämtlichen Sektoren der Wirtschaft, der Polizei, der Justiz, der Bildung, im Wohnbau und im Sozialbereich. Das war der Hartnäckigkeit der Südtiroler selbst, der Unterstützung Nordtirols und der Unermüdlichkeit Bruno Kreiskys sowie seinen Nachfolgern als Außenminister Rudolf Kirchschläger und Kurt Waldheim zu verdanken.

Sozusagen als »Nebenwirkung« wurde Österreich viele Jahre lang ein wichtiger Unterstützer fast aller UNO-Aktionen zur Aufrechterhaltung des Friedens – im Nahen Osten, auf Zypern, in Afghanistan, in Ruanda, in der Westsahara, in Kuwait, in Georgien, in Tadschikistan. Insgesamt waren an diesen Einsätzen 6000 Österreicher beteiligt. Dabei gab es auch Tote, insgesamt kamen bei den Blauhelm-Missionen des Bundesheeres 44 Menschen ums Leben.

Als es jedoch 2013 zum Bürgerkrieg in Syrien kam und sich die Kampfhandlungen auch den Golanhöhen näherten, auf denen die Österreicher seit Jahren den Waffenstillstand zwischen Israel und Syrien erfolgreich überwachten, entschied sich die Regierung Faymann-Spindelegger zu einem geradezu überstürzten Abzug der Österreicher. Das Leben der Soldaten hätte Priorität, hieß die Begründung. Damit endete eine fast 50-jährige, international hoch anerkannte Mission. Ob Kreisky auch so gehandelt hätte?

Kreisky zögerte nicht, das Blauhelm-Kontingent in den Krieg im Kongo zu schicken. Da waren sie nicht am Rande der Gefechte, sondern mitten im Krieg. Mit den 112 Männern des Kontingents nahmen auch zwei Frauen als medizintechnische Assistentinnen an diesem Einsatz teil. Eine davon, Gertrud Pieber-Vukovits, schilderte mir das so: »Gerade erst an unserem Einsatzort Bukawu angekommen, wurden wir von kongolesischen Soldaten umzingelt. Es waren zwei-, dreihundert Bewaffnete, die die Häuser, in denen wir waren, umringt haben. Gegen Abend wurden wir in das Stadtgefängnis gebracht, nachdem alle Verhandlungen nichts gefruchtet hatten. Dort hat man uns zunächst einmal im Hof an die Wand gestellt und geschaut, ob wir Waffen hätten. Wir mussten mit erhobenen Händen stehen. Es war eine Schar von aufgebrachten Kongolesen dort, die uns mit der Waffe bedroht haben, und dann wurden wir in Gefängniszellen gesperrt. Wir wussten nicht, was draußen los ist.«

Rund um das Gefängnis hatten die Kongolesen Straßenblockaden errichtet und sich in den Hügeln verschanzt. Die Österreicher hatten vor ihrer Festnahme noch einen Hilferuf an das Hauptquartier der UNO-Truppen im Kongo gerichtet. Aber die Kongolesen waren nicht bereit, die Österreicher freizulassen. So traten UNO-Soldaten aus Nigeria, geführt von einem britischen Major, zum Sturm auf das Gefängnis an, um die Österreicher zu befreien. Die Kongolesen schossen von allen Seiten, auch mit Maschinengewehren auf die Nigerianer. Der UNO-Generalsekretär Dag Hammarskjöld wurde verständigt, und der verständigte die Regierung in Wien. Sie ersuchte alles zu tun, um die Österreicher unverletzt zu befreien. Nur der steiermärkische Landtag forderte energisch die sofortige Rückführung des gesamten Kontingents, in dem sich Frau Pieber-Vukovits aus der Steiermark befand.

Sechs Stunden dauerte der Kampf um das Gefängnis, es gab zwölf Tote und viele Verletzte bei den Nigerianern. Es gelang ihnen, die Österreicher zu befreien. In Österreich gab es dennoch helle Empörung: Die Österreicher seien misshandelt und beraubt worden. Der indische UNO-Befehlshaber im Kongo habe sie geringschätzig behandelt. Erst nach heftiger Intervention seien sie neu eingekleidet worden, nachdem sie ihre gesamte persönliche Habe verloren hätten und manche von ihnen ohne Hemd und ohne Schuhe dagestanden seien. Der Verteidigungsminister Ferdinand Graf wollte das Kontingent sofort abberufen. Aber Kreisky beschwor Graf: International wäre das eine große Blamage für Österreich. Graf ließ sich umstimmen.

Die Österreicher blieben. Trotz des Verlusts ihrer Ausrüstung bauten sie ein Feldspital auf, hielten bis zum Ende der UNO-Mission im Kongo ihre Stellung. Gertrud Pieber-Vukovits: »Unser Einsatz war kein Fehlschlag, denn das Zeltspital, das unser Team dann aufgebaut hat, hat sehr viel Positives und Gutes gebracht. Wenn ich da nur an die vielen Kinder mit den dünnen Beinchen und den vom Hunger aufgetriebenen Bäuchlein denke, und die vielen Kranken! Es ist anders gekommen, als wir es gedacht haben, aber vielleicht war es gerade deshalb viel sinnvoller, als es gewesen wäre, denn allen anderen ist nicht passiert, was uns passiert ist. Und wir haben es gut gemacht. Wir sind geblieben. Das war schon eine Visitenkarte für uns, denn das hat sich sofort herumgesprochen, das hat jeder in der UNO gewusst.«

Dazu der frühere Armeekommandant des Bundesheeres, Hannes Philipp: »Ich glaube, die Mitwirkung der Österreicher bei den Vereinten Nationen in friedenserhaltenden Operationen hat uns ein gutes Stück Sicherheit gebracht. Denn Österreich war doch sehr oft in aller Munde deswegen. Ich kann mich noch erinnern, als ich Armeekommandant war, stellten wir in Relation zu den anderen Staaten die meisten Truppen zur friedenserhaltenden Tätigkeit. Die österreichischen Soldaten haben im Ausland einen wesentlich besseren Ruf als im Inland. Ich habe das selber erlebt.«

Es gab viele andere weltpolitische Initiativen Kreiskys. Als der sowjetische Präsident Breschnew auf die Einberufung einer Europäischen Sicherheitskonferenz drängte und sämtliche westliche Demokratien dies ablehnten, sprang Kreisky als Einziger aus der Reihe der demokratischen Regierungschefs und setzte sich für die Sicherheitskonferenz ein. Was Breschnew mit dieser Konferenz beabsichtigte, war klar: Alle europäischen Regierungen und die USA sollten die bestehenden Grenzen in Europa anerkennen und garantieren; vor allem die Grenzen der DDR und Polens, also eine Festschreibung der Existenz der DDR, daher der Teilung Deutschlands, und die Anerkennung der ehemals ostdeutschen Gebiete als Teil Polens. Es gab heftige Kritik an Kreiskys Vorpreschen. Hatte doch die DDR auf Wunsch oder mit Einverständnis der Sowjetunion die Mauer rund um Westberlin gebaut – und die Sowjetunion Hunderte atomar bestückte Mittelstreckenraketen gezielt auf Westeuropa in Stellung gebracht. Aber zum Erstaunen vieler folgte der deutsche Bundeskanzler Willy Brandt der Vorgabe Kreiskys unter dem Motto »Wandel durch Annäherung« und stimmte auch der Abhaltung der Sicherheitskonferenz zu.

Die Sicherheitskonferenz fand statt, 1973 feierlich eröffnet in Helsinki. Erstmals in der Nachkriegsgeschichte saßen alle Regierungschefs Europas, also auch der DDR, der USA und Kanadas, Seite an Seite bei einer solchen Konferenz. Die Grenzen wurden zwar festgeschrieben, aber unter einer Bedingung: Allen Staaten muss es erlaubt sein, über die Grenzen hinweg auf die Einhaltung der Menschenrechte zu achten. Alle Einschränkungen für Beobachter und Journalisten mussten daher fallen, Radiosendungen, in welcher Sprache auch immer, durften nicht mehr gestört werden. Breschnew ließ sich auf diese Bedingungen ein. Aber viele, darunter auch ich, hatten ihre Zweifel, ob diese – im Übrigen recht kompliziert formulierten Voraussetzungen – von sowjetischer Seite je eingehalten würden. Doch tatsächlich, die seit vielen Jahren von den Sowjets gestörten Sendungen von Radio Free Europe, der BBC, der Voice of America, der Deutschen Welle konnten auf einmal im gesamten Ostblock gehört werden, Zeitschriften und Bücher, bis dahin an den Grenzen konfisziert, konnten eingeführt werden, westliche Medien ihre Journalisten als Korrespondenten in den Ostblockstaaten stationieren und diese ihre Berichte unzensiert an ihre Zeitungen und Fernsehstationen schicken.

Vielleicht war das schon der Auftakt für den späteren Zusammenbruch des Sowjetsystems. Denn selbst in Russland entstand nun eines der »Helsinki-Komitees«, geführt vom »Vater der sowjetischen Wasserstoffbombe« und späteren Friedensnobelpreisträger Andrej Sacharow, die nun auch selbst die Menschenrechtsverletzungen aufzeigen und kritisieren konnten.

Wohl zu den umstrittensten Initiativen Kreiskys in der Weltpolitik zählten seine Versuche, den Nahostkonflikt zu entschärfen, ja möglichst zu lösen, also das Verhältnis Israels zu den Palästinensern und zu seinen arabischen Nachbarn zu normalisieren. Kein anderer österreichischer Journalist hat diese Anstrengungen Kreiskys so unmittelbar miterlebt und teilweise sogar mitvollzogen wie Heinz Nußbaumer. Das kam nicht von ungefähr: Als sich der bevorstehende Krieg zwischen Israel und allen seinen arabischen Nachbarn 1967 abzeichnete, entsandte ich Heinz Nußbaumer, zu diesem Zeitpunkt Außenpolitiker des »Kurier«, zur Berichterstattung nach Israel. Von dort haben einige österreichische Journalisten, unter ihnen Ernst Trost und György Sebestyén, spannende und großartige Berichte geschrieben. Aber Heinz Nußbaumers Schilderungen von dem, was er da sah und erlebte, die Gefühle, die er dabei empfand, hatten eine besondere Qualität, aus ihnen waren nicht nur das kriegerische Geschehen und nicht nur die damit verbundenen Triumphe der Israelis und Niederlagen der Araber mit zu vollziehen, sondern auch schon das, was für das Verhältnis zwischen den Streitparteien jetzt und in der Zukunft zu erwarten war. Von Nußbaumers Art der Berichterstattung war ich tief beeindruckt, und das war auch Bruno Kreisky. Daraus ergab sich nach Rückkehr Nußbaumers ein intensiver Dialog zwischen den beiden, und aus dem Dialog ein Vertrauensverhältnis besonderer Art. So ist Nußbaumer für mich die verlässlichste Quelle, wenn es um die Einschätzung der Nahostpolitik Kreiskys geht. Ich zitiere aus Nußbaumers Beitrag in dem Buch »Wer war Bruno Kreisky?«: »Seine Neigung, das Nahostdrama entwirren und das Palästinenserschicksal erkennen zu helfen, wuchs aus der quälenden Beschäftigung mit der eigenen jüdischen Vergangenheit, aus unbestreitbarer strategisch-wirtschaftlicher Weitsicht und aus jener humanitären Dimension seiner Neutralitätspolitik – von der Fürsorge für Sowjetjuden bis zum geplanten Gefangenenaustausch Israelis – Palästinenser.«

Fast alles, was damals Kreisky versuchte, stellte sich im Nachhinein als richtig und langfristig notwendig dar. Bruno Kreisky war der Erste, der die palästinensische Befreiungsorganisation, die PLO, und deren Führer Jassir Arafat als eine legitime Vertretung der Palästinenser anerkannte, was den Zorn und die Empörung Israels und auch der USA hervorrief. Kreisky wies dies scharf von sich und übte harte Kritik an Israels Haltung und Politik. Auch mir versuchte Kreisky die Richtigkeit seiner Initiativen als Voraussetzung für einen künftigen Frieden im Nahen Osten darzustellen. Und doch hatte ich einen entscheidenden Einwand und vertrat ihn auch in meinen Stellungnahmen im »Kurier«. Auf einen Nenner gebracht: Selbst wenn Kreisky damit recht hätte, so stünde es ihm als Vertreter eines Landes, in dem die Juden so viel erlitten und so viele von ihnen ermordet wurden, nicht zu, Israel weltpolitisch derart in den Rücken zu fallen. Ein Standpunkt übrigens, den der deutsche Außenminister und Bundeskanzler Willy Brandt für sich uneingeschränkt vertreten hat. Aber diese Identifizierung wies Kreisky von sich.

Einen Höhepunkt erreichte der Konflikt, als im September 1973 palästinensische Terroristen auf österreichischem Boden in einem Zug, der aus der Sowjetunion kam und in dem sich Juden befanden, die über Wien nach Israel ausreisen sollten, drei jüdische Emigranten und ein österreichischer Zollwachbeamter als Geiseln genommen wurden. Die Terroristen drohten mit der Erschießung der Geiseln, falls die österreichische Regierung nicht bereit sei, das Durchreiselager für Juden aus der Sowjetunion in Schloss Schönau sofort zu schließen. Das sollte also die Ausreise sowjetischer Juden nach Israel via Österreich von nun an verhindern. An sich eine völlig irreale Vorstellung, Derartiges mit einer solchen Aktion erzwingen zu können. Aber Kreisky löste diesen Fall ganz typisch auf seine Art: Er ließ sich ein auf Verhandlungen mit den Terroristen, und er scheute sich nicht, ihnen die Schließung des Lagers Schönau zuzusagen, so sie die Geiseln freigäben, und er sagte den Geiselnehmern zu, sie danach frei aus Österreich ausreisen zu lassen.

Empörung in Israel. Dort stand und steht man uneingeschränkt auf dem Standpunkt, mit Terroristen nie zu verhandeln oder gar auf ihre Forderungen einzugehen – dies würde sie nur ermuntern, künftig immer wieder und noch mehr Geiseln zu nehmen und die Erpressungen fortzusetzen. So nahm man es ja auch hin, dass viele israelische Sportler, die 1972 bei den Olympischen Spielen in München von Terroristen als Geiseln genommen wurden, im Kugelhagel starben, weil Israel jedes Nachgeben gegenüber den Terroristen untersagte. Und so unnachgiebig müsste nun auch Bundeskanzler Kreisky sein. Um das sicherzustellen, begab sich die israelische Ministerpräsidentin Golda Meir mit einem Sonderflugzeug sofort nach Wien und forderte Kreisky persönlich auf, die Verhandlungen mit den Geiselnehmern unverzüglich zu beenden. Ein ganz außergewöhnlicher Schritt, den Meir mit dieser Intervention setzte. Die Aufmerksamkeit der ganzen Weltöffentlichkeit richtete sich nun auf Wien.

Aber Kreisky blieb hart, er wies die Intervention der israelischen Ministerpräsidentin zurück, ließ sie unverrichteter Dinge abreisen und verhandelte weiter mit den Terroristen: Er versprach ihnen die sofortige Schließung des Durchgangslagers in Schönau und freien Abzug aus Österreich im Austausch für die sofortige Freigabe der Geiseln. Die Geiseln kamen frei, zwei Sportflieger des Arbeitersportclubs der SPÖ flogen die beiden Terroristen mit einem kleinen Flugzeug nach Libyen aus. Die Schließung des Lagers Schönau verkündete Kreisky persönlich. Ein Weltskandal! Aber sofort danach ließ Kreisky ein anderes Durchgangslager für sowjetische Juden in der Babenberger-Kaserne Wöllersdorf eröffnen.

Um die Hintergründe des Überfalls auf den Zug mit Sowjetjuden auszuforschen, flog Heinz Nußbaumer für den »Kurier« nach Beirut. Dort traf er auch Libanons Regierungschef Takieddin El-Solh im Shuf-Gebirge nahe der syrischen Grenze. Der schüttelte plötzlich seine Leibwächter ab und drängte den Gast aus Österreich, rasch nach Wien zurückzufliegen: »Es riecht nach Pulver, mein Freund. Fliegen Sie schon morgen!« Irritiert, so berichtete Nußbaumer, fuhr er nach Beirut zurück und informierte Kreisky telefonisch von dieser merkwürdigen Warnung. Tatsächlich begann nur wenige Stunden später am Suezkanal der »Oktoberkrieg«, 1973, der die militärische Großmacht Israel völlig überraschte. Wann immer später ein hoher arabischer Besucher nach Österreich kam, stellte Kreisky den »Kurier«-Außenpolitiker vor: »Das ist der Mann, der vom Oktoberkrieg früher wusste als die Israelis.«

Bruno Kreisky neigte dazu, die kniffligeren Ziele seiner Politik mit kleinen Tricks zu erreichen. So war das auch mit der Atomkraft für Österreich. Im vollen Einvernehmen beschlossen 1969 die Koalitionsparteien SPÖ und ÖVP sowie die Sozialpartner Wirtschaftskammer und Gewerkschaftsbund die Einführung der Atomkraft zur Sicherung der wirtschaftlichen Zukunft Österreichs. Drei Atomkraftwerke sollten gebaut werden: eines in St. Pantaleon-Erla/St. Valentin, Niederösterreich, eines in St. Andrä, Kärnten. Das dritte in Zwentendorf, Niederösterreich, wurde 1971 tatsächlich in Angriff genommen und bis 1978 fertig gebaut. Eine Milliardeninvestition. Natürlich gab es Warnungen und Kritik, besonders in der Sozialistischen Jugend. Es kam zu Demonstrationen, als man schon dabei war, die atomaren Brennstäbe im Kraftwerk zu montieren. Kreisky empfing noch eine Abordnung der Demonstranten und erklärte rundheraus: »Ich habe es nicht nötig, mich von ein paar Lausbuben so behandeln zu lassen.«

Auf Kritik reagierte Kreisky stets empfindlich, auch mich rief er so manches Mal noch in der Nacht an, wenn er die Zeitung für den nächsten Tag schon gelesen hatte und er die darin geäußerte

Kritik empörend empfand. Da konnte er am Telefon viel Zeit verbringen. Um die Kritik aus den eigenen Reihen an dem Atomkraftwerk zu überwinden, schlug Kreisky 1978 die Abhaltung einer Volksabstimmung vor – Atomkraft ja oder nein, das sollten die Bürgerinnen und Bürger entscheiden, obwohl das erste Atomkraftwerk schon fertiggestellt war. Mit einer klaren Mehrheit für die Atomkraft war zu rechnen – SPÖ und ÖVP, Gewerkschaftsbund, Wirtschaftskammer und die Industriellenvereinigung, sie alle waren dafür. Kreisky konnte sich also zurücklehnen. Aber das wollte Anton Benya, der Präsident des ÖGB, so nicht hinnehmen und forderte Kreisky auf, sich vor der Abstimmung auch ganz klar für das Projekt einzusetzen. Das tat Kreisky, wieder auf seine Art – sollte die Abstimmung negativ ausgehen, so könnte das dazu führen, dass er sich einen Rücktritt aus seinem Amt überlegen könnte. Welch ein Hoffnungsstrahl für die ÖVP: Dieser unbesiegbare Kreisky könnte an der Atomfrage scheitern, wenn die Abstimmung negativ ausginge. Welch eine Gelegenheit, »den Alten« loszuwerden. Das ließ nun viele ÖVP-Wähler von ihrem beabsichtigten Ja zu einem Nein zur Atomkraft umschalten.

Das Resultat der Abstimmung bei einer Wahlbeteiligung von 62 Prozent der Stimmberechtigten: 50,47 Prozent dagegen, 49,13 Prozent dafür. Mit einer Mehrheit von weniger als einem Prozent abgelehnt.

Aber Kreisky trat nicht zurück, er hatte ja nur davon gesprochen, sich das in einem solchen Fall zu überlegen. Da mögen sich viele über sich selbst geärgert haben. Aber seither loben sich Österreich und seine Politiker über die kluge Weitsicht der Österreicherinnen und Österreicher, die als Allererste in der Welt die Atomkraft schon ablehnten, als andere noch fest auf sie setzten. Übrigens: Der Schwenk hat Kreisky nicht geschadet, bei der nächsten Nationalratswahl erhielt er erneut die absolute Mehrheit. So setzte er seine sozialdemokratische Alleinregierung bis zum Jahre 1983 fort.

Danach allerdings war die absolute Mehrheit nicht mehr so selbstverständlich zu erreichen. Doch für diesen Fall hatte Kreisky auch schon vorgedacht. Die Sozialdemokraten sollten weiterhin an der Spitze der Regierung bleiben und dazu eine Koalition mit der FPÖ eingehen – Kreisky hatte bereits 1970 seine Minderheitsregierung durch die FPÖ stützen lassen. Diese Absicht lag auf der Hand. Und das rief Simon Wiesenthal auf den Plan. Simon Wiesenthal hatte es sich zur Lebensaufgabe gemacht, Naziverbrecher ausfindig zu machen und sie einem gerechten Urteil zuzuführen. Aber er wollte auch für alle Zukunft verhindern, dass Nazis, auch ehemalige Nazis, in diesem Land wieder etwas zu reden hätten. Den Obmann der Freiheitlichen Partei, Friedrich Peter, beschuldigte Wiesenthal, im Krieg in einer Einheit der Waffen-SS gedient zu haben, die an Kriegsverbrechen teilgenommen hätte. So wollte Wiesenthal einer möglichen Zusammenarbeit Kreiskys mit Peters FPÖ vorbeugen und legte Bundespräsident Kirchschläger Beweismaterialien über den Einsatz dieser SS-Einheit im Krieg vor. Eine persönliche Schuld Friedrich Peters geht aus diesen Dokumenten nicht hervor. Aber Kreisky sah in dem Vorgehen Wiesenthals den Versuch, seine politischen Vorhaben zu untergraben. Das führte zu einem öffentlichen Zornausbruch Kreiskys, in dessen Verlauf er unbewiesene Verdächtigungen gegen Wiesenthal vorbrachte und diesen als »eine Mafia« bezeichnete. All das musste Kreisky nach einem Gerichtsverfahren zurücknehmen. Aber so reagierte Kreisky, wenn er meinte, jemand wolle sich seinen politischen Überlegungen und Ansprüchen in den Weg stellen.

Dazu zählte auch der Konflikt mit seinem Vizekanzler und Finanzminister Hannes Androsch. Der war 32 Jahre alt, als ihn Kreisky in seine Regierung berief, er galt als Kreiskys »Ziehsohn« und eventueller Nachfolger. Doch dann entdeckte Kreisky, dass Androsch seinen Zivilberuf als Steuerberater nicht an den Nagel gehängt hatte und seine Kanzlei weitergeführt wurde. Kreisky erhob öffentlich Anschuldigungen gegen Androsch, die zu Gerichtsverfahren führten. In diesem Fall setzte sich Kreisky durch, aber die Vermutung blieb im Raum, dass Kreisky sich durch Androschs politisches Verhalten in seinem eigenen Machtanspruch gestört gefühlt habe.

Über Kreiskys persönliches und politisches Leben wurden mehrere Bücher geschrieben, vor allem von jenen, die mit ihm unmittelbar zusammengearbeitet haben – Johannes Kunz und Wolfgang Petritsch. Beide würdigen durchaus mit kritischer Distanz Kreiskys große Verdienste um die Modernisierung Österreichs und all die Reformen, die in seiner Kanzlerschaft Österreichs Gesellschaft verändert haben. In Heinz Nußbaumers eigener Biografie »Meine kleine große Welt« aber geht es um Kreiskys Wirken auf der großen Weltbühne, allem voran um seinen Einsatz für den Frieden zwischen Israel und seinen Nachbarn sowie für die Sache der Palästinenser, wo ihm der angestrebte Durchbruch jedoch versagt blieb.

Für jeden Journalisten in dieser Zeit, und so auch für mich, ist Kreisky ein Teil der eigenen Biografie geworden.

Eine Idee Gerd Bachers
Geschichte für das Fernsehen

Wir waren soeben aus China zurückgekommen, Sepp Riff und ich, und noch damit beschäftigt, die mitgebrachten Filme, Interviews und Informationen zu drei Dokumentationen für den ORF zusammenzustellen, da rief mich Generalintendant Gerd Bacher an und lud Riff und mich zu einem Mittagessen ein. Mit dabei war Alfred Payrleitner, Abteilungsleiter für Politik und Zeitgeschehen im ORF. Noch dachte ich, die beiden Herren wollten wissen, wie es uns in China ergangen war. Doch nein, Gerd Bacher machte einen überraschenden Vorschlag: Wir sollten uns statt den fremden Ländern doch einmal Österreich widmen.

Was er damit meine? Die Geschichte der Zweiten Republik, die Geschichte des Landes, in dem wir heute leben. Diese Geschichte begann 1945, als der Zweite Weltkrieg zu Ende ging und das Hitlerreich aufhörte zu existieren. Das müsste doch ein spannendes Thema sein. Ja, das sah ich auch so. Wie viele Folgen sollte diese Dokumentation haben? So viele, wie notwendig sein werden, um diese Geschichte zu rekonstruieren und zu dokumentieren. Mit anderen Worten, wir hatten keine Ahnung, wohin uns dieses Unterfangen führen würde.

Nein, Sepp Riff hatte eine Ahnung. Da werden viele Filme und Fotos auf uns zukommen. Bislang hatte Riff für unsere Dokumentationen fast alles selbst gefilmt, mit 16-Millimeter-Kamera. Jetzt würde alles auf Video umzusetzen sein. Also alles umrüsten, inklusive Kameras und Studio. Und technisch alles neu erlernen. Darin sah Riff nun seine Aufgabe. Und er schaffte das in der Zeit, in der ich dabei war, das redaktionelle und historische Team für diese Aufgabe zu formieren.

Drei Dinge würden wir benötigen, und es sollte nicht allzu schwer sein, sie zu organisieren – eine von Historikern aufgearbeitete Geschichte der Zweiten Republik, Filme und Fotos sowie ein tüchtiges Team von Mitarbeitern. Und ja, natürlich die Historiker selbst, die uns mit Rat und Tat zur Seite stehen sollten.

Was die Filme und Fotos betraf, war ich zuversichtlich: Zum Ende des Zweiten Weltkriegs und zu Beginn der Existenz der Zweiten Republik wurde doch schon viel gefilmt, und gewiss waren diese Filme zu finden – in den Filmarchiven und den Fernsehanstalten. Auch Arbeiten der Historiker waren 37 Jahre nach Gründung der Zweiten Republik sicher schon in Büchern erschienen, daher nachzulesen und nachzuvollziehen.

Zurückgekehrt in mein Büro, griff ich zum Telefon. Mein erster Anruf galt der Doyenne der österreichischen Historiker, Frau Professor Erika Weinzierl. Ich kannte sie aus meiner Studienzeit und aus vielen Gesprächen, die ich mit ihr zu aktuellen Fragen mit historischen Wurzeln geführt hatte. Ich bat sie um eine Unterredung. Wir saßen im bekannten Wiener Café Landtmann und ich machte sie recht enthusiastisch mit der Idee Gerd Bachers vertraut.

Aber Erika Weinzierl teilte diesen Enthusiasmus nicht. Die Historiker, so meinte sie, hätten die Geschichte der Zweiten Republik noch nicht aufgearbeitet, die steckten mit ihren Forschungen noch in der Ersten Republik. Und das sei einfach zu erklären, denn die österreichischen Archive, gerade jene, in denen all die Dokumente seien, die man zur Erforschung der Geschichte benötige, unterlägen zum großen Teil einer 70-jährigen Sperre. Damit wolle man sicherstellen, dass keine der in diesen Dokumenten genannten Personen noch lebte, wenn die von ihnen stammenden und über sie berichtenden Dokumente zur Einsicht freigegeben werden. Für die Arbeit der Historiker aber sind diese Dokumente unverzichtbar. Daher die Verzögerung bei der Aufarbeitung.

Ein erster Schock für mich. Woher also sollten wir die historischen Fakten und Entwicklungen erfahren, ohne die ja wohl die Geschichte der Zweiten Republik nicht zu rekonstruieren sein würde? Na ja, meinte Erika Weinzierl, auch wenn es noch keine erarbeitete Historie gäbe, so hätten doch die Historiker diese Zeit schon selbst erlebt, auch bereits einiges erforscht und verfügten daher gewiss auch über viele Kenntnisse. Es gelte eben, ihr Wissen zusammenzufassen.

Das gab mir Hoffnung und Erika Weinzierl war bemüht, mir mit den Namen der von ihr angesprochenen Historiker zu helfen. Um deren Mitarbeit aber müsste ich mich nun selbst bemühen.»Ja«, meinte ich,»ich werde sie einladen und sie um ihre Mitarbeit ersuchen.« Wieder traf mich ein skeptischer Blick:»Das würde ich an deiner Stelle nicht so gestalten«, erwiderte sie. Mit Wissenschaftlern spreche man am besten persönlich und allein. Auf meinen fragenden Blick kam die Erklärung: Sie haben ihre Erkenntnisse mühsam selbst erforscht. Sie würden nicht gerne vor Kollegen, die möglicherweise auch Konkurrenten sind, diese mühsam erworbenen Kenntnisse darlegen. Ein Rat, den ich von da an stets befolgt habe.

Und fast alle von mir zur Mitarbeit eingeladenen Historiker waren bereit, mir mit ihren Kenntnissen zur Seite zu stehen: Gerhard Jagschitz, Oliver Rathkolb, Manfried Rauchensteiner, Norbert Schausberger, Herbert Steiner, Gerald Stourzh und natürlich Erika Weinzierl. Sie alle gehörten zur ersten Riege der österreichischen Historiker.

Doch bevor es so weit war, kam der zweite Schock. Ich bat um eine Auskunft des ORF-Archivs über die dort vorhandenen Filmdokumente. Das führte zu einer merkwürdigen Unterredung mit der nun für unser Projekt zuständigen Produktionswirtschaftlichen Leiterin im ORF, Eva Wasitschek. Die Frage kostete sie einen Lacher: Alles, was im ORF an Filmen aus der Zeit seit 1945 vorhanden ist, befindet sich zusammengeklebt auf einer einzigen Filmspule, die gerade einmal 36 Minuten lang ist. Das könnte ich mir ja ansehen.

Und ich sah: Kleine aneinandergereihte Filmstückchen, viele zerkratzt durch häufigen Gebrauch, und einige waren ersetzt worden durch Schwarzfilm, weil das Original einfach nicht retourniert worden war. Dazu ist zu sagen: Zu diesem Zeitpunkt besaß der ORF zwar dem Namen nach ein Archiv, aber es stammte aus den Tagen vor Gerd Bacher, und da hatte man sich, wenn überhaupt, nur um die Aufbewahrung von Spielfilmen, nicht aber um die Zeitgeschichte gekümmert. Also da war so gut wie nichts zu holen.

Aber es gab doch ein Österreichisches Filmarchiv. Nichts wie hin. Sie seien selbst noch beim Sammeln, denn viele der Bestände, die das Archiv einst besaß, seien mehreren Bränden zum Opfer gefallen. Durch den Krieg? Nein, vor allem durch Selbstentzündung, denn die früheren Nitrofilme neigten zur Selbstentzündung und mit ihnen verbrannten dann auch die anderen. Da war also nicht viel zu holen.

Noch gab ich die Hoffnung nicht auf. Es gab doch Wochenschauen! Die mussten ja noch existieren, irgendwo archiviert sein! Irrtum, vereinzelte Exemplare da oder dort, sonst nichts. Auch nicht in den Kellern der vielen damals noch vorhandenen Kinos. Hatte kein Kinobesitzer Wochenschauen gespeichert? Ja, doch – bis vor wenigen Jahren. Dann geschah etwas Unerwartetes. Die sogenannten Hunt-Brothers in den USA, Spekulanten in Aktien und Rohstoffen, trieben den Preis für Silber in schwindelhafte Höhen. Das mobilisierte auch die Trödler in Österreich. Sie wussten, dass die Emulsionen der Filme Silber enthielten. Silber, das sich aus diesen Emulsionen herauswaschen ließ. So zogen die Trödler von Kino zu Kino und waren bereit, für alte Filme und damit auch für alle noch vorhandenen Wochenschauen attraktive Preise zu zahlen – ein Angebot, dem offenbar kaum einer der Kinobesitzer widerstehen konnte. So wurden die Wochenschauen aufgekauft, und so schwammen sie den Bach hinunter.

Aber das war vielleicht nicht überall so. Ich erinnerte mich, dass die alliierten Militärs, schon bei ihrem Einmarsch in Österreich und danach noch viele Jahre, auch eigene Kameraleute mitbrachten. Zunächst, um die letzten Kämpfe und die Befreiung Österreichs zu filmen, danach die Aktivitäten ihrer Generäle. Doch wenn sie gute Kameraleute waren, war ihnen das Filmen nur der eigenen Generäle sicherlich zu langweilig. Und hoffentlich haben sie dann ihre Kameras auch dem Leben in Österreich zugewendet.

Nachfrage in Moskau, Washington, London und Paris. Und ein überraschend schnelles und positives Echo. Ja, es gibt sie – viele Filme und auch Fotos – in den National Archives der USA, im Imperial War Museum in London, bei Pathé in Paris und im Zentralen Filmarchiv der UdSSR in Krasnogorsk. Ich begab mich auf eine Rundreise zu den Archiven und, um Mitarbeiter zu finden, die sich in diesen Archiven auskannten und bereit waren, sie nach Beiträgen aus Österreich, »Austriaca«, wie wir sie nannten, zu durchsuchen. Unter tatkräftiger Mithilfe der dort etablierten Korrespondenten des ORF, Klaus Emmerich in Washington, Franz Kössler in Moskau, Thomas Fuhrmann in Paris und Inge Bacher-Dalma in Rom, gelang mir das in den Archiven der USA, Großbritanniens, Frankreichs und Italiens.

In Moskau hatten wir, so schien es, ein außerordentliches Glück: Wir fanden Anatol Koloschin – er war Chefkameramann der Sowjetarmee in Österreich und das für einige Jahre. Aus eigener Erfahrung also wusste er, was die sowjetischen Kameraleute in Österreich aufgenommen hatten und was im sowjetischen Zentralarchiv höchstwahrscheinlich zu finden wäre. Dieses Archiv war nur mit einer Sondererlaubnis zu betreten. Um diese bemühten wir uns – bei der sowjetischen Botschaft in Wien, über die österreichische Botschaft in Moskau, und auch Anatol Koloschin ließ alle seine Verbindungen spielen. Aber wie einst bei den Staatsvertragsverhandlungen gab es auf alle meine Anfragen nur ein »Njet«.

Da half mir ein Zufall. Rudolf Kirchschläger, 1968 österreichischer Gesandter in Prag, war zum Bundespräsidenten gewählt worden. Von Zeit zu Zeit besuchte ich ihn in der Hofburg zu einem – wie er es nannte – Kaffeeplausch zu aktuellen Themen. Es war am Ende eines dieser Gespräche, als mich Kirchschläger fragte: »Und wie geht es Ihrem Fernsehprojekt?« Ich berichtete von den Schwierigkeiten und den Erfolgen und auch von unserem größten Misserfolg in der UdSSR. Der Bundespräsident drückte auf einen Knopf, sein Kabinettschef erschien und nun hörte ich: »Wenn wir nächste Woche in Moskau sind, geh, setz auf die Liste für das Gespräch mit Breschnew das Filmprojekt vom ORF.«

Die nächste Woche verging, der Bundespräsident kam aus Moskau zurück und lud mich in die Hofburg ein. Im Kreml seien sie, so wie von vielen Fotos bekannt, an einem langen Tisch einander gegenüber gesessen – der Präsident der Sowjetunion, Leonid Breschnew, seine Minister und Berater auf der einen Seite, der Bundespräsident und die ihn begleitenden Diplomaten auf der anderen. Die schon aus Wien für diese Gespräche vorausgemeldeten Tagesordnungspunkte wurden nacheinander abgehandelt. Kirchschläger: »Am Schluss sage ich: ›Herr Präsident, da hätten wir noch ein Anliegen …‹, aber der Breschnew lässt mich nicht ausreden, sondern sagt: ›Schon bewilligt.‹« Ich bedankte mich herzlich. Doch so sehr mich das freute, so sehr wurde mir bewusst, wie eine Diktatur funktioniert: Keiner wagt es, eine eigene Entscheidung zu treffen, nur der Diktator selbst kann das tun.

Ich rief Anatol Koloschin an, und er begrüßte mich gleich mit: »Schon bewilligt!« Und so war es auch. Einige Tage später flog ich nach Moskau. Unmittelbar nach meiner Ankunft fuhren wir mit dem Taxi in das Zentralarchiv nach Krasnogorsk. Koloschin ersuchte um die Vorlage der Archivlisten, und sein Gedächtnis ließ ihn nicht im Stich. So manches hatte er selbst gedreht, bei anderen Anlässen war er dabei gewesen und hatte seine Kameraleute eingewiesen.

Innerhalb von vier Tagen hatten wir in diesem Archiv einen Schatz gehoben. Enthusiastisch teilte ich das telefonisch Gerd Bacher mit und fragte: »Alles kopieren, alles mitbringen?« Im

ORF-Archiv befanden sich auch deshalb nur Fragmente historischer Aufnahmen, weil man die Geldmittel für den Ankauf längerer Filmausschnitte nie bewilligt hatte. Jetzt ergab sich die Möglichkeit, im ORF ein audiovisuelles Gedächtnis der Nation aufzubauen. Doch das Kopieren und vor allem der Erwerb der Urheberrechte kostete viel Geld. »Wie viel?«, fragte Bacher. »Sicher sehr viel«, sagte ich. »Fürs Erste eine Million«, antwortete Bacher. Das war damals auch in Schillingen eine große Summe.

Es blieb nicht bei dieser einen Million. Denn auch in den anderen, in den westlichen Archiven fanden unsere »Scouts«, wie sich die von mir angeworbenen professionellen Filmesucher selbst nannten, viele der Aufnahmen, die die Kameraleute ihrer Militärs in Österreich gedreht hatten. Nur in den USA waren die Nutzungsrechte gebührenfrei, »weil vom amerikanischen Steuerzahler ursprünglich schon bezahlt«, mit dem Rüstungsbudget, und damit auch die militärischen Kameraleute. Aber immerhin, die Kopien mussten auch hier sowie in Großbritannien und in Frankreich auch die Nutzungsrechte bezahlt werden. Am teuersten aber waren die Russen. Während es mit dem Westen möglich war, die Rechte nur für den deutschsprachigen Raum einzukaufen, mussten in Moskau die Weltrechte bezahlt werden, »da wir nicht wissen, was mit den Filmen weiter geschieht«.

Nach Austriaca suchten wir natürlich auch in beiden Teilen Deutschlands, in Polen, in der Tschechoslowakei, in Jugoslawien, Ungarn, Bulgarien – bulgarische Truppen waren 1945 mit den Sowjets in der Steiermark einmarschiert – und Italien. Und wurden überall fündig. Bacher schoss der ersten Million noch einige Millionen nach, denn er wusste: Nie wieder würde in all diesen Archiven nach Austriaca derart geforscht und sie würden auch nie mehr für das audiovisuelle Gedächtnis Österreichs sichergestellt werden. Durch diese, wie ich meine, historische Entscheidung des Generalintendanten wurden nicht nur die Dokumentationen »Österreich I« und »Österreich II«, sondern auch viele ihnen folgende Dokumentationen ermöglicht.

Die Kaufmännische Direktion des ORF rechnete akribisch nach, was dies alles kostete, und stellte vieles infrage, was da für »Österreich II« angefordert wurde. Das musste ich immer wieder erklären und verantworten. Ich klagte Bacher mein Leid. Darauf folgte – typisch Bacher – eine Weisung an die Kaufmännische Direktion: Er wünsche nicht, dass dieses Projekt »unter den Mähdrescher der ORF-Bürokratie« gerate. Irgendjemand meldete das später dem Obersten Rechnungshof. Und der sandte seine Prüfer. Die drückten kein Auge zu, aber kamen gerade deshalb zu dem Schluss: Noch keine Sendung des ORF kostete pro Minute und Zuseher so wenig wie »Österreich II«. Das lag an den jeweils mehr als einer Million Zusehern pro Sendung dieser Dokumentation.

Aber auch in Österreich selbst fanden wir noch Schätze. Gerhard Jagschitz, damals Dozent am Institut für Zeitgeschichte, hatte es sich zur Aufgabe gemacht, so viele historische Fotos, wie nur aufzutreiben waren, zu sammeln und zu archivieren. Das hatte mich schon dazu bewogen, innerhalb des Projekts »25 Jahre Staatsvertrag« Jagschitz zu ersuchen, einen Bildband analog zur »Zeitgeschichte im Aufriss« zu gestalten. Jetzt öffnete Jagschitz sein Fotoarchiv auch für »Österreich II«. Dieses mühsam aufgebaute Fotoarchiv wurde später wichtiger Bestandteil des europaweit geschätzten Fotoarchivs der Österreichischen Nationalbibliothek.

Ohne Filme und Fotos wäre eine Rekonstruktion der Geschichte der Zweiten Republik für das Fernsehen nicht möglich gewesen. Aber alle Filme und Fotos hätten mir nicht geholfen und nichts genützt, wenn es nicht geglückt wäre, für dieses Unternehmen ein ganz großartiges Team zu engagieren – Christine Graf für die Produktion, die Finanzen und das Personal; Eberhard Strohal für Politik; Gerd Schilddorfer als Chefreporter, Entdecker und Aufdecker so vieler bislang unbekannter Ereignisse und Augenzeugen; Thea Leitner und Josef Leidenfrost als unermüdliche Researcher; Manfred Jochum für die Erstellung eines umfassenden historischen Datentagebuchs; Herbert Hacker für Wirtschaft;

Christina Wesemann für Kultur und Gesellschaftspolitik; Ludwig Stecewicz für Sport; Christine Maxa für Einordnung und Zuordnung der Filme, Fotos und Videos, ohne sie hätte ich jede Übersicht verloren; Geert Kahl, Maria Sporrer, Maria Magdalena Koller für historische Recherche, Gundrid Danzinger und Gertrude Zelinka für Administration und Sekretariat; Marilies Starlinger für Organisation und Koordination.

Aber auch vom ORF erhielten wir erhebliche Hilfe. Gerhard Weis, später Intendant und Generalintendant des ORF, half uns über viele organisatorische, bürokratische und finanzielle Hürden hinweg. Fred Payerleitner betreute uns als Abteilungsleiter vorbildlich, Informationsintendant Johannes Kunz und seine Wirtschaftsverwalterin Christa Neukomm halfen der dritten Staffel von »Österreich II« und der Dokumentation von »Österreich I« auf die Beine. Für den Erfolg der Öffentlichkeitsarbeit sorgten Andreas Rudas und Thomas Prantner.

Als Spezialisten besonderer Art halfen dem Projekt: Oliver Rathkolb, Historiker und späterer Vorstand des Instituts für Zeitgeschichte, mit seinen Spezialkenntnissen über die Besatzungspolitik und mit den vielen von ihm entdeckten Dokumenten und Augenzeugen; György Sebestyén entwarf die Dramaturgie für jede einzelne Folge der Serie; Paul Lendvai für osteuropäische Politik; Josef Holaubek mit seinen Erfahrungen als Polizeipräsident von Wien; Walter Göhring als Leiter des Instituts für Politische Bildung; Siegfried Nasko als Karl-Renner-Biograf und Chef des Karl-Renner-Museums in Gloggnitz, Stefan Karner und seine Mitarbeiter im Boltzmann-Institut für Kriegsfolgen-Forschung als Forscher und Historiker. Karner gelang es als Erstem, in die sowjetischen Archive Einblick zu erhalten.

Einer meldete sich von selbst, Peter Dusek, bereits ein erfahrener Dokumentarist (»Alltagsfaschismus«, »Medienkoffer«, »25 Jahre Staatsvertrag«), aber auch ausgebildeter Archivar, der genau wusste, was uns in diesem Moment fehlte: All die mühsam gefundenen Filme, Fotos und Dokumente wären wohl ohne seine

Hilfe im Chaos untergegangen. Als Archivar aus Leidenschaft stellte er sich vor, und das war er auch.

Dusek arbeitete zu dieser Zeit bei der Kurzwelle des ORF. Ich ersuchte Gerd Bacher um Duseks Versetzung und der fragte zurück, welcher Aufwand mit »diesem Job« Duseks verbunden wäre. Peter Dusek meinte, ein Kammerl und eine halbe Sekretärin im ORF würden ihm genügen. »Einverstanden«, sagte Bacher. Heute umfasst das von Dusek damals mit den Materialien von »Österreich II« und »Österreich I« angelegte historische Archiv mehr als ein halbes Stockwerk des ORF-Zentrums, hat 75 Mitarbeiter und genießt unter der Leitung von Herbert Hayduck europaweit höchste Anerkennung.

Überraschend schnell formierte sich dieses Team und ging mit großem Elan an die Arbeit. Die Fernsehdokumentation »Österreich II« brachte es zunächst auf 24 Folgen à 90 Minuten und wurde in knapp vier Jahren hergestellt. Das bedeutete, dass dem »Österreich II«-Team zur Erstellung je einer Folge im Schnitt zwei Monate zur Verfügung standen. Tatsächlich aber wurde an jeder Folge viele Monate lang gearbeitet. Und das hieß, dass das Team in all der Zeit an drei bis fünf Folgen gleichzeitig zu arbeiten hatte.

Das war nur möglich, weil dieses Team im Sinne des Wortes Tag und Nacht an der Arbeit war, in diesen vier Jahren weder Wochenenden noch Feiertage und kaum Urlaub kannte. Und in dieses Projekt mehr investierte als Arbeit, nämlich Begeisterung für die Zielsetzung des Projekts und den Enthusiasmus, eine Pionieraufgabe gelingen zu lassen. Dieses Team hat geschichtliche Ereignisse nachrecherchiert und dabei viel Unbekanntes und Überraschendes entdeckt, hat nicht wenige Filme, Bilder und Dokumente aufgespürt, von deren Existenz kaum jemand wusste, hat Zeitzeugen gesucht und gefunden, die in ihren Aussagen so manches in einem neuen Licht erscheinen ließen.

Im Jubiläumsjahr 2005 (60 Jahre Zweite Republik, 50 Jahre Staatsvertrag, 10 Jahre Europäische Union) ersuchte mich die damalige Generaldirektorin des ORF, Monika Lindner, einen neuen Blick auf die Geschichte der Zweiten Republik zu werfen. Sollte man das, konnte man das überhaupt? Um mir die Frage selbst zu beantworten, sah ich mir die komplette »Österreich II«-Produktion noch einmal an. Ja, man sollte und man könnte – am besten die ganze Serie auf den neuesten Stand der historischen Kenntnisse und Erkenntnisse bringen.

Das war dem ORF damals zu aufwendig, auch hätte die Zeit dazu nicht gereicht. Aber etwas fiel mir in Anbetracht all dessen, was wir in »Österreich II« schon dargestellt hatten, besonders auf: Das war doch eine ganz unglaubliche Geschichte, die wir da rekonstruiert hatten. Bei jeder einzelnen Folge kam ich zu dem Schluss: »Unglaublich!« Ja, das wäre ein neuer Blick auf die Geschichte der Zweiten Republik. Und so nannte ich auch diese neue vierteilige Dokumentation »Die Zweite Republik – eine unglaubliche Geschichte«.

Eine unglaubliche Geschichte
In 14 Tagen zur Republik

Erarbeitet und hergestellt wurde diese Dokumentation von früheren und neuen Mitarbeitern, und sehr kreativ gestaltet von Paul Sedlacek als Regisseur, historisch begleitet vom nunmehrigen Vorstand des Instituts für Zeitgeschichte, Oliver Rathkolb, und abgestimmt mit den wissenschaftlichen Beratern der »Österreich II«-Serie, Gerhard Jagschitz, Gerald Stourzh und Manfried Rauchensteiner.

Was aber war so unglaublich?

Am 4. April 1945 erreichten die Truppen der Roten Armee den Stadtrand von Wien, umzingelten die Stadt, marschierten in heftigen Straßenkämpfen bis an den Donaukanal. Dort kam es zu einer tagelangen Schlacht, wodurch die Häuser auf beiden Seiten des Kanals und sämtliche Brücken über den Kanal zerstört wurden. Der letzte Schuss fiel am 14. April. Doch bereits 14 Tage danach verkündete Karl Renner die Gründung der Zweiten Republik Österreich und stellte auch schon die Mitglieder seiner zwei Tage zuvor gebildeten Regierung vor. Wahrlich unglaublich!

Unglaublich auch, was sich in diesen 14 Tagen tat. In Wien selbst fanden sich noch während der Kampfhandlungen frühere Sozialdemokraten und frühere Christlich-Soziale zusammen. Die einen im zwar bombenbeschädigten, aber großteils erhaltenen Rathaus, die anderen in den Räumen des Schottenstifts. Und innerhalb weniger Tage gründeten sie neue Parteien. Die einen wie die anderen wussten, dass sie nicht dort wieder anfangen konnten, wo sie 1934 beziehungsweise 1938 aufgehört hatten. Ein Teil der Sozialdemokraten war nach dem Bürgerkrieg in den Untergrund gegangen – sie nannten sich nun Revolutionäre Sozialisten und wollten das jetzt auch weiterhin sein. Die noch vorhandenen Führer der alten Sozialdemokratischen Arbeiterpartei, die den Krieg in Wien überlebt hatten, wollten sich weiterhin und erneut Sozialdemokraten nennen. In friedlichen Zeiten hätte es vermutlich viele Tage gedauert, ehe dieser Konflikt, der ja auch ein ideologischer war, überwunden worden wäre. Doch schon zwei Tage später nannte sich die neue Partei »Sozialistische Partei und Revolutionäre Sozialisten«. Von da an hieß sie kurz SPÖ. Erst unter Kreisky, 50 Jahre später, bekannte sie sich wieder zur Sozialdemokratie.

Vor einem größeren Problem standen die Christlich-Sozialen. Ihr Bundeskanzler, Engelbert Dollfuß, hatte 1933 das Parlament ausgeschaltet, eine Kanzlerdiktatur errichtet, die Republik abgeschafft und einen faschistoiden Ständestaat gegründet. Was jetzt, da sich die Chance bot, zur Demokratie zurückzukehren – und die Gefahr drohte, im Kommunismus zu landen? Aber auch da dauerte es nur zwei Tage, um den früheren Irrwegen abzuschwören und eine neue Partei zu gründen, die Österreichische Volkspartei, kurz ÖVP, mit dem Ziel, das Bürger- und Bauerntum zu vertreten, aber auch weiterhin der Kirche verbunden zu bleiben.

Ebenfalls, noch während in der Stadt gekämpft wurde, trafen sich in der kleinen Wohnung eines früheren sozialdemokratischen Gewerkschaftsfunktionärs alte Gewerkschaftler. Sozialdemokraten, Christlich-Soziale, Kommunisten. Und waren sich innerhalb weniger Stunden einig, an Ort und Stelle eine einzige, von allen gemeinsam getragene Gewerkschaft zu gründen, den Österreichischen Gewerkschaftsbund, kurz ÖGB.

Und das waren ja wohl die Voraussetzungen für den Neuanfang in diesem Land, für die Gründung der neuen, der Zweiten Republik Österreich. Als wir diese Vorgänge recherchierten, kam ich aus dem Staunen nicht heraus: In der Stadt wurde noch gekämpft, die Straßen waren übersät von den Trümmern der bei den letzten Bombenangriffen eingestürzten Häuser, es gab keinerlei Verkehrsmittel, weder Telefon noch Rundfunk. Wie verständigten sich all diese Leute innerhalb von ganz wenigen Tagen, wie fanden sie zueinander? Das war doch unglaublich! Und woher kam diese, für die früheren österreichischen Verhältnisse ganz ungewöhnliche, politische Vernunft? Da hatte auch niemand »nachgeholfen«, kein Planungsstab der Alliierten, kein Stadtkommandant.

Aber auch uns gelang nun etwas, was ich so nicht gleich für möglich gehalten hätte. Aus allen diesen Gruppen fanden wir Menschen, die dort selbst aktiv dabei waren. Ich konnte sie ermuntern, mit mir gemeinsam an die Orte des damaligen Geschehens zurückzukehren und mir zu schildern, was sie gedacht, bewegt und getan haben. Sepp Riff filmte das, brachte die Gesprächspartner als Zeitzeugen in die Dokumentation »Österreich II« ein.

Das war die eine Ebene des Geschehens in jenen 14 Tagen zwischen dem 13. und 27. April 1945.

Die andere nahm ihren Anfang in der kleinen niederösterreichischen Stadt Gloggnitz. Hier hatten Karl Renner und seine Frau die Nazizeit und den Krieg überlebt. Renner war der Gründer der Ersten Republik im Jahre 1918, damals Führer der Sozialdemokraten und Chef der ersten Koalitionsregierung dieser Republik. 1934, nach dem von den Sozialdemokraten verlorenen Bürgerkrieg, floh Renner nicht ins Ausland und ging auch nicht in den Untergrund. Das große Ansehen, das er genoss, schützte ihn auch im Ständestaat.

In Saint-Germain-en-Laye, dem Pariser Vorort, in dem nach dem Ende des Ersten Weltkriegs der Friedensvertrag für Österreich – anstelle der besiegten Doppelmonarchie Österreich-Ungarn – beschlossen wurde, stand Renner an der Spitze der österreichischen Verhandlungsdelegation. Und musste in fast allen von ihm vertretenen Ansprüchen und Anliegen Niederlagen hinnehmen: Die Grenzen des neuen, kleinen Österreichs wurden nicht gemäß der vom amerikanischen Präsidenten Wilson verkündeten und damit versprochenen nationalen Zugehörigkeit der Bevölkerung festgelegt. Österreich verlor damit die Untersteiermark, das Kanaltal, Südtirol und alle österreichisch-deutschen Gebiete in

Böhmen und Mähren. Gerade dieses Sudetenland und Südmähren hatte Renner heftig für Österreich reklamiert. So erklärte Renner 1938, für den Anschluss Österreichs an Hitlerdeutschland mit Ja zu stimmen. Und danach, wenn auch nicht mehr so öffentlich, begrüßte er auch den Anschluss des Sudetenlandes an Deutschland. Vielleicht auch, weil die Alliierten der kleinen Republik Österreich den gewünschten und auch von Renner in Saint-Germain vertretenen Anschluss an die demokratische Republik Deutschland verboten hatten.

Soweit kurz die Vorgeschichte zu dem, was ich nun über die Apriltage 1945 in Gloggnitz erfuhr. Auch Gloggnitz wurde von der Roten Armee befreit und besetzt. Was tat da Karl Renner? Als wir das für »Österreich II« rekonstruieren wollten, gab es immer noch zwei Versionen – die vom angesehenen Renner-Biografen Siegfried Nasko vertretene und im von ihm gegründeten Renner-Museum in Gloggnitz ausgewiesene: Renner habe von hier aus die Verbindung mit den Sowjetrussen gesucht und gefunden. Und die zweite Version: Stalin, der Führer der Sowjetunion, habe Renner suchen lassen mit der Absicht, ihn mit der Gründung des neuen Österreichs zu betrauen.

Ich machte mich auf nach Gloggnitz. Und wieder einmal kam mir bei dieser Arbeit ein fast unglaublicher Umstand zu Hilfe. Nasko wusste, dass ein Tscheche, der in den Kriegstagen als – wie sie damals genannt wurden – Fremdarbeiter in Gloggnitz tätig war, Karl Renner bei seinem ersten Kontakt mit dem sowjetischen Ortskommandanten als Dolmetscher gedient hatte.

Den Mann, Anton Žampach, gab es noch in Gloggnitz. Auch erinnerte er sich lebhaft an diese Begegnung, er berichtete: »Ich habe gefragt: ›Herr Doktor, weshalb gehen wir eigentlich hin? Was ist der Grund?‹ Sagt er: ›Ja wissen Sie, ich bin der und der Mann (er nannte ihm seine früheren Funktionen vom Republikgründer bis zum Friedensverhandler) und ich will unsere Heimat wieder so herstellen, wie sie früher war.‹ Ich aber hatte keine Ahnung, was früher war.«

Doch er begleitete Renner zum sowjetischen Ortskommandanten und dolmetschte. Der Ortskommandant schickte Renner weiter zur nächsthöheren Kommandantur und diese ließ ihn auf einem Lastwagen in das Hauptquartier der sowjetischen Streitkräfte in Österreich bringen, nach Hochwolkersdorf in der Nähe von Wiener Neustadt. Dort verstand man Deutsch. Und man sendete ein Telegramm (!) an Josef Stalin, der sich in der Stavka, dem Kriegshauptquartier der Sowjetunion, befand: Da ist ein Mann namens Karl Renner, was tun? Und innerhalb von einer Stunde antwortete Stalin, auch per Telegramm dem Marschall Tolbuchin, dem russischen Oberbefehlshaber in Österreich: Renner ist mit vollem Vertrauen zu begegnen.

Und nun geschah, was ich damals nicht für möglich gehalten hatte: Diese beiden Telegramme fanden wir im Original vor und konnten sie filmen. Aber Anatol Koloschin übertrumpfte auch das noch. Er holte die Filmaufnahmen aus dem Zentralarchiv in Krasnogorsk, in denen jene Szene zu sehen ist, in der Karl Renner am 29. April 1945 an der Rampe des Parlaments erscheint, um die Gründung der Zweiten Republik auszurufen. Unglaublich, was ich da zu Gesicht bekam. An dieser Rampe steht der sowjetische Stadtkommandant von Wien, General Blagodatow, in Uniform und mit allen Auszeichnungen. Als ich Blagodatow daraufhin in Moskau interviewte, erklärte er selbstbewusst, damals der »Herr von Wien« gewesen zu sein. Und dieser Herr von Wien steht in der entdeckten Filmaufnahme vor Karl Renner stramm, salutiert und verbeugt sich – ein Sieger, der seine Hochachtung zum Ausdruck bringt. Dann die nächste Aufnahme des sowjetischen Kameramanns. Auf der Rampe des Parlaments sind zwölf russische Soldaten angetreten: in ihren strapazierten Kampfanzügen und mit ihren Maschinenpistolen. Eine rasch zusammengestellte »Ehrenkompanie« für Karl Renner.

Warum mich das alles so erstaunte, obwohl wir doch schon wussten, was an diesem Tag geschehen war? Der Tag selbst, der 29. April! Der Krieg war noch nicht zu Ende, das Ende kam erst am 8. Mai. Also noch im Krieg wurde schon das neue Österreich verkündet, kam Karl Renner bereits in Begleitung der Mitglieder seiner zwei Tage zuvor bestellten Regierung. In Deutschland gab es einen solchen Tag erst vier Jahre später! Die erste deutsche Regierung mit Konrad Adenauer an der Spitze, 1949. Und da war Deutschland praktisch schon geteilt. Im Westen die Bundesrepublik mit der Hauptstadt Bonn, im Osten sehr bald die Deutsche Demokratische Republik, die DDR, mit der Hauptstadt Ostberlin, de facto beherrscht und geführt von den Kommunisten.

In Österreich gab es eine ganz andere und nachträglich betrachtet eben eine unglaubliche Entwicklung. Zwar misstrauten die Westmächte den Sowjets und verdächtigten die von diesen eingesetzte Renner-Regierung, eine Marionette in der Hand Stalins zu sein. Aber dann stimmten doch alle vier Besatzungsmächte der Abhaltung freier und demokratischer Wahlen in ganz Österreich zu – ungeachtet aller Zonengrenzen. Diese Wahl brachte ein höchst überraschendes Ergebnis: 95 Prozent der Wähler bekannten sich zu den beiden demokratischen Parteien ÖVP und SPÖ, nur fünf Prozent stimmten für die Kommunisten. Das war eine klare und eindeutige Weichenstellung – für ein demokratisches Österreich mit einem freien, westlichen Wirtschafts- und Gesellschaftssystem.

Wolfgang Leonhard, dessen Eltern 1934 als Sozialdemokraten in die Sowjetunion flohen und der 1945 als Kommunist im Gefolge Walter Ulbrichts nach Ostberlin kam, schilderte mir, was das österreichische Wahlergebnis für die deutschen Kommunisten zur Folge hatte: »Fünf Prozent! Das darf uns in der deutschen Sowjetzone nicht passieren! Und damit es nicht passiert, müssen wir noch vor der ersten Wahl die Sozialdemokratische Partei mit den Kommunisten zu einer Einheitspartei vereinen.« Das war, laut Leonhard, der erst für viel später vorgesehene Beschluss, die Sozialistische Einheitspartei Deutschlands, kurz SED, zu gründen und damit die Voraussetzung für die Existenz der DDR zu schaffen.

Nachträglich betrachtet, erschien mir nun so vieles, was ich durch unsere Recherchen, Gespräche mit Augenzeugen und die erstmals entdeckten Dokumente und Protokolle erfahren hatte, als wirklich unglaublich.

Unglaublich auch, was mir Karl Gruber erzählte, der erste Außenminister der Zweiten Republik. Schon ein Jahr später, 1946, hatten sich die Gegensätze zwischen der Sowjetunion und den Westalliierten so verschärft, dass man mit der Möglichkeit eines neuen Krieges rechnete. Diese Angst gab es auch in Wien, verstärkt vor allem durch die Vorgänge in den östlichen Nachbarstaaten. In Bulgarien, Rumänien und Ungarn waren die Kommunisten dabei, die zunächst demokratisch gewählten Regierungen zu stürzen und selbst die Macht zu ergreifen. Winston Churchill erklärt später in einer Rede, in Europa senke sich ein »Eiserner Vorhang« nieder.

In Wien befürchtete man, jener Eiserne Vorhang könnte auch quer durch Österreich heruntergehen. Und diese Sorge wurde von den Westalliierten durchaus geteilt. Amerikaner, Briten und selbst Franzosen schickten Berichte an ihre Regierungen, in denen spekuliert wurde, ob die Sowjets nach Ungarn nun auch Österreich vereinnahmen wollten, ob es in deren Interesse liegen könnte, Österreich zu zerreißen.

Die Führungsspitzen von ÖVP und SPÖ stimmten überein: In diesem Fall müsste versucht werden, eine funktionierende österreichische Regierung im Westen des Landes zu etablieren, etwa in Salzburg oder in Innsbruck. Sollte es aber zu einem größeren Konflikt, einem Krieg kommen, sollte Österreich von den Sowjets überrannt werden, dann müsste eine österreichische Exilregierung im Ausland gebildet werden, in Großbritannien oder in den USA. Österreich dürfe nicht so sang- und klanglos untergehen wie im Jahre 1938.

Karl Gruber wörtlich in dem Gespräch mit mir: »Wäre in einem solchen Fall der Bundespräsident im Ausland, so hätte er jederzeit eine Exilregierung bestellen können, auch falls der Bundeskanzler im Ausland gewesen wäre. Aber die Wahrscheinlichkeit war ja groß, wenn so etwas schlagartig kommt, dass dann bestenfalls nur ein Minister irgendwo herumsitzt im Ausland. Und wie kommt er zu einer verfassungsrechtlich gestützten Lösung?«

Für diesen Fall hätten damals der Bundespräsident Karl Renner, der Bundeskanzler Leopold Figl, der Vizekanzler Adolf Schärf, der Innenminister Oskar Helmer und er, der Außenminister, gemeinsam ein Dokument unterzeichnet, eine Vollmacht, die es jedem Minister erlaubt hätte, eine Exilregierung zu bilden. Gruber wörtlich: »Wir haben uns natürlich sehr gehütet, dass irgendetwas davon an die Öffentlichkeit kommt. Es bestand immer die Gefahr, die Leute könnten das Gefühl haben, wir würden die Flinte ins Korn werfen und das Volk dann sagt: ›Die da oben sind beim Weglaufen, die flüchten.‹«

Dann sagte Gruber etwas, was ich zunächst nicht verstand: »Die Verschickung unserer besten und wichtigsten Bilder nach den Vereinigten Staaten galt der Mittelbeschaffung im Fall, dass man handeln muss. Das wurde natürlich nie gesagt, aber das ist so gewesen.«

Diese Mitteilung Grubers kam für mich völlig überraschend. Wir wussten, dass Österreich damals die wertvollsten Kunstschätze aus allen Wiener Museen in die Schweiz geschickt hatte zur Ausstellung in Zürich. Wie es hieß, als Dank für die Hilfe der Schweiz nach Kriegsende – die Schweizer sandten Lebensmittel und Medikamente nach Wien und nahmen Wiener Kinder zur Erholung auf. Die Ausstellung der Kunstschätze in Zürich war eine Sensation. Eine solche Konzentration des Besten und Wertvollsten aus den Wiener Museen hatte es noch nie gegeben und gab es nachher auch nie wieder. Aber welche verschlungenen Wege diese Kunstschätze danach eingeschlagen hatten, das erfuhr ich erst aufgrund unserer nun erfolgten Recherchen.

Nach einer einjährigen Ausstellung in Zürich wurden die Kunstschätze nach Brüssel, dann nach Amsterdam, nach Paris,

Stockholm, Kopenhagen und schließlich nach London geschickt. 1948 war das Jahr, in dem die Sowjets alle Zufahrtswege nach Berlin sperrten und die Westsektoren der Stadt nur noch über eine Luftbrücke versorgt werden konnten. Die Kriegsgefahr wurde als sehr hoch eingeschätzt. Die Bundesregierung beschloss daher, gegen den Protest der österreichischen Museumsdirektoren, die Kunstschätze nach den USA zu verschicken. Nunmehr mit einer anderen Begründung: Man benötige die durch die Eintrittsgebühren zur Ausstellung eingehobenen Devisen.

Routinemäßig rief ich unsere Film- und Fotobeschafferin in Washington, Karen Wyatt, an und bat sie, nach entsprechenden Film- und Fotomaterialien über diese Ausstellung zu suchen. Eine Woche später hielt ich die von Wyatt gefundenen Fotos in der Hand: die Ausladung der Kunstschätze im New Yorker Hafen. Da staunte ich: Auf den Nummernschildern der Lastkraftwagen waren die Buchstaben USN zu lesen. Rückfrage bei Wyatt – USN? Antwort: »United States Navy.« Also Kriegsmarine. Wieso? Wer aus Wien war damals dort mit dabei?

Friederike Klauner, die spätere Direktorin des Kunsthistorischen Museums. Sie begleitete die Kunstschätze auf einigen Strecken ihrer Reise. Auch nach New York. Und sie wurden auf einem amerikanischen Kriegsschiff in die USA gebracht. Klauner im Interview: Ein Kriegsschiff, das die Amerikaner der österreichischen Regierung zur Verfügung gestellt hatten, denn Österreich wäre nicht in der Lage gewesen, die hohen Summen für die Versicherung dieser Kunstsammlung zu bezahlen. So mussten die Kunstschätze unversichert über den Ozean geschickt werden. Klauner: »Ein Kriegsschiff, ich glaube, kaum etwas anderes hätte es zu dieser Zeit sein können, jedenfalls sicherer als alle anderen Schiffe und es war außer den Kunstschätzen auch nichts anderes drauf. Es waren ja unsere Hauptwerke der Malerei, der Plastik und des Kunstgewerbes, auch Stücke aus der Schatzkammer und aus der Waffensammlung. Es waren also wirklich die Zuckerln, das muss man schon sagen.«

Also was war das? Gruber im Interview: eine Evakuierung aus Sorge vor einer Zerreißung Österreichs durch die Sowjets und die Kommunisten, später aus Sorge vor einem drohenden Krieg. Vor allem aber, so Gruber wörtlich: »Zur Mittelbeschaffung für eine Exilregierung.« Dachte man dabei nur an die Eintrittspreise zur Ausstellung oder auch an eine Belehnung der Kunstgegenstände? Gruber sprach nur von den Eintrittspreisen.

Von 1949 bis 1952 wurden die Kunstgegenstände in einer der sensationellsten Ausstellungen, die je in den USA zu sehen waren, in New York, Washington, Chicago, San Francisco, St. Louis, Toledo, Philadelphia, Boston und auch in Toronto in Kanada gezeigt. Vergleicht man diese Zeitspanne mit dem weltpolitischen Kalender, so reicht sie von der Sowjet-Blockade Berlins und dem Ausbruch des Koreakrieges bis zu dessen Ende. Erst 1952 wurden die Kunstwerke wieder nach Europa gebracht. Aber noch immer nicht nach Wien, nur nach Innsbruck. Erst nach dem Tode Stalins 1953 gab die Bundesregierung grünes Licht für die Heimkehr der Kunstschätze nach Wien. Sieben Jahre waren sie auf Reisen – im Westen!

Eine unglaubliche Geschichte, aber sie steht nicht für sich allein. Zu gleicher Zeit, da die Kunstschätze auf Reise gingen, planten die Westalliierten, gemeinsam mit der Bundesregierung, auch die Evakuierung der wichtigsten Politiker und Führungskräfte aus Wien, für den Fall eines KP-Putschs und einer Teilung Österreichs. Die Amerikaner verfügten in ihrer Zone in Wien nur über einen kleinen Airstrip am Ufer des Donaukanals, hinter dem Karl-Marx-Hof. Hier konnten bloß Kleinflugzeuge landen und starten, die neben dem Piloten nur drei weitere Passagiere befördern konnten. Es musste also eine Rangordnung angelegt werden, wer bei einer Evakuierung als Erster und wer als Letzter auszufliegen sei. Oliver Rathkolb entdeckte in den amerikanischen Archiven Dokumente, die bis kurz davor noch den Aufdruck »top secret« trugen. Darunter die Prioritätslisten für die Evakuierung:

»Prioritätsstufe 1:
1. Bundeskanzler Leopold Figl; 2. Außenminister Karl Gruber; 3. Staatssekretär Ferdinand Graf; 4. Innenminister Oskar Helmer; 5. Vizekanzler Adolf Schärf; 6. Bundespräsident Karl Renner (dass Renner erst auf Platz 6 eingestuft ist, zeigt, dass sich die Westalliierten mit der österreichischen Verfassung nicht viel abgegeben haben dürften, denn der Bundespräsident allein hätte jederzeit und überall eine österreichische Exilregierung ins Leben rufen können); 7. Julius Deutsch, der Wehrexperte der SPÖ; 8. Handelskammerpräsident Julius Raab«.

Diese acht Politiker wurden also von den Amerikanern als die wichtigsten Repräsentanten Österreichs angesehen. Die Evakuierung weiterer Prominenter ist in der Prioritätsstufe zwei vorgesehen, darunter die übrigen Minister, aber auch der Generaldirektor der Creditanstalt-Bankverein, der größten österreichischen Bank: Josef Joham.

Der Kalte Krieg – für viele Jahre wurde der Ausdruck nicht mehr gebraucht und von zwei neuen Generationen auch kaum verstanden. Aber er tauchte wieder auf, als Wladimir Putin die Krim besetzen ließ und in der Ostukraine scharf geschossen wurde. Der Kalte Krieg, darunter verstand man die gegenseitige Bedrohung der beiden Supermächte Sowjetunion und USA. Doch die Aggression ging damals fast ausschließlich von der Sowjetunion aus, die ja eindeutig hinter den kommunistischen Machtergreifungen in Ost- und Südosteuropa steckte. Die »Frontlinie« dieses Kalten Krieges verlief nun auch quer durch Österreich, entlang der Enns und der Donau, den sogenannten Demarkationslinien zwischen der amerikanischen und der sowjetischen Zone. Die Angst, es könnte auch in Österreich zu einem sowjetisch unterstützten Putsch der Kommunisten kommen, war echt und groß. Und im Jahr 1950 schien es so weit zu sein: Der Koreakrieg war ausgebrochen, auf der ganzen Welt gab es eine Verknappung von Rohstoffen, überall und besonders auch in Österreich stiegen die Preise, trotz funktionierender Sozialpartnerschaft liefen die Preise den Löhnen davon. Die Unzufriedenheit in der Arbeiterschaft war groß und wurde von den Kommunisten noch besonders geschürt. Sie riefen zum Streik auf und ließen die Belegschaften der USIA-Betriebe zu einer Großdemonstration in Wien aufmarschieren. Sie zogen zum Ballhausplatz, überwältigten den sich entgegenstellenden Polizeikordon und belagerten das Bundeskanzleramt. Kommunistisch geführte Stoßtrupps drangen in die Betriebe ein, deren Belegschaften sich dem Streik nicht angeschlossen hatten. In Linz wurden die VÖEST und die Steyr-Werke lahmgelegt, wurden die Eisenbahnschienen der Westbahn aufgeschraubt und der Bahnverkehr nach Wien unterbrochen. In Wiener Neustadt wurde das Postgebäude besetzt und der Polizei Widerstand geleistet. Franz Olah stürmte mit seinen Bauarbeitern die von den Kommunisten besetzten E-Werke, während die Polizei auf Geheiß der sowjetischen Besatzungsmacht nicht eingreifen durfte.

Alles sah nach Putsch aus. Und wurde von der Regierung auch so gewertet. Aber als der Streik seinen Höhepunkt erreichte, wurde er offenbar von den Kommunisten selbst abgeblasen. Wie wir im Interview mit damaligen Kommunisten feststellen konnten, waren es die Sowjets, die den Kommunisten den Abbruch befahlen. Österreich zählte offenbar nicht zu den Umsturzkandidaten auf der Liste Stalins. Auch das ein Teil der unglaublichen Geschichte der Zweiten Republik, die ich jetzt, betreut von der Abteilungsleiterin Gisela Hopfmüller, für den ORF erstellte. Aber immer tat es mir leid, dass nun die großen Fernsehserien »Österreich I« und »Österreich II« vermutlich nie wieder gezeigt würden, denn es war damit zu rechnen, dass die technischen Träger dieser Dokumentationen, nämlich Magnetbänder, bald nicht mehr abspielbar sein würden. Dann wären diese Serien für immer verloren.

Doch im Jahr 2007 wurde Alexander Wrabetz zum Generaldirektor des ORF bestellt, unter die Lupe genommen von der Öffentlichkeit, ob und wie er die öffentlich-rechtlichen Aufgaben des ORF zu erfüllen gedenke. Das war für die letzten Intendanten schwierig: In Konkurrenz mit sämtlichen deutschsprachigen Fernsehsendern immer noch so viele Zuschauer an den ORF zu binden, um das notwendige Geld heranzuschaffen, das heißt Programme zu senden »für ein breites Publikum«, denn zusätzliches Geld kommt nur von der Werbung, und Werbung richtet sich vorwiegend nach der Quote. Davon war kaum abzugehen. Doch Wrabetz drehte den Spieß um. Er gründete einen neuen Fernsehkanal ORF III und stellte diesen Sender in den Dienst von Kultur und Information. Dazu fand er auch den richtigen »Macher« – Peter Schöber. Er entwarf nicht nur ein überzeugendes Konzept, sondern wusste auch, dass der ORF über eine Schatztruhe verfügte – das von Peter Dusek und seinen Leuten aufgebaute Archiv, herrliche Filme aus früheren Zeiten, aber auch alles an Zeitgeschichte, was es seit Beginn von »Österreich II« bis heute zu sammeln und zu bewahren gab. Darunter, sozusagen als Kern dieses Archivs, sämtliche Folgen von »Österreich I« und »Österreich II«.

Jetzt geschah, was bis dahin als zu aufwendig gegolten hatte: die technologische Übertragung, Kader um Kader, der großen Dokumentationen auf die modernsten Träger, vom Magnetband auf High Definition, für den Hausgebrauch vom VHS-System auf DVD.

Aber Schöber nahm dies zum Anlass, um auch mich »zu erneuern«. Wesentlich unterstützt vom Vorstand des Instituts für Zeitgeschichte, dem Historiker Oliver Rathkolb, machte ich mich daran, die Texte aller Folgen auf den neuesten Stand der historischen Forschung zu bringen und sämtliche Zwischenmoderationen dieser insgesamt 47 Folgen zu ergänzen und neu zu sprechen. Für diese große Aufgabe half mir diesmal das junge, ambitionierte Team von ORF III mit Redaktionschef Ernst Pohn und dem Regisseur Andreas Glantschnig an der Spitze. Die kaufmännische Leitung lag in der bewährten Hand von Helmut Kaiser.

Nazifrage wird zur Naziplage
Vranitzky zieht die Konsequenzen

Von Beginn meines journalistischen Daseins an musste ich mich immer wieder mit einer Frage befassen, die im Laufe der Zeit zu einem Kernproblem der Zweiten Republik geworden ist: der Umgang mit der Vorgeschichte dieser Republik. Schon Karl Renner hatte sich damit auseinanderzusetzen. Mit einem der ersten Gesetze, die seine Regierung 1945 erließ, wurden Volksgerichte eingesetzt: zur Klärung, Beurteilung und Verurteilung von Kriegsverbrechen und Verbrechen gegen die Menschlichkeit. Sie tagten bis zum Jahr 1957. Diese Gerichte verurteilten 13.607 Täter zu teils langjährigen Kerkerstrafen, 43 wurden zum Tode verurteilt, 30 von ihnen auch hingerichtet.

Die Bundesregierung veröffentlichte 1945 drei Listen mit Namen von Österreichern, die in verschiedenen nationalsozialistischen Verbänden und Institutionen Kriegsverbrechen begangen hatten. Viele wurden aufgrund dieser Listen gesucht und ausgeforscht. Die Aktivitäten dieser Gerichte und die Versuche, den Verbrechen nachzugehen und die entsprechenden Konsequenzen zu ziehen, gehörten damals zu unserer fast alltäglichen journalistischen Berichterstattung und Kommentierung.

Zwei Jahre später berichteten wir ausführlich von den parlamentarischen Debatten über das große nun vorliegende und zu beschließende Gesetz zur Bestrafung der früheren Nationalsozialisten – das Sühnegesetz. Auch dieses Gesetz ging mit den Ex-Nazis keineswegs schonend um. Es teilte sie in drei Kategorien ein: Belastete, Minderbelastete und Mitläufer. Die Belasteten wurden mit Berufsverbot belegt, nicht nur im öffentlichen Dienst, in allen

Berufen, samt Verlust ihrer Pensionsansprüche. Für die Minderbelasteten galt im Prinzip fast dasselbe, jedoch zeitlich beschränkt. Bei den einen wie den anderen galt es auch, Geldstrafen und Zusatzsteuern zu entrichten.

Alle Nationalsozialisten, rund 550.000 Österreicherinnen und Österreicher, mussten sich registrieren lassen. Das war bei etwa sieben Millionen Einwohnern ein erheblicher Teil der Bevölkerung und in einzelnen Berufsgruppen ein hoher Prozentsatz, etwa bei Lehrern, Ärzten, öffentlich Bediensteten. Da die Sühnegesetzgebung in den meisten Fällen zumindest ein zeitweises Berufsverbot vorsah, bereitete der Ausfall so vieler Kräfte in der Wirtschaft, in den Schulen, in der Verwaltung große Schwierigkeiten. Dabei war vorauszusehen, dass die Ex-Nazis, nachdem sie im Jahr 1945 von den Wahlen ausgeschlossen waren, wohl nicht auf Dauer vom gesamten politischen Leben ferngehalten werden konnten. Müsste man sie aber bei den nächsten Wahlen zulassen – diese waren 1949 fällig –, so war zu erwarten, dass das Mehrheitsstreben der politischen Parteien dazu führen wird, dieses Wählerpotenzial zu bewerben.

Ich hatte mich also in jenen Jahren immer wieder mit dieser Problematik journalistisch auseinanderzusetzen. Und so fragte ich mich, wieso es ganz allgemein und besonders von deutscher und amerikanischer Seite zu dem Vorwurf kommen konnte, Österreich habe sich mit seiner »nationalsozialistischen Vergangenheit« nie auseinandergesetzt und die Konsequenzen daraus nie gezogen. Bei der Rekonstruktion der Geschichte der Zweiten Republik in der Dokumentation »Österreich II« nahm ich mir deshalb vor, die Ursachen und Auswirkungen gerade dieser Problematik ausführlich zu analysieren und darzustellen.

Eine der grundlegenden Ursachen war zweifellos die sogenannte »Moskauer Deklaration« aus dem Jahre 1943. Die Sowjetunion, die USA und Großbritannien erklärten darin Österreich zum »ersten Opfer der Hitleraggression«. Damit anerkannten sie, dass Österreich durch den Einmarsch der Hitlertruppen als Staat aufgehört hatte zu existieren. Dennoch heißt es in der Deklaration weiter: »Österreich wird für seine Teilnahme am Hitlerkrieg die Verantwortung zu tragen haben.«

Es waren die Briten, die das so nicht formulieren wollten. Wenn Österreich als Staat nicht mehr existierte, konnte es keine Verantwortung tragen. Der britische Vorschlag hieß daher: »Die Österreicher werden für ihre Teilnahme am Krieg die Verantwortung zu tragen haben.« Doch die Sowjets bestanden auf das Wort »Österreich« und sie wussten warum: Die Österreicher werden nach einem verlorenen Krieg nicht zur Wiedergutmachung der schweren Kriegsschäden, die die Naziarmeen in der Sowjetunion angerichtet haben, herangezogen werden können. Das kann man nur von Österreich als Staat fordern. So blieb es bei »Österreich«.

Die alliierten Mächte kamen als Befreier nach Österreich. Die Sowjets, die die Renner-Regierung einsetzten, taten dies, wie sie ausdrücklich betonten, aufgrund der »Moskauer Deklaration«. Renner und seine Regierung nahmen das mit großer Selbstverständlichkeit an. Und zogen daraus ihre Schlüsse. Renner schon in der ersten Regierungserklärung. Österreich als Staat war von Hitler ausgelöscht worden. Für alles, was danach kam und verbrochen wurde, gab es, abgesehen von den Kriegsverbrechern, nur zwei Schuldige: das Deutsche Reich und die österreichischen Nazis. Die Nazis hätten Österreich verraten und gegen Österreich gehandelt. Dafür seien sie zu bestrafen. Ein Kriterium bot sich dafür an: Wer Mitglied oder Anwärter der NSDAP oder einer ihrer Gliederungen war, war ein Nazi, wer das nicht war, war keiner oder zumindest gesetzlich als solcher nicht zu erfassen.

Das aber teilte die Bevölkerung in zwei Gruppen, von denen nun viele meinten, keinen besonderen Grund mehr zu haben, über das wahre Wesen des Nationalsozialismus und die eigene Einstellung dazu nachzudenken. Denn die einen waren ja sozusagen amtlich aus der Verantwortung entlassen, sie hatten nicht dazugehört. Die anderen wurden, abgesehen von den Mördern und Verbrechern, nun, je nach dem Grad ihrer parteibuchmäßigen

Zugehörigkeit, der Sühne unterworfen. Sie büßten also, in der Meinung vieler von ihnen, ihre »Strafe« ab. Sei es durch Berufsverbot, Geschäftsverlust, Pensionseinstellung, Sühneabgaben und Zusatzsteuern. Sie trugen also ihre Schuld ab, büßten sozusagen stellvertretend für die ganze Nation. Auch das hat das Nachdenken und den Lernprozess nicht gerade gefördert.

Meine Schlussfolgerung: Man hat das NS-Problem in der Zweiten Republik nicht unter den Teppich gekehrt, man hat es nur falsch gelöst. Hauptsächlich dadurch, dass man die These von Österreich als erstem Opfer Hitlers uneingeschränkt gelten ließ, die Nation in Schuldige und Unschuldige einteilte und es daher nicht mehr notwendig erschien, alle Bürger in die Pflicht des Nachdenkens, des Erkennens, des Lernens, der Einsicht zu nehmen. Dabei wäre das – und dafür traf ich auf viele Beweise – gerade in den ersten Monaten und Jahren nach dem Krieg nicht nur möglich gewesen, es war auch erwartet worden. Denn die meisten Menschen fragten sich selbst, wie das alles geschehen konnte: Verfolgung, Vertreibung, Massenmord, Krieg.

Der Lernprozess, zumindest jener, für den die Politik zuständig gewesen wäre, fiel also aus. Die These vom ersten Opfer der Hitleraggression wurde zur Staatsdoktrin. Wenn man als Staat nicht mehr existierte, konnte man keine Schuld tragen und hatte auch keine Mitverantwortung zu schultern. Aber vieles, sehr vieles schien dieser These offensichtlich zu widersprechen. Offensichtlich – denn das war tatsächlich zu sehen in Filmen und auf Fotos: die freudige Begrüßung der einmarschierenden Hitlertruppen 1938, der Jubel, mit dem Hitler auf seiner Fahrt durch Österreich und in Wien willkommen geheißen wurde, die Menschenmassen auf der Ringstraße und auf dem Heldenplatz, die Hitler geradezu euphorisch empfingen. Zweifellos, es waren die Filme und Bilder der Kameraleute und Fotografen des Reichspropagandaministeriums, die gerade diesen Jubel festzuhalten und zu verbreiten hatten. Aber dass es ihn gab und dass bei der von den Nazis kurz danach veranstalteten Volksabstimmung wahrscheinlich wirklich eine große Mehrheit der Stimmberechtigten mit Ja für den bereits vollzogenen »Anschluss« stimmte, das war nicht anzuzweifeln.

Auch nicht, was die Österreicher danach an wirtschaftlichen und militärischen Leistungen für Hitlerdeutschland erbrachten. Auch nicht die rund eine Million Österreicher, die in den Reihen der Wehrmacht in den Krieg zogen und damit halfen, andere Völker zu unterjochen. Auch nicht abzuleugnen war, mit welcher Brutalität in Österreich von Österreichern politische Gegner und vor allem die jüdischen Mitbürger verfolgt, gedemütigt, vertrieben und in den Vernichtungslagern zu Tode gebracht wurden. Das alles hätte die österreichischen Regierungen veranlassen müssen, ein Bekenntnis zumindest zur Mitverantwortung für all die Taten des NS-Regimes abzulegen.

Aber, so meinte man, da hätte man ja selbst gegen die Staatsdoktrin, ein Opfer Hitlerdeutschlands gewesen zu sein, verstoßen. Das wurde mir von Politikern beider Großparteien immer wieder gesagt, wenn ich sie auf diese Frage ansprach. Dass man jedoch auch den wenigen überlebenden und den fast hunderttausend vertriebenen Menschen als demokratische Regierung nicht sofort die Hand reichte, sie nicht selbstverständlich als österreichische Staatsbürger anerkannte und zur Rückkehr nach Österreich einlud, war mir immer unverständlich.

Als der Staat Israel 1948 gegründet wurde, kam mir das besonders zu Bewusstsein. Und ich schrieb in der Meinungskolumne der Wiener »Tageszeitung« einen Kommentar, in dem ich bedauernd feststellte, dass jetzt vermutlich viele der aus Österreich vertriebenen Juden nach Israel gehen würden, was für Österreich ein großer Verlust wäre. Auch wären sie für die Entwicklung unserer Wirtschaft und Kultur unverzichtbar. Mein damaliger Chefredakteur Hans Kronhuber, der selbst aus dem Widerstand kam, und mein unmittelbarer Chef Karl Polly lasen diesen Kommentar vor der Drucklegung und waren beide meiner Meinung. Aber niemand in der Politik sah sich veranlasst, das Thema aufzugreifen. Und wie wir heute wissen, war das auch so gewollt: keine

Einladung zur Rückkehr und möglichst lange auch keine Entschädigung – »am besten auf die lange Bank schieben«.

Wie sehr diese Haltung Österreichs die betroffenen Menschen enttäuscht und verletzt hat, das kam mir während meiner Tätigkeit beim Österreichischen Informationsdienst in New York besonders zu Bewusstsein. Hier lebten noch viele der geflüchteten und vertriebenen Österreicher. Hier befanden sich auch jene Organisationen, die sich für die Anliegen und Entschädigung dieser Menschen einsetzten. Immer wieder riefen sie auch wegen der diesbezüglichen Säumigkeit Österreichs zu Protestkundgebungen auf.

Ich wunderte mich, dass es keine Weisung aus Wien gab, dass wir, der Österreichische Informationsdienst, diese Kundgebungen wahrzunehmen hätten. Aber mein Chef, Botschafter Buresch, tat das von sich aus, indem er mir den Auftrag gab, an einer solchen Protestkundgebung teilzunehmen. Doch ich – so riet er – sollte mich im Hintergrund halten und nur zuhören.

Das jedoch fiel mir gar nicht ein. Selbstverständlich stellte ich mich den Veranstaltern vor und sagte auch, dass ich vom Österreichischen Informationsdienst komme. Der angesehene Senator von New York, Jacob Javits, begrüßte mich in seiner Eröffnungsrede und gab unter Applaus seiner Freude darüber Ausdruck, dass Österreich für die Anliegen der hier Anwesenden Interesse zeige. Diese Anliegen wurden nun detailliert vorgetragen.

Ja, es ging um Entschädigung für die erlittenen Verluste, für das geraubte Eigentum und die Anerkennung des Leids, das man ihnen angetan hatte, und um die Ermordung ihrer zurückgebliebenen Angehörigen. Aber dass jeder Redner meine Anwesenheit als so wichtig und so erfreulich bezeichnete, war ein Beweis dafür, dass man froh war, endlich einmal angehört zu werden.

Das fasste ich in meinem Bericht über diese Kundgebung zusammen. Buresch hielt mir nicht vor, dass ich mich entgegen seiner Weisung dort vorgestellt hatte. Im Gegenteil: Buresch setzte seinen Namen unter meinen Bericht und sandte ihn nach Wien.

1986 wurde Kurt Waldheim zum neuen Bundespräsidenten Österreichs gewählt. Waldheim war zuvor Generalsekretär der UNO gewesen. Die ÖVP stellte Waldheim den Wählern mit einem imponierenden Slogan vor: »Der Mann, den die Welt kennt«. Die Wahl schien damit auch schon entschieden. Doch da gab es eine Wende. Im Wiener Nachrichtenmagazin »profil« wurde der Vorwurf gegen Waldheim erhoben, er hätte als Offizier der Deutschen Wehrmacht in Griechenland in einer Position gedient, in der er von den Verbrechen der Wehrmacht, ihren Geiselnahmen und Morden sowie von der Deportation jüdischer Bürger zumindest hätte Kenntnis haben müssen.

In seiner damals erst vor Kurzem erschienenen Autobiografie mit dem Titel »Im Glaspalast der Weltpolitik« hätte Waldheim seine Dienstzeit in Griechenland nicht erwähnt. Außerdem habe er 1938 dem Nationalsozialistischen Studentenbund und einer Reiterstaffel der SA angehört. Diese Vorwürfe wurden von der »New York Times« aufgegriffen und zeigten Wirkung. Nun schloss sich auch der »Jüdische Weltkongress« in New York den Vorwürfen gegen Waldheim an.

Der Skandal war perfekt und übertrug sich schnell von Waldheim auch auf Österreich. Österreich stand schon seit Langem auf der Klageliste der jüdischen Organisationen, die sich des Schicksals und der Anliegen der aus Österreich vertriebenen Juden angenommen hatten. Und deren Klagen und Vorwürfe waren auch berechtigt. Denn für vieles erklärte sich Österreich nicht zuständig, da es als Staat damals ja gar nicht existiert hätte. Der Fall Waldheim wurde damit zu einem Fall Österreich: Österreich verleugne die Tatsache, dass der »Anschluss« und Hitler von den Österreichern jubelnd begrüßt worden seien. Die Österreicher wären zumindest im gleichen Maß wie die Deutschen an den Untaten und Verbrechen Nazideutschlands beteiligt gewesen.

Der Ruf Österreichs stand also auf dem Spiel. Dann geriet Österreich nochmals in die Kritik. Jörg Haiders Sprüche von der »ordentlichen Beschäftigungspolitik« im Dritten Reich und seine

Ansprachen vor Wehrmachts- und SS-Veteranen schlossen sich an die Waldheim-Vorwürfe an.

Vor diesem Hintergrund werde ich am 19. Juni 1991 vom ORF gebeten, in einer Sendung der ZIB 2 zu all dem Stellung zu nehmen. Der Moderator ist Robert Hochner. Er nimmt Bezug auf die Erklärungen Haiders und fragt, wie dies aus historischer Sicht zu beurteilen sei. Ich verweise darauf, dass die Arbeitspolitik im Dritten Reich fast ausschließlich auf die Rüstungswirtschaft zurückzuführen gewesen sei, auf die Aufrüstung zum Krieg.

Danach Hochner: »Herr Portisch, wieso passiert es uns, dass so etwas regelmäßig hochkommt? Jetzt haben wir die Affäre Waldheim gerade einigermaßen hinter uns, und plötzlich dieser Ausspruch und das gesamte Österreich, alle Parteien, mit Ausnahme der FPÖ, alle Organisationen, die Kirche, alle sagen: ›Halt, das geht nicht mehr.‹ Was ist da passiert?«

Da hole ich zu einer längeren Erklärung aus: »Ich glaube, dass mit der Diskussion um Waldheim dieses Land gezwungen worden ist, von außen wie von innen, sich mit seiner jüngeren Vergangenheit auseinanderzusetzen. Das ist in allen Medien gründlich erarbeitet worden und es hat eine große Auseinandersetzung stattgefunden. Der Vorwurf, dieses Land will noch immer nichts von seiner Vergangenheit wissen, stimmt also nicht. Die Medien haben das getan, einzelne Politiker haben das getan, wenn sie Gedenktafeln enthüllt haben, wenn sie zu Gedenkdaten gesprochen haben. Aber unser Land als solches, unsere Regierung hat kein prinzipielles Bekenntnis zu der damaligen Zeit abgelegt. Immer noch in der Sorge, in der Angst, wir beziehen unser Selbstverständnis als Österreicher, dass wir von Hitler überfallen worden sind, das Land ausgelöscht worden ist und dass es daher keinerlei Verantwortung trägt an dem, was im Krieg geschehen ist. Die Nazis, die waren böse Leute, Hochverräter in Österreich. Aber mit dem österreichischen Volk haben die fast nichts zu tun. Und wenn es heute wieder welche sind, haben sie auch nichts mit dem Volk zu tun. Das ist prinzipiell eine falsche Einstellung. Man könnte sehr wohl sagen, Österreich als Staat konnte für all das nichts, aber die österreichische Bevölkerung war ja noch da, war ein Teil der deutschen Bevölkerung im Dritten Reich. Im Prinzip hat dieses österreichische Volk im Großen und Ganzen so viel teilgenommen an Gutem und Schlechtem, an ganz Bösem wie die Deutschen. Während in Deutschland das deutsche Selbstverständnis nach dem Krieg, natürlich auch erzwungen von den Alliierten, aber im Prinzip auch als Selbsterkenntnis hieß: Wir stehen verantwortlich für das, was im deutschen Namen geschehen ist, in Europa und in unserem eigenen Land, haben wir gesagt: Dafür stehen wir nicht verantwortlich, denn wir waren nicht da zu diesem Zeitpunkt. Dass eine Regierung, nicht nur die heutige, dass jede Regierung seither, verantwortlich ist für das Volk, dass sie zu handeln und zu reden hat für dieses Volk, das in dieser Zeit bestanden hat, und dass sie selbstverständlich damit auch eine Mitverantwortung für diese vergangene Generation zu übernehmen hat, das wurde verwischt und hat im Ausland vor allem jetzt, anhand der Waldheim-Debatte, den Eindruck wieder erweckt, wir wollten uns ja schon immer aus der Geschichte stehlen, wollen die Verantwortung nicht tragen, wir wollen damit nichts zu tun haben.«

Hochner: »Stichwort Ausland, die Wirkung der Haider-Aussagen. Wird hier nicht wieder, ich verkürze es jetzt bewusst, das Klischee von Österreich verwendet, in dem neonazistische Sprüche noch von Spitzenpolitikern gesagt werden dürfen, ohne dass die zurücktreten müssen, wird dieses Klischee nicht wieder verstärkt?«

Auch ich verkürze jetzt meine damalige Antwort: »Sehr richtig, es ist ein Klischee. Dem Bundespräsidenten Waldheim hat die Historikerkommission keine Schuld nachweisen können. Daraufhin der Schluss, da keine Schuld nachweisbar, ist die Sache an und für sich geregelt und ausgestanden. Aber in der Politik zählt nicht, was ist, in der Politik zählt vor allem auch, was scheint. Und für das Ausland ist die Debatte, die sich über zwei Jahre hingezogen hat, über den Fall Waldheim in der Richtung verstanden worden: Seht an, die Österreicher, die sich vor ihrer Verantwortung drücken wollen. Und es wurde ja dann danach gesucht: Wo waren überall Österreicher in diesem Dritten Reich an führender Stelle, wobei haben sie mitgewirkt, wo waren sie engagiert? Und da hat das aufklärende Wort aus Österreich gefehlt. Die Medien haben alles gesagt: Ja, wir waren dort mitbeteiligt und viele Dokumentationen dazu sind gelaufen, unsere eigenen, ›Österreich I‹ und ›Österreich II‹. Nur die Regierung hat es nie gesagt. Politiker haben es einzeln gesagt. Aber die zwei Regierungen, die wir gleich nach dem Fall Waldheim hatten und jetzt zum ersten Mal wieder als große Koalition haben – welch eine Plattform, sie spricht für 80 Prozent der Bevölkerung –, haben es nicht gesagt … Wir erklären aus freien Stücken, wie es wirklich war, Österreich als Land und Staat unschuldig, die Bevölkerung im Bösen wie im Guten ein Teil Deutschlands, dafür haben wir Mitverantwortung zu tragen. Dieses Bekenntnis, das selbstverständlich war in der Bundesrepublik Deutschland, aber jetzt auch in der DDR, wo der erste demokratisch bestellte Ministerpräsident, Herr Modrow, die Mitverantwortung einbekannt hat. Wie Václav Havel in Prag Präsident geworden ist, hat er die Mitverantwortung des tschechischen Volkes an der Vertreibung der Sudetendeutschen und an den Morden, die dabei geschehen sind, eingestanden, Herr Peterle in Slowenien Mitverantwortung für das, was in Kärnten nach dem Krieg passiert ist, Kaiser Akihito in Japan, wie schlimm sich die Japaner in Korea benommen haben. Das ist in der Welt heute eine Selbstverständlichkeit, ein solches Bekenntnis. Wir haben es nicht abgegeben. Wir glauben noch immer, wir können es mit unserem Selbstverständnis als Staat nicht verantworten. Aber es ist notwendig … Wenn es in den letzten Jahren geschehen wäre, dann wäre es ein Bestandteil unserer politischen Kultur, so wie es ein Bestandteil der politischen Kultur in Deutschland ist. Da es das nicht ist, können solche Sprüche wie die Haiders immer wieder passieren.«

Am Tag darauf anerkannte die »Arbeiter-Zeitung« meine Erklärung im Fernsehen, in der Zeitung »Die Presse« erschien ein Leitartikel, der sich voll hinter meine Auffassung stellte. Ich erhielt ein Schreiben von Bundeskanzler Franz Vranitzky, in dem es hieß: »Wie so oft habe ich Ihre engagierten Ausführungen zur Zeitgeschichte mit großem Interesse verfolgt, diesmal leider nicht, ohne im Zuhören gleichsam fragend innezuhalten, und zwar an den Stellen, in denen Sie den österreichischen Bundesregierungen – auch der seit 1986 von mir geführten – ein Defizit an klarer Stellungnahme zur NS-Vergangenheit unseres Landes vorwerfen. Ich möchte in dieser Hinsicht nur meine eigene Arbeit beurteilen und Ihnen daher sagen, dass ich Ihren Vorwurf nicht als berechtigt empfinde, habe ich doch in zahlreichen öffentlichen Stellungnahmen sehr eindeutig auch das den Bürgern unseres Landes zur Last legende schuldhafte Verhalten aufgezeigt und politische Schlussfolgerungen daraus gezogen.«

Ich antwortete auf dieses Schreiben Bundeskanzler Vranzitzkys: »Meiner Ansicht nach besteht ein wichtiger Unterschied zwischen Erklärungen, die ein einzelner Politiker, und wenn es auch der Regierungschef ist, abgibt und einer Regierungserklärung, also einer im Namen der Regierung für das ganze Land abgegebenen, an alle Bürger und an das Ausland gerichteten Stellungnahme, mit der auch Richtlinien für die prinzipielle weitere Behandlung aller dadurch berührten Fragen festgelegt werden ... Sie persönlich, Herr Bundeskanzler, haben immer mit großer Offenheit und großem Mut die Dinge beim Namen genannt ... Genau diesen Unterschied aber wollte ich mit meinem ›Zeit im Bild‹-Kommentar herausarbeiten.« Und ich verwies auf ein diesbezügliches Memorandum, das ich auf Wunsch des Bundeskanzlers schon früher anlässlich der Waldheim-Debatte verfasst hatte.

In dem Memorandum analysierte ich zunächst die Vorwürfe gegenüber Österreich und die Ursachen, die zu diesen Vorwürfen geführt hatten: das Festhalten an der Opferdoktrin und damit die Zurückweisung jeglicher Mitverantwortung Österreichs für die

Verbrechen des Nazi-Regimes. Die Angriffe gegen Waldheim und die Vorwürfe gegenüber Österreich hätten dort ihre Wurzeln. Die Bundesregierung müsste sich in einer verbindlichen Erklärung zu allen Daten unserer jüngsten Geschichte und zu allen Taten unserer Staatsbürger bekennen und sich gleichzeitig bereit zeigen, die politische und menschliche Verantwortung für die Daten und Taten zu übernehmen, das heißt auch ideelle und materielle Konsequenzen zu ziehen, wo dies noch möglich ist. Ich verwies auf das Beispiel Deutschland, wo man »von Adenauer bis Weizsäcker« immer gewusst habe, dass die Anerkennung der Verantwortung und die Bereitschaft, daraus ideelle und materielle Konsequenzen zu ziehen, die wichtigsten Voraussetzungen für den Abbau antideutscher Gefühle waren.

In diesem Memorandum hielt ich fest: Wichtiger als jede materielle Maßnahme ist die politische Erklärung der Bundesregierung. Erst mit einer solchen können alle offiziellen Vertreter Österreichs und alle Einzelbürger den Vorwürfen gegenüber Österreich entgegentreten. Diese Erklärung könnte zunächst durchaus darauf verweisen, dass Österreich ein Opfer der Hitleraggression gewesen ist, dennoch aber viele Österreicher den »Anschluss« begrüßt, das nationalsozialistische Regime gestützt und es auf vielen Ebenen mitgetragen haben. Österreicher waren daher auch auf allen Ebenen an den Unterdrückungsmaßnahmen, Verfolgungen und Verbrechen des Hitlerreichs beteiligt.

Um wieder ein positives Österreichbild aufzubauen, sollten nach dieser Regierungserklärung einige Maßnahmen getroffen werden, kurzfristige, mittelfristige, langfristige:

a) Die noch offenen Wiedergutmachungsfragen sind schnell und großzügig zu erledigen. Dazu müsste man eine Art Sonderfonds schaffen, der rasch und unbürokratisch handeln kann. Siehe Beispiel Bonn: Dort wurde jetzt ebenfalls in Anbetracht der kommenden Gedenkjahre ein Fonds von 500 Millionen D-Mark geschaffen für jene Geschädigten des NS-Regimes, die durch gesetzliche Wiedergutmachung bisher nicht voll zu ihrem Recht gekommen sind.

b) Österreich sollte sich als Heimat auch aller früherer Österreicher ausweisen. Sichtbarer Ausdruck dessen wäre das Angebot an noch lebende Emigranten, etwa als Äquivalent zu den üblichen Seniorenerleichterungen (Kuraufenthalte, Ermäßigungen auf Bahn und Straßenbahn, Gesundheitsbetreuung, Medikamente etc.), alle zwei Jahre einen Urlaub in Österreich zu verbringen oder zur medizinischen Betreuung nach Österreich kommen zu können.

c) Für jene Ex-Österreicher, die in großer Not leben, könnten Altersheimplätze in Österreich geschaffen werden.

d) Errichtung eines Holocaust-Denkmals und Gedenkstätten für Hunderte im Jahre 1945 auf Todesmärschen ermordeter Juden.

e) In diesem Zusammenhang Herrichtung jüdischer Friedhöfe und Synagogen.

f) Herausgabe einer Enzyklopädie als eine Art Ehrentafel, die die Namen und Leistungen der Vertriebenen und Opfer des Holocausts enthält.

g) Anweisung an die Pensionsbehörde, bei der Anerkennung von Beitragsjahren für Vertriebene großzügig zu verfahren.

h) Aus noch vorhandenen Vermögenswerten eventuell plus Sonderfonds auch Wiedergutmachungsleistungen an Organisationen, die die Verfolgten und die Ermordeten beziehungsweise deren Nachkommen vertreten.

Am 8. Juli 1991 nahm Bundeskanzler Vranitzky zu den letzten Entwicklungen in Europa im Parlament Stellung: Wir erlebten heute den Anbruch einer neuen Ära in Europa, eine einzigartige Zäsur zwischen dem, was dieser Kontinent noch gestern war, und was er von nun an werden kann. Damit meine er nicht nur das Ende der Konfrontation zwischen Ost und West, das Ende der Mauern und Stacheldrahtzäune. Es ist auch das Ende der letzten Diktaturen, die Überwindung des letzten Erbes einer Vergangenheit, in der so viel Unheil über die Völker Europas gebracht worden ist. Europa setze neue Maßstäbe für sich selbst. Maßstäbe der Freiheit und der Menschenrechte. Maßstäbe für das Benehmen aller Regierungen, ihren eigenen Völkern gegenüber und für das Benehmen der Staaten untereinander.

Daraus zog der Bundeskanzler den Schluss: »Gerade wir in Österreich müssen wissen, was es geheißen hat, Unabhängigkeit und Eigenstaatlichkeit zu verlieren.« Und er setzte fort: »Gerade deshalb müssen wir uns auch zu der anderen Seite unserer Geschichte bekennen: Zur Mitverantwortung für das Leid, das zwar nicht Österreich als Staat, wohl aber Bürger dieses Landes über andere Menschen und Völker gebracht haben. Es ist unbestritten, dass Österreich im März 1938 Opfer einer militärischen Aggression mit furchtbaren Konsequenzen geworden war: Die unmittelbar einsetzende Verfolgung brachte Hunderttausende Menschen unseres Landes in Gefängnisse und Konzentrationslager, lieferte sie der Tötungsmaschinerie des Naziregimes aus, zwang sie zur Flucht und Emigration.«

»Dennoch«, fuhr der Bundeskanzler fort, »haben auch viele Österreicher den ›Anschluss‹ begrüßt, haben das nationalsozialistische Regime gestützt, haben es auf vielen Ebenen der Hierarchie mitgetragen. Viele Österreicher waren an den Unterdrückungsmaßnahmen und Verfolgungen des Dritten Reichs beteiligt, zum Teil an prominenter Stelle. Über eine moralische Mitverantwortung für Taten unserer Bürger können wir uns auch heute nicht hinwegsetzen. Vieles ist in den vergangenen Jahren geschehen, um, so gut wie es möglich war, angerichteten Schaden wieder gutzumachen, angetanes Leid zu mildern. Vieles bleibt nach wie vor zu tun und die Bundesregierung wird auch weiterhin alles in ihrer Macht Stehende unternehmen, um jenen zu helfen, die von den bisherigen Maßnahmen nicht oder nicht ausreichend erfasst oder bisher in ihren moralischen oder materiellen Ansprüchen nicht berücksichtigt wurden. Wir bekennen uns zu allen Daten unserer Geschichte und zu den Taten aller Teile unseres Volkes, zu den guten wie zu den bösen; und so wie wir die guten für uns in Anspruch nehmen, haben wir uns für die bösen zu entschuldigen – bei den Überlebenden und bei den Nachkommen der Toten. Dieses Bekenntnis haben österreichische Politiker immer wieder abgelegt, ich möchte das heute ausdrücklich auch im Namen der Bundesregierung tun; als Maßstab für das Verhältnis, das wir heute zu unserer Geschichte haben müssen, also als Maßstab für die politische Kultur in unserem Land; aber auch als unseren Beitrag zur neuen politischen Kultur in Europa.«

Das war eine große Wende in der Selbsteinschätzung Österreichs und in der Einschätzung Österreichs durch die Welt. Mit diesem Bekenntnis hat Bundeskanzler Vranitzky Österreich aus der jahrzehntelangen Geiselhaft befreit, in die es sich – verlockt von der Anerkennung als erstes Opfer Hitlers – selbst begeben hatte.

Auch die angekündigten Konsequenzen aus dieser Anerkennung der Mitverantwortung wurden nun gezogen: Der »Nationalfonds« wurde gegründet zur Hilfeleistung an die noch lebenden Opfer der Vertreibung und des Holocausts, die lange zurückgehaltenen Kunstwerke aus dem Besitz verstorbener vertriebener oder ermordeter Juden wurden der Israelitischen Kultusgemeinde zur Versteigerung übergeben, die Gründung eines Jüdischen Museums gefördert, ein Denkmal zum Gedenken an die Opfer des Holocausts in Wien errichtet.

In der Folge wurde auch der »Versöhnungsfonds« gegründet, aus dem noch lebende Zwangsarbeiter, die im Krieg in Österreich eingesetzt wurden, beziehungsweise deren Erben eine Entschädigung erhielten.

Bald nach seiner Erklärung erhielt der Bundeskanzler eine Einladung, Israel zu besuchen. Seit der Wahl Kurt Waldheims waren die Beziehungen zwischen Israel und Österreich gespannt. Der Kanzler folgte der Einladung und hielt an der Hebräischen Universität in Jerusalem eine Rede, in der er die wesentlichen Punkte seiner Wiener Erklärung darlegte und damit die guten Beziehungen beider Länder wiederherstellte.

Ein ehrenwertes Angebot
Wissen, wohin ich gehöre

Um den Bogen von der ersten Auseinandersetzung mit dem Problem der Nationalsozialisten bis zur Vranitzky-Erklärung zu schließen, musste ich den Entwicklungen in Österreich und auch in meinem Leben weit vorauseilen. So darf ich noch einmal kurz zurückschalten in jene Zeit, da wir gerade den Zeitungskrieg ausgefochten hatten, der »Kurier« nun dreimal täglich erschien, galt es den Konkurrenzkampf nicht mit dem Zeitungspreis, sondern mit dem Angebot an Qualität zu führen.

Es war mir gelungen, eine ganze Reihe von Spitzenjournalisten in den »Kurier« zu holen: Eberhard Strohal als stellvertretenden Chefredakteur, Hermann Stöger als Chef vom Dienst, Dieter Lenhardt als Leiter der Innenpolitik, Heinz Nußbaumer als Leiter der Außenpolitik, Reinald Hübl, Lokales, Peter Michael Lingens in der Chronik, Peter Weiser, Hellmut Andics und Jens Tschebull standen den wichtigen Beilagen vor, den Sport leitete der bekannte Kommentator Heribert Meisel, gefolgt von Martin Maier, die Kommunalpolitik von Helmut Korzendorfer, Lore Kasbauer für Frauen und Eva Sylt für Mode, Leomare Qualtinger für Seelenberatung.

Besonders galt das auch für die Kultur. Hans Weigel war der Theaterkritiker des »Kurier«, Alfred Schmeller verantwortlich für die Bildende Kunst, Herbert Schneiber für die Musik. Zu großen Duellen aber kam es, als Weigel zur »Kronen Zeitung« wechselte, und es mir gelang, Friedrich Torberg für die Theaterkritik im »Kurier« zu gewinnen. Die beiden, Weigel und Torberg, eiferten um die Wette, um die Leser mit der jeweils originelleren und gescheiteren Theaterkritik zu erfreuen. Nicht immer zur Freude der kritisierten Künstler.

Großer Aufbruch herrschte auch in der Bildenden Kunst. Da entstand gerade etwas, was sich zu einer völlig eigenen österreichischen, ja Wiener Schule der Malerei entwickelte, der Fantastische Realismus. Mit großartigen Künstlern wie Friedensreich Hundertwasser, Arik Brauer, Ernst Fuchs, Wolfgang Hutter, Rudolf Hausner. Präzise in die Gegenrichtung profilierten sich die »Abstrakten«, auch sie mit genialen Repräsentanten: Josef Mikl, Carl Unger, Alfred Wickenburg, Johanna Schidlo.

Alfred Schmeller wusste die Werke beider Richtungen zu schätzen und brachte es zustande, sie, trotz ihrer so gegensätzlichen Auffassung von Malerei, zu einem ständigen Gedankenaustausch zusammenzubringen. Das geschah auf eine sehr originelle Weise: im Keller unter der sogenannten Loos-Bar in Wien. Die Wände dieses Kellers wurden höchst einfach mit Schilf verkleidet, mit einigen alten Tischen und Stühlen möbliert und mitten drin ein Klavierflügel aufgestellt.

Alles Weitere besorgten die Künstler selbst. Ursprünglich war dran gedacht, den jungen Künstlern in diesem Keller Gelegenheit zu geben, ihre Bilder auszustellen. Aber es war eben keine Galerie, sondern wurde sehr schnell zum geselligen Künstlertreff. Nicht nur der Maler, sondern auch der Kabarettisten, Musiker, Komponisten, Literaten, Schauspieler, Journalisten. »Strohkoffer« nannten sie diesen Keller aufgrund seiner Schilfverkleidung.

Auch ich war bald fast jede Nacht gemeinsam mit meiner Frau Traudi zu Gast und fast jede Nacht gab es dort Premiere. Gerhard Bronner, Helmut Qualtinger, Carl Merz, Georg Kreisler, Peter Wehle, Louise Martini improvisierten die Sketches, die bald darauf Bühnenreife in ihren Kabaretts erreichten. Musiker wie Friedrich Gulda, Uzzi Förster, Joe Zawinul verwandelten Mozart und Bach zu hinreißenden Jazzrhythmen. Der »Strohkoffer« wurde solcherart fast jede Nacht zur Probebühne. Jeder der Künstler tat, was ihm gerade einfiel, und setzte es der Beurteilung eines kritischen Publikums aus. Das alles geschah jedoch immer spontan, nichts war vorbereitet, nichts geplant. Alles entstand aus einer momentanen Stimmung und Laune heraus. Der »Strohkoffer« wurde dadurch zu einem legendären Künstlertreff.

Für mich aber war der »Strohkoffer« kein Vergnügungslokal, sondern eine Stätte der Weiterbildung. Hier wurde ich vertraut mit der Gedankenwelt und den dazugehörenden Diskussionen der Künstler, lernte, was sie vom Surrealismus zur Abstraktion und andere zum Fantastischen Realismus gebracht hat. Hier wurde ich auch vertraut mit der Gedankenwelt der großen, später legendär gewordenen Kabarettisten. Echte Freundschaft verband mich mit Georg Kreisler, Helmut Qualtinger und Gerhard Bronner. Qualtinger und Merz konnte ich dazu gewinnen, für den »Kurier« jede Woche ein kabarettistisches Essay zu schreiben unter dem Titel »Blattl vorm Mund«.

Eine Gruppe von Malern aber gab es, die sich weder zu den Abstrakten noch zu den Fantastischen Realisten zählten, sie waren stiller, aber gerade deshalb für mich besonders beeindruckend. Kurt Moldovan zählte zu diesen, Anton Lehmden, Karl Korab.

Alfred Schmeller war der Mann, der dieses Wunder »Strohkoffer« erfunden hatte und auch dafür sorgte, dass er ein Wunder blieb. Denn er hatte es zustande gebracht, dass die Künstler so total unterschiedlicher Auffassungen sich hier zusammenfanden, sich nicht nur tolerierten, sondern auch Verständnis füreinander aufbrachten.

Aber es war gerade diese einzigartige Atmosphäre, die eben nicht nur von den Künstlern, sondern mehr und mehr auch von ihren Bewunderern geschätzt wurde. Was ursprünglich als eine besondere Art von Galerie gedacht war, verwandelte sich nach und nach in ein Nachtlokal. Alfred Schmeller versuchte das zu verhindern, er stellte sich selbst an die Kellertüre und wies alle Besucher ab, die nicht zu diesem Kreis kreativer Personen zählten, sondern nur kamen, um sich von diesen unterhalten zu lassen. Plötzlich wurde im »Strohkoffer« nach Sekt gefragt, was unter den Künstlern nicht üblich war. Sie waren fast durchwegs knapp bei Kasse. Sie kamen zusammen, um zu reden, um zu hören, aber nicht, um zu essen und zu trinken. Auch nicht, um sich vor anderen Besuchern zu produzieren. Alles, was sie spontan taten, machten sie, weil es ihnen selbst Freude bereitete. Der »Strohkoffer« begann seine Seele zu verlieren.

Alfred Schmeller, der hervorragende Kulturhistoriker, wurde zum Direktor des ersten österreichischen Museums für Moderne Kunst bestellt, jenem unter seiner Leitung bald berühmten »Zwanzgerhaus«. Gerhard Bronner machte aus der Not eine Tugend, eröffnete statt des »Strohkoffers« ein Nachtlokal namens »Fledermaus«, holte sich die besten Kabarettisten und Musiker nicht nur aus dem »Strohkoffer« sondern auch von den internationalen Bühnen. Gemeinsam mit Qualtinger, Kreisler, Merz, Martini und Wehle gründete Bronner ein Kabarett, das an die Tradition der großen Wiener Kabarettisten aus der Zeit vor dem Krieg anschloss.

Etwas aber nahmen meine Frau und ich aus dem »Strohkoffer« noch mit: die Liebe zum Jazz. Das war nicht nur emotional begründet und galt auch nicht der »Big Band«. Was mich an der Jazzmusik besonders faszinierte, war genau das Gegenteil vom großen Orchester. Jeder einzelne Musiker konnte sich mit seinem Instrument individuell einbringen, sich frei entfalten. Das war ja auch der Ursprung des Jazz. Entstanden auf den Baumwollfeldern an den Ufern des Mississippi, gespielt von den Baumwollpflückern, den schwarzen Sklaven. Ein musikalischer Ruf nach Freiheit.

Kein »Strohkoffer«, aber doch eine Art musikalischer Heimat wurde meiner Frau und mir daher wieder ein Keller – das »Jazzland«. Der Treffpunkt heimischer und internationaler Jazzmusiker, die hier mit ihren kleinen Bands auftreten. Viele davon sind Amateure, die mit ihrer Leidenschaft hervorragende musikalische Leistungen erbringen. Eine dieser Bands benannte sich nach einem berühmten Jazzviertel in New Orleans, Storyville.

Diese »Original Storyville Jazzband« feierte 1991 den 30. Jahrestag ihres Bestehens. Und der fiel zusammen mit dem 20. Jahrestag der Existenz des »Jazzland«. Günther Graf von der »Storyville« und Axel Melhardt vom »Jazzland« beschlossen, die beiden Jubiläen dort zu feiern, wo ihre Musik herkam – in New Orleans. Ihre Fans luden sie ein, mit ihnen zu feiern. Mehr als 200 waren dazu bereit, gerade so viel, um ein Flugzeug zu füllen. Meine Frau und ich waren mit von der Partie.

Das erzählte ich meinem Freund, dem Wiener Bürgermeister Helmut Zilk, auch er ein begeisterter Jazzliebhaber. Auch dass wir die Absicht hatten, in New Orleans eine Street-Parade durchzuführen, das heißt, mit der Jazzband an der Spitze der 200 Wiener Fans durch New Orleans zu marschieren, so wie sich das am Geburtsort des Jazz geziemt. Zilk hatte auch gleich eine Idee: Wir mögen doch die Grüße des Bürgermeisters von Wien an den Bürgermeister von New Orleans überbringen. Und auch ein Gastgeschenk: Die Stadt Wien wäre bereit, einem begabten Musikstudenten oder einer -studentin ein einjähriges Stipendium am Wiener Konservatorium zu schenken, einschließlich der Flugreise und der Unterkunft in einem Studentenheim.

So wurde aus der doppelten Geburtstagsfeier nun ein echter Event. Das ließ sich auch der ORF nicht entgehen, besonders nicht der damalige Informationsintendant Johannes Kunz, ebenfalls ein Jazzfan. Nun begleitete uns auch ein ORF-Team auf die Reise. Angeführt von Polizisten auf Motorrädern mit Blaulicht, zogen wir musizierend durch New Orleans, von vielen Menschen am Straßenrand herzlich begrüßt.

Zurück im Hotel, erhielt ich einen Anruf aus Wien. Am Telefon ein Vertrauter des damaligen Bundeskanzlers Franz Vranitzky. Der Bundeskanzler habe im Einvernehmen mit Vizekanzler Erhard Busek die Absicht, mich einzuladen, als gemeinsamer Kandidat der SPÖ und ÖVP für die bevorstehende Wahl des Bundespräsidenten anzutreten. Nein, war mein sofortiger Gedanke. Kein politisches Amt, ich bin Journalist und nur das will ich sein. Ich sagte das nicht zum ersten Mal. Bundeskanzler Klaus und Bundeskanzler Kreisky hatten mich schon zur Mitwirkung in ihren Regierungen eingeladen. In beiden Fällen bat ich um Verständnis für meine Ablehnung und fand es auch. Diese Situation wollte ich jetzt dem Bundes- und dem Vizekanzler von vornherein ersparen, sie mögen mir bitte dieses Angebot nicht stellen, ich würde es mit Sicherheit nicht annehmen. Für mich war die Sache damit entschieden.

Von New Orleans aus machten wir dann noch eine Rundreise durch die USA und kamen 14 Tage nach diesem Anruf in Wien an. Begrüßt von der Schlagzeile im »Kurier«: »Portisch Kandidat für Bundespräsident«. Am nächsten Tag schon werde mir von Bundeskanzler Vranitzky das Angebot im Namen beider Parteien gemacht werden. Mein spontanes Nein hatte also nicht geholfen. Die Einladung zu diesem Gespräch lag vor und ich kam ihr nach. Es war nicht einfach, dem Bundeskanzler meine Ablehnung zu erklären. Denn es war ja Ausdruck einer großen Wertschätzung, mir eine solche Kandidatur anzubieten.

Im Grunde genommen gab es für mich nur ein Motiv für diese Ablehnung: Freiheit. Und dass Journalismus der freieste Beruf der Welt ist. Jedenfalls in einer freien, demokratischen Welt. Ein Beruf, der es erlaubt, mit jedem zu reden, nach allem zu fragen, sich eine eigene Meinung zu bilden und diese auch kundzutun. Von keinem Protokoll beschränkt, zu keiner Rücksichtnahme gezwungen. Ich war froh und dankbar, dass Bundeskanzler Vranitzky für diese Erklärung volles Verständnis zeigte und meine Haltung akzeptierte.

Der nächste Bundespräsident hieß Thomas Klestil. Er war genauso wie Kirchschläger und Waldheim vor ihm Diplomat, der aus dem Außenministerium kam. Das hielt ich nicht für einen Zufall. Es liegt im Wesen dieses Amtes und seiner Beamten, dass sie um Ausgleich und Kompromiss bemüht sein müssen. Eigenschaften, die sie für den Posten des österreichischen Bundespräsidenten geradezu prädestiniert. Die österreichische Verfassung gibt dem Bundespräsidenten nicht viel Raum für Eingriffe in die Innen- und Außenpolitik des Landes. Es sei denn, er schafft sich diesen Raum durch sein Ansehen und seine Autorität. Das versuchte der nun gewählte Bundespräsident Thomas Klestil, indem er die schwarzblaue Regierung von Wolfgang Schüssel verpflichtete, sich zu einer proeuropäischen Politik zu bekennen.

Nach Klestil bewarb sich Heinz Fischer um das Amt des Bundespräsidenten. Bedeutend besser als die Diplomaten war er in der österreichischen Innenpolitik verankert. Langjähriger Stellvertreter der SPÖ, langjähriger Abgeordneter, Mitglied der Bundesregierung und danach Präsident des Nationalrats. Es gab wohl niemanden von politischer und gesellschaftlicher Bedeutung, den oder die Fischer nicht kannte und mit denen er nicht schon zu tun hatte. Kreisky, immer auf seine eigene Bedeutung bedacht, spielte die Rolle seiner Stellvertreter oft herunter. Aber Fischer war bedeutend profilierter in seinen politisch-gesellschaftlichen Überzeugungen und Positionen, als es Kreisky oft gewesen ist. Das bewies er bereits als Student, als er die Vorlesungen des Professors Borodajkewicz öffentlich bloßstellte. Fischer hatte als Präsident des Nationalrats den Mauthausen-Gedenktag im Parlament eingeführt und Österreich damit in eine Reihe gebracht mit dem Gedenkverhalten seiner europäischen Nachbarn. In seiner Präsidentschaft wurde im Parlament die Gedenkoper »Anne Frank« aufgeführt, wohl ein Schock für manche Politiker, die die Verbrechen der Nazizeit und den Holocaust nicht gerade auf dieser hohen Ebene so dramatisch in Erinnerung gerufen sehen wollten.

Fischers Beispiel ermunterte auch die ÖVP nachzuziehen und der nächste Nationalratspräsident Andreas Khol folgte Fischers Beispiel – er erweiterte es sogar. Khol führte einen Gedenktag für die Roma und Sinti ein, die ebenfalls Hitlers Opfer gewesen waren. Er lud sie ein, im Parlament zu musizieren. Bewegend und berührend, die Sinti, die nun im Nationalrat mit ihren Instrumenten, sozusagen als Zigeunermusik am Schluss ihres Gedenkkonzerts spontan die Bundeshymne »aufspielten«, wie es in alter Zigeunersprache hieß, um damit ihre Treue und Zugehörigkeit zur Republik zu bezeugen.

Auch das war fällig, gehörte zur Überwindung unserer Vorurteile und Fehler in der Vergangenheit. Am Rande konnte ich einiges dazu beitragen. Ich stellte zwei kurze Dokumentarfilme her, die genau diese Themen betrafen und die bei den Feiern zum Gedenken des 60. Jahrestags der Republik im Parlament und im Redoutensaal der Hofburg vorgeführt wurden.

Aber es ging nicht nur um die Vergangenheit, es ging vor allem um Österreich in Europa. Wo und wie wird sich Österreich in diesem neuen Europa positionieren? Unter denen wie Deutschland, die alles daran setzen wollten, dass der europäische Gedanke gestärkt, die Union schlagkräftiger und kompetenter wird, oder unter jenen, die Distanz einlegen wollten? Auch da hatte Heinz Fischer eine eindeutige und unerschütterliche Haltung: Pro Europa. Gerade in einer Zeit, da viele Populisten die Europäische Union bemäkelten und die Zukunft des Euro bezweifelten. Da entschloss ich mich, zum ersten Mal den obersten Grundsatz der Journalistenausbildung des Dean Mott außer Acht zu lassen und einen Politiker zu unterstützen. Ich trat für die Wiederwahl Heinz Fischers ein. Und er wurde mit großer Mehrheit für eine zweite Amtszeit zum Bundespräsidenten bestellt.

Zwischeneuropa
Mit Kissinger durch Europas Geschichte

1989. Unerwarteter Besuch von Gerd Bacher. Damals war Bacher Berater des deutschen Bundeskanzlers Helmut Kohl in Bonn. Aber es ging nicht um Kohl, es ging um Henry Kissinger und Leo Kirch. Kirch war Herr eines großen Film- und TV-Rechte-Imperiums in Deutschland. Kirch hatte Kissinger, den früheren Sicherheitsberater und Außenminister des US-Präsidenten Nixon, kennengelernt und ihn gefragt, ob er Lust und Zeit hätte, mit ihm ein größeres Filmprojekt zu verwirklichen. Kissinger sagte, offenbar zur Überraschung Kirchs, zu und der bat den früheren ORF-Generalintendanten Gerd Bacher um Hilfe. Nun wandten sich beide an mich. Ob ich eine Idee für eine Dokumentation hätte, die man Kissinger vorschlagen könnte.

Ich hatte mit Kissinger schon mehrere Interviews geführt und kannte ihn recht gut. Er war nicht nur ein Spitzendiplomat, sondern auch ein ausgezeichneter Historiker und Schriftsteller. 1989 – 50 Jahre davor überfiel Hitler Polen, das war der Beginn des Zweiten Weltkriegs. Das wäre doch etwas: Kissinger zu diesem Jubiläum über Ursachen und Hintergründe des Zweiten Weltkriegs reden zu lassen. Und wenn das gelänge, könnte man Kissinger ersuchen, noch vieles mehr zu erklären. Nämlich die Ursachen und Hintergründe aller großen politischen Ereignisse des 20. Jahrhunderts. Kirch war begeistert.

Auch Kissinger war angetan von der Idee, sagte aber gleich dazu, dass ihm ein Drehbuch vorgelegt werden müsste, ein detailliertes, möglichst schon mit Vorschlägen, welche Texte er da zu sprechen hätte. Jan Mojto, damals die rechte Hand Leo Kirchs, arrangierte ein Mittagessen bei »Claridges« in London, an dem Kissinger und ich teilnehmen und das Projekt besprechen sollten. Das Treffen fand statt. Ich war bereit, Kissinger Fragen vorzulegen, die er beantworten sollte. Ich würde daraus ein Drehbuch entwickeln, ähnlich wie wir es für die Dokumentation »Österreich II« gemacht hatten – eine filmische Rekonstruktion der von Kissinger angesprochenen Themen und Ereignisse. Kissinger war einverstanden.

Jan Mojto lud uns ein, für unsere Heimreise den Privatjet Kirchs zu benutzen, Kissinger wollte nach Zürich, ich zurück nach Wien. Der Jet stand in London bereit, flog über Zürich nach Wien. Während dieses Fluges waren wir uns über die Durchführung des Projekts einig. Kissinger würde mich mit seinen Ideen und Thesen vertraut machen, ich würde die filmische Rekonstruktion der angesprochenen Ereignisse gestalten und auch Vorschläge für die von Kissinger zu diesem Film zu sprechenden Texte ausarbeiten. Auf Wiedersehen in New York.

Kissingers Einschätzung zum Beginn des Zweiten Weltkriegs: Adolf Hitler sei besessen gewesen von der Idee, er müsse den Ersten Weltkrieg noch einmal beginnen, um ihn diesmal zu gewinnen. Dieses Vorhaben Hitlers sei die Hauptursache für den Zweiten Weltkrieg gewesen. Die Siegermächte des Ersten Weltkriegs aber hätten auch einiges dazu beigetragen, Hitler diesen Krieg zu ermöglichen. Am Ende des Ersten Weltkriegs wurde der deutsche Kaiser entthront und Deutschland eine demokratische Republik. Als solche hätte sie – genauso wie auch die neue, kleine Republik Österreich – in die demokratische Völkerfamilie Europas aufgenommen werden sollen. Stattdessen wurden beide Staaten für den Krieg verantwortlich gemacht und bestraft, Deutschland durch den Verlust eines Teils seiner Ostgebiete, Österreich durch die Zerschlagung des Habsburgerreiches. Deutschland wurden außerdem noch Reparationen auferlegt, Geld und Güter, die es vor allem an Frankreich zu liefern hatte.

Nächste These Kissingers: Deutschland also musste die Güter erzeugen, die als Reparationsleistung gefordert waren. Das half Deutschland, Industrien in Betrieb zu halten, die die große Weltwirtschaftskrise und die Hyperinflation sonst nicht so leicht überlebt hätten. So konnte Hitler nach seiner Machtergreifung rasch wieder zu rüsten beginnen.

Dann entwickelte Kissinger seine große geopolitische Theorie, weshalb es in Europa immer wieder zu großen Konflikten kam und vielleicht immer noch kommen könnte. Zwischen Deutschland und Russland lägen Gebiete, die die beiden Mächte gleichermaßen zu beherrschen und ihre wirtschaftlichen Potenziale für sich zu nutzen trachteten. Kissinger nannte dieses Gebiet »Zwischeneuropa« und verwendete dazu ein überzeugendes Argument. Estland, Lettland, Litauen, Polen, die Tschechoslowakei, aber auch Österreich und Ungarn und das Konglomerat Jugoslawien – Serbien, Bosnien-Herzegowina, Slowenien, Kroatien, Montenegro und Makedonien – alle diese Länder haben bis zum Jahr 1919 als eigene Staaten nicht beziehungsweise nur zeitweise existiert. Über Jahrhunderte hinweg wurden sie von Russland, Deutschland und dem Habsburgerreich umkämpft, besetzt, geteilt und beherrscht. Der Wiener Kongress 1815 versuchte diese Rivalitäten zu überwinden mit einer »einfachen« Formel: Alle diese Länder wurden zwischen Russland, Deutschland und Österreich aufgeteilt. Die Baltischen Staaten und ein Drittel Polens fielen an Russland, ein Drittel Polens an Deutschland, ein Drittel Polens an die Habsburger, die ohnedies schon Böhmen, Mähren, die Slowakei, Ungarn, Österreich, Kroatien, Slowenien und schließlich auch Bosnien-Herzegowina beherrschten. Der Kampf um Einfluss und Besitz dieser Gebiete hatte sich damit aufgehört. Bis die Schüsse in Sarajevo und das ihnen folgende Ultimatum Kaiser Franz Josephs I. alles, aber auch alles wieder infrage stellten.

Der amerikanische Präsident Woodrow Wilson erhob nun während des Ersten Weltkriegs die Forderung nach dem Selbstbestimmungsrecht der Völker. Wilson, erklärte Kissinger, habe lange gezögert, er habe gewusst, dass damit die »Ordnung« Europas zerstört würde, aber auch, dass diese Forderung gerade deshalb zu einem rascheren Ende des Ersten Weltkriegs beitragen würde. Das tat sie auch, brachte aber nicht den erhofften Frieden zwischen den Nationen, sondern genau wieder das Zwischeneuropa, das die Begehrlichkeiten Deutschlands und Russlands erneut aufleben ließ. Und was geschah? Hitler und Stalin kamen 1939 überein, Zwischeneuropa unter sich aufzuteilen. Nur um sich bald danach die Beute wieder streitig zu machen, erst Hitler mit seinen Kriegen gegen Polen und die Sowjetunion, dann Stalin mit seinen Siegen, die seine Truppen bis an die Elbe und an die Enns brachten. Zwischeneuropa, jetzt beherrscht von Russland, hatte wieder einmal aufgehört zu existieren.

Es lag also schon an der Geopolitik, an der Tatsache, dass Deutschland und Russland wieder einmal auf die Unterwerfung Zwischeneuropas abzielten. Kissinger war bereit, diese Thesen in der von mir vorgeschlagenen Dokumentation über die Hintergründe und Ursachen des Zweiten Weltkriegs darzulegen. Sepp Riff und ich zerbrachen uns den Kopf, wie wir dies filmisch umsetzen könnten. Denn Kissinger sollte dies ja von sich aus erzählen und nicht in Form eines Interviews abgefragt werden. Andererseits wollte er den Text nicht auswendig lernen, musste also Punkt für Punkt doch abgefragt und auch für die gewünschte Antwort vorbereitet werden.

Riff hatte eine Idee: Kissinger würde in einer sogenannten »Blue Box« Platz nehmen – die blaue Farbe des Studios erlaubte die spätere Einfügung der dazu passenden Filme und Fotos. Sepp Riff würde zwei knapp übereinander montierte Filmkameras in Stellung bringen, ich würde mich unter den beiden Kameras auf dem Boden positionieren. Auf diese Weise könnte Kissinger immer zu mir sprechen, wobei sein Blick aber auf die beiden Kameras gerichtet bliebe. So könnte ich Kissinger sowohl mit dem Thema vertraut machen als auch entsprechende Fragen stellen, aber Kissinger würde im Film als Erzähler zu sehen sein, im Hintergrund begleitet von den dazu passenden Illustrationen. Leo Kirchs Fachleute konnten sich nicht vorstellen, dass das funktionieren würde. Aber wir blieben bei unserem Konzept und Kissinger war damit sehr einverstanden.

So flogen wir nach New York: Sepp Riff samt Kamerateam, unsere Produktionsleiterin Christine Graf und ich. Die Blue Box war vorbereitet und Kissinger bereit, uns eine Woche lang zur Verfügung zu stehen. Es wurde ein hochinteressanter Dokumentarfilm, in dem Kissinger all die politischen Entwicklungen und Ereignisse erklärte, die zum Ausbruch des Zweiten Weltkriegs führten. Aber zwischen den Drehterminen hatten Kissinger und ich immer wieder Zeit zu Gesprächen, die nicht nur unsere Dokumentation, sondern auch die aktuelle Weltpolitik betrafen. Und wir lachten auch viel. Denn Kissinger hat viel Humor, kommentierte so manches Weltgeschehen mit heiteren Pointen und war immer an neuesten Witzen aus den Ostblockstaaten interessiert. So rief ich ab und zu meinen Freund und Berater György Sebestyén in Wien an, der von seinen zahlreichen Freunden in Ungarn, aber auch in Polen und der Tschechoslowakei die dort zirkulierenden Witze erfuhr. Ein Beispiel für viele: »Der Kapitalismus steht am Abgrund.« – »Was tut er dort?« – »Er schaut auf uns herunter.«

An einem der Drehtage kam ein Mann aus dem zur Blue Box gehörenden Filmstudio und lud Kissinger ein, ins Studio zu kommen, um sich eine »Sensation« anzusehen: die neueste Entwicklung künftiger Fernsehübertragungen. Kurz danach holte ein sichtlich beeindruckter Kissinger auch uns: »Kommen Sie sich das ansehen.« In dem Studio wurden uns die ersten High-Definition-Probeaufnahmen gezeigt, gefilmt in London – die Wachablöse vor dem Buckingham Palace. Atemberaubend die Bildwiedergabe, genauer und schärfer, als man es mit freiem Auge wahrnehmen könnte, wenn man selbst unmittelbar davorstünde. So erlebten wir die Geburtsstunde der kommenden neuen Fernsehqualität. Zehn Jahre vor deren Einführung in Europa.

Diese mit Henry Kissinger gemeinsam gestaltete Dokumentation wurde weltweit von vielen Fernsehstationen synchronisiert und ausgestrahlt. Die ursprünglich geplante Fortführung dieser Dokumentationsreihe zum 20. Jahrhundert kam nicht mehr zustande, da Kirchs Produktionsfirma Insolvenz anmelden musste.

In unserer Dokumentation blickte Henry Kissinger 1989 50 Jahre zurück auf den Ausbruch des Zweiten Weltkriegs. Seine Thesen konnten auch als Prognose verstanden werden. Sollte die Sowjetunion zusammenbrechen und Zwischeneuropa solcherart wiederauferstehen, könnten die alten Rivalitäten erneut ausbrechen. Und gerade in diesem Jahr 1989 bahnte sich der Zusammenbruch des Sowjetsystems an und damit auch schon die Auflösung des Sowjetimperiums.

Seither hat sich die These Henry Kissingers bestätigt: Estland, Lettland, Litauen sind als Staaten wiedererstanden. Die Polen, die Tschechen und Slowaken, die Ungarn und Rumänen, die Slowenen, Kroaten und Bosnier haben ihre Freiheit und Souveränität wiedergewonnen. Zwischeneuropa ist wieder da. Diesmal sucht es Schutz unter dem Dach der Europäischen Union – und auch der NATO. Also nicht Deutschland und Russland, sondern Ost und West stehen sich als Rivalen gegenüber. Und damit doch auch wieder die Atommächte Russland und Amerika.

Hört die Signale
Vom Zaren bis Putin

1989, DDR-Bürger in Ungarn machen sich auf nach Österreich und der ungarische Wachposten am »Eisernen Vorhang« öffnet ihnen den Grenzbalken. Kurz danach stürmen DDR-Bürger das Botschaftsgebäude der Bundesrepublik in Prag und der deutsche Außenminister Hans-Dietrich Genscher erwirkt ihre Ausreise nach dem Westen. In Ostberlin wird der 40. Jahrestag der Gründung der DDR gefeiert, doch am selben Tag gibt sich die DDR selbst auf. Die Berliner Mauer fällt. Die kommunistischen Regierungen in Ungarn, der Tschechoslowakei und in der DDR warten vergeblich auf eine Rückenstärkung aus Moskau.

Dort ist Michail Gorbatschow dabei, die Sowjetunion umzugestalten. Geleitet von zwei Parolen: Perestroika und Glasnost – Erneuerung und Transparenz. Es ist der letzte Versuch, die Existenz der seit 70 Jahren bestehenden Sowjetunion durch Reformen zu retten. Die alte Garde will das verhindern und putscht gegen Gorbatschow. Einer stellt sich ihnen in den Weg, Boris Jelzin, der Präsident der sowjetischen Teilrepublik Russland. In Moskau werden die Putschisten mithilfe der Armee überwältigt. Gorbatschow, von den Putschisten zunächst festgenommen, kehrt zurück, aber er gibt auf. Jelzin ist sein Nachfolger.

1991 beschließt Jelzin gemeinsam mit den Präsidenten der Teilrepubliken Ukraine, Weißrussland und Kasachstan, die Union der Sozialistischen Sowjetrepubliken aufzulösen. Sie versuchen ihre Republiken und damit ihre eigene Machtbasis zu retten. Es ist das Ende der Sowjetunion.

Wieso, so fragte die Welt und so fragte ich mich, konnte die Sowjetunion in so kurzer Zeit zerfallen? Ein enger Berater Gorbatschows, Alexander Jakowlew, erklärte mir dazu: »Wenn Sie bei einem Elektromagneten den Strom abschalten, hört er auf, ein Magnet zu sein. Wenn Sie in unserer Art des Sozialismus Gewalt aufgeben, bricht er zusammen.« Im August 1991 brach der von Lenin weitgehend auf Gewalt aufgebaute Sowjetstaat zusammen. Der schnelle Zusammenbruch kam völlig überraschend.

Sieben Jahrzehnte lang war die Sowjetunion vom Westen zuerst politisch, dann auch militärisch als Bedrohung angesehen worden. Politisch war sie das Zentrum einer weltweiten revolutionären Bewegung, des internationalen Kommunismus. Militärisch entwickelte sie sich neben den USA zur zweiten Supermacht. Politisch und militärisch hatte die Sowjetunion in Ostmitteleuropa, Kissingers Zwischeneuropa, auf dem Balkan und im Kaukasus ein Imperium errichtet. Moskau stellte auch mehrfach unter Beweis, dass es sein ausgedehntes Imperium mit Gewalt beherrschte. Wo sich Protest oder gar Aufstände regten, wurden sie hart niedergeschlagen, in der DDR 1953, in Polen und in Ungarn 1956, in der Tschechoslowakei 1968. Mächtig also stand sie da, die Sowjetunion. Als Erste stieß sie in den Weltraum vor, als Erste startete sie einen Satelliten, als Erste schickte sie einen Menschen ins Weltall. Atemberaubend auch die sowjetische Rüstung in den neuesten Waffenkategorien. Mit ihren Raketen konnte sie zeitweise sogar die USA überholen. Bis Gorbatschow uns eines Besseren belehrte: Der Koloss stand seit geraumer Zeit auf tönernen Füßen. Und nicht nur das, seine gesamte politische, gesellschaftliche und wirtschaftliche Struktur scheint von Anfang an eine Fehlkonstruktion gewesen zu sein, trotz aller erbrachten Leistungen.

Was ist da geschehen? Wir sollten der Frage nachgehen, meinte Johannes Kunz, der damalige Informationsintendant des ORF, und das meinte auch ich. Aber wo sollte man da beginnen? Bei Russland. Bei Russland, als der Zar gestürzt wurde und die Bolschewiken kamen. Ich war bereit, das zu versuchen – aber da mussten mir viele helfen. Einer, der sofort dazu bereit war und auch gleich etwas anzubieten hatte, war Michael Kraus, unter anderem Chef der Ökomedia, die Zugang zu ganz außergewöhnlichen historischen Filmen in den Moskauer Archiven hatte, und den er mir nun auch öffnete. Die Dokumentarfilmer Elisabeth Guggenberger und Helmut Voitl hatten große Russland-Erfahrung, sie waren einverstanden mitzutun. Sie brachten Anatol Strelianyi mit an Bord, einen prominenten sowjetischen Dokumentaristen und Historiker. Und auch ihren Kameramann Stefan Mussil. Die Organisation übernahm unsere »Österreich I«- und »Österreich II«-erprobte Produktionsleiterin Christine Graf. Die Reise führte uns nach Sankt Petersburg, an den Ort, wo alles begann.

Hier wurde 1917 Zar Nikolaus gestürzt. Keineswegs, wie oft geglaubt, von den Bolschewiken. Nein, es waren die Frauen, die aus den Rüstungsfabriken in Sankt Petersburg aufbrachen, um am Weltfrauentag im März 1917 gegen den Krieg und gegen den Zaren zu demonstrieren. Der Zar befahl den Soldaten der Garnison, das Feuer auf die Demonstrantinnen zu eröffnen. Die Soldaten verweigerten den Befehl und schlossen sich stattdessen den protestierenden Frauen an, ja zogen mit ihnen zur Duma, dem russischen Parlament. Unter diesem Druck der Straße forderten die Abgeordneten den Zaren zum Rücktritt auf. Konfrontiert mit der meuternden Armee und den abtrünnigen Politikern, trat der Zar zurück.

Die Schauplätze dieses Geschehens konnten wir filmen und in den russischen Archiven fanden wir überraschend viel Film- und Fotomaterial, mit denen die damaligen Ereignisse rekonstruiert werden konnten. Auch das, was danach kam: die ersten freien Wahlen in Russland, noch im gleichen Jahr 1917. Auch die erste frei gewählte demokratische Regierung unter Ministerpräsident Kerenski.

Der Panzerkreuzer »Aurora« liegt als schwimmendes Museum am Ufer der Newa in Sankt Petersburg. Unter einer seiner Kanonen sprach ich den ersten Kommentar zu unserer Dokumentation »Hört die Signale«. In der Nacht vom 25. auf den 26. Oktober 1917 um 22.45 Uhr feuerte die »Aurora« aus dieser Kanone einen Blindschuss als Signal zur Besetzung des Winterpalais durch die Rotgardisten der Bolschewiken. Sie stürmten das Palais nicht, wie es der Welt im Film »Oktober« des genialen Filmemachers Sergej Eisenstein vermittelt wurde, nein, die Bolschewiken schlichen sich ein in das Winterpalais – über die Dienstbotenstiege. Im Palais tagte die Regierung Kerenski. Sie ergab sich, Kerenski floh durch einen Hinterausgang. Das, so erklären uns jetzt die Historiker, waren die tatsächlichen Vorgänge in jener Nacht, die die Bolschewiken »die große Oktoberrevolution« nannten.

Diesen Ereignissen war eine ebenso obskure Geschichte vorausgegangen. Der Geheimdienst des kaiserlichen Deutschland, das sich gemeinsam mit Österreich-Ungarn im Krieg gegen Russland befindet, hat in Zürich einen russischen Revolutionär entdeckt: Wladimir Iljitsch Uljanow, genannt Lenin. Er, seine Frau und eine Gruppe weiterer russischer Revolutionäre werden vom deutschen Geheimdienst an der Schweizer Grenze abgeholt und in einem plombierten Sonderzug quer durch Deutschland und danach über Dänemark nach Schweden gebracht. Vom deutschen Geheimdienst auch noch ausgestattet mit einigen Millionen Goldmark. Lenin und seine Revolutionäre gelangen über Finnland nach Sankt Petersburg und werden von Leo Trotzki und seinen dort schon organisierten Rotgardisten empfangen. Sie sind der Stoßtrupp, der in jener Oktobernacht die Regierung Kerenski aus dem Winterpalais verjagt.

Für unsere Dokumentation »Hört die Signale« schildern uns diese Vorgänge sowjetische Historiker vor der Kamera, wir filmen die Schauplätze und wir ergänzen die Geschichte mit historischen Filmaufnahmen und Fotos. Wichtig für die Entstehung der Sowjetunion aber ist das, was Lenin aus Russland dann gemacht hat. Er bietet Deutschland und Österreich-Ungarn den Frieden an, und das Angebot wird angenommen. In der kleinen Grenzstadt Brest-Litowsk wird der Frieden geschlossen. Aber unter welchen Bedingungen! Die von Russland beherrschten baltischen Länder Estland, Lettland und Litauen muss Lenin ebenso aufgeben wie die Ukraine! Jedes dieses Länder erklärt sich für frei und selbstständig, bildet eigene Regierungen, gleichzeitig aber werden die neuen Staaten auch von deutschen und österreichisch-ungarischen Truppen besetzt. Künftig sollen sie zum Einflussgebiet Deutschlands und Österreich-Ungarns gehören.

Diese Friedensbedingungen werden von Lenin unterschrieben. Doch das ist erst der Anfang des Zerfalls des zaristischen Russlands. Georgien, Armenien und nach und nach alle kaukasischen Gebiete folgen dem Beispiel Estlands, Lettlands und Litauens, auch sie erklären sich für selbstständig und frei. Die zu Russland gehörenden Teile Polens schließen sich dem Aufstand an.

Noch während unserer Reise, die uns von Sankt Petersburg nach Moskau, Kiew und Tiflis führt, erreichen uns die Nachrichten, dass sich die Geschichte von damals offenbar jetzt zu wiederholen scheint: Die baltischen Länder sind entschlossen, ihre Freiheit und Selbstständigkeit wiederzuerlangen. Auch in Georgien und Armenien wird die Abspaltung von der Sowjetunion vorbereitet. Der Zerfall der Sowjetunion kommt also nicht von ungefähr. Lenin und sein Kriegsminister Leo Trotzki holten damals in teils blutigen Schlachten alle diese Länder wieder zurück in den Machtbereich Russlands, sie wurden zu Sowjetrepubliken und als solche in die Sowjetunion eingegliedert.

Doch schon Lenin wusste, dass die militärische Unterwerfung dieser Länder nicht ausreichen wird, um sie in das kommunistische System einzugliedern. Dazu schuf Lenin ein weiteres Machtinstrument, die Tscheka, die bald von allen gefürchtete Geheimpolizei. Unter den Nachfolgern Lenins wechselte ihr Name einige Male. Sie nannte sich dann GPU, gefolgt von NKDW, schließlich KGB. Unter Putin heißt sie SFB. Nach dem Muster der Tscheka und des KGB wurden später die Geheimdienste in allen von der Sowjetunion beherrschten Ländern organisiert. Stasi lautete ihr Kurzname in der DDR, die Staatssicherheitspolizei.

Noch unter Lenin gelang es Josef Stalin, sich geschickt in die Führungsspitze der Kommunistischen Partei hinaufzuarbeiten. Als Lenin starb, hatte er es bereits zum Generalsekretär der Partei gebracht. Mithilfe der Tscheka schaltete Stalin sehr schnell alle Konkurrenten aus, darunter den wichtigsten und mächtigsten, Leo Trotzki. Sie wurden ermordet oder in Gefängnisse gesperrt, Trotzki ins Exil gezwungen – aber dort wurde auch er von einem Agenten Stalins umgebracht.

Mord und Totschlag in der Partei, aber auch Mord und Totschlag überall dort, wo Stalin Widerstand vermutete oder Widerstand von vornherein ausschalten wollte – nicht nur in der Partei. Am grausamsten traf es die sogenannten Kulaken, die Bauern, und vor allem jene in der Ukraine. Auf brutale Weise ließ Stalin zunächst sämtliche Getreidevorräte dieser Bauern konfiszieren, danach verhängte er eine strenge Blockade, um sie von jeder Lebensmittelversorgung abzuschneiden. Die Historiker, mit denen ich nun darüber sprach, bezifferten die Hungertoten dieser Zeit mit mehreren Millionen. Diese Zahl habe sich im historischen Gedächtnis der Ukrainer für immer eingebrannt, meinten meine Gesprächspartner. Ein Faktor, der in den jüngsten Auseinandersetzungen der Ukraine mit Russland nicht übersehen werden sollte.

Auf Konfliktpotenzial wie dieses stieß ich bei meiner Bestandsaufnahme in Russland fast überall: in Litauen offene Feindseligkeit gegenüber Russland, die auch schon zu bewaffneten Auseinandersetzungen geführt hatte, in Georgien, wo es bald danach zum Krieg mit Russland kam. Und erst recht in der Ukraine, wo die russische Unterjochung schon unter den Zaren und Stalins Verbrechen immer noch unvergessen sind.

Die weitere Entwicklung der Beziehungen zwischen diesen Ländern und Russland bestätigten meine Eindrücke. Estland, Lettland und Litauen erklärten sich nicht nur für frei und selbstständig, sie suchten auch sofort danach Hilfe bei der Europäischen Union und Schutz durch die NATO. So, wie es auch alle so lange von der Sowjetunion beherrschten Satellitenstaaten getan haben: Polen, Tschechien, die Slowakei, Ungarn, Rumänien und Bulgarien. Und so, wie es auch die Ukraine wollte: einen Assoziierungsvertrag mit der Europäischen Union, dem die Vollmitgliedschaft in der EU folgen sollte. Ein Weg, den auch Georgien gehen wollte und immer noch will.

Zum Zeitpunkt meiner Reise durch Russland war noch Boris Jelzin an der Macht. Als Präsident Russlands setzte er Wladimir Putin als Ministerpräsident ein, den Chef des Inland-Geheimdienstes und früheren KGB-Chef in der DDR, in der Region Dresden. Schon in seiner Antrittsrede nannte Putin als wichtigstes Ziel seiner politischen Ambition: die Ehre, die Würde und das Ansehen Russlands in der Welt wiederherzustellen.

Ich habe das damals mit großer Aufmerksamkeit verfolgt und was bald danach kam, bestätigte meine Eindrücke. Wer jetzt noch von Russland abspringen oder sich dem russischen Einfluss entziehen wollte, bekam es mit Putin zu tun. Tschetschenien wollte sich selbstständig machen. Putin zog in den Krieg. Eine der Begründungen für diesen Krieg war Putins Beschuldigung, die Bombenanschläge in Moskau gegen Wohnhäuser und eine U-Bahnstation seien von Tschetschenen verübt worden. Beweise dafür wurden nicht erbracht. Als Georgien seine früheren Provinzen Südossetien und Abchasien dem russischen Einfluss entziehen wollte, gab es Krieg.

Als der ukrainische Präsident Viktor Janukowitsch den Assoziierungsvertrag mit der Europäischen Union unterzeichnen wollte, wurde er von Putin so unter Druck gesetzt, dass er diese Absicht aufgab, aber dafür von den Ukrainern verjagt wurde. Putins Antwort: die Besetzung und der Anschluss der Krim an Russland. Kurz danach die Unterstützung Russlands für die russischen Separatisten in der Ostukraine, also auch Krieg. Vergeblich die Versuche der Europäischen Union, Putin durch Sanktionen zur Zurücknahme der Annexion der Krim zu bewegen, vergeblich auch all die Bemühungen, Putin von der militärischen Unterstützung der Separatisten in der Ostukraine abzuhalten.

In all der Zeit hielt ich weiter Kontakt zu meinen Gesprächs-partnern in Russland und in der Ukraine aufrecht. Sie waren und sind mit Putins Vorgehen gar nicht einverstanden. Aber sie sind der Meinung, dass »der Westen« die Motivation Putins nicht richtig eingeschätzt hätte. Als Beispiel nennen sie die von Putin mit großer Ambition vorbereiteten und unter Einsatz vieler Mil-liarden veranstalteten Olympischen Winterspiele in Sotschi.

Putin hatte sein ganzes Prestige in dieses Großprojekt ge-steckt. Damit wollte er auf internationalem Parkett glänzen, die Welt beeindrucken oder – wie er es wohl empfand – die Ehre, die Würde und das Ansehen Russlands wiederherstellen. Das habe man im Westen nicht verstanden. Der deutsche Bundespräsident Joachim Gauck habe ohne Rücksprache mit der eigenen Regie-rung und auch nicht mit seinen Partnern in der Europäischen Union gleich erklärt: Dort gehe ich nicht hin. Als Strafe für Putin, weil dieser seine eigenen Bürger schlecht behandelt, die Medien zensuriert, Demonstranten verprügeln lässt und politische Kon-kurrenten nach Sibirien verbannt. Was Gauck solcherart vorgab, wurde nun auch von den anderen EU-Mitgliedern und den USA – notgedrungen – nachvollzogen. Sie gingen alle nicht hin. Putin stand bei der Eröffnung der Winterspiele nur mit dem General-sekretär der UNO, Ban Ki-moon, und den Verbündeten seiner Eurasischen Union auf der Tribüne.

Das war vor der Annexion der Krim!

Ich weiß es nicht, aber ich denke mir, wenn alle Regierungs-chefs der EU nach Sotschi gekommen wären, Putin also »Ehre und Ansehen« erwiesen und mit ihm gesprochen hätten, hätte er es vielleicht nicht gewagt, die Krim zu besetzen. War die Krim die Antwort auf die Brüskierung in Sotschi? Der zum Scheitern ge-brachte Versuch Putins, die Ehre, die Würde und das Ansehen Russlands wiederherzustellen?

Die »Putin-Versteher« wurden und werden von vielen Medien in Europa und Amerika als »Beschwichtiger« angesehen, ja sogar des Verrats der westlichen Werte beschuldigt. Ich aber meine, dass man Putin durchaus mit großer Härte begegnen soll, doch man muss ihn erst verstehen, wenn man von ihm etwas will oder ihn von etwas abzuhalten versucht. Verstehen heißt ja keineswegs auch Verständnis zu haben oder gar zuzustimmen. Ich glaube, dass da, etwa bei Herrn Gauck, die Reflexe aus seiner Widerstandszeit in der DDR eine größere Rolle gespielt haben als die in einer solchen Situation anzustellenden Überlegungen.

Weshalb hat Präsident Kennedy bei der höchst gefährlichen Kubakrise nicht allein auf seine Ratgeber gehört, sondern sich aus Moskau den Botschafter Llewellyn Thompson kommen lassen, der viele Jahre mit den Russen um den österreichischen Staatsvertrag gerungen hatte? Einer, der verstand, wie der drohende atomare Krieg zu vermeiden war, weil er Chruschtschow verstand: Tausche Raketen für Raketen, Respekt für Respekt.

Im Gespräch mit Putin in Sotschi hätte sich vielleicht ergeben, dass ein EU-Vertrag mit der Ukraine auch die wirtschaftlichen Interessen Russlands berücksichtigen müsste oder die NATO vielleicht auf eine Mitgliedschaft der Ukraine verzichten sollte. Dann nämlich würde sich die russische Schwarzmeerflotte in ihrem ukrainischen Stützpunkt Sewastopol nicht inmitten eines NATO-Landes befinden.

Wer Europa retten will
Welche Wege aus der Krise

»Scheitert der Euro, scheitert Europa.« Das sagte die deutsche Bundeskanzlerin Angela Merkel im Jahre 2011. Nach dem Jahr der größten Weltwirtschaftskrise seit Ende des Zweiten Weltkriegs. Ausgelöst in den USA durch spekulative Börsenzertifikate, stand auch bald die europäische Währungsunion und mit ihr die Währung selbst, der Euro, in der Krise. Das war die Gelegenheit für die Europaskeptiker, für populistische Medien und Politiker, um die Europäische Union als Fehlkonstruktion und den Euro als gefährdet zu bezeichnen. Da schrieb ich ein kleines Buch mit dem Titel »Was jetzt«. Darin versuchte ich die Leser daran zu erinnern, mit welchen klugen Überlegungen und mutigen Anstrengungen diese europäische Gemeinschaft zustande gekommen ist und wie großartig sie bis dahin auch funktionierte.

Zwei ganz wesentliche Ideen waren dafür ausschlaggebend: Der Entschluss der USA, dem weitgehend kriegszerstörten und verarmten Europa mit dem Marshallplan zu Hilfe zu kommen, und der Entschluss der französischen Regierung, dem besiegten Deutschland die Hand zu reichen. Gemeinsam, Deutschland und Frankreich, gründeten sie die Montanunion und danach mit Italien und den Benelux-Ländern die Europäische Wirtschaftsgemeinschaft, die sich zu einer großen europäischen Friedens- und Wohlstandsunion entwickelte. Als Motto für dieses Buch zitierte ich einen Ausspruch von Johann Wolfgang von Goethe: »Alles auf der Welt kommt auf einen gescheiten Einfall und auf einen festen Entschluss an.« Genau das war es ja! Der gescheite Einfall der Amerikaner: Wer Amerika retten will, muss Europa retten.

Denn ein weiterhin zerstörtes und ohnmächtiges Europa hätte sich vermutlich bald dem Kommunismus zugewendet. Es war ein gescheiter Einfall und ein fester Entschluss, das zu verhindern.

Zwei Faktoren also waren es, die unser heutiges Europa geschaffen haben: Die Starthilfe aus Amerika und der Entschluss der Europäer, ihre politische und wirtschaftliche Zukunft gemeinschaftlich zu gestalten. Und das führte zu erstaunlichen Erfolgen. Nicht nur gelang der Wiederaufbau, den man zu Recht zumindest in Deutschland und Österreich als Wirtschaftswunder bezeichnete, Wohlstand und zunehmenden sozialen Aufstieg gab es auch in allen anderen Mitgliedsstaaten dieser Gemeinschaft.

Die nächste Runde: Der überraschende Zusammenbruch des Sowjetimperiums, die Wiedergewinnung der Freiheit in allen bisher von der Sowjetunion beherrschten Ländern und der Beschluss der Europäischen Union, ihnen sofort Schutz und Hilfe zu gewähren. Eine Entwicklung, die man noch vor einigen Jahren kaum für möglich gehalten hätte.

Das wollte ich in meinem Buch »Was jetzt« in Erinnerung rufen. Wobei ich es nicht an Kritik fehlen ließ: die Neigung der EU-Kommissare, sich mit schlecht durchdachten Weisungen in Dinge einzumischen, die gemäß der Unionsverträge selbst regional und nicht gesamteuropäisch zu regeln sind. Doch in der Bekämpfung der Wirtschafts- und Finanzkrise war die Europäische Union wieder zur Stelle: Als Irland, Portugal, Spanien und vor allem Griechenland mit ihren Finanzen nicht mehr zurechtkommen konnten, kam ihnen die Union zu Hilfe. Zum Teil auch mit gutem Erfolg, etwa in Irland und Portugal. Sogenannte Rettungsschirme wurden aufgespannt, getragen vor allem von dem weiterhin wirtschaftlich sehr erfolgreichen Deutschland, aber auch den kleineren Staaten wie Österreich, die Niederlande und Finnland. Trotzdem: Ein großer Wurf war das nicht. Endlos die Verhandlungen um die Umsetzung der von der EU und dem Internationalen Währungsfonds gestellten Bedingung, durch rigorose Einsparungen besonders im sozialen Bereich die eigenen Haushalte zu sanieren. Eine Bedingung, wie sie die Banken stellen, wenn sie Kredite gewähren.

Da stimmte etwas nicht, da verzettelte sich die EU, da folgte sie den rigorosen Kriterien des Bankwesens. Da fehlte es an der gescheiten Idee und dem festen Entschluss, und beides, die Idee und die Tat, können nicht finanztechnisch, sondern nur von der Politik umgesetzt werden. Immer noch ein Grundfehler der Union, kein Instrument geschaffen zu haben, das einen einheitlichen politischen Willen dieser Gemeinschaft ermöglicht.

Aber ich hatte keine Zweifel, dass die Europäische Union letztlich den Weg aus der Finanzkrise finden würde. Was sich im Schatten dieser Krise inzwischen entwickelte, wurde zwar mit Besorgnis zur Kenntnis genommen, hat aber keine der drohenden Gefahr entsprechende Reaktion der EU hervorgerufen: Der immer größer werdende Strom von Migranten aus Afrika, die ihre einzige Rettung in Europa sehen. Sie kommen zu Tausenden und sie ertrinken zu Hunderten im Mittelmeer. Die Überlebenden werden in Italien und Griechenland an Land gebracht. Dort sind sie kaum noch unterzubringen. Viele schaffen es weiterzuziehen. Sie tauchen an den Grenzen Ungarns, Österreichs, Deutschlands, Belgiens und Frankreichs auf. Was sich die Europäische Kommission dazu einfallen ließ, ist fast eine Entsprechung ihres Vorgehens in der Finanzkrise. Man versucht, die Last zu verteilen. Alle Mitgliedsstaaten der Union sollten verpflichtet werden, gemäß ihrer wirtschaftlichen Stärke, Migranten aus Afrika und Flüchtlinge aus den Kriegsgebieten des Nahen Ostens aufzunehmen.

Doch wie kläglich ist dieser Versuch zunächst gescheitert: Viele Staaten wollen sie nicht aufnehmen, die Flüchtlinge und die Migranten. Denn schon sind ja wieder die Populisten am Werk, populistische Medien, populistische Politiker. In Deutschland kommt es in einigen Landesteilen zu organisierten Protesten gegen die Aufnahme von Flüchtlingen und Migranten. Vorgesehene Flüchtlingsheime werden »vorsorglich« in Brand gesetzt. Noch bedenklicher die politischen Folgen. Die populistischen Rechtsparteien vom französischen Front National bis zur FPÖ in Österreich erhalten bei jeder Wahl immer mehr Zuspruch. Das bringt die liberalen Parteien in immer größere Bedrängnis. Einige versuchen die Flucht nach vorne, indem sie sich der fremdenfeindlichen Abwehrfront in manchen Punkten nähern.

Die kriegerischen Auseinandersetzungen im Nahen Osten – in Syrien, im Irak, entlang der Grenzen der Türkei und der noch lange nicht beigelegte Konflikt mit den Taliban in Afghanistan – losgetreten wurde dies alles vom amerikanischen Präsidenten George W. Bush. Nach dem Anschlag auf das World Trade Center in New York im September 2001 entsprach er dem Ruf der amerikanischen Öffentlichkeit nach Rache und Vergeltung. Weil Afghanistan den sich dort befindlichen Anführer der für die Anschläge verantwortlich gemachten Al Qaida, Osama bin Laden, nicht ausliefern wollte, zog Bush in den Krieg gegen Afghanistan, und in Bündnistreue folgten ihm dabei die europäischen NATO-Mitglieder. Aber Osama bin Laden konnten sie nicht finden. Wo blieb da die Rache, wo blieb da die Vergeltung?! So zog Bush in einen weiteren Krieg, gegen den Irak, gegen den dortigen Diktator Saddam Hussein. Und scheute nicht davor zurück, dabei das amerikanische Volk und die gesamte Welt zu belügen: Im Irak, so behauptete er und so erklärte es auch sein Außenminister Colin Powell im Sicherheitsrat der UNO, würden Massenvernichtungswaffen erzeugt und seien dort angriffsbereit gelagert. Nicht eine wurde gefunden, aber Bush hatte für den Moment, was er wollte: ein Opfer. Saddam Hussein wurde hingerichtet, anstelle Osama bin Ladens.

Im Namen einer von Bush verkündeten neuen Weltordnung: Wer nicht mit uns ist, ist gegen uns. Und überhaupt: Diktatoren gehören beseitigt. Eine gute Idee, aber doch nur dann, wenn man weiß, wie es weitergehen soll. Bush wusste es nicht. Manche seiner europäischen Verbündeten hatten da schon eine Vorstellung, und als sich die Völker in Tunesien und Libyen gegen ihre Diktatoren erhoben, verfolgte man das mit Sympathie und unterstützte das mit Waffenhilfe. Arabischer Frühling! Aber in Syrien und im

Irak gefolgt von den mörderischen Heerscharen des »Islamischen Staats«.

Wo blieb da Europa? Weggetreten. Angsterfüllt, denn Terroristen schlugen auch in Europa zu, in Frankreich, in Dänemark und überall sonst schienen und scheinen sie eine potenzielle Gefahr zu sein. Vor dieser Gefahr versucht sich Europa mit viel Polizei und Geheimdiensten zu schützen. Aber wo bleiben der gescheite Einfall und der feste Entschluss? Sind nur die Amerikaner in der Lage, bewaffnet zu intervenieren, wenn Gefahr droht? Wo bleibt die seit Jahren angemahnte und beschworene gemeinsame europäische Außen- und Sicherheitspolitik? Die besteht offensichtlich nur in Form einer Person: zuerst der von Catherine Ashton, danach der von Federica Mogherini, den beiden Außenbeauftragten der EU. Irgendwo gibt es ein gemeinsames deutsch-französisches Regiment. Und es gibt auch die Idee, eine schnelle europäische Einsatztruppe zu schaffen, aber die meisten und stärksten Mitglieder der EU haben lange schon Berufsarmeen, Soldaten, die diesen Beruf gewählt haben, um auch eingesetzt zu werden. Doch niemand ruft zu einer gemeinsamen, von den Mitgliedern der EU beschlossenen und durchzuführenden Mission auf, dem »Islamischen Staat« ein Ende zu bereiten. Da nimmt man lieber Tausende, ja Zehntausende Menschen auf, die vor diesen islamischen Schlächtern fliehen. Und steht damit auch schon vor einer neuen Gefahr: dem raschen Erstarken der rechtspopulistischen Kräfte im eigenen Land.

Die haben es noch leichter mit ihren Angstparolen, wenn zu den Kriegsflüchtlingen nun auch noch die schwarzen Migranten aus Afrika kommen. Wer will sie zum Nachbarn haben? Wer will ihre Kinder in die Kindergärten und Schulen aufnehmen? Wer will seinen Arbeitsplatz mit ihnen teilen? Mit so einfachen Fragen lassen sich schon Ängste schüren.

Jämmerlich auch das Verhalten einiger Mitglieder der Europäischen Union: Polen, Tschechien, die Slowakei, Ungarn, Rumänien und Estland lehnten den Plan, Italien und Griechenland durch die Aufnahme von Migranten und Flüchtlingen zu entlasten, rundweg ab, und der stärkste Widerstand in Deutschland kommt aus den Ländern der früheren DDR. Diese Haltung empfinde ich als besonders unmoralisch, sind es doch durchwegs Länder, aus denen früher zehntausend ihrer Bürger in den Westen flohen und wohl die meisten geflohen wären, wenn sie nicht durch Stacheldraht und Mauern daran gehindert worden wären. Österreich nahm im Jahr 1956 über 180.000 Flüchtlinge aus Ungarn auf, ohne nach Pass oder Visum zu fragen, 1968 auch viele Tschechen und Slowaken. Und ausgerechnet die Politiker dieser Länder verweigern jede Hilfe für heutige Flüchtlinge und Migranten.

Warum mich das so aufregt? Weil das alles Teil meines eigenen Lebens ist und weil es nicht nur meine Hoffnungen, sondern wohl auch sehr vieler anderer Europäer zu zerstören droht, die wir in die Europäische Union gesetzt haben.

Der Krieg in Syrien und im Irak wird eines Tages vorbei sein, viele der Flüchtlinge aus diesem Gebiet werden, so ist für sie zu hoffen, wieder heimkehren können. Aber Afrika und die Afrikaner bleiben, und sie werden immer mehr. Sie werden weiterhin versuchen, nach Europa zu kommen. Vermutlich auch immer mehr. Will man das verhindern, wird man etwas tun müssen. Eine Problematik, die von zwei der bedeutendsten Persönlichkeiten der österreichischen Wirtschaft, Christian Konrad und Christoph Leitl, erkannt und deren Lösung gefordert wurde.

Ansatzweise gibt es diese Anregung schon: mehr Mittel für die Entwicklungshilfe, die den afrikanischen Staaten geleistet wird. Im Prinzip minimale Beträge, die sehr punktuell eingesetzt werden. Das bewegt kaum einen in Armut und Not lebenden Afrikaner, daran zu glauben, dass es ihm im eigenen Land je besser gehen werde. Aber für mich gut vorstellbar wäre es schon, wenn etwa die Europäische Union ihre Chance erkennen und in ihr eine neue europäische Mission sehen würde: einen großen, mit den afrikanischen Ländern gemeinsam durchzuführenden wirtschaftlichen Rettungsplan zu beschließen.

Der Unterschied zum Marshallplan ist mir bewusst. In Europa galt es, zerstörte oder veraltete Betriebe neu aufzubauen oder zu erneuern, die Infrastrukturen waren also vorhanden, auch die Fachkräfte, Planer und Organisatoren, die das zustande bringen konnten. Daran fehlt es in Afrika weitgehend. Was in den Ländern, aus denen die meisten Migranten kommen, an Wirtschaftsprojekten möglich ist, müsste vielfach erst erdacht, geplant und organisiert werden. Amerika brauchte den Europäern nur die Industrieeinrichtungen, Baumaschinen, Transportmittel zu liefern und der Wiederaufbau konnte schon beginnen. Ein großes Hilfswerk für Afrika müsste wahrscheinlich zunächst auch viel an »Software«, nämlich Fachleute, Planer, Organisatoren, Führungskräfte beistellen. Auch mithelfen bei der Schulung und Ausbildung der Menschen. Aber vermutlich käme es gar nicht so sehr darauf an, wie schnell und wie umfangreich diese Hilfe umzusetzen wäre, schon allein der Entschluss und die glaubhafte Verkündung eines wirklich großen wirtschaftlichen Hilfsplans würden der jetzigen Hoffnungslosigkeit der Menschen sofort entgegenwirken und viele bewegen, an eine Zukunft im eigenen Land zu glauben und ihre Fluchtpläne aufzugeben.

Und das wäre nicht der einzige Vorteil für Europa: Auch die USA halfen sich selbst mit ihrer Hilfe für Europa – die für die Marshallhilfe verwendeten Steuergelder flossen in die eigene Wirtschaft, in die eigenen Fabriken, die die Maschinen und Hilfsgüter für die Europäer herstellten. Das Geld blieb also in Amerika und kurbelte die amerikanische Wirtschaft an, half ihr entscheidend dabei, von der Kriegs- auf Friedenswirtschaft umzuschalten. Europäische Steuergelder für ein großes Hilfswerk in Afrika würden ebenfalls weitgehend europäischen Unternehmen zugutekommen und zusätzliche Arbeitsplätze schaffen. Afrika ist kein so hoffnungsloser Kontinent, wie das viele Europäer glauben. In vielen afrikanischen Städten sah ich des Nachts junge Menschen unter Straßenlaternen sitzen, um zu lesen und zu studieren. Hunderte meldeten sich für die Aufnahme in der Journalistenschule

381

an, die auch mithilfe Österreichs an der Universität Nairobi gegründet wurde und in der ich, wie berichtet, auch einige Wochen unterrichtete. Welch eine Begeisterung der einheimischen Bevölkerung erlebte ich, als in Südafrika die Apartheid aufgehoben wurde und die Menschen auf ihre eigenen Chancen zu hoffen wagten, die sie dann bald auch nutzten.

Ich zweifle daher keinen Moment daran, dass die Afrikaner mit einem derartigen Projekt zu motivieren und zu begeistern wären. Aber glaubhaft muss es sein! Die Europäische Union hätte ein großes, wichtiges Projekt und eine Mission zu erfüllen, damit aber auch drohende Gefahren für die Zukunft abzuwenden, das politische Erstarken rechtsextremer, fremdenfeindlicher, rassistischer Parteien.

Wer Europa retten will, muss Afrika retten. Dass ich diese Überlegung an das Ende dieses Buches stelle, hat mit meinen Lebenserinnerungen zu tun. Ich habe das alles selbst erfahren: Diktatur und Krieg, Hunger, Not und Hoffnungslosigkeit, und was es bedeutet, unerwartet Hilfe und eine großartige Zukunftsperspektive zu erhalten. Und mit mir haben das auch alle Österreicherinnen und Österreicher in dieser Zeit erlebt. Mich erfüllt das mit großer Dankbarkeit und dem Wunsch, die damals mir gewährte Hilfe heute in irgendeiner Form zurückgeben zu können.

Dank sagen ...

... möchte ich jenen Menschen, die mir beim Schreiben dieses Buches mit Rat und Tat zur Seite standen.

Das ist vor allem meine Frau Traudi, ohne die ich nicht imstande gewesen wäre, all das zu tun, was ich in diesem Buch beschrieben habe. Viele Opfer hat sie dafür in Kauf genommen, in schwierigen Situationen war sie mir unersetzlich. Gemeinsam haben wir an Büchern gearbeitet – und immer war meine Frau die Erste, die mit kritischem Blick meine Manuskripte las und prüfte, und dafür oft genug ihre eigenen Buchprojekte hintanstellen musste.

Das ist Christine Graf für ihre große Hilfe beim Zustandekommen dieses Buches. Da sie mehr als drei Jahrzehnte alle meine TV-Dokumentationen als Produktionsleiterin und meine Buchprojekte begleitet hat, konnte sie mich auch bei diesem Buch aufgrund ihrer eigenen Wahrnehmungen und Erinnerungen ganz wesentlich unterstützen.

Das ist Conny Schmeller, die es auf sich nahm, die von mir in diesem Buch erwähnten historischen und politischen Ereignisse zu recherchieren, zu überprüfen sowie auch – noch schwieriger – meine dazu verfassten Berichte und Kommentare in diversen Archiven und Bibliotheken aufzufinden und herbeizuschaffen.

Das ist auch Heinz Nußbaumer, der viele Jahre mit mir gemeinsam beim »Kurier« gewirkt hat und an dessen Erfolg er als Chef der Außenpolitik maßgebend beteiligt war. Mit seinen großen Erfahrungen und eigenen Einschätzungen war er mir bei diesem Buch eine wertvolle Hilfe.

Das ist der Lektor Arnold Klaffenböck, der die große Mühe auf sich nehmen musste, meine oft schwierigen Texte zu bearbeiten und zu korrigieren.

Und danken möchte ich meinem Verleger Hannes Steiner, der mit mir die Grundlagen dieses Buches erarbeitet hat und ohne den ich dieses Buch nie geschrieben hätte.

Aber ich schulde noch so vielen Menschen Dank. Den Freunden und Weggefährten, die mir mit Rat und Tat zur Seite standen, all denen, die es mir ermöglicht haben, das zu tun, was ich tun wollte und getan habe: in den Redaktionen der Zeitungen, in den Studios von Radio und Fernsehen. Dank auch denen, die meine Arbeit mit Kritik, Zustimmung oder Ablehnung begleitet haben. Sie haben mir dabei geholfen, mich zu formen und mich selbst besser kennenzulernen. Dank den Freunden, die mir und meiner Frau Traudi so viel gegeben haben und das immer noch tun. Ich wollte sie alle, die mich auf meinem Weg begleitet haben und weiterhin begleiten, in diesem Buch per Namen nennen. Aber es sind viel mehr als hundert und ich wollte doch keine und keinen übersehen. So bitte ich sie, meinen Dank auf diese Weise entgegenzunehmen.